LES ANCIENNES MAISONS DE PARIS,

PAR

LEFEUVE.

HISTOIRE DE PARIS

RUE PAR RUE

MAISON PAR MAISON.

Cinquième édition.

TOME PREMIER.

PARIS,
C. REINWALD ET Cie,
15, rue des Saints-Pères, 15.

LEIPZIG,
A. TWIETMEYER,
successeur d'Alphonse Dürr,
12, Querstrasse, 12.

1875

HISTOIRE DE PARIS
RUE PAR RUE
MAISON PAR MAISON.

BRUXELLES. — IMP. DE C. COOMANS, RUE DUPONT, 13.

Aperçu des Jardins de Paris avant la Révolution. (1)

Ni le bois de Boulogne ni le bois de Vincennes n'était en ce temps-là un parc. On y chassait, on y vidait des querelles flamberge au vent, et l'on allait de guerre-lasse jusqu'à s'y pendre ; mais plus souvent, quand les arbres étaient verts, on y dînait sur l'herbe, on y faisait la sieste, on y causait, on y dansait à l'ombre, avant le coucher du soleil ; puis les retardataires aimaient ou rimaient à la belle étoile, s'ils n'étaient pas réduits à y coucher. La fougère, cette maison de campagne dont chaque passant avait la clef, se prêtait à tous les ébats, comme à toutes les pauses, et jamais une jolie grisette n'avait à craindre, lorsqu'elle passait bourgeoise, d'y retrouver une empreinte qui pût la compromettre. Romainville, qui devait aux lilas sa réputation printannière, n'avait pas encore perdu ses bouquets de bois, morts en odeur d'amour et enterrés sous les glacis des fortifications de Paris. Les ânes et les moulins de Montmartre, sans prévoir une fin aussi triste, allaient toujours leur petit train. Montreuil montrait déjà ses pêches, et Fontenoy encore ses roses, que les Parisiens pouvaient fêter comme on avait fêté à Rome les roses de Préneste, de Tibur, de Tusculum et de Pæstum.

Les boulevards du Nord et du Midi étaient eux-mêmes de véritables promenades, que longeait depuis la Madeleine en construction jusqu'à la chaussée d'Antin et depuis le faubourg

---

(1) Notice écrite en 1864.

Poissonnière jusqu'à la Bastille, une rue basse, épargnant au boulevard le passage des chars les plus lourds. Ces belles allées de l'ancien Cours décrivaient leur courbe à travers des jardins et des maisons qui se suivaient sans se ressembler et qui avaient toujours leurs portes sur des rues.

Les Champs-Élysées également étaient un lieu de rafraîchissement : tout Paris n'aurait-il pas pu s'y promener à la fois ? Leurs quinconces donnaient un ombrage plus épais que le grand boulevard, mais variaient moins la promenade. Que de bois a produit la coupe de leurs grands arbres ! Ils sont remplacés presque tous par des constructions de notre temps et par des plantations si basses que malheureusement elles n'arriveront jamais à masquer l'énorme caserne dont nous a tout l'air le palais de l'Industrie et des Beaux-Arts. Aussi bien les boulevards de Francfort et de Carlsruhe ont servi de modèles aux nouvelles cultures dans les Champs-Élysées. Ces culs-de-lampe n'ont rien d'original ; seulement ils sont plus élégants que la gravure ancienne, si bien défigurée par une restauration qui sourit aux bourgeois, mais qui agace les artistes. Les familles continuent, du reste, à ne jouir qu'en plein jour de cette promenade, qui n'a cessé d'être un coupe-gorge le soir que pour devenir un lupanar à la faveur des becs de gaz.

Un Anglais, M. de Janssen, avait formé dans les Champs-Élysées, au-dessous de Chaillot, un jardin, des plus agréables à visiter, qui appartenait à Mme de Marbeuf quand son mari était gouverneur de la Corse. Elle ne jouissait pas en avare de ce trésor, qui passa ensuite au comte de Choiseul-Gouffier. On donna même pendant la République des fêtes, comme à Tivoli, dans ce jardin Marbeuf, où se remarquait un cèdre du Liban, contemporain et compatriote du fameux cèdre du Jardin-des-Plantes.

Avant que Marbeuf passât jardin public, il avait eu pour vis-à-vis le Colisée. L'établissement de ce nom devait servir, sous les auspices de Greuze, à une exposition permanente de tableaux ; mais le projet en avait été victorieusement combattu par les membres les plus influents de l'Académie royale de peinture et de sculpture, et cette résistance classique avait réduit le Colisée à l'emploi que remplit aujourd'hui le jardin Mabille. Il ne dégénéra en bastringue pur et simple qu'après avoir fait concurrence au premier Tivoli, ouvert près l'emplacement actuel de Notre-Dame-de-Lorette par Ruggieri, artificier de Louis XV, ainsi qu'au Vauxhall, établi sur le boulevard, vers l'endroit où s'éleva postérieurement le Château-d'Eau, par Torré, autre artificier.

Que s'il existe encore une rue Marbeuf, une rue de Tivoli, une rue du Colisée et un Vauxhall, rien aujourd'hui ne rappelle publiquement qu'on entreprit et qu'on exploita même, au boulevard Mont-Parnasse, un spectacle hydraulique, dont la salle en plein air et le jardin servirent aussi à d'autres exhibitions, à d'autres exercices et à des réunions dansantes, qui finirent par faire plus de bruit. Ce Vauxhall des boulevards du Midi, dit aussi le Cirque royal et enfin la Grande-Chaumière, fut inauguré en août 1775 par de magnifiques fêtes que l'ambassadeur de Sardaigne donnait à l'occasion du mariage de la princesse Clotilde de France avec le prince de Piémont.

Les Champs-Élysées et les anciens boulevards étaient bordés de si nombreux jardins qu'on y respirait l'air de la campagne. Les rues elles-mêmes comptaient peu de maisons qui n'eussent une cour, à défaut de jardin, et les communautés religieuses s'enfermaient plus encore dans la verdure que les hôtels ne s'y carraient. Les nouveaux boulevards, au contraire, ne servent-ils pas à scier le bois de presque tous leurs habitants ? Le jour ne s'y prend que par-devant, donc il y manque de trois côtés sur quatre une de ces vieilles maisons entre cour et jardin qui donnaient de l'air et de la vue à toutes les fenêtres d'alentour. Les squares en tiennent lieu, dira-t-on ; mais on a plus souvent à faire chez soi qu'au square, n'en déplaise aux bonnes d'enfants et aux troupiers.

On obtenait facilement la permission de visiter les jardins de l'hôtel Biron, rue de Varenne, et de l'hôtel Brissac, rue de Grenelle. Les Folies-de-Chartres, dont faisait partie notre parc Monceaux, et la Folie-Titon, rue de Montreuil, n'étaient guère plus inabordables. Parmi d'autres jardins, qu'on demandait à voir, le plus remarquable appartenait, rue de Clichy, à l'un des trésoriers de la marine, M. Boutin, et devint le second Tivoli.

Les petites maisons de grands seigneurs, disséminées dans les faubourgs, avaient toujours pour suisse un jardinier : preuve qu'on ne se contentait pas d'y cultiver le fruit défendu. Il y en avait une, dans la Chaussée-d'Antin, qui récoltait de si jolies cerises que les femmes les plus honnêtes, pour en recevoir un panier, donnaient elles-mêmes un sourire. Dans une autre, près le Pont-aux-Choux, deux vases portaient souvent des martagons sur la table du petit-souper, et tous ces lis à pétales recourbés avaient poussé, avaient été cueillis sous les fenêtres de la salle à manger. Une autre enfin, au faubourg Saint-Antoine, réunissait cyniquement dans un cabinet de verdure une collection tellement rare que de simples curieux se la faisaient montrer : elle se composait uniquement d'hystérolithes, pierres et pétrifications représentant dans toutes les positions ce qu'une femme cache le plus volontiers. Musée badin qui se retrouverait, dit-on, chez un prince que la pudeur m'empêche aussi de citer à la lettre !

Dans le même quartier, rue Saint-Nicolas, un M. de Saint-Germain faisait les honneurs en tout temps de son verger, de ses plates-bandes, de ses différentes serres, d'une collection de fleurs et de fruits moulés et peints d'après nature et d'un cierge à grandes fleurs, cactier originaire d'Amérique. Ce naturaliste avait l'air de tout montrer pour son plaisir ; seulement il était de bon goût de ne pas sortir de son enclos sans avoir acheté un exemplaire de son *Manuel des Végétaux*.

Le jardin de l'hôtel Soubise, présentement palais des Archives, était public durant l'été, mais le plus souvent fréquenté par les paisibles habitants du Marais. Il en était de même pour le jardin du Temple, moins orné, mais plus grand, qui dépendait de l'hôtel du Grand-Prieuré de Malte. On y entrait par le marché du Temple, et comme tout l'enclos était un lieu d'asile privilégié, les marchands établis au pourtour donnaient en location des chambres à des débiteurs poursuivis, qui avaient de quoi prendre le frais et pouvaient se croiser sous les arbres, impunément, avec d'impatients créanciers, fussent-ils suivis de recors.

Chacun avait accès, par la cour du Grand-Arsenal, dans un autre jardin, pour ainsi dire suspendu sur l'ancien rempart de la ville. La Bastille n'y bornait l'horizon que d'une part ; la vue reprenait d'autre part, sur la rivière et au-delà, la liberté, qui lui est toujours chère. L'appartement du prince de Montbarrey, à l'Arsenal, dominait la promenade, où un limonadier rivalisait avec le gardien de la porte pour le service des rafraîchissements.

A la pointe orientale de l'île de la Cité, et au chevet de la cathédrale, un square succède au jardin du Terrain, où les chanoines de Notre-Dame, qui en étaient propriétaires, ne permettaient qu'aux hommes de s'introduire. Cette promenade, qui était séparée de l'Archevêché par une ruelle menant à la rivière, et du cloître par un abreuvoir, ces MM. du chapitre l'avaient mise sous la protection d'un mur en pierres de taille, qui formait avant-bras et rompait le fil de l'eau ; ils y renouvelèrent les plantations vers l'année 1780. On avait gratifié l'endroit au xiiie siècle de ce nom : la Motte-aux-Papelards ; puis on avait dit le Terrail, et postérieurement le Terrain. C'était encore un lieu inculte, dont une pente douce facilitait l'abord, alors que Charlotte de Savoie, seconde femme de Louis XI, y avait débarqué et y avait reçu, pour sa bienvenue, les compliments de l'évêque et ceux du parlement.

Sur la rive gauche de la Seine est resté le Jardin-du-Roi, que l'on appelait aussi le Jardin-des-Plantes dès le xviiie siècle. C'est à Versailles et au Raincy qu'on exposait des ménageries. Les animaux qui en faisaient partie n'étaient reçus au Jardin-du-Roi qu'une fois morts et empaillés, ou embaumés dans l'esprit-de-vin, ou bien réduits à l'état de squelettes ; leur panthéon, c'est-à-dire les galeries du Cabinet d'histoire naturelle, s'ouvrait pour le public le mardi et le jeudi de chaque semaine.

Guy de la Brosse, médecin de Louis XIII, avait été le premier intendant du Jardin-du-Roi ; mais l'espace y était encore insuffisant quand M. Dufay, qui remplissait les mêmes fonctions, fit agréer pour son successeur M. de Buffon. Ce grand homme ne fut pas un intendant pour rire ; il augmenta de moitié le territoire, qui mesura ainsi 40 arpents. A qui devait-on également la régénération de l'École de botanique et des Galeries d'histoire naturelle, la construction du principal amphithéâtre sur l'emplacement de l'ancien hôtel de Magny, la plantation des deux allées de tilleuls et de l'allée de marronniers ? L'illustre naturaliste faisait tant et si bien qu'on reconnait encore son Jardin-des-Plantes dans le nôtre, quoique la marche dans la voie du progrès ne se soit pas fermée immédiatement après lui. Vers la fin de sa longue intendance et de sa vie, le comte de Buffon avait pour le seconder des auxiliaires qui n'étaient pas à dédaigner : le marquis de la Billarderie-d'Angiviller, intendant en survivance ; M. Daubenton, garde et démonstrateur du Cabinet ; le comte Lacépède, garde et sous-démonstrateur du Cabinet ; M. Daubenton jeune, garde et sous-démonstrateur ; M. Gérard Van Spaendonck, peintre du roi et dessinateur ; M. Thouin, jardinier en chef ; MM. Lemonnier et de Jussieu, professeur et démonstrateur de botanique ; MM. Fourcroy et Brongniart, professeur et démonstrateur de chimie ; MM. Petit et Mertrud, professeur et dessinateur d'anatomie. L'architecte de l'établissement, M. Verniquet, auteur du plus grand plan de Paris, venait d'élever au point culminant du labyrinthe, transformation de l'ancienne butte du fief Copeau, un kiosque tout en fer et revêtu de cuivre, que surmontait une lanterne : monument en miniature dont s'émerveillait la fin d'un siècle qui n'était pas encore celui du fer ! Près de ce belvédère, tout comme de nos jours, se tenait ouvert le vaste parasol que présentent les rameaux du cèdre du Liban. Le Désert ne serait pas loin s'il suffisait d'y rencontrer des chameaux et des dromadaires. Souhaitons même au Sahara, pour le mal que nous lui voulons, d'aussi verdoyantes oasis. Il n'y avait, du reste, pas de danger qu'on mourût de soif sous cette latitude ; la limonade, la bière et le ratafia coulaient sous un bosquet, voisin du cèdre et desservi par un ganimède en tablier, nommé ou surnommé Cadet.

Au jardin des Apothicaires, rue de l'Arbalète, on ne se croisait guère plus avec des femmes que sous les arbres capitulaires de la promenade du Terrain. Ah ! si l'on y avait pris gratuitement ce que les apprentis administraient en ville pour le quart d'un écu, nul doute que le beau sexe eût fait queue à la porte, ou l'eût forcée. Mais pour étudier les simples il n'y avait que des maîtres, des élèves, des praticiens et des amateurs masculins. Le collège des Apothicaires avait pourtant voulu que la moitié de son jardin fût de pur agrément. L'autre moitié réunissait toutes les plantes médicinales, tant indigènes qu'exotiques, classées et étiquetées suivant la méthode de Tournefort.

Descemet, jardinier dudit collège, l'était aussi du Luxembourg. Il cultivait pour son propre compte un vaste clos, rue des Charbonniers-Saint-Marcel ; on venait y voir une collection de fleurs qui valait certainement la peine qu'on se dérangeât, et le collectionneur se montrait toujours disposé à multiplier ses espèces pour remplir toutes les commandes.

Déjà l'hôtel Cluni avait le privilège d'attirer plus communément l'attention des étrangers. Nulle part le moyen-âge ne se reliait plus étroitement, par de grands restes, à l'empire romain. Toutefois il y venait aussi des fleurs, des légumes et des fruits, culture rudérale, que le *Guide des Étrangers* signalait de cette façon :

« Il faut passer par l'appartement du second étage à un jardin pratiqué sur la voûte de la partie de l'ancien palais des Thermes dont l'entrée est rue de la Harpe. Ce jardin est assez grand et disposé en parterres et potager : il peut avoir de cinq à six pieds de terre. Les pommiers y viennent à merveille, et nous les avons vus chargés de fruits. »

Le palais et le jardin du Luxembourg avaient été dessinés par Jacques Desbrosses. On a depuis agrandi et converti en bassin octogone la pièce d'eau qui présentait un parallèlogramme ; quant au parterre, plusieurs fois transformé, il n'a réussi à gagner du terrain qu'en immolant autour de lui des arbres plantés par la reine Marie de Médicis. Aussi bien le jardin a lui-même empiété, grâce à la Révolution, sur les cultures de la ci-devant Chartreuse. Alors même qu'il était moins grand, il paraissait déjà désert, les promeneurs accoutumés n'y affluant que les jours de fête, le long du mur de la rue de Vaugirard. Quelques-uns suivaient ce chemin pour aller prendre une tasse de lait sous une tente hospitalière, qui n'était pas à l'épreuve de la pluie. Du même côté se trouvait la porte des Carmes, dont le gardien tenait buvette, et elle ne différait en rien de la porte donnant rue d'Enfer. Mais sous la porte principale, qui était celle du Château, l'exploitation avait lieu d'un café, sans qu'une telle promiscuité formalisât Monsieur, comte de Provence, qui résidait au Luxembourg.

A la place d'un square dépendant aujourd'hui du Louvre, et qui s'y adosse sur le quai, s'abritait le jardin de l'Infante, qui demeurait clos pendant la saison des frimas. On y exposa une lentille, qui était de force à faire fondre au soleil un écu de trois livres en cinq secondes et un écu de six livres en quinze secondes. Cette loupe était l'œuvre de M. de Bernières, contrôleur-général des ponts-et-chaussées, lequel avait déjà, en 1779, remporté le prix que le lieutenant de police avait offert à qui donnerait le meilleur moyen de tirer de l'eau du puits de Bicêtre.

Le parc avait deux fois plus d'ouvertures aux Tuileries qu'au Luxembourg : 1° la porte du Château, qui frayait à tout le monde un passage familier par le vestibule même des grands appartements du souverain ; 2° à l'extrémité opposée du jardin, la porte du Pont-Tournant ; 3° la plus passante de toutes, qui donnait presque en face du Pont-Royal ; 4° en regard de celle-ci, la porte du Manège, qui ouvrait sur les cours de l'Académie royale d'équitation, servant aussi de passage ; 5° celle des Feuillans, où la consigne n'était pas plus sévère, bien que le couvent de ce nom fît sentinelle ; 6° celle de l'Orangerie, pareillement commandée par l'Orangerie du roi. Toutes les voitures indistinctement pouvaient se mettre à la file et stationner devant le Pont-Tournant, ainsi que sur le quai près du Pont-Royal et sur la place du Carrousel ; mais on ne souffrait que les voitures de maître dans l'intérieur même du Manége, dont les chevaux auraient risqué, en frayant avec ceux des fiacres, de rougir de leur propre père au point de lancer d'irrévérentes ruades. Un détachement d'invalides suffisait au service des portes, qui ne devaient être franchies par les soldats en uniforme, les domestiques en livrée et les gens mal vêtus que le jour de la Saint-Louis. De plus, un suisse de profession gardait à poste fixe la porte du Château, et c'était bien le moins ; les cinq autres entrées n'avaient que des portiers. On y trouvait à boire, ainsi que dans le café de la Terrasse, qui avoisinait les Feuillans ; il était même permis de servir à souper jusqu'à dix heures du soir dans les cantines des gardes.

Mais observait-on rigoureusement la consigne de ce couvre-feu? « La décence en faisait une loi, ». comme disait à ce sujet le *Dictionnaire de Paris* (1); seulement nous devons ajouter que la montre du garde-portier retardait souvent. La buvette du Pont-Tournant était même des plus tapageuses, à l'enseigne de la Pomme-de-Pin : d'insatiables recruteurs s'y attablaient incessamment avec des recrues nouvellement raccolées.

Est-il besoin de dire que cette clientelle, qui s'arrêtait aux portes et que la tombée de la nuit ne renvoyait pas, n'avait aucun rapport avec le monde élégant, de bonnes manières et toujours désireux de plaire, que chaque jour la mode réunissait, vers deux heures, dans une seule allée.? Fallait-il être provincial pour hésiter dans le choix de cette allée ! Elle ne restait pourtant pas toujours la même. L'endroit de préférence en hiver était la terrasse des Feuillans, qui s'appelait aussi des Capucins à cause de l'autre monastère qu'elle bordait. Tout l'été la place d'honneur alternait entre deux allées, selon la pluie ou le beau temps. Le même dais frais et vert, que tendaient sur l'une et sur l'autre de gigantesques marronniers, protégeait bien plus de fiançailles, prématurément célébrées par de vives œillades, qu'il n'en devait passer sous le poêle du mariage. Des tapis de gazon et des plates-bandes fleuries ornaient parallèlement la grande allée que domine et longe la terrasse : c'était la promenade par excellence au printemps et puis en automne. Les mêmes bordures, au lieu de gazon et de fleurs, rapportèrent des pommes de terre lorsque la Convention eut ordonné de faire pousser du blé et des légumes dans les parterres des jardins d'agrément. Maintenant les beaux jours y ramènent chaque année,

---

(1) Par Hurtaut et Magny.

comme avant la Révolution, un double rang de caisses d'orangers.

Si le jardin dessiné par Lenôtre n'empêchait pas ses contemporains de regretter les Tuileries de Catherine de Médicis, les améliorations y datant de notre siècle sont faites pour laisser encore plus de regrets. Sans un petit nombre de statues, œuvres de maîtres, rien absolument de nouveau n'y serait digne des siècles antérieurs.

Entre le jardin des Tuileries et celui du Palais-Royal, quelle sensible différence !

On ne cessait pas de courir, dans le premier, après les bonnes fortunes et de s'en raconter d'imaginaires, quand la réalité ne donnait pas, et cela durait encore sur la fin de l'ancien régime, comme au temps où le grand Corneille n'avait eu pour en faire des scènes de comédie rien à changer, pas même le lieu de la scène.

Le second était moins hâbleur que raisonneur, avec beaucoup plus de feu et d'entraînement que tous les confidents de tragédie. Depuis la Fronde il parlait politique et n'avait pas cessé d'être frondeur. Il prévoyait les jours de barricades, comme s'il en eût fait sa commande la veille. La galanterie sans retenue de ses bosquets n'empêchait pas d'y conspirer, à l'heure même où le public n'entrait plus. Chacune des maisons adjacentes n'avait-elle pas la clef de sa porte particulière, dans les rues des Bons-Enfants, Neuve-des-Petits-Champs et Richelieu ? Les moindres bruits de ruelle n'avaient qu'a en descendre pour se grossir incontinent d'une portée artificielle. Le grelot de l'esprit français s'y attachait également aux nouvelles plus importantes, dès leur mise en circulation, afin de réagir tout de suite contre le fait quelconque qui venait de s'accomplir, et la même tactique est de règle à notre époque dans la presse. Le cardinal de Retz avait eu à compter avec les esprits-forts de ce redoutable centre; ils amenèrent plus tard le peuple à se ruer chez le régent, en demandant à grands cris la tête de Law.

Le plus beau des marronniers plantés par le cardinal de Richelieu devint l'*arbre de Cracovie*, parceque des amis ardents de la Pologne se donnaient rendez-vous sous ses rameaux lors du premier démembrement de ce royaume, frappé par contre-coup de la disgrâce du ministère Choiseul. On y lisait à haute voix le *Courrier de l'Europe* et la *Gazette de Leyde*, et l'on y maugréait en liberté contre la czarine Catherine II.

Franklin, encore jeune, et Voltaire, déjà très-vieux, furent reçus, dans la même année, avec beaucoup d'honneurs par le duc d'Orléans; cet accueil au Palais-Royal, qui honorait presque en même temps deux générations et deux mondes, fit éclater des acclamations sympathiques dans les allées et dans les deux cafés de la promenade. Le patriarche des beaux-esprits reçut, un autre jour, dans la salle de spectacle des Tuileries, une ovation encore plus enthousiaste, et il cessa de vivre peu de temps après. La guerre d'Amérique, pour laquelle Franklin avait obtenu le concours de la France, était ruineuse pour l'Angleterre, et à ce titre on y applaudissait aux Tuileries comme au Palais-Royal, bien que plus d'une rivalité tendît à faire deux camps de leurs jardins. Rien d'étonnant qu'on fût moins royaliste sous les fenêtres du prince que sous les fenêtres du roi.

Mais ces demoiselles de l'Opéra, dont le théâtre attenait au Palais-Royal, donnaient encore la préférence aux Anglais de leur connaissance, parcequ'ils étaient riches quand même, sur tous les volontaires de Lafayette. Ceux-ci pour s'en venger peut-être nous ont rapporté de là-bas un nouveau produit exotique : la République.

Ils retrouvaient, du reste, le jardin réduit de moitié par la construction des galeries et l'Opéra incendié. L'agiotage fit de la galerie Virginie son quartier-général au commencement de la Révolution. Mais le jardin lui-même cessait moins que jamais d'être un foyer de propagande, et le café de Foy y devait aux discours de Camille Desmoulins, premier apôtre de la liberté, une célébrité impérissable. Cependant, comme on ne vit pas de gloire, les galeries avaient cherché fortune en excitant toutes les convoitises et en nourrissant tous les vices : la bonne chère, le jeu et la prostitution y alimentaient le commerce.

Ce rapide coup-d'œil jeté au débotté sur la verdure, et cette aspiration de bon air, dont nos poumons viennent de faire provision, ne nous disposent que mieux à pénétrer dans le grand nombre des maisons anciennes qui nous attendent. La poussière des années nous empêchera-t-elle d'y reprendre haleine ? Puisse-t-elle nous être plus légère que celle du plâtre neuf, qui nous prend à la gorge dans le Paris nouveau ! L'avenue serait longue si elle se composait de tous les jardins bout à bout dans lesquels nous mettions tout-à-l'heure pied à terre, et la ville des siècles précédents, en les perdant, nous paraîtrait beaucoup moins grande. Ce triage essayé suffit déjà, j'ose le croire, à prouver que la respiration de nos aïeux n'était pas étouffée par des tas de pierres et de charpentes accumulés sans intervalles ? On rabâche pourtant tous les jours que l'air et l'espace leur manquaient !

Hôtes de la Royauté au Louvre. (1)

Dans la liste alphabétique des hôtels de Paris en 1664, donnée par Collètet l'historiographe, figure l'alinéa suivant :

« Chasteau royal du Louvre, demeure ordinaire des Roys, rue du Louvre : Philippe-Auguste l'avoit fait construire ; François Ier, Henry II, Charles IX et Henry III l'ont continué ; mais Henry-le-Grand l'a augmenté des Galleries, et Louis XIII du grand-Pavillon, et ce qu'il y a maintenant d'admirable est l'ouvrage de sa magnificence : le jardin des Tuilleries est derrière au bout des Galleries. »

Philippe-Auguste avait dégagé le Louvre, forteresse érigée en palais, de cens dus à l'évêque et au chapitre de Paris, ainsi qu'à l'abbaye de Saint-Denis, et l'avait augmenté de la tour principale, qui servit de prison d'Etat et devant laquelle un grand nombre de seigneurs devaient prêter serment de fidélité ; il ne l'avait pourtant pas enclavé dans sa nouvelle enceinte de Paris. On y pénétrait au moyen-âge par quatre tours fortifiées. Celle qui donnait en face de Saint-Germain-l'Auxerrois était la porte la plus étroite ; on la décora des figures de Charles V et de son épouse. Néanmoins les rois de France ne résidèrent que passagèrement au Louvre jusqu'à François Ier, l'hôtel Saint-Paul ou le château des Tournelles étant leur demeure ordinaire. Dès l'année 1528 commença la reconstruction sur le dessin de Pierre Lescot. Manuel, empereur de Constantinople, y avait été logé par ordre de Charles VI, et le mariage de Henri VI, roi d'Angleterre, y avait été célébré

---

(1) Notice écrite en 1865.

en 1410. Charles-Quint, à son tour, y fut l'hôte du roi-chevalier.

Henri II y fixa des artistes. Henri IV y reconnut l'indépendance absolue de ses hôtes, au point de vue de la maîtrise, par des lettres-patentes, que ne manquèrent pas de confirmer ses successeurs. La grande galerie du Louvre était dès lors l'asile privilégié de savants et d'artistes, comme on en retrouve à présent dans les appartements du palais de l'Institut. Celui-ci n'étant qu'un collège et une bibliothèque au XVIIme et au XVIIIme siècles, les grandes Académies siégeaient alors dans le palais des rois également.

Lorsque le régent restitua fidèlement au jeune Louis XV l'autorité que lui avait confiée à titre de dépôt la Régence, les concessions de logements ou d'ateliers au Louvre avaient pour titulaires :

la veuve Bellocq, laquelle avait en garde les appartements de la reine ;
Bérain, dessinateur ;
Martinau, horloger ;
Silvestre, dessinateur et graveur qui avait donné des leçons aux princes ;
Meunier, peintre d'architecture ;
la veuve Visé ;
Coustou, sculpteur ;
Alexandre d'Hermond, colonel d'infanterie, ingénieur du roi ;
Desportes, peintre ;
Chatillon, graveur ;
Frémin, sculpteur ;
Turet, horloger ;
Germain, orfèvre ;
l'inspecteur de la *Gazette de France* ;
Boule, ébéniste ;
Remer, armurier ;

Duvivier, graveur ;
Balin, orfèvre ;
Benier, id.;
Bidauld, horloger ;
Van Clève, sculpteur ;
la veuve Le Bast ;
Rondet, garde des pierreries de la Couronne ;
Bailly, peintre ;
Fontenay ; id. ;
Coypel, id., ayant deux appartements, dont l'un en sa qualité de garde des dessins du roi ;
Nicolas de Launay, orfèvre, directeur de la Monnaie des médailles.

Et une soixantaine d'années plus tard :

les peintres : Vien et sa femme, A. Vanloo, Brenet, de Lagrenée, Ménageot, Vincent, de Machy, Robert, Renou, Bellanger, Huet, Jollain, garde du Muséum, Callet, David, Latour, Vernet, Rossin, Duplessis, Restout et de Vallayer-Coster ;

les sculpteurs : Pajou, Caffiéri, Bridan, Gois, Mouchy, Berruer, Jullien, Lecomte, Boizot, Dejoux et Monnot ;

le graveur Cochin, secrétaire-perpétuel de l'Académie, garde du cabinet d'estampes et de dessins, et Guay, graveur en pierres ;

Duvivier, garde des médailles du roi et des monnaies de France ;

Mollière et Nicolas, opticiens.

Le Louvre avait son cabinet des médailles et des monnaies depuis l'année 1689, bien que le château de Versailles en eût un autre, transporté à la Bibliothèque du roi en 1741. L'imprimerie royale occupait une place non moins importante sous la grande galerie. Les assemblées de la Société royale de médecine, établie vers le commencement du règne de Louis XVI, se tenaient au palais, tout comme les séances de l'Académie-française, de l'Académie des belles-lettres et de l'Académie des sciences. Celle de peinture et de sculpture, à elle seule, disposait de cinq pièces, sans compter le Muséum, ni la salle des Antiques, près laquelle Anne d'Autriche avait eu sa chambre à coucher, ni le Salon proprement dit, où avait lieu tous les deux ans l'exposition dont Diderot a laissé des comptes-rendus. L'Académie d'architecture, qui se réunissait le lundi de chaque semaine et dont le président-né était le plus ancien des trois intendants-généraux des bâtiments du roi, n'avait-elle pas aussi ses coudées franches? Dans une des salles de cette compagnie étaient suivis les cours de mécanique et d'hydrodynamique fondés en 1775 par M. Charles, membre de l'Académie des sciences; l'abbé Bossut, professeur royal d'hydrodynamique, y donnait ses leçons les mardi, jeudi et samedi.

Il y avait, par conséquent, peu de maisons aussi fréquentées que cette auguste hôtellerie, et devinerait-on à quel point l'amphytrion s'y montrait débonnaire? La plupart des orfèvres, armuriers ou statuaires, qu'il ne craignait pas d'inviter, arrivaient suivis d'une forge, dont la fumée couronnait le bruit sourd; il consentait à s'en incommoder, sauf à retourner souvent à la campagne. Combien de propriétaires, à l'heure qu'il est, en supporteraient autant d'un locataire sans doubler le prix de son loyer?

Dans le palais de Napoléon III, depuis la réunion du Louvre aux Tuileries, danserait le château de nos anciens rois; le plus fastueux de ces rois ne serait jamais parvenu à le remplir des officiers de sa maison et de sa livrée. La grand'salle du Gouvernement, les salles d'assemblée des ducs et pairs, les Archives, le dépôt des anciennes minutes du conseil des finances, le dépôt de celles du ministre de la maison du roi et du département de Paris, qu'on avait installé au-dessus de la chapelle, tout cela se serrait un peu, voire même les appartements toujours gardés au roi, fût-il absent, et à la reine, n'y eût-il plus de reine, de façon qu'il restât plus de places à offrir! Il est vrai que depuis l'inauguration des châteaux de Versailles et de Marly, la résidence royale était de fait beaucoup moins à Paris, où Louis XIII avait signé plus de lettres-patentes qu'à Saint-Germain; mais Louis XVI passa dans la capitale les dernières années d'un règne si tragiquement abrégé.

Les parasites du Louvre ne ressemblaient pas aux écornifleurs ordinaires; ils ont laissé pour la plupart des noms survivant au crédit qui les honora moins qu'il n'honora la cour. Les gens de lettres ne dominaient pas dans cette colonie de la faveur, bien que Duclos, historiographe de France, s'y trouvât de compagnie avec deux de ses collègues de l'Académie-française. Les Didot et les Bapst, ces deux familles princières de l'art industriel, y tinrent plus de place que Duclos. Leur présence extra-officielle ne portait pas ombrage, que nous sachions, à la juridiction de la prévôté de l'hôtel, qui siégeait tranquillement dans le même palais, le marquis de Sourches étant grand-prévôt de France; leur cohabitation ne faisait pas plus de tort au grand-conseil, dont les audiences quotidiennes se donnaient à la même époque dans l'ancien appartement de la reine. Il y avait aussi ce qu'on appelait *bailliage et capitainerie royale des chasses de la Varenne du Louvre, grande vénerie et fauconnerie de France*; le duc de Coigny était président de ce corps de judicature forestière, qui connaissait des délits commis dans les chasses du roi, sauf appel au grand-conseil, et qui ne prononçait de sentences que tous les quinze jours, dans un prétoire attenant d'une part au local affecté à l'Académie des sciences, d'autre part au cabinet de marine.

Une autre capitainerie de Varenne était attachée au château des Tuileries, comme à toutes les royales demeures. Les écuries se partageaient d'ailleurs entre les deux châteaux, qui se trouvaient déjà si voisins l'un de l'autre qu'on les nommait ensemble le château. Des chevaux du roi étaient logés près de l'Imprimerie royale, c'est-à-dire du côté du quai; mais il y en avait plus encore dans la région du Manége, du côté de l'église Saint-Roch.

Les écuries s'y accolaient à l'Académie royale d'équitation. Les fonctions de grand-écuyer étaient remplies non-seulement près du roi, mais encore à l'Académie, par M. de Ville-Motte, au moment de la Révolution; il avait pour lieutenant M. Grimault. Leurs élèves néanmoins n'étaient pas toujours à cheval; ils mettaient pied à terre pour apprendre le dessin, sous la direction de M. d'Herbelot, les mathématiques avec M. Jon, la danse avec M. Dubois, la voltige et les armes avec MM. Teillagori.

En ce temps-là on passait librement sous le pavillon de l'Horloge, comme sur le cours dit du Manége, où Bligny tenait un magasin d'estampes. On sait que ce Manége fut ensuite érigé en Assemblée législative et que la Convention siégea au ci-devant palais des Tuileries. C'est dans la rue du Dauphin, avenue extérieure du Manége, que le baron de Breteuil, ministre de la maison du roi et du département de Paris, donnait ses audiences.

Quant au *Concert spirituel*, il avait été fondé en l'année 1722 par François Philidor, aux Tuileries, dans la salle des Cent-Suisses. Louis XV avait ensuite permis au chevalier Servandoni, architecte et peintre, de donner en spectacle une sorte de panorama mouvant, dans une salle voisine dite des Machines, où le grand roi avait fait représenter des ballets. Après l'incendie de l'Opéra, en 1763, la salle des Machines avait été mise à la disposition de l'Académie royale de musique, et puis les comédiens ordinaires du roi en avaient eu la jouissance jusqu'en 1783. L'année suivante, le Concert spirituel se transféra au même endroit. On y faisait d'excellente musique, mais seulement dans la quinzaine de Pâques et deux ou trois autres jours de grande fête pour l'Église. Le public entrait au Concert par la cour des Suisses.

Rue Basfroi. (1)

La presse de Paris a bien voulu, d'une voix unanime, souhaiter une bienvenue flatteuse à la publication intitulée les *Anciennes Maisons de Paris sous Napoléon III*, qu'elle considère comme d'intérêt public. Pour ne citer qu'un journal au hasard, le *Constitutionnel* du 22 janvier 1857 nous consacrait une mention honorable et d'une utilité pratique, dont voici l'essentiel :

« Non seulement M. le préfet de la Seine a honoré d'une souscription multiple les *Anciennes Maisons de Paris sous Napoléon III*; mais encore tous les documents dont dispose l'Hôtel-de-Ville, dans ses bureaux, dans sa bibliothèque, ont été mis à la disposition des éditeurs de cet ouvrage tout parisien. Pour compléter ces renseignements, MM. les propriétaires des maisons dont la construction remonte avant la fin de la première république, sont priés de vouloir bien consulter leurs titres de propriété, et d'en adresser un extrait franc de port à M. Rousseau, 15, boulevard de la Madeleine. Voici ce qu'il importe de savoir : 1º la date de la construction de la maison ; 2º sur quel terrain et pour qui elle a été bâtie ; 3º quelles sont les personnes remarquables qui l'ont habitée depuis sa fondation. »

Le fait est que la rédaction aurait de la peine à se passer des renseignements de première source, dont la presse a reconnu la nécessité absolue. M. Rousseau a beau se multiplier, ne lui est-il pas difficile de recueillir en ville, à lui tout seul, des documents indispensables qui ont si bien le

---

(1) Cette notice, qui fut écrite en 1857, parut en tête de la 6me livraison, dans la première édition.

mérite d'être inédits qu'ils gisent dans une quantité d'actes oubliés et éparpillés chez dix mille particuliers ? M. le préfet nous honore, en effet, de son concours, mais moins activement que ne se plait à le croire M. Boniface, du *Constitutionnel*.

Il est vrai que l'ingambe collecteur de notes nous aurait beaucoup étonné s'il avait rapporté de la rue Basfroi, à laquelle fait suite la rue Popincourt, de quoi remplir une livraison du présent recueil. Certaines rues sont réfractaires à l'objectif que nous braquons sur leurs antécédents intimes. Celle-ci ne doit son peu de notoriété qu'à l'établissement de sa fontaine publique au coin de la rue de Charonne.

M. Rousseau n'y a retrouvé, en somme, qu'une de ces petites maisons que les roués du siècle dernier entretenaient au faubourg Saint-Antoine, et où la scène se passe si souvent dans les vaudevilles à personnages poudrés. C'est le n° 30, occupé par M. Gauthier, grand industriel qui dirige une fonderie de cendre d'or et d'argent là où ces deux métaux ont été prodigués pour assouvir des plaisirs plus faciles. Or c'est la quatrième génération, de père en fils, qui se trouve à la tête du même établissement, depuis l'an 1786. Avant que l'usine Gauthier s'exploitât audit lieu, une fabrique de porcelaine et de faïence remplissait l'intérim.

Heureusement les archives de la danse viennent à notre secours dans ce quartier perdu. Les principaux couvents de filles y avaient pour maître à danser, quand la Guimard était à l'Opéra l'étoile de la chorégraphie, le sieur Froment, qui logeait rue Basfroi. Il ne devait lui rester de jeunesse que dans les jambes s'il était le même danseur Froment qui avait composé de jolis ballets sous la Régence. Un ouvrage dudit corégraphe avait été exécuté au collége Louis-le-Grand, pour servir d'intermède à la tragédie de *Brutus*, dans une représentation donnée par les élèves le mercredi, 7me jour du mois d'août 1720. Ce ballet, assez singulièrement intercalé, avait pour titre l'*Industrie*; il était précédé d'un prologue, que débitaient Crébillon fils, âgé de treize ans, et quatre de ses camarades. Un maître, le danseur Mion, mimait le rôle de Mercure. Nous savons également quels élèves dansaient dans la pièce, et comme beaucoup de leurs noms marquent à d'autres titres, nous allons compléter le programme du spectacle:

Decan, Malter, de Clermont-Tonnerre, de Villequier, Phellion, Radix, Pepoli, Mercier l'aîné, de Béarnez, de Caulincourt, Boisot, Pâris, La Motte, Le Maire, Dupré, Savart, Louis-Paul de Mortemart de Tonnay-Charente, Charles Philippe de Pons, Emmanuel de Mussan, Louis de Rochechouart, Jean Roidemont, Louis de Favancourt, Bicquet de Montmort, Paul de Coetlogon, Maurice de la Gandinaye, François de la Touche, Jacques de Rovray, Daydie de Ribeyrac, Armand de la Trémoille, de Montigny, de la Ferrière.

Rue Basse-du-Rempart. (1)

Gustave Planche. — Le Cte de Sommariva. — Mlle Raucourt. — Les Concerts de l'hôtel d'Osmond. — M. des Tillières. — M. de Saint-Foix. — Le 12, le 16, le 18. — Le Jardinage et les Petits-soupers de la Chaussée-d'Antin, à ses débuts. — La Psyché de Mme Récamier. — La Famille Sandrié et tous ses Voisins. — Napoléon et Mlle Georges. — Les Bapst. — Le 46. — La Duthé. — L'Hôtel Chevilli. — M. d'Olivet. — Le Passage.

M. Gustave Planche, le critique, est né dans la première maison de cette rue, il y a un demi-siècle; le bâtiment n'en existe plus, mais l'officine pharmaceutique fondée vers 1800 par M. Planche, qui a donné le jour à l'écrivain, n'a presque pas changé de place. Tel père, tel fils, dit un proverbe, et en effet la plume élégante et savante du rédacteur de la *Revue des Deux-Mondes* purifie activement les humeurs d'une littérature de transition, bon ou mal gré, tout comme la pharmacie du même nom purge un brillant quartier de Paris, où l'on meurt bien plus dégagé, si ce n'est plus tard, que dans les quartiers moins châtiés. Le codex littéraire et artistique de Gustave Planche a déjà agi puissamment sur le tempéramment de notre époque, sans en faire un grand siècle; seulement sa collection de formules à forte dose a donné lieu à la seconde manière de bien des

---

(1) Notice écrite en 1857. L'année suivante a commencé la suppression de la rue Basse-du-Rempart dans celle des deux moitiés de son parcours où elle était bordée de constructions séculaires. L'autre moitié aurait-elle trouvé grâce?

écrivains et des artistes, dont les débuts plus libres avaient fait la réputation, avant que des correctifs leur fussent magistralement prescrits, impérieusement administrés par le pharmacopole éminent de la *Revue des Deux-Mondes.*

Heureux critique! c'est à sa porte même que la statuaire et la peinture avaient réuni des chefs-d'œuvre, comme pour flatter et décider son goût naissant. La magnifique galerie du comte de Sommariva, qui devint publique à sa mort, jusqu'à ce que tout en fût vendu et réuni à d'autres galeries, était là, au n° 4, dans un hôtel qui appartient encore à sa veuve. Cet ancien président de la république de Florence, réunie ensuite à la France, acheta en 1807 la propriété dont s'agit, ainsi que tout un quartier de la vallée de Montmorency, pour hôtel de campagne. Avant lui l'écuyer Pierre-Éloi Doazan, conseiller-secrétaire du roi et fermier-général, avait installé ses pénates sous le même toit, rue Basse-du-Rempart, comme acquéreur de Bouret de Vézelay, écuyer, trésorier-général de l'artillerie. Un autre financier encore, Jean Batailhe de France, conseiller du roi, et sa sœur, Mlle Charlotte-Françoise de France, avaient acquis en 1772, ou plutôt pris à bail emphytéotiquement, du trésorier de l'artillerie, un terrain nu, à la condition d'y faire construire une maison de la valeur de 60,000 livres au moins, qui, au décès du survivant des deux acquéreurs, devait retourner au vendeur, et c'est ainsi qu'avait été bâti l'hôtel Sommariva. Que si vous voulez tout savoir, ce même terrain faisait encore partie en 1752 d'un grand marais appartenant au président Mallet, dont le fils, Mallet de Chanteloup, traita avec Bouret de Vézelay; il se trouvait sous la censive des sieurs prieur et religieux de Saint-Denis-de-la-Chartre, et de plus il était chargé de dîmes, comme le reconnut un arrêt du parlement du 5 avril 1629, au profit des chanoines de l'église royale et collégiale de Saint-Germain-l'Auxerrois, réunis au chapitre de l'église de Paris.

Planche, qui compte maintenant beaucoup d'ennemis, ceux-ci à cause de sa critique, et ceux-là, plus nombreux peut-être, parce qu'ils aspirent à l'honneur d'attirer son attention, qui commande l'attention publique ; Planche n'avait encore que des rivaux de classe au grand Concours et au collège Bourbon, lorsqu'un bruit formidable se fit entendre, également à sa porte. C'était sous la Restauration ; Mlle Raucourt, de la Comédie-Française, venait de trépasser, n° 6, dans une maison qu'habite une autre dame, qui est née là avant la fin du siècle précédent. On prétend même que Mlle Raucourt, qui pendant les dernières années de sa vie avait fait des dons à l'Église, s'était préparée, comme les rois, à mourir avec dignité, en prononçant ces mots peu de temps avant l'agonie : — Voici la dernière scène que je jouerai, je suis prête à bien jouer... Le curé de Saint-Roch refusait d'enterrer la tragédienne, et toutes les fureurs qu'elle avait déchaînées avec art sur la scène étaient descendues dans la rue, par un écho posthume de la gratitude du public. Sans Louis XVIII, que la terreur n'avait jamais glacé, ni au théâtre, ni dans la vie, que ne fût-il pas advenu ! Le clergé, prenant à la lettre d'anciens canons, paganisait le Théâtre, et toute une jeunesse voltairienne lui tenait tête, attachant un prix imprévu aux dernières prières de l'Église, qui eût dû regarder cette réaction *in extremis* comme un bienfait miraculeux. Le roi eut plus d'esprit que l'un et l'autre adversaires, car il les mit d'accord, en dépêchant rue Basse-du-Rempart un de ses aumôniers ; la foule, renaissant aussitôt au calme et au bon ordre, se contenta de suivre le convoi jusqu'au Père-Lachaise.

Mais il s'agit bien d'agonie, de funérailles et

d'émeutes, dans l'édifice qui vient après! Ne sont-ils pas variés à l'infini, les accords qui y retentissent tous les soirs? Les initiés savent bien à quoi s'en tenir, et l'affiche qu'ils consultent est bien moins à la porte que dans la salle même de Musard, sous la direction de deux vaudevillistes, MM. Dartois et de Besselièvre! Quelques hommes blasés cherchent un fréquent refuge dans ce séjour de fête, dont leur présence fait l'éloge, qu'ils soient venus comme auditeurs ou seulement en spectateurs. Là aussi, bien des myopes se plaignent du petit nombre de cas où leur lorgnon, braqué de côté et d'autre, fait ses frais. Mais un joli visage enlaidit les visages voisins, dans tous ces lieux publics où chacun oublie trop qu'il est l'hôte de ceux qui l'entourent, et qu'il leur doit des égards à tout prix. On peut même dire à tous les prix, pour flatter les tendances vénales qui dominent aujourd'hui jusque dans le temple des arts. Néanmoins, depuis Ovide, chaque siècle ajoute à l'art d'aimer son chapitre, empreint du caractère général de l'époque, et notre temps n'a pas été du tout le plagiaire des siècles primitifs lorsqu'il a inventé Mabille et ce Concert, dont le succès rend jalouses de Paris toutes les autres capitales. Les passants, les profanes n'y sont plus des bourgeois; ce sont, au contraire, des artistes; la naïveté a changé de côté, et je ne sais à présent rien de moins ingénu que la bourgeoisie parisienne. Si vous rencontrez un badaud, soyez sûr qu'il est étranger au monde en vue dans cette ville, et voyez les grands yeux qu'il ouvre, comme si l'oiseau était rare, quand il parvient à reconnaître parmi les promeneurs qui passent un des heureux coquins du jour, ou une drôlesse à la mode! Par bonheur les profanes trouvent encore au Concert-Musard une charmante musique, tour à tour tendre et puis qui saute, invitations changeantes à la valse, à la chasse, à la vie pastorale, à déboucher des bouteilles de champagne et à souper en joyeuse compagnie. Outre cette harmonie imitative, dont chaque intermède suit une œuvre de maître, et qui finit par sonner le couvre-feu de la sortie avec un carillon de baisers n'ayant absolument rien de platonique et pas grand'chose de l'amour, d'autres attraits sont particuliers à cette réunion publique de tous les soirs. La conversation des sots y est souvent couverte par les voix prépondérantes de l'orchestre ; une vive lumière et des pénombres alternent avec art, sous des lambris dorés que relient des arcades improvisées en carton ou en toile, et il y a place encore pour des salons où l'on boit, où l'on fume, où l'on peut lire les journaux du lendemain, où s'exposent aussi des peintures, des lithographies et des portraits photographiques ; place enfin pour des jeux absolument nouveaux en ce qu'on y perd son argent sans la plus petite chance de gain. Depuis que cette salle de concert anime la rue Basse-du-Rempart, on parle de démolir l'hôtel superbe qu'elle occupe, et le Crédit mobilier, qui en est le propriétaire, ne consent aux entrepreneurs qu'un bail de deux mois à renouveler. On dit aussi, et nous le souhaitons fort, que cette maison sera seulement restaurée et mise de niveau avec le boulevard. Chacun sait que c'est l'ancien hôtel d'Osmond.

Ah ! si la rue Basse-du-Rempart ne pouvait être condamnée que par un jugement, l'acquittement ne ferait pas doute. Cet ancien fossé ne rend-il pas de grands services à la circulation chaque fois que le boulevard s'encombre extraordinairement ? Les murs et les façades y reculent plutôt devant l'alignement qu'elles ne le dépassent, et l'aspect change à chaque porte. De grandes cours et des jardins se donnent la main d'une maison à l'autre, pour faire honte aux enfilades d'immeubles, sans cour et sans jardin, qui se ressemblent tout le long des rues neuves, ou nouvellement élargies.. Depuis qu'on parle si fort d'améliorer cette rue Basse, il nous paraît malheureusement probable que c'est de la manière dont l'Empire a déjà pris en France deux fois à tâche d'améliorer la République.

Les héritiers de la comtesse d'Osmond ont vendu cet hôtel le plus doré de Paris au Crédit mobilier. La comtesse était fille de M. des Tillières, et l'immensité de fortune de ce confident du prince de Talleyrand avait une double origine, à laquelle aujourd'hui il est moins indiscret de remonter que du vivant de son auteur. D'abord quand Telleyrand avait le portefeuille des relations extérieures, Des Tillières jouait à la Bourse pour le compte de ce diplomate, et aussi pour son propre compte sans le lui dire. Bien qu'ils suivissent le même jeu, avec un bonheur facilement explicable, le ministre se ruina, et l'issue de la partie fut toute différente pour son ami l'entremetteur. Talleyrand, qui recevait de première main bien des nouvelles, et que son département mettait à même d'en ralentir ou d'en accélérer la divulgation officielle, avait toujours des raisons excellentes pour manquer de confiance à long terme dans les gouvernemens qu'il servait, et il plaçait ses fonds disponibles en Angleterre; mais il n'avait pas tout prévu, et la guerre déclarée de nouveau aux Anglais autorisa ceux-ci à confisquer l'argent ennemi, pendant que Des Tillières, bien au contraire, réalisait, sans traverser la Manche, ce qu'il avait gagné sur place. D'autre part, la réclamation d'une somme de dix-huit millions avait été faite en pure perte à Napoléon par les Suisses qui avaient fidèlement servi le roi Louis XVI; Des Tillières et un autre capitaliste, profitant du découragement où se trouvaient ces créanciers, aux plaintes desquels on était sourd, achetèrent 200,000 fr. les titres réguliers de leur créance protestée. A la rentrée de Louis XVIII, toutes les dettes de l'ancienne cour furent payées intégralement, et notamment les millions dus aux Suisses, qui avaient livré aux alliés l'accès de la frontière française. Des Tillières et son associé centuplèrent ainsi la somme qu'ils avaient avancée.

La femme de cet heureux spéculateur avait une complexion trop délicate pour prendre longtemps part à cette rare opulence; elle en mourut, au lieu d'en vivre, et comment? pour avoir trop enrichi l'acajou de sa chambre à coucher d'un bronze de nouvelle invention. Le triple alliage du cuivre, du zinc et de l'étain exhalait des miasmes pernicieux dont l'influence, encore mal combattue, nuisait surtout à la santé des ouvriers qui le manipulaient; mais on aurait eu tort d'en dire autant des nouveaux meubles faits de cet arbre innocemment rapporté d'Amérique par La Fayette avec la République. Empoisonnée par ces jouissance du luxe, Mme des Tillières laissa une fille unique, dont une religieuse resta la gouvernante; le fils du duc d'Osmond épousa en cette demoiselle la plus riche héritière de France et lui prêta, en revanche, le nom brillant que ses ancêtres avaient gagné au jeu des armes.

M. de Saint-Foix, trésorier de la marine, avait commandé en l'année 1775 au crayon de Brongniard ce palais d'Italie, que Sobre avait restauré et divisé, sous le Directoire, pour le même propriétaire, s'appelant alors le citoyen banquier Saint-Foix de Carenne, qui n'habitait plus que le devant, et pour un Hollandais, locataire par-derrière.

Le 12 de la même rue était d'abord le retrait d'un jardinier, fermier d'un marais appartenant à Jean-Claude Taboureux, maître charpentier des bâtiments du roi, et attenant au marais des Mallet; on en fit un hôtel au temps où le précité sortait lui-même de terre. Le marquis d'Orvilliers s'en rendit acquéreur trente ans plus tard, et ce pair de France de la Restauration fut au nombre des victimes du choléra en 1832.

Le 16 et le 18, dont l'un au moins nous semble avoir été construit pour Verbecht, sculpteur du roi, furent vendus révolutionnairement; l'acquéreur du premier était le père de M. Théodore Davillier, qui y naquit et qui l'habite toujours. Le fumiste Mozzanino, père lui-même du propriétaire d'à côté, convoitait ce magnifique n° 16; mais, distancé par M. Davillier, il ne gagna que le second prix dans cette course aux enchères publiques, en atteignant au second tour la petite maison du chevalier de Crussol, qui est aujourd'hui surélevée et rebâtie, quoique le premier étage en soit demeuré intact. La spirituelle duchesse d'Abrantès et la comtesse Berthier ont été locataires de Mozzanino; le baron Mackau, père de l'amiral, a rendu le dernier soupir dans la même maison, et le peintre Viardot l'habite de nos jours. La crémaillère avait été pendue dans une propriété de ces parages par Pierre Ligné et sa femme, née Saulnier, fils et fille de jardiniers, à moins qu'ils n'y eussent fait leurs choux gras des petits-soupers d'un riche locataire, comme on se le permettait parfois dans la naissante Chaussée-d'Antin. Pour aider à reconnaître cette maison de Ligné, qui était l'aîné de Verbecht, ajoutons que M. Héron en disposait sous Louis XVIII.

Le n° 20 fut aussi une petite maison de grand seigneur, avec un escalier dérobé, tout en glace, qui allait de la cave jusqu'au deuxième étage. Nous y avons revu un petit boudoir, miroir aussi tout de son long, dont la glace, où des fleurs sont peintes, garde pour ainsi dire l'empreinte des charmes de Mme Récamier, qui s'y regardait en pied sous le Directoire. Une baignoire, dissimulée par une trappe et un tapis, était incrustée dans le plancher de ce réduit, qui donne sur le boulevard, et au-dessus se tapit encore une soupente, comme pour servir de refuge en cas de surprise. Maurice Meyer, joaillier de Louis-Philippe et de l'empereur, et dont le père fut le prédécesseur, de même que son fils est son successeur désigné, a ouvert près de ce boudoir des salons regorgeant de parures, où bien des élégantes, en ce temps-ci, s'exposent à l'embarras du choix. On en peut dire souvent autant des admirateurs de ces dames, lesquelles du moins peuvent entrer le front haut, avec leur mari pour tout de bon, dans cet ancien asile du mystère.

De même âge est évidemment la propriété qui fait suite, et dont dispose M. Lenoir, depuis qu'il ne tient plus le café Foy, au Palais-Royal. Puis c'est un autre hôtel, bâti comme ses voisins en rayonnement, par Le Doux, l'architecte des fermiers-généraux.

Le 26, dont le territoire n'est pas le seul qui ait dépendu autrefois du couvent des frères mathurins, est principalement occupé par la maison Odiot, qui a quitté le quartier Saint-Honoré en 1840. Le père du chef actuel de cette maison de commerce patriarcale, la devait à Jean-Baptiste Odiot, reçu orfèvre en 1785, lequel figure, comme colonel de la garde nationale, dans un fameux tableau d'Horace Vernet, auprès du maréchal Moncey, le défenseur de la barrière Clichy. En remontant toujours, nous trouvons une lacune dans cette succession de père en fils qui fait remonter à l'époque de Colbert la fondation de la maison: l'*Almanach des Arts et Métiers* pour l'année 1769 ne cite pas d'Odiot qui fasse à cette date partie du corps de l'orfévrerie. Mais le 27 mars 1756

Pierre Odiot, fils de Jean-Claude Odiot, avait été reçu maître par la corporation, et le jour même où Jean-Claude, en 1754, s'était pourvu de la maîtrise, son père, Jean-Baptiste-Gaspard, avait passé grand-garde, après quinze ans de grade comme garde ordinaire et trente-quatre de maîtrise. Celui-ci avait assisté, en qualité de garde en charge, à la pose de la première pierre de la *Maison commune et bureau du Corps des marchands Orfèvres et Joailliers de la ville de Paris*, et nous retrouverons cette maison en son lieu. Plus haut encore il faut chercher le chef de la dynastie qui, depuis l'année 1679, gouverne la même maison de commerce.

Les n°s 32, 34, 36, 40, 42 et 44 furent édifiés, sous le règne de Louis XV, par la famille du fondateur du passage Sandrié; Charles Sandrié, maître-maçon, entrepreneur des bâtiments du roi, n'occupa que la dernière de ces maisons; Brunet, son gendre, président à Versailles, habita l'avant-dernière. Une dame napolitaine, fort à la mode sous Louis-Philippe, Mme Giccioli, demeura aussi au 42, où s'est retirée depuis une tragédienne, Mlle Georges Weymer. MM[lles] Duchesnois et Georges, les deux rivales, avaient justement fait leurs débuts au moment où la vieillesse de Mlles Clairon et Dumesnil touchait, dans la retraite, au terme fatal. C'est à Mlle Georges que revient l'honneur d'avoir vu l'empereur de plus près que Talma lui-même ne le vit. L'entrevue la rendit si fière qu'elle s'en crut le droit de demander, séance tenante, un portrait pour souvenir; mais Napoléon dit froidement, en lui montrant le côté face d'une pièce de quarante francs : — Vous l'avez là.

Aussi bien le premier-consul n'avait pas attendu l'Empire pour trouver le Louvre trop étroit. Des artistes étaient logés dans ce palais depuis François Ier; mais de bonne heure Napoléon rompait avec cette tradition de royale hospitalité, en donnant leur congé au peintre Vernet, à l'orfèvre Bapst et à d'autres artistes, dont les ateliers s'y trouvaient. Bapst, dont l'emplacement au Louvre attiendrait au pavillon Mollien actuel, était l'élève de Boehmer, ce joaillier de Marie-Antoinette, innocemment mêlé à l'affaire du Collier ; c'était aussi le gendre et le successeur de Ménier. Les MM. Bapst de notre époque sont fils et petit-fils de celui dont nous venons de parler. Leur maison a quitté le quai de l'École en 1849, pour la la rue que nous interrogeons présentement, où elle enrichit le 42. Les joailliers de cette famille ont été fournisseurs de la Couronne sous Louis XVI, Louis XVIII, Charles X et Louis-Philippe. Les sculptures qui décorent leurs salons sont un legs du président Brunet.

Passons l'ancienne demeure de Sandrié, voici derrière une grille et une charmille un petit restaurant, fréquenté à la fois par des gourmets, amateurs du confort qui ne met pas le désordre dans leurs dépenses, et par de simples artisans. Le rudiment de cet immeuble, qui appartient au général tunisien Sidi-Mahmoud-Ben-Ayet, date aussi du règne de Louis XV ; une dame russe, la comtesse Bruce, y faisait les honneurs de ses salons il y a cinq lustres.

Le reste de la rue Basse-du-Rempart est trop moderne pour que nous y retrouvions le ci-devant 68, maison où le compositeur Blangini avait succédé, comme locataire, à la Duthé. Cette Rosalie Duthé, courtisane célèbre, contemporaine de la Guimard, avait débuté à l'Opéra comme *espalier* ; elle avait tout juste le talent et l'esprit d'une figurante, mais elle était si belle que nulle ne l'effaçait dans les réunions de la petite maison de Soubise, cour galante de la rue de l'Arcade. Son luxe coûta cher au duc de Chartres, au comte d'Artois, et puis à des Anglais, quand elle eut émigré à temps. Le duc de Bourbon-Condé lui rendait encore des visites, comme ami, dans le dernier hôtel qu'elle habita, au boulevard des Italiens, vis-à-vis la rue de Choiseul ; elle y mourut l'année 1820.

Un hôtel plus ancien laisse encore moins de ses nouvelles à l'extrémité de la rue Basse, qui lui dut de s'appeler chemin de Chevilli avant de prendre le nom du rempart élevé sous Louis XIII entre la porte Saint-Honoré et la porte Saint-Denis. Déjà une fois, en l'année 1720, on essaya de supprimer ce chemin ; mais il fit tellement faute que bientôt on le rendit à la circulation. Comme il n'était permis d'avoir que des portes dérobées sur le boulevard, la rue Basse n'en venait que plus utilement en aide à cette voie plantée d'arbres, qui s'accommode si mal des portes cochères. Comment un dégagement, jugé indispensable sous la Régence deviendrait-il une superfluité, maintenant que l'ancienne promenade est sillonnée par mille fois plus de voitures et de haquets ? La propriété foncière se divisait dans notre rue, d'après un petit plan tracé à la plume en 1726, de la façon suivante :

1º un serrurier, bâtiments et jardin (à la place de la pharmacie Planche) ; 2º un taillandier, bâtiments et jardin ; 3º un charron ; 4º chantier de Sandrié, charpentier ; 5º marais à Marie Ligné, maître-jardinier ; 6º maison au même ; 7º maison et jardin à M. d'Olivet (à la place de la maison Odiot) ; 8º un charron ; 9º un charpentier ; 10º un menuisier ; 11º un renfoncement en demi-cercle devant une ouverture, qui nous paraît l'entrée du passage ; 12º grand marais à Baudin, jardinier ; 13º Leroy, jardinier ; 14º un autre jardinier ; 15º marais à M. Pinon de Quincy, s'étendant jusqu'à la rue de Suresnes.

Reste à savoir si le M. d'Olivet qui figure au tableau était ou n'était pas l'abbé Thoulier d'Olivet, grammairien et l'un des quarante.

Pierre Ligné et Marie-Anne Saulnier avaient acquis du nommé Silvois deux arpens de terre en marais le 5 février 1714. Une sentence de la grande voirie de Paris permettait, le 9 mai 1752, à Ligné, Verbecht, Sandrié l'aîné et autres propriétaires riverains du passage Sandrié, de faire mettre des pieds-droits de porte charretière, pour la fermeture d'icelui.

Une pension, dont les élèves suivaient les cours du lycée Bonaparte, collége Bourbon, marqua dans le passage Sandrié, ou elle fut successivement dirigée par MM. Savary, Vertut et Darragon. Il s'y trouve encore un jeu de paume, le dernier de Paris qui survive à tant d'autres ; mais il est de création moderne.

Rue de la Manutention,

NAGUÈRE

Basse-Saint-Pierre. (1)

Melle Dumesnil. — Perrin. — M. Lorain. — Le Dr Duval. — M. Delamarre. — Le Dr Bouvier.

Melle Dumesnil, de la comédie-Française, eut pour maison de plaisance le n° 42 de la présente rue Basse-Saint-Pierre, où avait été l'orangerie royale, avant la prévôté royale de Chaillot. Marie-Françoise Dumesnil, née en 1713 dans notre ville, était de taille moyenne, et d'un physique sans ampleur ; sa nature dérangeait trop vite la rectitude de maintien qu'on prend le plus souvent, comme un masque, pour s'élever à la dignité d'un rôle tragique ; mais les négligences de sa tenue livraient passage à des éclairs sublimes de vérité, et ce n'était plus une actrice expérimentée qui les dégageait des situations pathétiques, c'était le personnage dont elle éprouvait réellement les passions, au lieu de les traduire. Pour la comédie, en revanche, son talent excellait par le côté sérieux quelle mettait en relief dans les scènes qui ne lui offraient pas l'occasion de toucher, d'attendrir l'auditoire, et son intelligence avait encore du cœur. Melle Dumesnil créa *Mérope*, entre autres rôles, et puis la *Gouvernante* de La Chaussée, l'un des grands-oncles de l'auteur du présent ouvrage. Elle avait un défaut, il faut bien qu'on en passe à l'une des

---

(1) Notice écrite en 1857. Il ne reste plus aujourd'hui de la rue Basse-Saint-Pierre, principalement absorbée par la nouvelle avenue de l'Empereur, qu'un escalier et une ruelle donnant sur le quai. Celle-ci longe la Manutention militaire : de là sa nouvelle dénomination.

gloires de la scène ; mais ce défaut, qui se pardonne difficilement à une femme, était de boire comme un cocher : quand elle entrait en scène, son laquais l'attendait dans la coulisse, une bouteille à la main. Son talent avait besoin de ce genre d'excitation, si mal porté, et elle n'en jouait pas moins comme sa rivale, Melle Clairon, des princesses. Seulement Melle Dumesnil l'emportait dans les rôles de mère. Ne fut-elle même pas trop bonne mère dans la vie réelle ? Du moins elle avait eu un fils, qui devint riche lorsqu'elle cessa de l'être et qui ne lui en montra aucune gratitude. Retirée du théâtre en 1775, avec une pension de 5,000 livres, dont la moitié sur la cassette du roi, elle perdit à la Révolution presque toute cette rente, devenue sa seule ressource ; elle quitta Paris dans un état voisin de l'indigence et ne reçut que plus tard, à Boulogne-sur-Mer, quelques secours du gouvernement consulaire, puis mourut en 1803 dans sa quatre-vingt-onzième année.

Toutefois le fils de Melle Dumesnil, nommé Perrin, passait pour le plus riche habitant de Chaillot, où il pouvait tenir de son père la maison et le jardin dont Melle Dumesnil avait pu n'être jamais propriétaire en titre. Mais celle-ci avait eu pour sûr une maison à elle rue de Buci. L'avarice de ce Perrin portait à croire qu'il avait eu un père prodigue. Il avait rempli un moment les fonctions de maire sous la République, ce qui ne l'empêchait pas d'afficher sous Louis xviii le zèle monarchique et la piété. Il s'en allait vêtu comme le jardinier qu'il avait pour valet de chambre ; mais il dînait souvent en ville chez un parent marié, que deux fois seulement par année il traitait chez Véry, et ces jours-là il changeait de nature en même temps que d'habitudes : — Quand un ladre se déboutonne, disait-il au ménage qu'il régalait, on ne doit pas épargner sa bourse ; commandez, j'ai sur moi deux cents bons louis.

M. Lorin, fils de ces deux invités semestriels et neveu de leur amphytrion, a hérité des biens de son oncle ; dans cette succession, dit-on, il a figuré assez d'or et d'argent pour que M. Lorin en ait rempli trois grands fiacres, après avoir prudemment requis l'assistance de la gendarmerie pour escorter ces véhicules. La résidence de feu Perrin est depuis vingt-trois ans une maison de santé, prévenant ou corrigeant les défauts apparents du corps et dirigée par le docteur Duval ; il y en a vingt-cinq que ce médecin est à la tête du traitement orthopédique dans les hôpitaux de Paris. C'est à M. le comte de Sérincourt que le docteur Duval paie actuellement le loyer des lieux qu'il occupe.

La construction n'y manque pas de grandeur, dans les deux acceptions du mot. Elle abritait sous la Régence, pendant tout où partie de l'année, Maynand, seigneur de Fontenailles, conseiller au parlement de Paris ; elle fut ensuite restaurée pour la famille De Fontenay du Boullay, puis appartint à Bouret de Vézelay, financier qui sans doute n'était un étranger ni pour Perrin, ni pour sa mère. Un jardin magnifique, un air pur, une vue admirable en faisaient et en font encore un charmant hôtel de campagne, dont la haute porte a toujours pour sentinelle un sycomore, plus haut encore, qu'on rajeunit assurément en le traitant de centenaire. Presque rien n'est changé dans les dispositions de l'intérieur et du jardin, depuis Mlle Dumesnil. Mêmes boiseries et bordures, autour des mêmes glaces. Dans les cheminées en marbre de Durance, le feu qui brûle sous le second empire semble avoir été allumé au commencement du premier. Ne dirait-on que l'absente s'y chauffera les pieds tout à l'heure, en revenant de sa répétition ? N'est-ce pas son carosse qu'annoncent bruyamment les deux battants de la porte d'entrée ? Mais au théâtre il n'est plus d'amateur qui se rappelle encore cet interprète, en assistant à la reprise d'un chef-d'œuvre.

La propriété adjacente donnait les Thomé pour voisins à la famille De Fontenay du Boullay. M. Delamarre, savant auteur d'études archéologiques sur l'Algérie, possède cet immeuble, et il y a formé un petit musée des plus intéressants, plus riche dans son genre que tout autre : une collection de chaussures algériennes en fait partie, au nombre de cent paires de modèles différents.

Au dernier siècle, M. Hersemule de la Roche a été maître du 28, qu'on regarde avec justesse comme bâti du temps de Sully. La forme du perron est presque une date. Un plant d'abres en échiquier annonce aussi que le jardin attenant à cet hôtel était d'une importance qu'il n'a pas conservée : un grand parc s'étendait derrière ce quinconce, jusqu'au quai sur un large espace. Mme Albertine Say de Bellecote, baronne du Saint-Empire, vendait cette belle propriété en 1823 à Mme veuve Pérignon, mère de M. Édouard Pérignon, caissier central du Trésor, belle-mère du maréchal comte Dode de la Brunerie. Le docteur Bouvier en a fait une maison de santé, dont la spécialité est aussi le traitement des difformités de la taille : établissement orthopédique ailleurs fondé en 1821.

La rue Basse-Saint-Pierre, rampe qui présente la forme d'un bras à demi-ouvert, s'est nommée des *Egouts* ; elle a aussi été coupée en deux à l'endroit où elle forme le coude, rue Basse-de-Chaillot d'une part, rue Saint-Pierre de l'autre. Probablement la Ville de Paris, qu'on doit considérer maintenant comme un orthopédiste de premier ordre, taillera et rognera bientôt dans les immeubles de cette petite rue anguleuse. Nous sommes venu la confesser à temps.

Rue Basse-des-Ursins. (1)

Chartes des rois Carlovingiens. — Juvénal des Ursins. — Chapelle Saint-Agnan. — Feux d'artifice sous l'Empire. — Tourelle du temps de Dagobert. — Racine. — Le Chanoine Du Marais.

Quittons les mémoires pour l'histoire, en passant de la rue habitée par une actrice du xviiie siècle à la rue Basse-des-Ursins, dont l'origine nous reporte au règne des carlovingiens. Les propriétés canoniales faisant partie de l'ancien cloître Notre-Dame étaient exemptes d'impôt, en vertu d'un édit de Charlemagne. Charles-le-Chauve avait accordé aux religieux de Sainte-Marie, qu'il y avait trouvés tout établis, la possession entière et perpétuelle de leur cloître, confirmée après cela dans une charte obtenue du roi Charles-le-Simple par Théodulphe, évêque de Paris. Lothaire, à la fin de son règne, avait complété l'œuvre de ses prédécesseurs, en permettant aux frères de Sainte-Marie de vendre et d'échanger leurs biens ; de plus, à la prière d'Emma, sa femme, du duc Hugues (plus tard Hugues-Capet) et de plusieurs prélats, sa royale munificence, avec le contre-seing de son fils Louis, avait gratifié de plusieurs villages les mêmes religieux. L'évêque Eliscard, dès ce temps-là, avait formellement consenti à ce que leurs propriétés fussent séparées de son domaine. Les Valois, à leur avénement, n'auraient pas pu se rendre à Notre-Dame par la rue Basse-des-Ursins, qui ne se dégageait encore du port Saint-

---

(1) Notice écrite en 1857. La rue Basse-des-Ursins n'était pas encore raccourcie de quatre maisons et, par conséquent, ne finissait pas à l'angle de la rue de la Colombe.

Landri que sous la dénomination de « grant rue de Saint-Landri-sur-l'Yaüe ; » elle se nommait au xvie siècle rue Basse-du-Port-Saint-Landri du côté de la rivière et de l'autre côté rue d'Enfer, probablement à cause du voisinage peu clérical de cette rue de Glatigny qu'habitaient certaines femmes, démons de la luxure.

La rue Basse-des-Ursins n'eut pourtant rien de commun avec la princesse, qui joua un rôle brillant sous Louis XIV par ses intrigues diplomatiques et galantes. L'hôtel dont elle touchait le mur inférieur avait appartenu au personnage du même nom, mais non de la même famille, qui marqua dès le xive siècle. Jean-Juvénal des Ursins, prévôt des marchands, puis chancelier de France, fut dépouillé de ses biens par les Anglais à la mort de Charles VI, et ce vertueux vieillard chercha un refuge loin de Paris, avec sa femme et onze enfants, réduits comme lui à l'extrême indigence. Heureusement la domination étrangère eut une fin, et le fils aîné de Juvénal fut archevêque de Reims, et le second chancelier de France, quand Charles VII, par des victoires, eut reconquis la plus grande partie des provinces de son royaume. On jeta bas en l'année 1563 l'hôtel des Ursins, qui menaçait ruine, mais qui fut encore relevé.

La chapelle Saint-Agnan, bien que son entrée donnât rue de la Colombe, était située dans la rue Basse-des-Ursins, au seuil du cloître Notre-Dame. Sa fondation au commencement du xiie siècle, due à Étienne de Garlande, archidiacre de Paris et doyen de Saint-Agnan d'Orléans, reposait sur la donation qu'avait faite ce dernier de la maison qu'il occupait dans le cloître Notre-Dame et de trois clos de vignes, dont deux au bas de la montagne Sainte-Geneviève et l'autre à Vitry. Du consentement de l'évêque, Étienne y avait établi deux titulaires qui se partageaient sa prébende canoniale, qui avaient place au chœur comme au chapitre, à Notre-Dame, et qui desservaient à la fois la chapelle et la cathédrale. On n'officiait d'ailleurs à l'autel Saint-Agnan que le 17 novembre, jour de la fête du patron. L'abbé Lebeuf rapporte que saint Bernard, ayant prêché en pure perte des écoliers de l'université de Paris, vint en gémir dans cette chapelle, implorer les grâces du ciel pour ces jeunes pêcheurs endurcis, du vivant d'Étienne de Garlande. Or ce même édifice, aussi vieux qu'oublié dans la Cité, n'a pas réellement disparu ; déjà, lors de sa construction, les deux maisons voisines s'appuyaient sur ses murs solides ; aujourd'hui, la moitié de ses arceaux et piliers se retrouve chez un marchand de bois, scieur de long, 19, rue Basse-des-Ursins ; cette arcature qui se cache supporte une maison déjà vieille, dans une glace de laquelle un boulet, parti de la place de l'Hôtel-de-Ville en juin 1848, s'est fait un passage étoilé. Quel Pompéï que la Cité, sans qu'il y ait toujours besoin de fouiller le sol ! Comment n'y resterait-il absolument, près la rue de Glatigny, que le souvenir de l'hôtel des Ursins ? La sciure de bois ne ronge pas, comme le ver ; elle conserve mystérieusement les débris utilisés de cette chapelle du moyen-âge, au patron de laquelle tient lieu de nimbe un stigmate de guerre civile.

De l'autre côté de la rue Basse, quoique près celle de la Colombe, le marquis de Soisy avait deux maisons sous Louis XV.

Le n° 17 donnait autrefois sur le port Saint-Landri, à coup sûr le plus vieux de la ville. Un teinturier occupe cet ancien logis de chanoine, devant lequel on ne devait pas bâtir. Si une construction s'est élevée en face, ce n'a pas été sans procès ; seulement les conventions à cet égard étaient de tradition, sans titres bien réguliers à leur appui. C'est à la porte du n° 17 qu'on tirait les feux d'artifice sous l'Empire, en regard de l'Hôtel-de-Ville, et cet édifice fut plusieurs fois reproduit, comme s'il eût passé l'eau, par la pyrotechnie de Ruggiéri, quand ses fuséens avaient épuisé leur provision de fusées, de fusilettes, de serpenteaux, de bombes et de chandelles romaines, mais avant le bouquet.

Une tourelle du temps de Dagobert est encore debout dans la cour du n° 9, dont la porte principale ouvre sur la rue Chanoinesse, et toutefois la maison accuse le style de la Renaissance ; un escalier a pour cage cette relique de pierre et finit à une plate-forme, d'où la vue s'étend presque aussi loin que des tours Notre-Dame. Il y avait autrefois deux tourelles, au lieu d'une. Dans la cour une vigne vierge étend, comme le Briarée de la fable, ses cent bras, depuis trois cents ans, sur une muraille élevée, qu'elle survêt de rides saillantes. Il est vrai que la verdure tâche à cacher ses stigmates du temps pendant les beaux mois de l'année. L'abbé de Reyglen, chanoine titulaire de Notre-Dame, était propriétaire, avant la grande révolution, de ce bâtiment à deux faces, l'une valésienne, l'autre mérovingienne.

L'hôtel qui touche celui-là n'a, comme ses voisins, qu'une porte de sortie sur la rue Basse-des-Ursins; mais cette ouverture, dans le principe, servait aussi d'entrée, si même elle n'était pas unique. Un escalier, pourvu de son large balustre en bois, va nous aider lui-même à remonter au siècle de Louis XIV, qui l'a vu naître. Frappez à cette double porte, qui est certainement du même âge, sur le palier du second étage : là finira votre illusion, car bien des locataires, depuis l'année 1648, y ont succédé à Racine. Il y a dix ans encore, l'appartement du poète avait gardé l'aspect de l'époque où il acquérait de si grands titres à la notoriété ; mais les boiseries tombaient en désuétude. La maison elle-même a été renouvelée, dans la partie qui donne rue Chanoinesse et qui était restée canoniale malgré le séjour de Racine ; en effet, ce corps de logis fut rebâti en l'an xi, par ordre du préfet de police. Le chanoine Du Hautier était propriétaire de l'immeuble en 1782, et avant lui c'était l'abbé de Palerme, également chanoine, qui avait très-bien pu dans sa jeunesse connaître l'auteur d'*Athalie*.

Outre que les chanoines pouvaient vendre leur maison, et à plus forte raison y recevoir des locataires, le passage de Racine dans l'ancien cloître Notre-Dame nous rappelle qu'il avait failli, au début de sa carrière, entrer dans les ordres. Il s'en était fallu de moins encore que le poète ne devînt avocat, et il plaida au moins une cause, avant de composer les *Plaideurs*. Boileau, Furetière, Chapelle, Racine et autres se réunissaient fréquemment chez la veuve Bervin, au Mouton-blanc, auberge qui existait encore il n'y a pas longtemps place Saint-Jean, et c'est à ce couvert qu'on donnait en *pensum* aux convives qui avaient commis quelque infraction à l'esprit ou à la gaîté, tant de vers à lire sur-le-champ de la *Pucelle* de Chapelain. La comédie des *Plaideurs* y fut écrite de premier jet, à moins longs traits que ceux du gobelet de Chapelle, qui craignait le moins de rester sous la table, et M. de Brilhac, conseiller au parlement, remit ensuite le poète sur la voie des termes de Palais, que l'avocat d'un jour avait jetés aux orties, encore plus vite que sa robe. Quelques personnes se reconnurent dans l'Intimé, Chicaneau et Mme de Pimbesche, ce qui contribua sans doute à empêcher que le sel attique de la pièce fût goûté dès la première représentation ; vint la seconde, et ce fut bien pis, car elle détourna les comédiens de l'hôtel de Bourgogne d'aller jusqu'à ce nombre trois, qui plaît aux dieux, mais qui ne suffit pas encore aux poètes. Molière était pourtant parmi les spectateurs, et il disait tout haut que ceux qui se moquaient méritaient qu'on se moquât d'eux. Par hasard, à Versailles, on donna cet ouvrage, après une tragédie, devant le roi, qui se montra de l'avis de Molière, car il partit au premier acte d'un éclat de rire, qui ne finit qu'avec la pièce. Les comédiens, flattés de ce suffrage inattendu, prirent immédiatement trois carrosses et tombèrent la nuit rue Basse-des-Ursins, chez Racine, pour qu'il en reçût la nouvelle toute chaude ; les gens du voisinage, réveillés en sursaut par ce tapage nocturne des voitures, des coups de marteau et des exclamations de l'impatience, se mirent aux fenêtres et commencèrent par croire qu'on venait arrêter le poète ; mais, bientôt rassurés par l'explosion d'une joie involontairement communicative, ils se mettaient eux-mêmes à applaudir, comme s'ils venaient d'assister à la représentation de gala. L'année suivante, sur l'ordre de Colbert, l'auteur reçut 1,200 livres de gratification ; il avait alors trente ans.

Le 5 et le 3, encore plus à proximité de la maison d'Héloïse et d'Abeilard, qui nous occupera ailleurs, sont reliés aux maisons dont nous venons de parler par un air de famille, qu'explique leur origine pareille. Le chanoine Du Marais avait acheté le 5 sous le règne de Louis XVI, et en 1805 il passa à la mère de Mme Boulard, propriétaire actuelle. Il y avait une chapelle dans la maison Du Marais.

Place de la Bastille. (1)

Les prisons, ce porte-respect dont l'unité de pouvoir a fait le monopole légal du souverain, étaient éparpillées jadis dans toutes les maisons seigneuriales, dont le droit de justice haute et basse avait pour dernier mot le pilori et le gibet. Toutes les juridictions, même du ressort féodal ou du ressort ecclésiastique, avaient une origine ou une sanction royale, plus encore que le droit de propriété; quoique les rois eussent fait tant et tant de concessions territoriales ; mais ils n'ont consenti à perpétuer pour leurs sujets la faculté de posséder, lorsqu'elle s'est divisée à l'infini, qu'en ressaisissant pour eux seuls le pouvoir de faire rendre la justice en leur nom, autrefois attaché aux fiefs qui tenaient au sol. De même, qu'un gentilhomme, avant 89, ne sortait pas sans épée au côté, de même au moyen-âge il n'était pas de château-fort, pas de fief, pas de couvent qui n'eût ses culs de basse-fosse, comme le Châtelet sa geôle. Depuis Henri IV, par exemple, les rois de France ont prodigué à pleines mains les titres, les honneurs, les crachats et les rubans, qui ne coûtent jamais le diable, mais aussi l'argent de leurs sujets, parce qu'ils n'avaient plus de terres à donner en récompense des bons et loyaux services; à la faveur de ces munificences, peu à peu ils ont ressaisi de droit divin celui de justicier, sans toucher presque à la propriété, si ce n'est indirectement. Les lettres de cachet n'ont été qu'une transition indispensable, dans ce lent et curieux mouvement de réaction. - Seulement cette impulsion royale com-

(1) Notice écrite en 1857.

mençait réellement à perdre la vigueur que le génie du cardinal de Richelieu lui avait imprimée un siècle et demi auparavant, quand la révolution française, en reprenant la même initiative, sous la forme d'un terrible revirement, vint faire plus pour la monarchie que Richelieu et Louis XIV.

D'un rempart, élevé d'abord pour la défense de l'hôtel royal de Saint-Paul, la politique du bon plaisir avait fait une prison d'État, la plus forte, la plus grande et la plus proche, la seule peut-être dont les rois eussent toujours gardé la clef ; le peuple a renversé cette citadelle, avec le concours de bien des gentilshommes et aux applaudissements de presque tous les autres, aussi bien que de la compagnie irrégulière des jaloux chansonnant la cour ou la harcelant de libelles, qui avait été, elle aussi, justiciable de la Bastille.

Puis la monarchie est tombée, avec les privilèges de la noblesse et du clergé, dans une hécatombe sans pareille. Mais les constitutions de 1791, de 1793 et de l'an III avaient beau se promulguer au nom du peuple souverain, cette périphrase ingénieuse sauvegardait un principe dans un mot de l'ancien régime. Etait-il possible que la royauté ne relevât pas la tête, dans un pays qui a toujours traité d'anarchique ce qu'ont fait les parlements eux-mêmes pendant les interrègnes ? Une fois la crise passée, le premier souverain qui reparut se sentit bien débarrassé, car on avait fait table rase de toutes les concessions que s'étaient laissé arracher plus de soixante rois qui l'avaient précédé. Tant y a que leur titre ne lui suffisait plus.

En 1830 et en 1848, le rêve a moins duré ; le réveil n'a pas été autre. Une colonne d'action de grâce était bien due au génie révolutionnaire qui se borne à changer les dynasties ; Louis-Philippe avait raison de l'élever, une charte nouvelle à la main, sur l'emplacement de la prison dont la démolition avait entraîné l'abrogation définitive d'une quantité d'anciennes chartes.

N'ayant pas à écrire l'histoire des monuments renversés ou à renverser, rappelons de préférence que la place aujourd'hui nommée de la Bastille s'appelait tout simplement, avant la grande journée du 14 juillet, place de la Porte-Saint-Antoine. Puis revenons à nos moutons, c'est-à-dire aux maisons dont les toitures, hérissées de cheminées, moutonnent à perte de vue, sous les yeux du curieux qui contemple Paris du haut de la colonne de Juillet. Les révolutions trop souvent ont renouvelé les arbres d'alentour ; mais les jours de tranquillité dont elles ont été suivies ont largement permis d'y remplacer les vieilles maisons par des neuves.

Parmi celles qui datent d'avant la prise de la Bastille, nous ne remarquons guère que le 6, le 10 et le 12. La maison du n° 10, construite sous Louis XVI sur des terrains ayant appartenu aux religieux de l'abbaye Saint-Antoine, fut confisquée à la Révolution et vendue à Jean-Jacques Arthur en 1792 ; mais il paraît que l'acquéreur paya mal, ou se trouva du moins débiteur de l'État à un titre quelconque, car la propriété lui fut reprise et remise en vente le 25 brumaire an v. Le côté qui fait angle sur la rue de la Roquette est d'une construction plus récente que le reste ; mais le canon et la mitraille des journées de juin 1848 n'épargnèrent pas plus cette encoignure que la façade regardant la place, et il fallut remettre à neuf toute cette maison démantelée. Le café du Bosquet y fut fondé sous Louis XVIII ; sa clientèle n'aime pas l'isolement ; les marchands de ferraille auvergnats du quartier viennent par six, et leurs six demi-tasses de se remplir à la fois jusqu'à ce que chacun ait payé sa tournée de glorias. Le restaurant d'à côté est plus ancien et jouit d'une certaine réputation locale ; Chamarante, qui est à la tête de ses casseroles, n'a pas toujours commandé en chef ; on l'a connu gâte-sauce chez Lefèvre, pâtissier, qui a créé l'établissement. Quant au n° 12, il remonte à 1770, et porte la désignation de cour Damoy ; c'est une cité ouvrière, ou pour mieux dire industrielle, qui commence à la place et finit rue d'Aval, n° 7 ; ces mêmes auvergnats, dont nous vous parlions tout à l'heure, l'habitent en assez grand nombre, et y font le commerce excessivement lucratif des vieux clous de souliers et des ressorts de voiture hors d'usage.

Depuis le milieu du règne de Louis XIV la place séparait la Bastille de l'hôtel royal des chevaliers de l'Arquebuse ; mais elle s'appelait encore de ce côté rue de la Roquette.

Rue de Morny,

NAGUÈRE

d'Angoulême-Saint-Honoré. (1)

La Ceinture de Sainte-Opportune. — Mlle Contat. — Mme de Luçay. — Un Anglais.

Il était rare autrefois, j'aime à le croire, que la main d'un vilain s'élevât jusqu'à la ceinture de la reine ; sous ce nom, la reine a toutefois daigné appliquer à sa toilette un droit prélevé sur les marchandises arrivant à Paris par eau. La ceinture des chanoines de Sainte-Opportune était leur censive. La zône semi-circulaire de ce fief autour du Paris de la rive droite passait entre les rues actuelles d'Angoulême et de Berri. De là vient, entre beaucoup d'autres, le témoignage déposé le 19 janvier 1587 ès-mains du bailli dudit chapitre de Sainte-Opportune par *révérend père en Dieu messire Pierre de Gondy, évesque de Paris, abbé de Saint-Magloire, conseiller du Roy en son Conseil privé, qui confesse et déclare que, à cause de sadicte Abbaye annexée à son dict évesché, il est détempteur et propriétaire de dix arpens de pré et une pièce entre Chaillot et*

---

(1) Notice écrite en 1856. M. de Morny n'était pas encore duc ; il remplissait les fonctions de président au Corps législatif. La survivance de son nom a été donnée à une rue qu'il avait habitée. Plus récemment encore la rue de Morny a franchi les Champs-Élysées, pour se prolonger jusqu'aux nouvelles avenues de l'Empereur et d'Iéna.

le Roulle, tenant d'une part audict sieur Évesque, d'un bout à la chaussée du Roulle, etc.

Le comte d'Artois était devenu propriétaire de l'ancienne pépinière de l'ancien chemin du Roule, lorsque son frère Louis XVI lui permit, en 1777, d'ouvrir une rue sous l'invocation de son fils aîné, le duc d'Angoulême. Précisément à cette époque, l'actrice Louise Contat était reçue à la Comédie-Française ; le comte d'Artois lui fit bâtir, à l'angle des Champs-Élysées, dits alors par-là le Grand-Cours, un magnifique hôtel, sur le dessin de Chalgrin, architecte du roi et premier architecte de Monsieur, avec un plafond peint par Barthélémy. L'hôtel est toujours debout, mais le jardin n'est plus aussi grand qu'à l'origine : le baron Roger y demeure. La grâce et la finesse de la Suzanne du *Mariage de Figaro* s'alliaient, chez Mlle Contat, à la noblesse de maintien et à l'élégance coquette de Célimène. Cette belle personne faisait des vers, qui ne furent jamais publiés ; du reste, elle épousa un Parny, neveu du poète Parny. La reine ayant fait prier cette comédienne distinguée, en 1789, de jouer la *Gouvernante*, elle parvint à apprendre le rôle en vingt-quatre heures, ce qui lui fit dire au foyer : — Le siége de la mémoire est dans le cœur.

Mlle Contat a cessé de vivre sous l'Empire. Son ancienne demeure est devenue hôtel Marescalchi et ambassade d'Italie, bien avant de passer, sous le règne de Louis-Philippe, la résidence du comte de Flahaut et du jeune Morny, son fils naturel. M. de Flahaut y avait déjà assisté, comme invité, au bal masqué que le comte Marescalchi avait donné en 1809 à Napoléon, et les autres beaux de cette grande fête étaient MM. de Beausset, de Brigode, de Montesquiou, de Septeuil, de Canouville, de Pourtalès et de

Ponte-Corvo ; les belles : Mme de Barras, la comtesse Regnault de Saint-Jean-d'Angély, la duchesse de Bassano, la duchesse d'Abrantès, la princesse de Neufchatel, la comtesse Français, Mme Duchâtel, la duchesse de Rovigo, Mlle de Colbert, la princesse de Ponte-Corvo, Mme de Couizy, la reine de Naples, et d'autres jeunes femmes éblouissantes qui depuis..... Mais les dates sont impitoyables, et les splendeurs d'une autre cour impériale empêchent de porter le deuil de son aînée.

Le n° 40 de la rue d'Angoulême est un hôtel bâti pour la comtesse de Luçay, première dame d'atours de l'impératrice Marie-Louise : il appartient maintenant à Mme la marquise de Préaulx. Mme de Luçay a inauguré également un château élevé vers le même temps dans la vallée de Montmorency et maintenant résidence d'été de S. A. I. la princesse Mathilde.

Une cité ouvrière occupe, de l'autre côté de la rue, les anciennes dépendances d'une maison dans laquelle s'est exploitée une taverne anglaise, à l'usage des nombreux jockeys et grooms de ce quartier à grandes guides. D'autres quartiers marchent, celui-là roule : on y compte plus d'Anglais que de Français, plus de chevaux que d'hommes, plus de phaétons et de wurtz que de maisons. L'origine de ce n° 45 dont Glorian, fumiste, est propriétaire, remonte à plus d'un demi-siècle. C'est justement un fils d'Albion qui fit bâtir l'hôtel, d'abord isolé. Ses excentricités étaient connues et goûtées dans les boxes du voisinage : il était allé au Brésil, avec un bâtiment chargé de marchandises, pour y gagner d'un seul coup un million ; par malheur, dès qu'il eut embarqué son nouveau trésor pour retourner en Angleterre, le spleen voulut être du voyage ; pour combattre ce spleen, il but et il joua tant à bord qu'il y dépensa deux millions, dont une forte somme sur parole.

Sous la première république, sous le premier empire et sous la seconde république, on a appelé cette voie rue de l'Union. Quelque temps même, après juillet 1830, on essaya de la baptiser rue de la Charte; mais l'ancien nom depuis a prévalu, et en effet il nous rappelle une galanterie princière, toute française, sous les auspices de laquelle est placée une rue pour ainsi dire britannique.

Place et rue d'Angoulême,

NAGUÈRE

d'Angoulême-du-Temple. (1)

Le Chevalier de Crussol. — Chapard. — Le Vin du Ministre de la Guerre.

Les Crussol sont une ancienne famille, identifiée à celle d'Uzès. Alexandre-Emmanuel chevalier de Crussol, capitaine des gardes du comte d'Artois et administrateur du grand-prieuré de France, dont ce prince était grand-prieur, présida à l'ouverture des rue et place d'Angoulême au Marais, sur des terrains appartenant au Temple. La place était le lit de l'ancien fossé de la ville. Le premier pavé fut posé aux dépens du grand-prieuré, et il fut déclaré que les constructions y seraient exemptes du logement des gardes-françaises et suisses, ainsi que des droits de voirie. La rue n'était encore bâtie, que çà et là quand un riche financier s'y installa dans son hôtel, n° 8. Il ne reste plus qu'une portion du jardin qui attenait à cette propriété, un nouveau corps de bâtiment s'étant élevé sur le reste.

La place d'Angoulême figure la moitié d'une tour creuse ; deux bâtiments réguliers la composent et se séparent pour livrer passage à la rue. L'une de ces deux maisons appartenait

---

(1) Notice écrite en 1856. La rue d'Angoulême, qui n'ajoute plus rien à son nom patronymique depuis qu'elle en partage le monopole avec la place qui lui appartient, se prolonge maintenant jusqu'au boulevard ci-devant extérieur, ou peu s'en faut. Elle est traversée dans son ancien parcours par le nouveau boulevard du Prince-Eugène et par le nouveau boulevard Richard-Lenoir, qui couvre et borde le canal Saint-Martin.

d'origine, aussi bien que la maison adjacente de la rue des Fossés-du-Temple, à Daniel Aubert, peintre et sculpteur, qui demeurait aux Petites-Écuries du roi. L'autre a été postérieurement hôtel du général Saint-Hilaire : dix soldats pouvaient monter de front son escalier. Mme Morin y a fondé ensuite, à l'enseigne du *Capucin du Marais*, un restaurant, que tient depuis lontemps Chapard, son gendre. Chicard y a donné quelques-unes de ses fêtes nocturnes, dans le temps qu'à duré la régence de ce dernier des princes du carnaval. Les repas et les bals de noces demeurant la spécialité de la maison, le violon et la trompette Sax s'y font entendre plusieurs fois par semaine, et vingt petites actrices des théâtres du boulevard, qui couchent par-là, pourraient s'en plaindre; mais elles s'en gardent. Les reprises de l'orchestre font tressauter l'amour, sans qu'il s'en fâche, dans les nids où le sommeil est purement accessoire !

Pendant plusieurs années, le restaurant Chapard avait une succursale à l'école de natation du quai d'Orsay ; c'est lui qui défrayait de verres d'absinthe et de bifsteacks les consommateurs en caleçon et en peignoir de ces bains en Seine courante. Le maréchal de Saint-Arnaud, n'étant encore que ministre de la guerre, était l'un des Tritons les plus assidus que Chapard y servit. Le vin que préférait le maréchal, et dont il vidait deux flacons, n'était rien moins que du Saint-Péray. D'autres affectionnent ce vin à l'état mousseux et frappé ; plusieurs le veulent sec, mais frappé : Saint-Arnaud le demandait sec, sans robe de glace. De là vient qu'aujourd'hui encore, dans les repas de corps du salon-rond et dans les déjeûners en tête à tête, chez Chapard, l'habitué se fait comprendre à demi-mot en disant au garçon : — Servez-nous une bouteille de vin du ministre de la guerre.

Rue de Nesles,

NAGUÈRE

d'Anjou-Dauphine. (1)

Nos 2, 3, 8, 13.

En l'année 1607, cette petite rue reçut le double nom de prince et de princesse qui la fait rue hermaphrodite. Plusieurs de ses maisons existaient déjà de longue date, notamment le n° 8, qui, depuis 1788, est le siége de la Société polymatique, et qui passe pour avoir appartenu jadis à la reine Blanche. On voit encore, sous le n° 13, le passage souterrain qui conduisait discrètement Marguerite de Bourgogne à la tour de Nesle.

Tout sentirait le moisi dans cette vieille ruelle si, dans le nombre des ouvrières brocheuses qui y travaillent ou qui l'habitent, il n'en restait pas de piquantes, que l'air conservateur d'un autre temps a conservées grisettes. Il n'y a pas que des duègnes et des bossues dans les logements d'une maison que le tassement à contrefaite et que les lézardes ont balafrée, avant de se couvrir d'emplâtres. Il faut pourtant convenir que, pendant la Révolution, le cul-de-jatte Martin, tireur de cartes, paraissait à sa place dans un galetas, sous les toits de ce 8 ou de ce 13. L'escalier

---

(1) Notice écrite en 1856. Depuis est survenu dans la dénomination de la rue un changement, qui rappelle qu'elle avoisina longtemps le grand et le petit Nesles.

de l'étage suprême était étroit et rappelait un mot d'Horace :

Angustam pauperiem pati.

Martin, qui affichait une pauvreté cynique, gagnait néanmoins pas mal d'argent.

La maison de la rue d'Anjou n° 2 montre sur la rue Dauphine, au-dessous de la boutique d'un graveur, un Hercule en terre cuite qui porte un monde en cuivre : cela n'est pas assez mal fait pour qu'on ait eu raison de le cacher sous une couche de peinture verte. Un marchand de drap s'est gratifié de cette enseigne vers la fin du règne de Louis XVI.

Le 3 ne fut-il pas un lieu de rendez-vous pour Henri IV et la belle Gabrielle ? Cette maison, qui fait aussi le coin de la rue Dauphine, a gardé, dit-on, rue d'Anjou l'entrée secrète de l'auguste vert-galant.

En 1714 on comptait, rue d'Anjou-Dauphine, 10 maisons, éclairées seulement par 2 lanternes, comme pour favoriser encore le mystère et l'amour nocturnes, malgré Mme de Maintenon.

Rue d'Anjou (au Marais). (1)

Les Parties casuelles. — M. de Sartines en famille. — Le Mis de Vallière. — Le Cte du Deffant. — La duchesse de Beauvillier. — MM. de Saint-Germain. — Le Cabinet de M. de Sabran. — La Déesse de la Liberté.

L'explorateur zélé que nous avons dû envoyer cinq ou six fois rue d'Anjou, au Marais, n'y a trouvé qu'une seule maison neuve, et c'est précisément le n° 7, où l'on prétend qu'était l'hôtel Bertin. D'autres chroniqueurs, il est vrai, le placent au n° 20, qui n'a jamais existé dans la rue. Soubise, prince de Soubise, quelle est la porte dont ton carrosse prenait si souvent le chemin, dans cette rue d'Anjou ? Il est certain que Lemierre, Marmontel, Cailhava, le marquis de Bièvre, l'évêque d'Orléans, Mlle Raucourt, la Guimard et bien d'autres étaient les familiers de l'hôtel des Parties casuelles, où M. et Mme Bertin donnaient la comédie bourgeoise. Ce trésorier, commissaire-général des finances, avait une maison tout aussi éventuelle que les contributions dont le recouvrement le regardait : il recevait un peu de tout, voire même un fort adroit filou

---

(1) Notice écrite en 1856. Il ne s'est produit depuis lors de changements dans la rue d'Anjou qu'au point de vue de la circulation. La petite rue de Beauce, entièrement libérée de ses grilles, la remet en communication avec le Temple par la rue de Bretagne et la relie au marché des Enfants-Rouges par la ruelle des Oiseaux. De plus, la ruelle de Sourdis n'est plus fermée ; elle mène, en faisant coude, jusqu'à la rue Charlot.

qui, en un tour de main, vola un soir toutes les boîtes à mouches de ces dames et toutes les tabatières des invités, réduits à priser au cornet.

Quant à nous, pour faire les honneurs de cette maison hospitalière, c'est au n° 6 d'à présent que nous entrons. Nicolas de Bautru, qui en jouissait sous le ministère de Colbert, s'était rendu adjudicataire en l'année 1643 : son prédécesseur était Jean Colon, conseiller au parlement. Après Bautru, comte de Nogent, maréchal-de-camp, le propriétaire fut Philippe de la Vieuville, grand-audiencier de France, puis Nicolas Lefèvre, trésorier de la maison de la reine Marie Leczinska, lequel vendit en 1740 à Louis-Charles Bertin de Blagny, chargé de l'encaissement général des revenus casuels du roi Louis XV. A la mort de ce financier, membre de l'Académie des inscriptions, le Bertin, secrétaire du roi, qui lui succéda eut compte à faire avec ses frères, Antoine-Louis Bertin, qui avait été mousquetaire, Nicolas Bertin de Morancey, qui avait été capitaine au régiment de Picardie, et avec son beau-frère, Guillaume de Froidefond de Sauvaignau, au nom et comme tuteur d'une fille née de son mariage avec feu Anne-Geneviève Bertin. Leur propriété de la rue d'Anjou n'était considérable que parcequ'elle ouvrait aussi rue de Berri (Charlot), où elle ne faisait plus qu'une avec quatre maisons de même provenance.

Cet hôtel a pour frère jumeau le n° 8, dont l'origine était absolument la même quand M. de Mongelas, secrétaire du roi, s'en rendit acquéreur l'an 1696. L'indivision se serait encore maintenue, selon toute probabilité, si Pierre Thomé, écuyer, trésorier-général des galères de France, n'eût pas prêté de l'argent sur les deux maisons au comte de Nogent et à la comtesse, née de Caumont-Lauzun, qui marièrent une de leurs filles au marquis de Biron. M. de Mongelas eut pour héritière sa nièce Mme Coignet, née Hardy du Plessis, et celle-ci eut pour héritiers : Mme Beaumé de la Soulaye, femme d'un colonel commandant en second la Guadeloupe; M. Etienne Hardy du Plessis de Mongelas, consul à Cadix, et Mme de Sartines, née Hardy du Plessis. Le ministre, plus célèbre comme lieutenant de police, qui avait épousé cette dernière, fréquentait beaucoup la maison lorsqu'il y avait des parents par alliance. Depuis environ quarante ans l'immeuble est à M. et Mme Cosson Saint-Charles, et l'ancien bailliage du Temple, dont relevait l'hôtel, ne le vit pas mieux tenu lorsqu'un ministre en était le familier.

Les bâtiments, cours et jardins de la double maison dont nous venons de tracer l'historique, furent marqués par Lacaille en 1714 sur son plan de Paris, *planche XV*, avec la ruelle de Beauce, faisant suite à la rue de Sourdis, pour bordure, et nulle autre des 14 maisons qu'il reconnaissait à la rue, où s'allumaient le soir 8 lanternes, n'avait le même honneur. L'ancien Paris a légué au nouveau, jusqu'à présent, la rue petite et noire de Beauce, qu'il garde précieusement sous plusieurs grilles, dont les clefs sont confiées à un portier-conservateur, payé par les propriétaires riverains.

Le parrain de la rue était Gaston de France, duc d'Anjou, fils de Henri IV, roi qui avait voulu ouvrir une place à l'endroit où Louis XIII fit percer cette rue et plusieurs autres. Mais ensuite, pendant un demi-siècle, on l'appela rue de Vaujour, du nom de la famille qui occupait l'hôtel. Le 16 mai 1667, la baronnie de Vaujour, en Anjou, était érigée en duché-pairie en faveur de Mlle de la Vallière et de Marie-Ange, légitimée de France, sa fille, qui dans la suite fut mariée au prince de Conti. La duché-pairie de Vaujour passa alors à Louis-César La Baume Le Blanc, marquis de la Vallière, qui obtint en 1723 de nouvelles lettres d'érection en duché-pairie, sous le nom de la Vallière, pour lui, ses enfants et ses descendants mâles ; ce La Vallière avait demeuré dans la rue, qui avait repris le nom d'Anjou dès qu'on avait tenu à ne plus mettre en vue celui de Vaujour.

Du même âge que cette voie publique sont ses numéros 3 et 5, qu'un échevin fit construire sur un emplacement qui avait appartenu aux Blancs-Manteaux. Les locataires en faisaient vis-à-vis, dans le temps de Bertin de Blagny, à son voisin, le comte du Deffant. L'hôtel de la duchesse de Beauvillier, rue du Grand-Chantier, donnait en aîle rue d'Anjou, où deux portes le séparaient d'une maison qui en dépendait. Le Caruyer de Saint-Germain, capitaine de cavalerie, avait lui-même une des grandes maisons de la rue, et le financier Forget de Saint-Germain une autre sur la même ligne, au-dessus d'après notre ordre numérique et attenante à la ruelle Sourdis. Les prédécesseurs du financier avaient été la famille Guérapin de Tauréal et Gaspard Dodun, controleur-général des finances, mort en 1678 ; son successeur fut le marquis de Sabran, brigadier des armées du roi, dont on vanta la galerie, principalement composée de tableaux, gouaches, miniatures et dessins de Petitot et de Hall.

Un des immeubles dont nous venons d'ébaucher l'histoire inédite, le 17, peut aussi se féliciter en *a parte* de l'abri bientôt séculaire qu'il prête à un magasin d'épiceries. Sous le règne de Louis XVI, une jeune fille était femme de chambre chez une marquise qui habitait la rue ; le marquis l'éleva jusqu'à lui, et puis en régala un garçon perruquier, dont il fit son mari, en les établissant l'un et l'autre dans les épices. Le peuple, qui n'était pas toujours de l'avis du marquis, trouva cependant, après lui, que l'épicière était un beau brin de femme ; la preuve, c'est qu'il fit d'elle une déesse de la Liberté, à la fête de la Raison. La déesse qui parut ainsi, dans un char attelé de huit bœufs, en tunique blanche, en bonnet prygien, en cothurnes, vit encore ; dame ! elle a bien ses quatre-vingt-deux ans. On la nomme Mme veuve Prévost, et l'épicier-chocolatier a laissé son nom sur la porte.

Rue de la Roquette. (1)

Les Chevaliers de l'Arc. — Les Manufacturiers. — Sedaine. — Le Mis de Montalembert. — Réaumur. — La Pension. — La Maison royale de Plaisance. — Le Couvent hospitalier de la Roquette. — La Folie-Regnault. — Les Prisons. — Les Tombes. — La Fleur des Tombes oubliées.

La compagnie royale des chevaliers de l'Arbalète et de l'Arquebuse, ou de l'Arc, qui en formait primitivement plus d'une, eut Louis-le-Gros pour fondateur. Le nombre des chevaliers fut fixé à 180 par saint Louis, à 200 par Charles V, n'étant encore que dauphin, en l'absence du roi Jean, son père. Charles VI, Louis XI et Charles VIII modifièrent les statuts de la compagnie, en augmentant ses priviléges. Marchand, capitaine des arquebusiers fit construire le pont Marchand sous Henri IV, qui confirma l'institution, comme les quatre rois qu'il eut pour successeurs. Une confrérie de Saint-Sébastien, dont saint Louis avait fait partie, s'était fondue dans cette compagnie.

Ses exercices avaient lieu tous les dimanches, pendant les six plus beaux mois de l'année, et, dans les cas urgents, elle était requise comme troupe réglée. Les prix ordinairement décernés aux plus adroits, dans les réunions hebdomadaires, se composaient de jetons d'argent. Mais, le dimanche d'après la Saint-Laurent, le corps de Ville distri-

---

(1) Notice écrite en 1864.

buait trois prix, gagnés en sa présence. De plus, pour saluer chaque événement heureux, tel qu'avénement, mariage, fête, naissance de prince, victoire ou traité de paix, douze chevaliers allaient complimenter le roi, qui octroyait trois prix pareils à ceux de la Ville, savoir : une médaille d'argent, pesant un marc, et deux médailles équivalant ensemble à la première. A notre avis, le premier jardin des arbalétriers royaux a donné son nom à la rue de l'Arbalète, un des affluents de la rue Mouffetard. Néanmoins, le lieu affecté aux exercices de cette compagnie attenait à l'enceinte de Philippe-Auguste, du côté de la rue des Francs-Bourgeois, en 1379 ; c'était onze années plus tard rue Mauconseil, puis rue Pavée-au-Marais, près les hôtels de Lamoignon et de la Force, et puis en 1604 à l'endroit où se trouve le boulevard Beaumarchais, vis-à-vis l'extrémité actuelle de la rue des Tournelles, mais du côté où donne la rue Saint-Sébastien. Lorsqu'on voulut planter le boulevard, en réservant sur ce point un espace pour élargir la promenade, les chevaliers de l'Arquebuse, en échange de leur terrain, prirent près de là possession d'un chantier de bois flotté, hors et près la porte Saint-Antoine, au coin de la rue de la Roquette : la concession en était faite, le 22 février 1673, par les prévôt et échevins à la compagnie. Elle transforma ce chantier en hôtel royal de l'Arquebuse, et le jardin qui en faisait partie longeait jusqu'à la rue du Chemin-Vert celle de Saint-Sabin.

Les archers de la Ville, dernière transformation des arbalétriers royaux, s'y donnaient rendez-vous encore du temps du parlement Maupeou, leur major étant Pierre-François Bussat, marchand mercier, qui demeurait rue de Bièvre. Au lieu d'un capitaine, ils avaient à leur tête M. le gouverneur de Paris, colonel-né, qui signait les brevets, et ils étaient soumis à la juridiction de la connétablie et maréchaussée de France. Mais bientôt le jardin officiel fut pris à loyer de l'autre côté de l'eau, sur le boulevard, près du Marché-aux-Chevaux. Quant à l'hôtel de l'Arquebuse, livré à la spéculation, il ouvrait son tir à tout le monde, en regard même de la Bastille, comme pour apprendre publiquement à y viser les sentinelles.

Avant l'écroulement de cette forteresse, il y avait dans la rue de la Roquette, du même côté que le tir, mais plus haut, une manufacture de faïence, une de cierges à ressort et une de papiers peints. Du côté opposé : une manufacture de porcelaine, l'hôtel Montalembert, l'hôtel de Bon-Secours et une manufacture de faïence, dont Pavie, en réputation sous la Régence, avait été le chef. Les ouvriers de cet établissement n'avaient qu'un pas à faire pour prendre chez la fille Barbet, à l'image de la Vierge, des repas à 4 sols, et même à 2. Au fond de la rue : le couvent et l'hospice des religieuses de la Roquette.

Les grandes fabriques n'étaient guère plus nombreuses dans cette rue manufacturière l'année 1807. La faïence en occupait alors quatre, celle d'Olivier, (41-43 actuels), et celles de Denis, de Diéque, de Husson ; les ouvriers de Tropper faisaient des poêles et des cheminées à la prussienne ; ceux de Richard, du bleu de Prusse.

Une mansarde pittoresque au-dessus d'un petit rez-de-chaussée, sur la rue, dépend, n° 49, de l'ancienne maison de Sedaine, qui est encore entre cour et jardin. Mais le pavillon de travail du créateur de l'opéra-comique a disparu tout au fond du jardin, devant une rue de son nom. Né dans une famille d'architectes connus, que les biographies disent peu fortunés, et qui pourtant eurent des maisons en ville, Sedaine était lui-même dans la partie et secrétaire de l'Académie d'architecture, tout en faisant de jolies pièces de théâtre. Mais, comme à Scribe, le style lui a fait faute, et l'Institut s'est excusé de lui avoir fermé ses portes en disant : — Il parle français, comme un ancien tailleur de pierre.... Mais la faute, en réalité, qu'expiait alors l'auteur fort distingué du *Philosophe sans le savoir*, c'était l'invocation royaliste qu'on avait tirée, par une touchante allusion, du poëme de *Richard Cœur-de-Lion*, qui avait commencé par lui ouvrir d'emblée l'Académie-française en 1786 :

O Richard, ô mon roi,
L'univers t'abandonne !

Le général Montalembert, auteur de travaux sur les fortifications, contraires à ceux de Vauban, se présenta aussi à l'Institut ; mais il retira sa candidature, pour la section de mécanique, dès qu'il se trouva en présence d'un concurrent qui n'était autre que le général Bonaparte. L'Académie des sciences avait reçu dans son sein, dès 1747, ce marquis de Montalembert, lieutenant-général en Saintonge et en Angoumois, puis maréchal-de-camp, qui avait épousé plus tard Mlle Marie de Comarieu, spirituelle maîtresse de maison. Leur hôtel, contigu à la propriété des religieuses de Bon-Secours de la rue de Charonne, avait appartenu au comte de Clermont : on y jouait la comédie sous l'ancien régime.

M. Girault de Saint-Fargeau nous rappelle que Réaumur habita, rue de la Roquette, un hôtel dessiné par Dulin, et nous apprenons, d'autre source, que le même architecte y construisit en 1708, pour le financier Desnoyers, un hôtel sur la droite, près du couvent de la Roquette. Réaumur, si ingénieux naturaliste et physicien, dont le thermomètre a fait le tour du monde, étudiait la fabrication de la porcelaine : raison de plus pour qu'il se rapprochât de la manufacture de Pavie. Toutefois, en 1720, l'hôtel Desnoyers servait de petite maison au duc de Biron.

A ladite date, Bévière, maître de pension, occupait trois maisons en face, et les religieuses anglaises du quartier Saint-Victor avaient affermé à un marchand de vin et à un jardinier deux propriétés sur la même ligne que l'hôtel, mais plus près de la Bastille. Le 71, maison de plaisance bâtie postérieurement, ne fut pas à Bévière ; mais cet instituteur avait assurément le 93 et le 95, si ces immeubles n'appartenaient pas aux religieuses de la Roquette. Une tradition orale, qui en fait un ancien logis de la reine Blanche, n'est guère justifiée que par un escalier à vis, bien conservé, qui peut dater du siècle de saint Louis. Mais Henri II et Henri IV ont eu, c'est à n'en pas douter, une maison de plaisance au lieu dit la Roquette, et en voilà le reste.

D'autres bâtiments et un terrain, se rattachant au royal pied-à-terre dont nous parlons, furent acquis, sous les auspices de la duchesse de Mercœur, par les religieuses de Notre-Dame-de-la-Charité ; elles y fondèrent une succursale de leur établissement hospitalier, formé en 1624 près de la place Royale et de la rue des Tournelles. Les hospitalières de la Roquette étaient au nombre de 80 en 1690, et alors, avec autorisation, elle se séparèrent, des hospitalières de la place Royale, en devenant les filles de Saint-Joseph. Outre des lits fondés par des paroisses, elles en desservaient vingt, consacrés à des femmes, malades ou valétudinaires, qui payaient, les unes 30 livres par mois, les autres 400 livres par an à vie. Que de fois une convalescente vint demander une chambre à ces religieuses, rien que pour respirer l'air pur de leurs jardins ! L'administration des Hospices prit possession, en l'an III, de leur maison, pour en faire une filature. L'aliénation en 8 lots n'eut lieu qu'en 1823. Le principal corps de bâtiment du monastère hospitalier se retrouve au n° 125, et sa boulangerie au 152, qui attenait à son cimetière. Aussi bien voyez l'éclaircie qu'ont formée le boulevard et la place Saint-Eugène, entre 95-128 et 105-138.

La rue de la Roquette finissait à la rue des Murs-de-la-Roquette ; elle ne s'est prolongée qu'en 1818 jusqu'à la rue de la Folie-Regnault, sur l'ancien territoire conventuel. Au-delà, elle englobe une ci-devant rue Saint-André. Un pavillon de la Folie-Regnault et son orangerie sont encore au 188 et au 192.

Maintenant, cette longue avenue du Père-Lachaise, des corbillards la sillonnent tous les jours et ne se lassent pas de s'y suivre. Elle est flanquée de deux prisons dont ont ne rit jamais, que nous sachions, et pourtant, comme on riait parfois de la Bastille, quand elle se dressait à l'autre bout ! Entre les deux prisons substituées au couvent, on exécute les condamnations capitales depuis 1851. Plus haut, la rue de la Roquette a pour industrie exclusive d'orner les tombes du grand cimetière. Lorsqu'un mort oublié dort sous un petit jardin qu'aucune main ne cultive plus, il y pousse une plante à fleurs jaunes, qu'arracherait un jardinier. Cette plante des terrains incultes est la *roquette,* humble marraine de la rue.

Il doit suffire à la gloire de M. de Roquette, grand-vicaire de Cluny, puis évêque d'Autun, qu'il ait posé à son insu devant Molière, pour servir de type à Tartufe. Le modèle vous paraîtrait même plus que tendre à la tentation, comme dirait Dorine du portrait, si vous ne preniez de la notice consacrée au personnage par M. Lamoureux, dans la *Biographie Michaud,* que ce passage isolé : « Peu de temps avant la mort de la princesse douairière de Condé, il avait favorisé, par un déguisement, l'introduction de sa maîtresse dans Paris. » Une maîtresse déguisée, passe encore ; mais avouée, quel Tartufe pousserait les choses si loin ! Heureusement pour l'abbé Roquette, deux circonstances font tomber le malentendu : il était alors attaché à la maison de la princesse dont on parle, et elle n'atteignit jamais l'âge de Mme Pernelle, mais elle n'était déjà plus jeune quand le grand Condé, son fils, prit parti contre Mazarin. Une épigramme, attribuée à Boileau, parlait des sermons prononcés par M. de Roquette comme elle aurait pu le faire de ses écrits :

> On dit que l'abbé Roquette
> Prêche les sermons d'autrui ;
> Moi, qui sait qu'il les achète,
> Je soutiens qu'il sont à lui.

Rue d'Anjou-Saint-Honoré. (1)

Les Morfondus. — Mme de Polignac. — Le général Lafayette. — Le Mis de Louvois. — La Connétablie. — La duchessse d'Esclignac. — Ses voisines. — La doyenne des femmes de qualité. — Monville et Philippe-Égalité. — Benjamin Constant. — Le dernier d'Aligre. — Le général Moreau. — La fille de Mme Pater. — Ses voisins. — Helvétius. — Mlle Laguerre. — Groupe de Marquis. — Falconet. — Mme de Lavoisier. — M. de Loewenhielm.

Cette rue prend sa source en face de l'ancien hôtel Monbazon, rue du Faubourg-Saint-Honoré, sème de très-beaux hôtels sur ses deux rives et va se jeter rue de la Pépinière, entre une caserne et un chemin de fer. En temps de révolution, si le peuple prend la caserne, les paisibles habitants de la rue d'Anjou, dite autrefois des *Morfondus*, prennent aussitôt le chemin de fer. Jamais le faubourg Saint-Honoré n'a aimé les insurrections... à faire ; mais, une fois les pavés remis en place, il va porter sa carte chez les séditieux de la veille. Il a une si grande habitude d'approuver et de conserver, quant à lui, tout ce qui existe, malgré ses sympathies particulières pour les gouvernements qui donnent les plus beaux bals de cour, qu'il a failli garder la République. Le président Marrast, que toute la rue d'Anjou croyait d'abord le neveu du Marat de 93, avait si bien fait les honneurs de sa table

---

(1) Notice écrite en 1856.

et de ses violons, qu'on en était venu à lui passer beaucoup de choses, notamment de s'être fait passer le fauteuil de M. Dupin, qui recevait mal. Le faubourg Saint-Germain, en général, n'est qu'un dépôt de recrutement pour le faubourg Saint-Honoré, quartier qui, à très-peu d'exceptions près, n'a jamais eu l'ennui de regretter quoi que ce fût. Le faubourg Saint-Germain passe, aux yeux des Tuileries, pour se regretter lui-même, c'est toujours une différence.

Les hôtels séculaires de la rue d'Anjou, bâtie en 1649, sont encore plus nombreux que ceux dont fit mention le *Tableau de Paris* de Saint-Victor, au commencement du présent siècle. Ce livre ne parle, en effet, et encore sans aucun détail, que des hôtels Bauffremont, La Belinaye, Créqui, Contades, Nicolaï, La Rivière et Rouault. Or, au lieu de sept, il en est trente debout, sans compter les maisons de construction moderne. Où trouver, dans les grandes maisons qui se suivent de près, rue d'Anjou, un escalier qui ne soit pas de pierre, une rampe dépourvue de ses arabesques de vieux fer, une fenêtre sans ornement dans le goût de la Renaissance ? Les plus minces portiers, les plus chauves se laissent encore appeler suisses, comme sous la Restauration ; ils reçoivent le facteur à travers leur propre œil-de-bœuf, dont les chroniques au jour le jour ne sont pas plus discrètes que celles de Versailles autrefois. Que dis-je ! un simple vétérinaire saigne ses malades, d'une main sûre, dans un bâtiment armorié.

N° 4 a été l'hôtel Polignac. Armand, frère de Jules de Polignac, le ministre, y a demeuré, aussi bien que la comtesse Diane de Polignac, laquelle avait autant d'esprit que sa belle-sœur était belle. Cette comtesse gouvernait un peu toute la cour de Louis XVI, excepté M. de Vaudreuil, qu'elle avait toujours sous la main. On disait du prudent et galant personnage, dont l'amour n'était pas aveugle :

> Monsieur de Vaudreuil
> N'a pas de taie dans l'œil.

Les jaloux ajoutaient à ce refrain sans chanson : — Mais il a de la poussière sur ses lunettes.

Le général Lafayette a rendu le dernier soupir en 1834, et Magendie, le physiologiste éminent, vingt ans après, à l'hôtel d'à côté. Cette ancienne résidence des Lafayette offre, comme celle des Polignac, un aspect fait pour rassurer sur le sort de ceux qui l'habitent, et bien des sculptures estimables.

Domicile actuel de M. le marquis de Louvois, ci-devant comte de Lassalle, n° 12. Le nom du grand ministre allait s'éteindre si le dernier marquis de Louvois, qui était l'un des plus fervents habitués du théâtre de l'Opéra-Comique, n'avait pas adopté M. de Lassalle. Au reste, feu M. de Louvois s'était déjà trouvé en famille rue d'Anjou : Mme de Souvré et la marquise de Louvois, sa fille, avaient occupé un autre hôtel dans cette rue, passé celle de la Ville-l'Évêque.

En face est la mairie du Ier arrondissement (1). M. Frottin a doublement le droit d'y apposer toujours sa signature sous la suscription : « Fait en l'*hôtel de la Mairie*. » C'était hôtel avant de passer mairie. M. Cottenet, prédécesseur de M. Frottin, y a donné un bal au profit des pauvres qui nous paraît d'autant plus mémorable que la recette s'en éleva à plus de 50,000 francs et que le maire nous avait investi des fonctions éphémères de premier commissaire. Le marquis de Contades, qui fut le doyen des maréchaux

---

(1) Maintenant du VIIIe.

de France, de 1789 à 1793, avait résidé là, et il y avait présidé les dernières audiences du tribunal de la connétablie : la juridiction spéciale des maréchaux de France embrassait ce qui regardait la guerre et le point d'honneur. Ce vieux maréchal de Contades, fils d'un lieutenant-général, était né en 1704. Ses deux petits-fils ont servi dans l'armée de Condé ; l'un d'eux est mort à Angers, maréchal-de-camp et pair de France, en 1833.

L'hôtel Contades avait commencé par être dit de Lorraine, comme si Stanislas Leiczinski, ou son ambassadeur y eût résidé ; mais les initiés d'alors savaient bien n'y rendre visite qu'à Mgr François-Armand de Lorraine, évêque de Bayeux, qui rendit l'âme, âgé de 64 ans, le 9 juin 1728.

Entre la rue de Suresnes et celle de la Ville-l'Évêque étaient les d'Esclignac, dans un hôtel appartenant aux d'Espagnac, qui s'étaient réservé le petit y attenant, rue de la Ville-l'Évêque. Rien n'est changé à l'extérieur depuis le règne de Louis XVI. Le duc d'Esclignac, dont le père avait épousé une princesse légitime de Saxe, était par cette alliance cousin-germain des rois Louis XVI, Louis XVIII et Charles X, tous trois fils d'une dauphine de France, née princesse de Saxe. En 1818, l'avénement du ministère Decazes devait être signalé par la promotion d'une fournée de pairs de France appartenant au parti libéral, et dont faisaient partie MM. Lanjuinais, Boissy-d'Anglas et Fabre, anciens représentants du peuple. — Je signe votre liste, dit Louis XVIII au nouveau gérant responsable du pouvoir aux termes de la Charte ; seulement, j'y mets une condition, c'est que le nom de mon cousin d'Esclignac figurera au-dessus du seing royal.

Tout semblait assurer alors une vie heureuse à la grande dame épouse du nouveau pair : elle avait la beauté, la considération, une bonne santé tout-à-fait plébéienne, avec des parents rois et princes, et 500,000 livres de rente. Mais voyez quel revers avait cette médaille d'une richesse sans pareille ! La duchesse d'Esclignac, depuis que les journaux avaient un peu agrandi leur format, ne pouvait plus en lire un seul sans y tomber sur le compte-rendu d'accidents devenus si nombreux qu'elle en avait peur pour elle-même. Cela corsait si bien les *faits divers* qu'on ne se contentait pas toujours d'y tirer le même sinistre à plusieurs exemplaires, sur la foi de correspondants imaginaires. La duchesse, puisqu'il faut tout dire, croyait aux serpents de mer, n'osait plus manger de champignons et rêvait de chiens enragés. Elle n'avait pas tardé, dans sa frayeur, quotidienne comme les grands journaux, à se défaire de la meute du duc, réduit à emprunter, les jours de chasse, les chiens de Monsieur, comte d'Artois. Ce fut le tour des chats quand elle apprit que l'espèce féline, également, avait à redouter les atteintes de l'hydrophobie : défense aux femmes de chambre de conserver près d'elles le plus soyeux, le plus petit angora ! Les puces aussi, ajoutèrent des savants, et Mme d'Esclignac eut enfin une raison plausible pour ne plus recevoir dans ses salons un seul député libéral !

Aussi bien l'hôtel d'Esclignac avait et a encore pour vis-à-vis l'hôtel de Rivière ou de la Rivière, qui a perdu son nom, mais dont on vante la distribution nouvelle, comportant une salle à manger en stuc blanc, qu'on dit un chef-d'œuvre. Il y a encore plusieurs membres de la famille Rivière, mais plus haut, dans cette rue d'Anjou, qu'a lui-même habitée l'économiste Mercier de la Rivière. Ce conseiller au parlement, échappé par bonheur aux proscriptions, mourut en 94, dans un âge avancé. Comme il avait dû faire un code pour les Russes, Grimm et l'abbé Galiani, dans son intimité, l'appelaient Solon.

Passez la rue de la Ville-l'Évêque, vous trouvez, n° 33, une maison de qualité, s'il m'est permis d'emprunter son langage au siècle qui l'a vu bâtir. La maréchale Maison, née Allemande, et dont la villa pour l'été se trouvait à Aix-la-Chapelle, a occupé ledit hôtel, ainsi que la duchesse de Rozan et en dernier lieu, le général Ventura. Le 35 a été construit pour Mme de Malesherbes et habité plus tard par la comtesse de Straffort. Si vous laissiez une carte de visite à la porte d'après, elle serait à l'adresse de Mme de Kisséleff, baronne, si ce n'est princesse, qui rend diplomatiques les salons qu'elle fréquente. Mme la princesse de Belgioioso, contrefaçon de Mme de Staël, y demeurait auparavant. Le 36, le 38 sont également du siècle précédent ; ils appartiennent à la reine douairière de Suède, pour la réception de laquelle tout est prêt constamment, mais qui, depuis trente ans, remet toujours son voyage à l'année prochaine. M. le comte de Clary, sénateur et cousin de l'empereur, est mort dernièrement dans cette ancienne demeure de Bernadotte.

Les titres de propriété de toutes ces maisons, si l'expropriation révolutionnaire n'en avait jamais arrêté la transmission, seraient des dossiers pour l'histoire, comme les mémoires que divers personnages y ont déjà écrits ou passé pour écrire. La veuve du lieutenant-général marquis de Créqui avait rue d'Anjou cet hôtel que le prince de Talleyrand acquit ensuite, et qu'habite actuellement encore un Talleyrand. Le duc d'Alberg, prince allemand, sénateur français, membre du gouvernement provisoire en 1814, y a également demeuré après Mme de Créqui. Comme la marquise a vécu plus de cent ans, qu'elle a aimé les lettres et légué en mourant une bibliothèque considérable à MM. l'abbé Ricard et Pougens, on n'a pas manqué de publier ses prétendus mémoires après sa mort. Le fait est que Louis XIV et Mme de Maintenon avaient aimé le maréchal de Tessé, père de la marquise, au contrat de mariage de laquelle ils avaient signé. On n'en vendit que mieux, pendant l'émigration, l'hôtel et tous les biens de la vieille marquise de Créqui, excepté cependant des bois, rapportant 25,000 livres, que l'État conserva. Joséphine parla un jour de ces bois au premier-consul, en lui apprenant que la noble centenaire venait de rentrer à Paris avec 1,200 pauvres livres de rente. Napoléon autorisa alors Joséphine à lui présenter Mme de Créqui. Celle-ci ne craignit pas de leur dire tout net, aux Tuileries : — J'ai été présentée céans à plusieurs reines, avant de l'être à Marie-Antoinette, mais je ne me doutais pas que sa cour dût être la dernière cour. — Madame, répondit le premier-consul, naturellement piqué de cet excès de franchise, si vous avez connu Louis XIV, le régent, Louis XV et Louis XVI, c'est flatteur, c'est fort honorable. Et Cartouche ? il est impossible que vous ne l'ayez pas connu... Le rouge monta alors et de lui-même, par extraordinaire, au visage de la centenaire, qui à son tour était piquée au vif. Après cette escarmouche, qui les laissait quittes l'un envers l'autre, Napoléon fit rendre à la marquise ses forêts.

Dans une autre circonstance, avant de passer à l'étranger, Mme de Créqui avait montré une superbe, qui eût pu lui coûter la vie. Ses cuisines avaient eu pour chef le frère de sa femme de chambre, laquelle avait eu une fille. Cette fille, qui, dès l'enfance, promettait d'avoir de l'esprit, et tint parole, plut à Roland, jeune avocat, qui l'épousa. Mme de Créqui de s'écrier aussitôt : — Voilà un avocat qui laisse tomber son bonnet dans la lèche-frite !.. A la Révolution, l'avocat se fit journaliste libéral, sans attaquer le roi, qui le nomma garde-des-sceaux. C'est ainsi qu'une femme de mérite, fille d'une camériste, alla demeurer place Vendôme, en ajoutant au nom de son mari celui de la Plâtière. Une fois chancelière de France, Pauline imagina de rendre visite à la marquise, qui avait l'habitude de recevoir son monde étendue sur un canapé. Mme Roland s'assit au pied de la dormeuse de l'enragée femme de qualité, qui lui dit tout-à-coup : — Pauline, sonnez votre mère, j'ai besoin d'elle... Mme de Créqui donna ainsi à la noblesse française une ennemie, qui pourtant hésita à se déclarer, et qui plus tard mourut, en hostie expiatoire, pour un parti déchu, qui la regardait presque comme une servante infidèle.

Ensuite vient l'hôtel de Monville, élevé sur le dessin de Boullé, architecte du roi, avec une colonnade sur la cour et une autre sur le jardin. Le baron Boissel de Monville, né à Paris en 1763, mais d'origine normande, fut conseiller au parlement à vingt-deux ans, et ce jeune magistrat, ami du duc d'Orléans, ne tarda pas à résister à l'autorité royale. Philippe-Égalité, un jour du mois de mars 1793, vint prendre le ci-devant baron dans un cabriolet, et ils s'en furent dîner aux Folies-de-Chartres. Il y avait sur la table une sole frite, que le prince arrosait de citron avec lenteur et distraction, car il était préoccupé de l'ingratitude populaire, épée suspendue sur sa tête. — Laissons ce poisson, mon cher prince, dit Monville ; ce n'est bon que chaud, levons-nous de table... Mais le conventionnel, ci-devant duc d'Orléans, persista à goûter la sole, ce qui laissa le temps à ses ennemis de le faire arrêter au dessert. Le baron seul parvint à prendre la fuite ; il se refugia à Fontenay, où sous la Terreur, il vécut de l'état d'ingénieur-mécanicien. Décoré en 1810, comme officier de la garde nationale, il finit par être pair de France, sans trop sortir, comme homme politique, du camp de l'indécision. Son nom se rattache aussi à la Société des prisons, qu'il a eu l'honneur de fonder.

N° 43, domicile mortuaire de Benjamin Constant. L'abbé Morellet, ce littérateur distingué qui était devenu philosophe en Sorbonne et prédicateur chez le baron d'Holbach, passa là quelques-unes de ses nombreuses années, ainsi que le marquis de Bouillé, général dont l'impéritie seconda mal le départ secret de Louis XVI, et qui publia, lui aussi, des mémoires qu'on lut avidement. L'hôtel où l'auteur d'*Adolphe* n'eut qu'un appartement avait appartenu à Mme des Bourdons, mère de Mme de Bourzac, femme d'un émigré fanatique dont l'opinion se résumait ainsi : Le peuple a tué le roi, tuons le peuple. Le marquis d'Aligre s'en rendit acquéreur vers 1810 et en refit un palais.

On n'ignore pas que ce riche particulier ne dépensait que le revenu de son revenu et capitalisait tout le reste : il avait bien des terres, en sus de ses hôtels, notamment la moitié de la Beauce. Quelle désolation pour lui que sa fortune considérable dût un jour être divisée ! Sa fille était déjà pourvue elle-même de quatre filles alors que s'annonça pour elle, et de seconde main pour son père, une héritière ou un héritier de plus. Dans l'espoir que ce serait un garçon, d'Aligre alla tout de suite implorer de Louis XVIII l'autorisation de fonder en sa faveur un majorat, à la charge pour le titulaire de s'appeler d'Aligre-Pommereux, au lieu de Pommereux.

Le roi, qui comprenait fort bien qu'il y allait pour le marquis de perpétuer le nom que ses ancêtres avaient illustré dans la robe, essaya toutefois d'échapper à une réponse catégorique, en changeant de conversation : — N'êtes-vous pas grand propriétaire dans le pays chartrain, demanda-t-il? — J'ai par-là, répondit le marquis, beaucoup de bien qui ne doit rien à personne. Plaît-il à Votre Majesté de le rendre inaliénable et transmissible par droit de primogénéture mâle? — Mais alors, reprit Louis XVIII, vous ne devez pas ignorer que Chartres aurait besoin d'un hôpital?.... Le marquis, faisant à son tour la sourde oreille, n'osa plus remettre ce jour-là son affaire sur le tapis. Force lui fut, pour revenir à la charge, de demander une autre audience. Mais il eut à peine dit : — Et mon majorat, sire ? que le roi répliqua : — Et l'hôpital de Chartres ?... M. d'Aligre, de guerre-lasse, transigea : il n'obtint pas tout ce qu'il avait demandé, mais il en fut quitte à l'hospice pour la fondation de douze lits. Dieu lui avait donné par-dessus le marché le sexe qu'il voulait à l'enfant.

Le marquis se montra, du reste, si souvent ladre que nous ne suffirions pas à raconter ses petites *daligreries*. Il songeait toujours à la mort, car il modifia quatre-vingts fois ses volontés testamentaires, et il ne quittait pas les médecins, ces avant-coureurs de l'ouverture des testaments. Il n'allait au spectacle qu'accompagné de deux jeunes disciples d'Esculape, l'un tenant pour Galien et l'autre pour Hippocrate, ce qui faisait du dernier d'Aligre deux personnages de Molière en un seul : le malade imaginaire et Harpagon. Il mourut enfin rue d'Anjou, et le testament ouvert par M. Debelleyme, renvoyé chez Mᵉ Delaloge. commençait par ces mots, singuliers types de tendresse paternelle : « Je retire à mes héritiers naturels tout ce que la loi me permet de leur ôter, et je lègue... » Il léguait trois millions à des hôpitaux, à des pauvres et à ses maîtresses, et bien des procès aux avoués. Sa vie n'avait été qu'un testament, divisé en quinze lustres. On a vendu une partie de ses biens, mais, la liquidation de sa succession ayant toute l'importance d'une liste civile, il y a encore un homme d'affaires pour représenter le défunt dans le bel hôtel qui ne lui servit de rien.

La marquise de Nicolaï, femme elle-même de beaucoup d'esprit, pouvait voir de ses fenêtres Mme de Créqui. Bien avant la révolution littéraire de 1830, elle aimait la vieille poésie de Ronsard et de Dubartas, autant que celle de Malherbe. L'ambassade de Hollande succéda à Mme de Nicolaï dans sa maison et y ouvrit une chapelle protestante. Le fameux général Moreau acheta la propriété, un peu avant d'être exilé. Mme de Staël, dit-on, donna le conseil à l'empereur Alexandre de consulter Moreau, qui déclara la France vulnérable seulement par la Suisse, et le général mourut en 1813, après avoir ainsi facilité la rentrée des Bourbons à la suite des armées alliées. La veuve de Moreau fut en effet traitée comme une maréchale par Louis XVIII.

Voici ensuite l'ancienne habitation de Mme de Peyre. Sa mère, Mme Pater, avait fait sensation à Paris en y débarquant, avant la fin de la guerre de Sept ans. Cette jolie Hollandaise était alors la femme d'un riche négociant, et ce quatrain de ruelle lui avait souhaité la bienvenue :

> *Pater* est dans notre cité.
> *Spiritus* je voudrais bien être,
> Et, pour former la Trinité,
> *Filius* on en verrait naître.

Mme Pater, du reste, eut trois maris, et, cette trinité ne lui suffisant pas, elle eut un nombre égal de filles. Toutes les trois étaient charmantes; mais s'il avait fallu donner la pomme, on eût dit de Mme de Peyre qu'elle ressemblait le plus à sa mère.

Le 42 fut le séjour des Bauffremont, mais la propriété du père de M. d'Aligre, un président, époux d'une descendante d'Omer Talon. Ce magistrat avait cédé, pour 100,000 livres une fois payées, la jouissance viagère de l'hôtel à la princesse de Bauffremont. Mme de Boissy, femme de l'ancien pair et sœur du dernier des d'Aligre, hérita de l'immeuble. Les chiffres de la princesse T. B. étaient encore sur la porte il y a peu d'années. Après cet hôtel principal, il y avait son annexe, achetée plus tard par M. de Boissy, qui en fit supprimer la porte. Sous ce toit est né le comte de Saint-Geniès, qui a fait jouer des pièces sous la Restauration, publié divers livres et écrit dans le *Figaro*. Mme de Saint-Geniès, sa mère, recevait la bonne compagnie et était liée avec Mme de Nicolaï. C'était d'ailleurs une maison d'artistes, avant la première république : Dufrénoy et sa femme, musiciens attachés à la maison d'Orléans ; d'Hancarville, graveur ; Schmesca, basse ; Eckard, dessinateur et musicien, en faisaient une académie au petit pied.

Il y aurait assurément lacune si nous passions l'hôtel de M. de la Belinaye, qui émigra en laissant dans ses caves une quantité d'argenterie. Sur la dénonciation du suisse, tout le trésor fut confisqué par le comité révolutionnaire. Le député Quinette et M. Wesweler, consul de Portugal, ont habité cette maison, habilement restaurée par MM. Brouty et Duvert, architectes. M. de Tracy, ancien ministre, est chez soi une porte plus loin ; les Bouville, émigrés, y avaient précédé son père, le savant Destutt de Tracy.

Et à présent c'est le tour de l'hôtel de Meun, qui va nous parler d'Helvétius. Fils du médecin de la cour et fermier-général à vingt-trois ans, il se démit de sa place, qui rapportait 100,000 écus, pour épouser la nièce de Mme de Graffigny et puis pour faire de l'esprit sur l'*Esprit*. Helvétius ne demeura pas toujours rue Sainte-Anne, et il lui eût été bien difficile de passer inaperçu dans la rue d'Anjou, enfilade aristocratique où l'on se mettait souvent à la fenêtre pour rire du carrosse et de la livrée d'un financier. Sa terre de Voré, dans le Perche, permettait mieux de jouer au grand seigneur. Il était pourvu à la cour de la charge de maître-d'hôtel lorsqu'il écrivit l'*Esprit*, et ce livre méritait bien que la Révolution décernât des apothéoses à son auteur; on y lisait mille choses comme celle-ci : « Tout devient légitime et même vertueux pour le salut public. » Il était l'un des familiers du salon de Mme Geoffrin, la providence de l'*Encyclopédie*, et il servait lui-même une pension de 3,000 livres à Saurin, une de 2,000 à Marivaux. En revanche, les jésuites avaient dans Helvétius un de leurs élèves les plus ingrats; la guerre qu'il leur faisait si bien devait toutefois finir par la rétractation de ses attaques contre la religion. Tirant-l'épée comme Saint-Georges, il dansait comme Javillier de l'Opéra, qu'une fois même il remplaça. Enfin il payait de mine au point que la Gaussin, au foyer de la Comédie, refusa d'un autre financier 600 beaux louis, en promettant de lui en donner 200 lorsqu'il ressemblerait à Helvétius. Son hôtel de la rue d'Anjou passa à la comtesse de Meun, l'une de ses filles, mère d'un pair de France, puis à Mmes de Seignelay et de Béthune. L'autre fille d'Helvétius devint Mme d'Andlaw. Mais ce philosophe opulent était mort d'une goutte rentrée en 1771, laissant dans la douleur sa veuve, qui se retira à Auteuil, où Turgot et Franklin voulurent l'épouser, mais où le général Bonaparte se contenta près d'elle d'une victoire sans conquête.

Que si nous voulons faire de cette monographie un tableau plus complet, il faut rappeler que Mlle Laguerre, de l'Opéra, eut une propriété qui n'était séparée de l'hôtel Monville que par deux maisons, l'une à M. de Soisy, l'autre à M. Roussel. Mlle Laguerre chantait encore quand la marquise de Créqui tenait d'une part à M. de Monville, d'autre à M. de la Rivière, et le comte d'Espagnac au maréchal de Contades. N'ayant pas qu'un hôtel, elle ressemblait en cela aux Richelieu et aux d'Aligre, bien que sa mère eût vendu des plaisirs, qui n'avaient de commun que le nom avec les siens. On remarquait alors dans les grands hôtels de l'autre côté de la rue quatre marquis, MM. de Collande, de Louvois, de Tilly et de Bourgade, puis M. Oursin d'Ygoville, mitoyen avec ce dernier.

Un peu plus tard M. Millet disposait d'une propriété contigüe à celle du marquis de Bourgade et de la même importance, donnant en aile sur la rue de la Ville-l'Évêque, comme l'hôtel d'Espagnac d'en face. La quatrième maison au-dessus de celle de Millet appartenait au fameux statuaire Falconet, fraîchement revenu de St-Pétersbourg et nommé recteur de l'Académie royale de peinture et de sculpture.

Mme de Lavoisier, née de Chazelles, résidait, avant de convoler en secondes noces avec M. de Rumford, à la hauteur des rues Lavoisier et Rumford de notre époque, prises sur son jardin. L'illustre savant, son premier mari, avait fait partie pour son malheur du corps de nos fermiers-généraux ; le second avait exercé ailleurs divers commandements dans les armées, il avait été ministre, il avait été ambassadeur, tout en demeurant, lui aussi, physicien et philantrophe, et il n'était venu se fixer en France que sous le Consulat.

Au n° 74 est maintenant la légation de Suède et de Norwège. L'ambassadeur de ce royaume en France a été pendant près de quarante ans M. de Loewenhielm, que nous avons connu, et il était devenu si parisien qu'en prenant sa retraite il avait dit : — Je ne mourrai qu'à Paris !.... M. de Loewenhielm s'est tenu parole,

Quai d'Anjou. (1)

Hôtels Lambert, Marigny, Lauzun, etc.

Le quai d'Alençon, dit ensuite d'Anjou, est sous l'invocation du quatrième fils de Henri II et de Catherine de Médicis, duc d'Alençon et puis d'Anjou. On n'y comptait absolument que 20 maisons il y a un siècle et demi, et pourtant il avait la même longueur que de nos jours; il allait de la pointe de l'île Saint-Louis à une barrière des huissiers-priseurs et sergents à verge qui dépendait du grand Châtelet et qui était posée sur le pont, près du quai d'Anjou.

L'hôtel Lambert est toujours son point de départ, et qui ne connaît pas cette résidence du prince Czarstoriski? Les uns ont lu un livre d'Eugène Sue qui a pour titre l'*Hôtel Lambert*; les autres ont dansé chez la princesse Czartoriska, au profit de la cause de l'émigration polonaise, dont le prince est le noble chef; les dames enfin qui aiment les bains froids n'ont rien eu de caché pour la pointe de l'île, où a jeté l'ancre un établissement qui s'est appelé *Bains de l'hôtel Lambert*. Toutefois peu de personnes savent quel fut le Lambert fondateur de l'hôtel de l'île Saint-Louis, et son contemporain Boileau donne le change en immortalisant le chanteur Lambert?

> Molière avec *Tartufe* y doit jouer son rôle,
> Et Lambert, qui plus est, m'a donné sa parole.
> — Quoi Lambert? — Oui, Lambert. — A demain,
> c'est assez!

(1 Notice écrite en 1856.

Or l'ancien châtelain de la pointe est messire Lambert de Thorigny, un président, et son hôtel a été élevé sur les dessins de Levau, l'architecte qui a commencé la construction de l'église de Saint-Louis-en-l'île. Sur le quai il ne donne de l'ancienne résidence du président que des fenêtres et une terrasse, d'où la vue se projetait sur les deux bras de la Seine tenant enlacée l'île Louviers, où les gentilshommes d'autrefois venaient vider leurs querelles en soldats. Aujourd'hui cette autre île semble avoir fait naufrage et s'être échouée sur la rive droite; mais celle-ci, en réalité, a fait toutes les avances du rapprochement qui a rendu manchotte la rivière. La porte du grand logis est rue Saint-Louis-en-l'Ile; au fond de la cour, un escalier à deux rampes se bifurque; au milieu, le célèbre Lesueur a peint en grisaille un fleuve et une naïade; au-dessus s'élève un attique avec des pilastres ioniques supportant un fronton sculpté. On doit également à Lesueur les ornements d'un cabinet de bain, merveilleusement historié, situé en haut de la maison, et d'une vaste antichambre ovale; mais le temps a encore mieux respecté la magnifique galerie dont Lebrun, son rival, a été le décorateur. Il y avait à l'hôtel Lambert d'autres ouvrages de Lesueur, ainsi un *Apollon écoutant les plaintes de Phaéton*, qui figure actuellement au Luxembourg, et les *Neuf Muses*, qu'on retrouve au musée du Louvre. On cite encore une toile du Bassan, représentant l'*Enlèvement des Sabines*, des paysages de Patel et d'Hermans, des tableaux de Romanelli et de François du Perrier, des sculptures de Van-Ostade, parmi les œuvres d'art qui paraissaient aussi avoir vu le jour chez M. de Thorigny.

Le fermier-général Dupin et le marquis du Châtelet-Laumont ont succédé au fils du fondateur, président en la seconde chambre des enquêtes, au parlement, et prévot des marchands de 1726 à 1729 ; puis le fermier-général Delahaye, à la mort duquel ont été vendus la plupart des toiles et des marbres. M. de Montalivet, ministre de l'intérieur sous le premier empire, a acheté l'immeuble, qui est devenu ensuite un dépôt des lits militaires. En mai 1842, l'ancien hôtel a été remis en vente ; la Ville en a offert 175,000 fr., dans l'intention d'y transporter sa Bibliothèque ; la princesse Czartoriska a surenchéri de 5,000 fr., et une restauration complète a signalé sa prise de possession.

Le n° 5 a été le petit hôtel de Marigny, qui nous rappelle un personnage du drame de la *Tour de Nesle*, vivant au temps de Marguerite de Bourgogne. Mais c'est le marquis Poisson de Marigny, frère de Mme de Pompadour, protecteur généreux des arts, nommé surintendant des bâtiments du roi vers 1760, qui a vendu ou légué cet hôtel au chevalier Lepeultre, comte de Chemillé. Ce dernier, dont les affaires n'étaient pas des meilleures, est parti pour l'île de France, en laissant la comtesse, sa femme, fille de la comtesse de Choiseul, aux prises avec un créancier, M. de Siry, marquis de Vignolles, seigneur de Saint-Eugène et pourvu d'autres titres encore, notamment d'un titre régulier pour faire vendre l'hôtel Marigny le 3 juillet 1779. Léonard Fray de Fournier, maître en chirurgie, et Louis Pincot, ancien officier de la chambre du roi, s'en sont rendus les adjudicataires. La famille de Pincot est restée propriétaire jusqu'en 1843.

La boulangerie commune de la ville de Paris a un bureau n° 7, maison qui faisait partie autrefois de l'hôtel Lambert. Le 11 et le 13 ne sont pas moins anciens que presque tous les bâtiments de notre quai d'Anjou ; ils offrent l'apparence, en outre, d'une construction jumelle. Louis Lambert de Thorigny, capitaine de cavalerie, qui devait être le frère ou le fils du prévot des marchands, a vendu le n° 13 à Fougeroux, « écuyer, conseiller-secrétaire du roi, maison, Couronne de France et de ses finances, trésorier-général et payeur des rentes de l'Hôtel-de-Ville. » Un des fils de celui-ci, grand-maître des eaux et forêts, a eu pour cessionnaire Ledreux, greffier au parlement, dont la fille a vendu l'immeuble en 1825 à M. Recusson de Borneville, ancien marchand de toiles, qui avait néanmoins des prétentions plus ou moins fondées au titre de comte. La petite-fille de M. de Borneville est actuellement propriétaire de cette maison, qu'habitent des artistes de mérite : MM. d'Aubigny, peintre, Geoffroy de Chaume, statuaire, Alfred Gérente, peintre sur verre, et Prévost, graveur. Les escaliers, les corridors sont ornés, comme ceux d'un musée, et le fait est qu'il mènent à des ateliers où se recrutent les musées.

Tous les artistes qui passent font les yeux doux au plus joli balcon du quai Bourbon, comme si une jolie dame s'y penchait dans l'attente d'une sérénade ou d'une échelle de soie. C'est déjà un attrait, et puis il y a plaisir à lire sur la façade :

Hotel de Lausun, 1657.

Si l'on cède à l'invitation que ces deux éléments de séduction semblent faire, on franchit une grande porte, pour entrer dans une cour spacieuse, qu'estampille cette autre inscription :

Hotel de Pimodan.

La famille du marquis de Lavallée de Pimodan fut originaire de Lorraine. Un de ses membres, qui habite près de Sainte-Valère, a épousé sous la Restauration la fille d'un pair de France. Depuis qu'il n'y a plus de Pimodan dans l'île Saint-Louis, autrefois île Notre-Dame, diverses notabilités ont pris leur place quai d'Anjou. Un recueil de nouvelles, qui porte le nom de cet hôtel, où il est né, nous rappelle que Roger de Beauvoir a essayé de vivre comme sous Louis XV dans ce manoir du temps de Louis XIV, orné toujours à l'intérieur, quoique dans un goût plus moderne, comme pour recevoir l'époux secret de Mademoiselle, petite-fille de Henri IV.

Lauzun n'avait que vingt-cinq ans, et il n'était que comte, lorsqu'il entra dans son hôtel tout neuf. Il avait trop d'esprit pour se piquer de littérature à une époque où les grands airs, les bonnes fortunes, l'ambition, la raillerie et la témérité n'allaient guère aux gens de lettres. Mais il était si bien fait, quoique petit, si beau joueur, quoique malheureux au pharaon, et si opiniâtre, quoique blond, qu'il devait arriver à tout, sauf à passer par la citadelle de Pignerol. Brillant colonel de dragons, il fut pris dans la société de la comtesse de Soissons par le roi, qui bientôt n'eut pas de favori plus influent. Mme de Montespan et Louvois l'empêchèrent, il est vrai, en se liguant, de traiter sur le pied de l'égalité avec la famille de ce roi qui passait tant pour absolu. Le tome II du duc de Lauzun, c'est-à-dire sa rentrée en grâce sous les auspices du roi Jacques, le ramena au quai d'Anjou, dit des Balcons, et il y épousa Mlle de Durfort, fille du maréchal de Lorges, après la mort de Mlle de Montpensier. Seulement, dans les dernières années de sa vie, il demeurait près du couvent des Petits-Augustins; il y mourut nonagénaire le 19 novembre 1723.

Quant aux maisons 23 et 25, qui ont quatre puits, elles étaient jadis divisées en quatre petits hôtels et sont bâties sur pilotis. Le n° 39, où se tient une école de filles, n'est pas le cadet de cette famille immobilière : dans la cave reste gravé le millésime 1680. Le 35 a été édifié pour le carrossier de Louis XIV ; les 27, 29 et

31, patrimoine de M. Lelong de Dreneu, émigré, ont été vendus comme bien national, ainsi que plus d'un hôtel de l'île. Ces mêmes propriétés appartenaient vers la fin du xviie siècle à Gaillardon, intendant de Franche-Comté, à l'abbé Fortia, à la marquise de Courcelles et au greffier Jacques, dont la maison était l'avant-dernière. L'ancienne famille Fortia, originaire d'Aragon, a formé en France les branches de Fortia-Chailli, Fortia-d'Urban, Fortia de Montréal et Fortia de Piles. La Marquise Lambert de Courcelles, qui a écrit des livres généralement estimés, pour l'éducation de ses propres enfants, était la fille d'un maître des comptes et l'amie de Fontenelle, de Lamotte, de Sacy.

M. de Mondion, qui demeurait sur le quai au temps du parlement Maupeou, y donnait des concerts en règle.

Rue d'Antin. (1)

*N*ᵒˢ 1, 3, 5, 7, 9, 10, 11, 12.

Une moitié de la rue d'Antin est presque neuve et partant sans histoire, comme les nouveaux boulevards qu'on nous prodigue : le percement en date de 1840 sur des terrains de l'ancien hôtel d'Antin, en dernier lieu Richelieu. La rue Neuve-Saint-Augustin sépare cette moitié de l'autre, qui fut ouverte l'année 1713. Louis-Antoine de Pardaillan de Gondrin, duc d'Antin, lieutenant-général, gouverneur de l'Alsace, surintendant des bâtiments de la Couronne, à qui revient l'honneur d'avoir servi de parrain non-seulement à cette rue, mais encore à la porte d'Antin, *alias* Gaillon, et à tout le quartier de la Chaussée-d'Antin, était né en 1665 ; il mourut le 2 décembre 1736. Ce courtisan, châtelain de Petit-Bourg, envoya des bûcherons scier en une seule nuit tous les arbres d'un massif de la forêt de Fontainebleau, pour faire une surprise à Louis XIV, qui dans la soirée s'était plaint de l'impénétrable rideau qu'ils opposaient à l'étendue de la vue, et en effet le roi, à son petit-lever, vit tomber le pan de forêt, comme une décoration de théâtre, à un signal donné par le flatteur.

Un magasin de nouveautés, à l'angle de la rue Neuve-Saint-Augustin et de la rue d'Antin, occupe d'anciennes écuries du maréchal de Richelieu, dernier châtelain de l'hôtel d'Antin.

La belle propriété voisine appartient à M.

---

(1) Notice écrite en 1856.

Charles Potron, auteur d'agréables comédies, qui la tient de famille ; on y remarque un joli balcon, d'une serrurerie à l'avenant, dans la deuxième cour, ainsi qu'un escalier dont le caractère prouve que des contemporains du duc d'Antin y ont fait craquer leurs souliers à talons rouges. Le comte Français de Nantes, un des hommes marquants du règne de Napoléon Ier, fondateur et directeur des Droits-réunis, a habité l'hôtel de 1827 à 1832 ; il y était visité souvent par le général Merlin, Joseph Droz, Tissot, Lebrun, Casimir Delavigne. La toque à plumes, le manteau de cour et le frac tout brodé de conseiller d'État allaient le mieux du monde au comte Français, dont le portrait en pied, peint par David, prouve qu'il ne se contentait pas de briller par ce qu'on acquiert. Un Lefebvre était propriétaire de la dite maison, ou bien de l'adjacente sous Louis XVI.

L'architecte Gabriel II, car il y en eut trois ; celui auquel Bordeaux, Nantes, Rennes et Dijon durent force embellissements, et Paris le plan de son grand égout, s'est bâti un hôtel à l'autre encoignure de la rue Neuve-Saint-Augustin. Il avait acquis en 1729 de Jean-Jacques Baillard des Combeaux, docteur en Sorbonne, prieur de Saint-Julien-Latour, les places qui restaient à bâtir entre les rues d'Antin et Louis-le-Grand, où tout était dans la censive de l'archevêché.

Le n° 9 avait été construit en l'année 1713 par son confrère Le Duc, moyennant le prix convenu à forfait de 60,000 livres, pour Prévost, écuyer, sieur de Prévalon, argentier de la grande-vénerie du roi. Ce gentillâtre se maria deux fois ; il eut pour héritier un gentilhomme de la chambre, ancien capitaine au régiment de Dampierre, sieur de Lavau, qui vendit la propriété à Nantouillet, comte de Marly-la-Ville ;

confisquée sur cet émigré, elle passa à M. Thion
de la Chaume père, alors notaire, et les panonceaux de cuivre que vous pouvez voir à la porte
y datent d'un demi-siècle.

Le 7, ainsi que la maison qui est derrière et
qui donne sur la rue Louis-le-Grand, fut au
maréchal de Mouchy, qui fit toutes les campagnes
du règne de Louis XV. Ce membre de la famille
de Noailles était gouverneur de Versailles quand
l'orage révolutionnaire vint à gronder, et il
honora sa vieillesse par un dévouement à son
roi qui lui coûta la vie. Son petit hôtel de la
rue d'Antin, légué en ce temps-ci à M. de
Launay par la sœur de M. Périer, qui l'avait
acheté sous la Restauration, nous a encore tout
l'air de ce qu'on appelait sous la Régence une
petite maison. On vient encore s'y rajeunir
l'hiver au souffle d'un printemps de serre-chaude;
mais l'innocente jeunesse y cueille en toute saison
beaucoup plus de fleurs d'oranger qu'il ne s'en
effeuilla nulle part. C'est là que Constantin
renouvelle incessamment le miracle des roses,
inauguré par une sainte, la reine Élisabeth de
Hongrie. Les conférences diplomatiques n'abou-
tissent jamais à rien sans que des fleurs nées
dans la rue d'Antin n'aient été consultées, et
parfois effeuillées, sur le front ou sur la causeuse
de quelque femme politique, par le roi, le ministre
ou l'ambassadeur qui passe par lui-même pour le
plus influent. Du temps où Rome commandait, Cinéas
portait dans les plis de sa robe la paix ou la guerre;
depuis que c'est Paris, plus d'une jolie femme
a hérité de la robe de Cinéas. Elle m'aime,
un peu, beaucoup, passionnément ou pas du tout :
on revient à ce jeu naïf dans les salons ministériels, tout comme dans les jardins de la vallée
de Montmorency, et tout dépend dans le monde
artificiel des caprices du sort ou de l'amour. On

a donc eu raison, faut-il le dire? de publier, il y a trois ans, la biographie de Constantin et celle du prince de Metternich. Le fleuriste est un Portugais, qui ne parle pas encore la langue du pays qui l'a francisé: mais il sait le langage des fleurs, qui a cessé d'être un idiôme exclusivement oriental. On remarque dans ses salons le portrait de la princesse de Penthièvre avec Philippe-Égalité enfant, peint par Mignard, deux autres portraits dont l'auteur est Velasquez ; on voit aussi se faire pendants, près d'une glace, Molière et la duchesse de Chaulnes, sans compter les peintures vivantes qui viennent y choisir leur cadre.

Gabriel est l'auteur du 5, où Rigoley d'Agny, la comtesse Vaufleury de Malter et M{\ll}e Bidault précédèrent le propriétaire actuel.

L'hôtel Duval de l'Epinay, plus tard Mondragon, a d'abord embrassé, outre les n{os} 1 et 3 de la présente rue d'Antin et les n{os} 2, 4 et 6 de la rue Louis-le-Grand, le terrain intermédiaire qui donnait sur la rue Neuve-des-Petits-Champs. Un acte du 3 avril 1776 y constatait la co-propriété de dame Marie Bersin, femme de Louis Duval de l'Epinay, secrétaire des finances honoraire, avec Jean-Jacques, marquis de Gallet et de Mondragon, seigneur de Pluvieux, Saint-Chamant et autres lieux, conseiller d'Etat, maître-d'hôtel ordinaire du roi, secrétaire des commandements de Madame, et son épouse, née Duval de l'Epinay, tous trois à demeure dans la maison. Bon nombre de glaces en furent transportées dans le château de Saint-Cloud, à la Révolution. L'hôtel proprement dit était devenu la mairie du IIe arrondissement quand on le restitua au marquis de Mondragon, en 1815, et la mairie n'y resta vingt ans de plus qu'à la condition pour la Ville d'en payer le loyer. Le famille Mondragon, loin de quitter la place, a fait dernièrement restaurer avec goût le n° 1.

Rue Bailleul. (1)

La Reine Blanche. — Bailleul. — Hôtelleries. — Académie de la Danse. — La Saint-Barthélemy. — Maison à deux Visages. — Le Boulanger. — Le Restaurant Duru.

On allait encore voir, il y a trois années, rue Bailleul, au coin de la rue Jean-Tison, une des anciennes maisons de campagne de la reine Blanche; elle remontait à l'époque où Paris n'avait pas encore franchi la rive droite de la Seine et où le palais des rois était celui dans lequel la justice, depuis lors, se rend en leur nom. Une charmante tourelle flanquait ce monument domestique du moyen-âge; elle a été achetée, la veille de la démolition, par un particulier, qui en a orné son château. Cette maison de la reine Blanche avait été aussi un couvent et une léproserie; des annelures de fer, qu'on a trouvées dans ses souterrains celluleux, prouvaient aussi qu'on y avait pratiqué le paternel système de l'emprisonnement combiné mystérieusement avec l'isolement, système dont notre siècle se croirait à tort l'inventeur. Le brevet de perfectionnement reste lui-même parfaitement à prendre, en ce qui regarde les garanties à exiger du geôlier, pour empêcher qu'on rende un jour ou l'autre à des cellules si ingénieusement multipliées l'ancienne destination des *in-pace*, des oubliettes.

La rue Bailleul pourrait être d'origine royale : il y a eu des Bailleul ou Baleol, rois d'Écosse.

---

(1) Notice écrite en 1857.

On dit pourtant que le parrain de cette rue fut Robert Bailleul, clerc des comptes, et qu'il habitait une maison ayant un revers rue des Poulies, qui pouvait être, en l'année 1423, le 2 actuel. Au nombre de ses descendants purent être : Nicolas de Bailleul, chevalier, seigneur de Watrelos-sur-Mer et de Choisy-sur-Seine, conseiller d'État et lieutenant-civil à Paris, puis prévôt des marchands de 1622 à 1627, et Michel Le Bailleul, sieur de Soisy, conseiller au parlement, puis surintendant des finances, mort en l'année 1653. La rue s'était appelée Averon en l'an 1271.

Si nous repassons de là au commencement du dernier siècle, nous comptons dans la rue Bailleul 10 maisons, 4 lanternes. Quelque soixante années plus tard, trois maisons sur les dix sont des hôtelleries. Mme Chevreuil y loge tout venant, pour 35 sols par mois, et les repas chez elle sont côtés de 4 à 8 sols : ce qui donne à entendre qu'on ne les sert pas dans la vaisselle du célèbre orfèvre Germain. Chez Dubut, mêmes conditions. Huet, à l'hôtel d'Aligre, tient ses prix bien plus élevés : il prend pour le logement de 3 à 15 livres par mois. Il est probable que cette dernière maison garnie occupait les derrières de l'ancien hôtel Schomberg-d'Aligre, dont les deux cours figurent à merveille dans le plan de Paris de 1714. Un traiteur d'un autre genre a fait concurrence à Huet, en transférant dans l'autre cour, c'est-à-dire du côté de la rue Saint-Honoré, le premier établissement qui se soit qualifié restaurant. Un Duru tenait alors l'auberge de la Providence au faubourg du Roule ; la rue Bailleul n'a vu s'ouvrir que vers l'année 1780, à l'encoignure de la rue des Poulies (aujourd'hui du Louvre), l'établissement qu'on nomme encore le restaurant Duru. Mais ne trouvez-vous pas par trop gourmand le devancier des traiteurs précités qui avait pris un Louis-d'or pour enseigne ?

En ce temps-là le chancelier Étienne d'Aligre, prédécesseur du chancelier Séguier, sortait de chez lui et y rentrait par les deux portes qui répondent rue Bailleul aux n°ˢ 8 et 10, et son hôtel n'était encore une cour que grâce aux séances du grand-conseil du roi qui s'y tenaient (1). Des réunions académiques avaient également lieu tous les jeudis dans cette rue, derrière l'hôtel d'Aligre, chez Beauchamps, maître des ballets du roi et chancelier de l'Académie royale de la danse. Le *Livre commode* d'Abraham du Pradel (1691) nous apprend que cette Académie au petit pied « tenait naguères ses assemblées aux Tuileries, dans l'antichambre de Monseigneur. » Les membres n'étaient d'abord qu'au nombre de treize, qui devait son augmentation à l'agrégation de ceux qui avaient eu l'honneur de danser dans les ballets de Sa Majesté. Des personnes de considération assistaient aux exercices gratuits de la compagnie. Le droit de réception à payer était modique; les maîtres recevaient deux jetons d'argent les jours d'exercice et le premier jeudi de chaque mois, jour de l'assemblée générale, ainsi que le premier mai, ce qui nous porte à croire que le patron était saint Philippe. Plusieurs des maisons de la rue Bailleul avaient alors pour propriétaire le marquis de Blainville.

Du vivant de Catherine de Médicis, un duc appartenant au parti protestant demeurait au n° 6, dont une balustrade d'escalier rappelle un peu la splendeur disparue. Des seigneurs qu'il avait pour co-religionnaires, et qui étaient venus de loin pour assister au mariage du roi de Navarre avec Marguerite de Valois, échappèrent à des

---

(1) Voir la notice de la cour d'Aligre.

poursuites, pendant la nuit de la Saint-Barthélemy, en ne faisant que passer par ce logis, pour gagner une auberge de la rue de l'Arbre-Sec.

Les d'Aligre avaient acheté le n° 5, qu'une de leurs parentes habitait il y a quelques lustres. Le 7 a deux visages, un qui rit à belles dents sur la nouvelle rue de Rivoli, et un autre qui se renfrogne en regrettant, lui aussi, son éclat d'autrefois, du côté de la rue où nous sommes. Au 12 est exploité un fonds de boulanger, depuis l'année de la fête de la Fédération, dans un immeuble qui, à coup sûr, a vu passer le roi des Halles et le cardinal de Retz au temps de la Fronde.

Rue de la Banque. (1)

L'ouvrage de MM. Lazare nous empêche d'oublier que la rue de la Banque fut prolongée en l'année 1844. Il y avait alors soixante-cinq ans que, sous le nom de passage des Petits-Pères, elle avait commencé à se faire jour à travers les dépendances de l'ancien hôtel de Bouillon et les anciens jardins du cloître des Petits-Augustins déchaussés, mais principalement sur le terrain de l'hôtel La Ferrière, adjugé le 20 novembre 1775 à Mathias Pasquier, maître-maçon.

A l'hôtel La Ferrière avait demeuré Cassanea de Mondonville, violoniste et compositeur, maître de chapelle à Versailles. D'un opéra, le *Carnaval du Parnasse*, où la musique de Mondonville valait beaucoup mieux que les paroles du librettiste, Voltaire a dit dans une épître :

> C'est servir des mets à la diable
> Dans la vaisselle de Germain.

Cette maison de qualité, bâtie par l'architecte Le Doux, auteur des barrières de Paris, avait appartenu à un somptueux traitant, Gaspard Grimod de la Reynière, père du célèbre gastronome qui est mort au milieu du dernier règne. Seulement elle avait eu aussi pour propriétaire Deucasse, marquis de la Ferrière, lieutenant-général des armées du roi. L'acquéreur de Pasquier fut Leduc, conseiller du roi, contrôleur des rentes de l'Hôtel-de-Ville, en ce qui regarde le n° 2 actuel de la rue de la Banque, ouvrant sur la

---

(1) Notice écrite en 1857.

rue Neuve-des-Petits-Pères. Cousin, naguère brasseur au Faubourg-Saint-Antoine, acheta de Leduc, le 19 fructidor an II, et depuis lors l'immeuble est resté dans la même famille.

Les sieurs Leroy de Petitval et Hennecart tenaient également de Pasquier deux maisons, élevées elle-mêmes sur le territoire de l'hôtel de La Ferrière. Le n° 1 est encore à la disposition d'un M. Hennecart.

Reste à nous entretenir du 3, exploité en hôtel garni sous la Restauration, mais qui avait été construit ni plus ni moins pour un autre acquéreur du même entrepreneur Pasquier, celui-là ayant nom Martin. Grâce aux recherches obligeantes qu'a faites M⁰ Poyet, dont la parole jouit au barreau d'une autorité méritée, nous savons que Martin était maître serrurier. Pour vous, nos lecteurs ordinaires, il est déjà prouvé que les états manuels et l'industrie purement marchande menaient à la fortune bien avant l'ère industrielle où nous vivons, et que la propriété de Paris n'était nullement, comme celle de la province, le monopole des familles datant des croisades. Presque tous ceux qui achetaient des maisons en ce temps-là, et les payaient, étaient des roturiers, du moins dans leur contrat d'acquisition : de nos jours encore, c'est parmi les nouveaux enrichis que les bourgeois recrutent sans cesse des acquéreurs pour les immeubles dont ils sont entrés en possession par voie d'héritage.

Rue Baillif. (1)

Deux versions étaient en présence sur la façon d'écrire le nom de cette petite rue. La première voulait *Baliffre*, la seconde *Baïf*, et comme à l'ordinaire, pour les accommoder, le populaire a inventé une troisième orthographe, plus erronée que les deux autres, qui a prévalu. Claude Baliffre, surintendant de la musique du roi, fut gratifié par Henri IV d'un terrain situé dans cette rue ; on le considère comme le fils de Jean-Antoine Baïf, poète et musicien en renom sous Charles IX et Henri III. Par ainsi, le bon roi Henri eût craint lui-même de se compromettre en érigeant propriétaire un simple poète ; on aurait attendu la seconde génération, et ce n'est pas trop encore, pour enrichir quelque peu une famille illustrée par de jolis vers.

Au xviii° siècle, 10 maisons constituaient toute la rue Baillif, bien qu'en ce temps-là elle eût deux bras valides. Depuis que ses numéros pairs ont été encaissés, comme tant d'autres chiffres, par la Banque de France, les actions d'icelle ont monté ; mais la rue Baillif est manchote. Au reste,

---

(1) Notice écrite en 1857. La rue Baillif elle-même a fait depuis lors comme la plupart des Parisiens : elle a déménagé. La Banque de France s'est arrondie de l'ancien emplacement de cette rue voyageuse, qui donnait presque en face de la rue Coquillière dans celle Croix-des-Petits-Champs, où elle ouvre présentement en regard de la troisième maison plus bas et de la quatrième. Son autre extrémité s'est prolongée jusqu'à la rue de Valois-Palais-Royal, au moyen d'un escalier et aux depens d'un crochet que faisait la rue Neuve-des-Bons-Enfants, maintenant Radziwill.

4 lanternes pour 10 maisons, n'était-ce pas bien au-dessus de la moyenne proportionnelle des lumières distribuées dans les rues de Paris? Cette faveur n'était certes pas due au crédit de la famille Lamoignon, puisque la famille Maupeou, qui lui était antipathique, avait une maison dans la rue. La maison du président Maupeou, père du fameux ministre, tenait à celle d'une dame Boissière, arborant l'image du Soleil-d'or. Plusieurs hôtelleries se suivaient déjà de près en cette rue; mais elles étaient modestes. Delaloue, à l'auberge du Petit-Saint-Jean, demandait 12 sols par repas, et Legrand, son rival, logeait les voyageurs à raison de 12, 15 et 20 sols par mois.

De notre temps les numéros impairs de la rue Baillif ne sont plus qu'une vaste hôtellerie, divisée en quatre ou cinq corps, passablement régis par des hôtes différents. Celui qui porte le nom de la rue fut, nous dit-on, premier en date, et leur clientèle diffère peu: faute de place, on va de l'un à l'autre. L'immeuble dans lequel s'exploite l'hôtel de Brest fut établi sous le règne de Louis XIV pour M. Tremblay, dont la fille épousa M. de la Grange de Chécieux, attaché à la maison du roi qui vint après; il communique avec un autre immeuble; son frère de naissance, qui donne rue Croix-des-Petits-Champs, et de plus il tenait jadis au bâtiment angulaire où le café Baillif fut créé il y aura tantôt un siècle. Les deux maisons n'en font qu'une avec deux portes; elles ne sont jamais sorties de la famille, qui les a élevées, et Mme de Provigny, propriétaire actuelle, fait partie de cette famille.

Rue du Banquier. (1)

Chacun a son grain de folie; les avares n'en prodiguent pas moins à ceux qui se rendent coupables de profusions les épithètes d'insensés et de furieux, que ceux-ci, il est vrai, rendent avec usure à ceux-là. Les femmes elles-mêmes sont les plus sages du monde, et leurs fous de maris s'en plaignent souvent, lorsqu'elles président, dans un comptoir, à un trafic de joaillerie, de mercerie, d'épiceries ou de vin qu'on débite en détail; partout ailleurs c'est le contraire. Qu'est-ce que veulent donc dire les naïfs habitants de la rue du Banquier, voisine des Gobelins, en appelant le n° 40 de cette rue la *maison de la Folle?*

Un gargotier et un fruitier des environs ont acheté récemment cette bâtisse, qui date bien de 1760, époque où la grande rue du Banquier (car il y en a une petite) n'était qu'un chemin conduisant à Villejuif, et où la petite du même nom n'était qu'une ruelle, fermée un peu plus tard, à l'une et à l'autre extrémité (2). Avant la dite acquisition, ce n° 40 appartenait à une dame née et mariée dans une honnête aisance, mais qui avait fini par perdre sa fortune et même la raison... d'en avoir. On assure qu'elle levait le coude, s'il nous est permis d'employer une des périphrases pittoresques du quartier Mouffetard, où cette pantomime n'est pourtant pas en défa-

---

(1) Notice écrite en 1857.
(2) La petite rue du Banquier s'appelle maintenant Watteau.

veur. Lever le coude, c'est boire à petits coups. De plus, la dame avait imaginé de renvoyer ses locataires l'un après l'autre, afin de ne plus payer l'imposition de leurs portes et fenêtres. Ce dernier trait tenait presque du génie, si les locataires congédiés avaient refusé de lui rembourser l'impôt dont elle était forcée de faire l'avance. Dans tous les cas, elle eût encore pu dire après Mme de Pimbesche :

Je ne veux pas, Monsieur, que l'on me lie.

Nous rencontrons plus bas dans cette voie publique, qui est bordée de murs presque partout, une assez large masure, maison de nourrisseur, plus vieille que celle de la Folle, et qui porte le chiffre 31 ; puis au 23, une construction également centenaire, mais qui a tenu tête avec coquetterie aux injures du temps, ancien logement de maraîcher, ayant depuis 1816 le même propriétaire que le chantier de bois qui la touche. La porte du 11 a pour enseigne une vache et cette légende : *Baumier, laitier-nourrisseur de l'École polytechnique.* Jusqu'à quel point a-t-on nourri de laitage un brillant et savant séminaire d'officiers ? Voilà une question qui n'est plus à l'ordre du jour, attendu que la veuve de Baumier a cessé de faire des fromages à la crême dans l'ancienne bergerie d'un couvent, rue du Banquier, à l'angle de la rue des Vignes (1). Le vieux style des croisées du n° 5, à deux pas, a remis en éveil notre curiosité : avant que des corroyeurs occupassent ce grand bâtiment, c'était il y a trente ans une pension bourgeoise, et dans le principe une des rustiques dépendances de la susdite maison religieuse.

---

(1) La rue des Vignes s'appelle maintenant Rubens.

Rue Barbette. (1)

Etienne Barbette. — Isabeau de Bavière. — Le Duc d'Orléans. — Diane de Poitiers. — Le Maréchal d'Estrées. — La Légion-d'Honneur. — Mlle des Tournelles. — Molé. — Le Mayrat. — Les Turgot. — Dupuis. — Bigot de Morogues, etc.

Le *Journal des Travaux publics* du 14 août 1851 a raconté en une demi-colonne le passé de cette rue Barbette, dont nous voudrions bien fixer l'histoire d'une manière plus complète. Le père et parrain en fut Etienne Barbette, un maître des monnaies, ensuite prévôt des marchands de 1298 à 1304. Son séjour, un morceau de roi, avait en effet pour assiette le parallélogramme formé par les rues Vieille-du-Temple, des Francs-Bourgeois, Payenne, du Parc-Royal et de la Perle. Philippe-le-Bel, conseillé par ce financier, altéra trois fois les monnaies, au grand mécontentement du populaire, qui se rua, en l'an 1306, sur l'hôtel de ce conseiller économiste, qu'il saccagea par le fer et la flamme jusqu'à raser les arbres des jardins.

Le nom de la Courtille-Barbette restait pourtant à ces parages, et l'hôtel fut réédifié par Jean de Montaigu, maître-d'hôtel du roi et vidame de Lannois, qui en reçut postérieurement le prix des deniers du Trésor royal. Charles VI fit augmenter la propriété, et notamment d'un bâtiment élevé à proximité de la porte Barbette, qui n'était pas la seule entrée de la courtille aristocratique.

---

(1) Notice écrite en 1857. Il n'y a de plus jeune, dans la rue Barbette, que le n° 5.

Ainsi ce palais de plaisance, mis sous l'invocation de Notre-Dame, prit des proportions gigantesques, et, pour se faire une idée de son ampleur, on peut rendre une visite encore à une jolie tourelle du coin de la rue des Francs-Bourgeois et de la rue Vieille-du-Temple, qui le bornait d'un côté. Ce fut « le petit séjour de la Reine » Isabeau de Bavière à laquelle on reprochera toujours d'avoir ouvert la porte de la France aux Anglais, pour un siècle, et d'avoir détesté son propre fils, Charles VII; mais le faste déployé par cette princesse, justement décriée, a inauguré à la cour l'ère des magnificences royales, qui ont assurément servi à éblouir toutes les autres cours, au profit de l'influence française. La fécondité d'Isabeau donna lieu à des fêtes, dont la mémoire lui survit; en 1407 elle accoucha, rapporte Sauval, d'un enfant mort dans le palais Barbette. Cette reine n'en inventa pas moins, vers la même époque, les bals masqués, et à la faveur de cette initiative se nouèrent ses relations illégitimes avec le duc d'Orléans, frère du roi. Seulement la *Chronique de Saint-Denis* avoue que cette inauguration de l'incognito nocturne donna le signal d'une course aux aventures qui devint tout de suite générale, et que l'intrigue sous le masque fit fureur, presque toute la cour en partageant l'ivresse. Quelque progrès que réalisât l'art de s'amuser, deux factions se trouvaient en présence. C'est près de la porte Barbette que le chef de l'une, Jean-sans-Peur, duc de Bourgogne, fit assassiner le duc d'Orléans, chef de l'autre, le 23 novembre 1407, au moment où ce prince sortait de chez la reine: il y avait dix jours que les meurtriers, sous la conduite de Raoul d'Ocquetonville, épiaient un moment favorable à l'accomplissement de cet ordre, embusqués dans une hôtellerie à l'image de Notre-Dame.

L'ancien hôtel Barbette passa ensuite à la maison de Brezé, et Diane de Poitiers, duchesse de Valentinois, le tint de son mari, Louis de Brezé, comte de Maulevrier, grand-sénéchal de Normandie. Cette reine de la main gauche y recevait les visites de Henri II. Les duchesses d'Aumale et de Bouillon, ses filles, divisèrent la propriété pour la vendre à des particuliers en l'année 1564.

Partie des constructions furent jetées bas, pour faire place aux rues des Trois-Pavillons, du Parc-Royal et Barbette. Mais cette dernière rue s'est dessinée respectueusement au pied de l'ancien logis du prévôt des marchands, reconstruit sur la rue Barbette et sur celle des Trois-Pavillons pour le maréchal François-Anne d'Estrées, père de la belle Gabrielle. La Briffe, procureur-général au parlement de Paris, succéda aux d'Estrées, et le président Bourée de Corberon ne vint qu'après. En 1793 la Nation confisqua l'immeuble, et le sieur de Baleine, s'en rendit séance tenante adjudicataire, pour le revendre le 22 novembre 1810 à l'État, qui en fit la maison-mère des demoiselles de la Légion-d'Honneur, ayant le château d'Écouen pour maison suffragante.

La même propriété fut adjugée, le 20 août 1851, à M. Charles Camus, commissionnaire en produits chimiques ; elle est numéroté 2 et 4 rue Barbette. Dans le jardin s'élevait un magnifique *catalpa bagnonia* à larges feuilles, contemporain du maréchal d'Estrées ; M. Camus, à son grand regret, a dû sacrifier cette relique verdoyante à la nécessité professionnelle d'ouvrir des magasins qui diminuaient le jardin. Sur un point de la cour le sol s'est effondré en janvier 1857, et que va-t-il en résulter ? Une fouille rendue facile, qui produira inévitablement des découvertes archéologiques. Les appartements, eux aussi, étaient beaucoup trop vastes pour les aises d'aujourd'hui ; c'est avec goût que le propriétaire en a ajusté et respecté les frises, les corniches, les trumeaux. Un escalier plein de majesté y mène ; la rampe en est de style superbe, et les panneaux peints en marbre, dorés aux encoignures, viennent d'y être rétablis sur le modèle de ceux de Fontainebleau. Un salon magnifique a conservé cinq croisées hautes et cinq portes ou fausses-portes, sur les trumeaux desquelles Watteau a peint de charmants groupes de joueurs. Or le saute-mouton, le cochonnet, les quilles, le jeu d'oie, les tonneaux, les verres et les pipes, les jolies têtes aussi et les formes découplées de ces jeunes joueurs, étaient assez de nature à procurer des distractions aux jeunes filles, aujourd'hui mères-grands, qui prenaient leurs leçons quand le salon était une classe. La garniture qui pèse admirablement sur la cheminée de la même pièce, n'est que du style de l'Empire ; ces candélabres et cette pendule, provenant de la vente des meubles du château d'Eu, ont éclairé et dit l'heure, pour la dernière fois, à Louis-Philippe le 25 février 1848. De la chambre à coucher on a fait, il est vrai, cinq pièces au lieu d'une ; heureusement un habile travail de reprises a ménagé la corniche du plafond, chef-d'œuvre du xviie siècle, et la distribution ne dépare pas trop ce que l'ameublement bien entendu répare.

Que si, en 1714, l'hôtel d'Estrées était la seule maison que le plan de La Caille honorât dans cette rue de traits figuratifs, il y en avait pourtant 12 autres en ce temps-là, comme au jour où nous sommes, et 8 lanternes. Les actes n'avaient pas encore cessé et ne cessèrent même pas avant la Révolution de qualifier Barbette l'hôtel d'Estrées et d'étendre, qui plus est, à plusieurs autres maisons de la rue cette accolade : « ancien hôtel Barbette. » Le papier terrier du Temple en 1789 appliquait ladite rubrique non-seulement aux censitaires de la rue Barbette que voici :

dame Cornier, veuve Souchet, ayant eu pour prédécesseur indirect : le président Thumery de Boissise ; M. de Turgot, frère et héritier de l'ancien ministre, celui-ci ayant succédé indirectement à la présidente de Pommereuil ; Mme Le Mayrat, veuve du lieutenant-général Legendre d'Onzenbray ; M. Lemarié d'Aubigny, conseiller-secrétaire du roi, aux droits de Lefèvre d'Ormesson ;

mais encore à d'autres propriétaires dans les rues attenantes et adjacentes.

Or Mme Cornier, qui faisait face à M. de Corberon, tenait à M. de Turgot, et les autres susnommés du registre censuel avaient leurs maisons sur la même ligne. L'hôtel Thumery de Boissise avait été aliéné en 1748 par la veuve de J. B. de Flesselles, comte de Brégy, petite-fille de Boissise, le président au parlement, qui l'avait hérité de sa mère : Le Coigneux et Gilbert des Voisins en avaient été propriétaires antérieurement. Le président, son fils et sa petite-fille avaient également disposé, dans cette rue, d'une maison moins importante, touchant à celle de la présidente de Quincy et à la rue Vieille-du-Temple.

Lorsque le n° 9, immeuble contigu à celui dont nous venons de parler, fut confisqué sur M. Turgot, *présumé émigré*, le chevalier de ce nom, frère du célèbre ministre et ancien gouverneur de la France équinoxiale, avait lui-même cessé de vivre. Tous les deux étaient fils de Michel-Étienne Turgot, marquis de Sousmont plus ou moins authentique, mais pour sûr prévôt des marchands, qui leur transmit une propriété dans la rue Barbette, mais qui résidait rue Port-foin. La mère du prévôt des marchands et M. Pierre Boutet de Marivatz, seigneur de Livry, premier gentilhomme ordinaire du régent, dont elle était l'héritière, MM. Le Meneust de Bois-Briand, la présidente de Pommereuil, le comte de Bermonville et son beau-frère, le marquis de Coqueromont, avaient laissé leurs noms dans les titres de propriété ; seulement ces titres manquent à M. Deschamps, le propriétaire de nos jours, parce que son auteur a acquis de la Nation en messidor an III.

Vous plaît-il de passer maintenant avec nous au n° 11 ? Il appartenait sous Louis XIV à Le Mayrat, seigneur de Nogent, conseiller du roi, maître en sa cour des comptes, qui le tenait de damoiselle Parfait des Tournelles, laquelle l'avait affermé en 1682 à messire Louis Molé, seigneur de Champlâtreux, Luzarches et autres lieux, conseiller du roi, président en son parlement. Ce magistrat, fils de l'immortel Mathieu Molé, représenté dans le tableau de Vincent, et petit-fils d'Édouard Molé, qui avait négocié l'adjuration de Henri IV, n'avait pas dédaigné de se soumettre aux conditions d'un bail qui prouve que la prudence en cette matière n'est pas de date récente : la location était consentie pour 6 ans, moyennant 1,800 livres par an, à la charge pour ce président « de garnir ladicte mayson de meubles *exploictables* à luy appartenans pcur seûreté dudict loïer. » Antoine Le Mayrat n'acheta cet hôtel qu'après le mariage de Mlle des Tournelles avec Louis de Milan, seigneur de Maupertuis, capitaine des mousquetaires du roi, et il le laissa, en mourant, à Joachim Le Mayrat, marquis de Bruyères-le-Chatel, seigneur de Praville, président en la cour des comptes. Aussi bien les Le Mayrat en transportèrent la jouissance, moyennant un revenu qui variait de 3,300 à 2,500 livres, d'abord à la famille parlementaire de Baudran, puis à Boussan de Thoiry, au marquis de Cernay, maréchal héréditaire du comté de Hainaut, et enfin à la femme de Bouret, fermier-général, dont le ménage ne se contentait pas de faire deux lits, puisque le chef de la communauté demeurait rue de Richelieu-Grange-Batelière.

Au reste, les charges de la propriété bourgeoise n'avaient rien de léger à cette époque, nous le disons bien haut pour la consolation des propriétaires d'à présent. Le seigneur président Le Mayrat payait 330 livres pour la taxe du dixième du revenu de sa maison, due à la Ville de Paris, en l'année 1734, et il avait, outre cela, des droits de cens à acquitter au profit de la commanderie du Temple, la suzeraine féodale du quartier. Puis c'étaient les boues et lanternes, impôt d'un autre genre, et l'avertissement portait encore *chandelles*, au lieu de *lanternes*, du vivant des sieur et dame de Maupertuis. Enfin, sauf certains cas d'immunité, on payait tant par an ou tant une fois donné pour n'avoir pas à recevoir de billets de logement à l'ordre des gardes-françaises. Nous avons eu entre les mains des quittances relatives à ces impositions, plus une note écrite par messire Le Mayrat, avec ce titre : *État de ce qu'il m'en a coûté pour faire rebâtir ma maison en* 1729 ; le total est de 39,805 livres, sans compter les glaces que son père avait fait poser, le vieux plomb échangé pour du neuf, avec du retour, et tous les matériaux anciens qu'on avait pu utiliser. Je remarque aussi dans cette pièce un petit article que voici : « Pour la gratification à l'architecte qui m'a donné des dessins et fait exécuter, 1,000 livres. »

En vérité, ce n'est pas cher, pour une cons-

8

truction importante, que les connaisseurs du xixe siècle peuvent encore expertiser, puisque MM. de Clermont et Cie, négociants, la possèdent et l'entretiennent dans sa noble solidité. Mme la baronne de Septenville a vendu à M. de Clermont ; mais l'immeuble a appartenu précédemment à M. de Montbel et à M. Carouge, juge à la cour d'appel sous la première république, et au comte Legendre d'Onzenbray, lieutenant-général des armées royales, qui avait là pour locataire, à la fin du règne de Louis XV, messire de Mareuil, avocat-général en la cour des aides.

Le magistrat Lefèvre d'Ormesson tenait le n° 13 de la présidente de Quincy, née Lefèvre de la Barre ; il vendit en l'année 1756 à Lemarié d'Aubigny, maître des comptes. Mérault, seigneur de Bonnes, avait cédé la même propriété en 1668 à Delarche, conseiller au parlement. Dupuis, l'auteur de l'*Origine des Cultes*, membre du conseil des Cinq-cents, avait cette habitation au commencement de l'Empire, et de nos jours c'est M. Delorme, négociant.

Si les quatre magistrales habitations précitées s'étaient détachées de l'hôtel, plutôt que de la Courtille-Barbette, le 5, ancienne gentilhommière de robe, que la ville acheta en 1815 pour y loger les officiers de la caserne de gendarmerie des Francs-Bourgeois, devait avoir fait partie du palais de la reine Isabeau. Quelles sont les deux autres portes imposantes qui nous complètent ce côté de la rue ? D'où vient cet édifice d'avant la Renaissance, équipé d'une restauration qui lui permet encore un long voyage ? Pourquoi la fin prochaine de ce jardin, que peuplent des statues, est-elle annoncée par écriteau ? Dépêche-toi, passant, de regarder par ces deux ouvertures, derrière ce mur, au travers de ces arbres, le grand corps de logis dont s'est accru le vieux séjour au commencement du siècle XV, en deçà de la porte Barbette, de galante et tragique mémoire. M. Haussmann, bien qu'il ait daigné souscrire pour quelques exemplaires aux *Anciennes Maisons de Paris sous Napoléon III*, devient un justicier sévère, qui ne pardonne rien à l'Histoire. Le Paris des Parisiens a fait son temps : on en fabrique un autre coûte que coûte. Sur les murailles de cet angle historique, bien qu'il cache beaucoup de son âge, un bec de gaz, même en plein jour, ressemble déjà à un anachronisme.

De l'autre côté, M. Bigot de Morogues, ancien intendant de la marine de Bretagne, avait plusieurs maisons en 1776. Toutefois à dix années de là M. Missa, docteur régent, censeur royal, était propriétaire du 6, construit en 1660, qui appartient à M. Cusinberche, notabilité commerciale, et Bigot avait vendu la maison à Lebastier, épicier de la rue Bourg-l'Abbé. Charles-Jean de Choisy, marquis de Morgueville, occupait le n° 10, ensuite confisqué et nationalement vendu à M. de Vallienne, allié à la famille de Joinville. M. Brière de Valigny, conseiller à la cour de cassation, y a plus longtemps résidé. Massu, receveur des tailles, avait acquis la propriété attenante de MM. Tristan et Tascher, gendres de l'intendant de marine. Le chevalier de Crussol l'eut-il aussi, comme on le dit ? Il représentait officiellement le comte d'Artois, dernier commandeur du Temple. La maison avait été bâtie sous la minorité de Louis XIV : la comtesse de Failly l'a habitée de 1800 à 1834. Si les murs en ont pu entendre les mazzarinades de la Fronde, ils peuvent maintenant prêter l'oreille à des accords qui provoquent moins de dragonnades : un facteur de pianos, M. Mussard, s'y paye à lui-même son loyer. Quand à l'avant-derrière maison, et ce sera pour nous la dernière, elle appartenait du temps de Bigot à Migieu de la Renne, officier aux gardes-françaises.

De notables commerçants, en somme, ont remplacé les magistrats qui habitaient principalement la rue Barbette, au siècle précédent, et celle-ci jouit toujours d'un immence crédit, dans une acception différente.

Boulevard du Palais,

NAGUÈRE

rue de la Barillerie. (1)

Jules-César. — Saint Éloi. — Les Barnabites. — L'Architecte Lenoir. — Théâtre de la Cité. — Le Prado. — Café d'Aguesseau. — Deux belles Enseignes. — Un Reposoir.

Un rédacteur de l'ancien *Figaro*, M. de Saint-Geniès, jamais ne passe rue de la Barillerie sans penser à Jules-César, qui a dû souvent la franchir pour se rendre au palais des Thermes : les deux forts qui gardaient Lutèce à cette époque étaient, pour ainsi dire, aux deux bouts de ladite voie gauloise, et d'ailleurs ce n'est pas sans peine que Ligarius, lieutenant du triumvir romain, eut raison du courage des habitants de la grande ville naissante. Le savant homme d'esprit dont nous parlons ne se borne pas à savoir par cœur ses *Commentaires*; mais ses opinions philosophiques l'empêchent de penser aussi souvent à saint Éloi qu'au conquérant des Gaules.

L'orfèvre saint Éloi obtint du bon roi Dagobert une concession de terrain précisément en cet endroit, et il y établit des religieuses sous l'invocation de saint Martial, évêque de Limoges. Les bons effets produits par cette pieuse initiative

---

(1) Notice écrite en 1857, avant que le boulevard du Palais n'eût pris la place de la rue de la Barillerie. Tout le côté opposé au Palais-de-Justice y est neuf.

l'autorisèrent à demander au souverain, dont il était le confident intime, l'agrandissement de ce terrain, et l'on crut un moment qu'il allait enfermer toute la Cité dans sa ceinture ; on en fut quitte pour la peur, car le couvent seul prit le nom de *Ceinture de Saint-Éloi*. Au commencement du xiie siècle, de graves désordres firent disperser les religieuses dans d'autres monastères. L'abbaye fut donnée à Thibaut, abbé de saint Pierre-des-Fossés, lequel y installa un prieur et douze religieux. Étienne de Senlis, évêque de Paris, fut supérieur du nouveau monastère pendant neuf ans, puis en laissa le gouvernement direct aux religieux de Saint-Pierre, qui y restèrent jusqu'en l'an 1530. L'édifice de la communauté tombait en ruines lorsque l'archevêque de Paris le destina, en 1629, aux clercs réguliers de Saint-Paul, dits barnabites ; ces missionnaires, que précédemment Henri IV avait appelés en France, firent rebâtir l'église, dont le portail date de 1704, et qu'on peut voir encore au fond du n° 5, place du Palais-de-Justice. Ce monument ex-religieux, s'il était appelé à reprendre sa première destination, secouerait tout de suite la décrépitude apparente qui est plutôt l'effet que la cause de son abandon : l'usine que la grande république en avait fait pour la fonte des sous de cloches, épargné à ses pieuses voûtes l'horreur d'en retentir depuis qu'elle s'est transformée en dépôt-général du mobilier de l'État. Une partie des bâtiments conventuels avait été aliéné les 6 prairial et 1er messidor an v et le 11 thermidor an vi. La cour des moines servait encore de passage au public en 1850, pour aller rue de la Calandre.

L'église royale de Saint-Barthélémy et l'église de Saint-Pierre-des-Arcis étaient en face des Barnabites, de l'autre côté de la place. Les assises de ces édifices reposent encore, à ce qu'on dit, sur une autre église souterraine. Leurs piliers, de toutes parts masqués pour les passants, semblent avoir été rasés pour le moins à la hauteur du sol; mais on les revoit, encore inébranlables, au rez-de-chaussée d'un pâté de maisons qu'ils supportent. Des galeries noires et disposées en forme de croix relient, presque au niveau de la rue, les quatre maisons dont cette cité se compose, et ouvrent sur des voies différentes. L'extérieur des étages de cette maison quadruple n'annonce pourtant pas une origine antérieure au règne de Louis XVI, et c'est effectivement en vertu d'un arrêt du conseil du 3 juin 1787 que Samson-Nicolas Lenoir, architecte, prit possession des maisons et terrains nécessaires pour construire toute la place semi-circulaire, qui devait mettre le Palais-de-Justice en communication, par la rue de la Vieille-Draperie, aujourd'hui Constantine, avec le haut de la Cité. Lenoir, cet architecte expéditif du théâtre de la Porte-Saint-Martin, n'alla pas aussi vite en besogne dans la rue de la Barillerie, où il se trouvait à l'étroit dans le cercle qui lui avait été tracé de par le roi, et il acquit, au commencement de la Révolution, presque tout le territoire de Saint-Barthélémy et des Arcis, occupé aujourd'hui par la maison à quatre portes. Or si les fondations de ce quadrinome de pierres nous paraissent des plus profondes, nous nous souvenons aussi de vieilles maisons voisines, que l'on a démolies rue Constantine, rue du Marché-aux-Fleurs et rue de la Pelleterie, il y a très-peu de temps, et qui comptaient trois berceaux de caves l'un sur l'autre; il est aisé d'en inférer que le sol de la Cité, depuis Jules-César et les mérovingiens, s'est exhaussé.

On voit encore sur la façade de la rue Constantine cette inscription :

« Théâtre du Palais-Variétés. »

Elle rappelle une salle de spectacle, construite par le même architecte, où des drames et des vaudevilles ont été joués, avec plus ou moins de succès, par des acteurs qui se sont répartis dans les meilleurs théâtres de Paris lorsqu'en 1806 l'empereur eut ordonné la clôture du théâtre de la Cité, en même temps que celle d'autres théâtres. On y avait représenté en 1793 le *Jugement dernier des Rois* ; neuf ans plus tard, une troupe allemande en avait fait une scène lyrique ; ensuite l'acteur Beaulieu avait tenté de restituer cette salle à son genre primitif de représentations, mais il avait mal réussi, et il s'était brûlé la cervelle, au deuxième étage sur le devant, au-dessus du café d'Aguesseau ; enfin les successeurs de l'infortuné directeur n'avaient été rien moins que les acteurs des Variétés, notamment Tiercelin et Brunet, pendant la construction de la salle des Panoramas. Au commencement de l'Empire, Napoléon et Joséphine assistaient à une fête dans le ci-devant foyer de ce théâtre, transformé en loge maçonnique : la fête était donnée par le maréchal Lannes et le prince Poniatowski, l'un et l'autre pourvus du grade de *vénérables*.

Chacun sait qu'on danse actuellement dans les salles du Prado, depuis que l'art dramatique n'y est plus à l'ordre du jour ; des étudiants en composent le public, et cette circonstance explique peut-être la prévoyance quasi-paternelle avec laquelle un commissionnaire au Mont-de-piété a eu l'idée de s'établir tout près, côté du quai aux Fleurs.

Au coin du même quai est un magasin de quincaillerie, fondé en 1809 sous le titre des *Forges du Vulcain*, légende d'un beau tableau d'enseigne, peint par Aubert sous la Restauration. La porte d'ensuite, où jadis était celle de l'église royale, ouvre depuis 1806 sur un grand bazar d'horlogerie, derrière lequel, dans la cour, se retrouvent des inscriptions tumulaires en lettres gothiques. Les premières factures présentées par M. Aréra, père et prédécesseur de l'horloger, donnaient son adresse rue Saint-Barthélemy. La voie publique dont nous nous occupons en a formé longtemps deux : l'une de Saint-Michel, puis de la Barillerie, du côté du pont Saint-Michel, et l'autre de Saint-Barthélemy. A la fin du règne de Louis XIV celle-ci comptait 14 maisons, 30 échoppes et 5 lanternes, et celle-là 36 maisons, 50 échoppes et 10 lanternes : il va sans dire qu'à cette époque les deux rues étaient plus étroites et séparées des monuments voisins, excepté de la tour de l'Horloge, près laquelle se réunissaient encore les agents de change vers midi pour la négociation des lettres et billets de change.

Après la porte du Prado, les avocats ont leur buvette fashionnable ; ils viennent s'y mettre à table en traversant la rue, presque toujours en robe noire, et souvent avec un client, qui a payé d'avance le droit de raconter à satiété toutes ses affaires au défenseur qu'il poursuit jusque-là. Guyon, Favre et Recordon ont tenu cette buvette, ancien café Thémis ; aujourd'hui café d'Aguesseau. Sous la Restauration encore, les habitués de la maison avaient souvent sous les yeux un spectacle qui n'était pour les avocats qu'une représentation, en pantomime, d'un drame déjà joué aux assises. On exposait publiquement, sur la place, des condamnés, qui restaient six heures attachés sur un tabouret, dans le principe, puis une heure seulement, mais debout : on a supprimé, depuis, cette exposition au carcan.

Traversons de nouveau cette place du Palais, qui est un renflément de notre rue ; arrêtons-nous devant une maison, également bâtie par Lenoir sur le modèle de celles du demi-cercle, mais pour le compte de la grand'mère de l'abbé Hamelin, curé de Sainte-Clotilde. La famille Hamelin, elle aussi, se livrait au commerce de la quincaillerie, et son enseigne de la *Flotte d'Angleterre* faisait presque pendant aux *Forges de Vulcain* : elle avait été peinte sur cuivre au milieu du xviiie siècle, époque de l'ouverture du magasin, qui n'a pas encore changé de place. Le fabricant d'outils, père de l'ecclésiastique, a corrigé un livre en trois volumes in-4°, dont un de planches, intitulé le *Manuel du Tourneur* et publié d'abord par Bergeron, son auteur, vers 1780 ; cet ouvrage spécial, qui a été réédité, fait encore bonne figure chez le libraire Roret. Quant à l'abbé Hamelin, il a reçu le baptême à la Sainte-Chapelle, église rendue au culte pendant six mois de l'année 1806 et dont les registres ont été transférés à Saint-Thomas-d'Aquin, pour faire place aux Archives du Palais.

Que si les condamnés traversaient autrefois la rue de la Barillerie, pour aller de la Conciergerie à l'échafaud, les rois prenaient le même chemin en sens inverse pour se rendre du Louvre à Notre-Dame. Un jour de Fête-Dieu, sous le règne de Louis XVIII, un joli reposoir avait été établi à la *Flotte d'Angleterre*; Monsieur, comte d'Artois, la Dauphine et la duchesse de Berry s'y arrêtèrent, en se rendant à l'église métropolitaine.

Rue de la Barouillère. (1)

Nos 3, 8, 14, et 16.

Clarke, duc de Feltre, n'était-il pas un des plus brillants personnages et des plus beaux hommes de l'Empire? Quel ambassadeur, quel ministre porta mieux le manteau de cour, avec la toque de velours à marabouts! En général, les merveilleux de la première cour impériale étaient beaucoup plus beaux de figure et de buste que ceux de la seconde : David et Gros en faisaient leur profit ; mais c'est à travers le prisme des vives couleurs d'Eugène Delacroix qu'il eût fallu faire passer leur teint, dont les nuances variées gardaient confusément l'impression de différents climats, et leurs costumes de gala qui, vus de près et frôlés, paraissaient convenir encore mieux à des chiens savants. Le plus souvent ils avaient de l'embonpoint : fut-on jamais plus gourmand que sous l'Empire ! D'ailleurs les hommes les plus favorisés de la nature, pour peu qu'ils eussent couru le monde à la suite de Napoléon, dégénéraient toujours, comme modèles, dans la partie inférieure de leur corps, quand bien même la mitraille eût respecté leurs jambes, que l'excès de la fatigue avait bien assez déformées. Il aurait fallu ne voir qu'à table les personnages marquants de cette époque de propagation à main armée pour la suprématie de la cuisine française, et c'était difficile, mais les grands dîners ne manquaient pas. Les

---

(1) Notice écrite en 1857.

factionnaires portaient moins les armes aux insignes des officiers et commandeurs de la Légion-d'Honneur qu'à l'estomac rebondi qui, le plus souvent, les décorait aussi. Là finissait le sujet, au point de vue de l'art. Les blessures de la jambe, ses rhumatismes articulaires, ses tiraillements goutteux et ses tics nerveux avaient leur côté honorable, puisqu'à ce prix elle avait fait son chemin ; mais elle n'avait été moins torse et plus alerte qu'à la poursuite de la fortune. La fine jambe, signe de race, n'avait-elle pas émigré à la chute de l'ancien régime ? Cette fugitive, que rappelaient en vain maints parvenus de l'ère impériale, reprochait à leurs culottes courtes de ne pas être légitimes. L'enfant chéri des dames n'osait reparaître que chaussé de bottes à l'écuyère, et le débotté de la danse lui était défavorable. La valse l'emportait déjà pour cela même, quoique d'importation étrangère, sur la contredanse nationale, et ce n'était qu'un haut-le-corps prompt et gracieux, pivotant sur lui-même, tandis que le quadrille en ce temps-là exigeait moins de bonds et de pas, plus de finesse, au contraire, dans les extrémités, qui cessaient de raser la terre sans brûler une seule mesure musicale. Dans Clarke, tout enfant, Mme de Genlis avait deviné un joli cavalier, à qui plus tard elle reconnaissait qu'il n'aurait rien manqué du tout si elle s'était mêlée de son éducation. On ne pouvait, au surplus, pas dire que sa naissance fût commune.

Élevé par le colonel Schée, son oncle, secrétaire du duc d'Orléans, Clarke dut au prince ses premiers grades, dans la carrière des armes. Il se trouvait déjà général de brigade, attaché à l'armée du Rhin, quand on le destitua parce qu'il était noble, en vertu d'un décret de la Convention, la veille de la prise des lignes de Wissembourg par les Autrichiens. Après la chute de Robespierre, il fut remis à la tête d'une brigade, sur la demande de Carnot. Puis des négociations, dont le général fut chargé, le firent diplomate, disgracié derechef au 18 fructidor. Napoléon, son ancien condisciple à Brienne, lui confia dans la suite, comme chacun sait, le gouvernement de Berlin, le bâton de maréchal et le portefeuille de la guerre. Eh bien ! ce duc de Feltre, qui fut à la fin pair de France, termina rue de la Barouillère, n° 16, une vie pleine de succès et d'honneurs mérités, dont les revers étaient oubliés. Ses deux fils, également grands et beaux hommes, cités dans ces parages de la grand'ville pour leur inépuisable bienfaisance et pour l'élévation d'idées qui s'alliait à leur bienveillance, moururent dans le même hôtel, à peu de distance l'un de l'autre, au moment où l'aigle impériale déployait pour la seconde fois ses larges ailes sur la République aux abois.

Le 14 de la même rue paraît vieillot ; nous n'en savons rien que de postérieur à son origine. Un hiver y fut passé sous l'Empire par une comtesse espagnole, Mme de Montijo, que nous considérons comme l'aïeule de S. M. l'impératrice : elle avait fait en l'an XIII un rapport à la société royale économique de Madrid, au nom de la junte des dames affiliées à la dite société. M. Bouillet, haut fonctionnaire de l'Université et auteur du *Dictionnaire de Géographie et d'Histoire*, est propriétaire de l'immeuble.

Celui du n° 8 est M. Kowalski, oculiste en réputation.

Il fut un temps où Paris ne craignait pas de renfermer 24 salpêtrières ; on n'en compte plus que 2, une sur chaque rive de la Seine. La salpêtrière de la rue de la Barouillère, n° 3, date de deux siècles.

Aussi bien c'est une voie de communication dite autrefois des Vieilles-Tuileries, puis Saint-Michel. La dénomination qui a prévalu vient de Nicolas-Richard de la Barouillère, auquel l'abbé de Saint-Germain-des-Prés céda, en 1644, un terrain à charge d'y bâtir. Soixante-dix ans plus tard cette condition n'était pas encore trop remplie, car la rue n'avait qu'une maison, qui comptait sur le clair de lune pour tout falot. Une barrière de la ville coupait alors la dite rue par la moitié. Un autre sieur de la Barouillère, qui remplaçait le cessionnaire en 1743, avait encore dans sa rue et dans celle du Petit-Vaugirard deux arpens de terrain, principalement exploités en jardins et en bergeries.

Rue de l'Ave-Maria,

NAGUÈRE

des Barrés-Saint-Paul. (1)

Pour le coup, voici bien une rue qui sent son règne de Charles VI, comme si l'usage des arquebuses, pratiqué pour la première fois au siége d'Arras, n'était qu'une invention récente. L'ancien hôtel de la reine Blanche, puis des archevêques de Sens, qui ouvre rue du Figuier, projette aussi souvent son ombre accidentée sur la rue des Barrés-Saint-Paul, qui le voit mieux se draper dans son architecture gothique, comme dans une pelisse du moyen-âge à capuchon, trouée par-ci et chamarrée par-là, dont retombent jusqu'à terre les plis amples et poudreux.

En face de ce séjour, en 1714, il y avait dans une maison dont l'angle se replie toujours sur le quai des Célestins, le bureau, dit du port Saint-Paul, pour la recette du droit des vins et eaux-de-vie qui arrivaient par la rivière. Combien comptait alors de lanternes la rue des Barres? 7, réparties sur 25 corps de bâtiment.

Les religieuses de l'*Ave-Maria* préludèrent par de longs exercices de piété à la manœuvre de la charge en douze temps, que les soldats de la caserne du même nom sont bien obligés de préférer, depuis la promulgation de la loi sur la conscription militaire. On sort du quartier, on y rentre avec plus de facilité et moins de cérémonie que quand c'était un monastère; mais la vocation volontaire manque plus souvent encore au régiment

---

(1) Notice écrite en 1857. La caserne de l'*Ave-Maria*, dans la rue dont s'agit, est démolie; on parle d'y substituer un marché; en attendant, c'est un champ sans culture.

qu'en religion. L'ancienne chapelle des sœurs, historiée de splendides vitraux, fut jetée bas il y a un an, après avoir servi de salle-d'armes à la caserne.

A l'intention du même couvent la rue s'appella un certain temps des Béguines. La dénomination des Barrés lui vient des carmes, moines aux manteaux bariolés, qui eurent leur premier monastère en face de l'Ave-Maria, où ils précédèrent les célestins. Antérieurement à nous, le peuple a remarqué facétieusement que les carmes se postaient toujours vis-à-vis d'un couvent de femmes, et une comparaison assez triviale, mais pittoresque, serait inexplicable sans cette circonstance persistante de voisinage féminin. Les bâtiments des religieux sont encore debout, mais divisés. Le marchand de vin du n° 25 a pour cave une vieille chapelle, à la reconnaissance de laquelle la préfecture de la Seine envoyait dernièrement un émissaire archéologue. Etait-ce au même endroit, ou bien en lieu et place du futur logis de la reine Blanche, que Philippe-le-Hardi avait donné un terrain à l'abbaye des Barbeaux, près Melun, pour bâtir l'hôtel des Barbeaux ? Ce terrain allait jusqu'au quai.

Le 15 est une autre maison qui avance, comme une sentinelle au port d'arme, qui ne tardera plus à être relevée ; on y trouvait un jeu de paume bien avant l'hôtel-garni de l'Ave-Maria.

Ce n'est pas par pure galanterie que l'atlas de la censive archiépiscopale, dressé en 1786, mettait au féminin le nom de cette rue, qui avait encore ses religieuses, qui n'avait plus ses religieux. D'elle-même s'explique et s'excuse la méprise. Les bourgeois étaient alors :

Du côté actuel des numéros impairs : M. Boileau, M. L'Épine, M. de Camp. le Cte de Conguibault, (4 maisons, dont l'une en face de la rue des Jardins-Saint-Paul).

Du côté des pairs : Mlle Bernard, M. Sénéchal, M. Alexandre, M. Caron, M. de Saint-Roman, la Ctesse de Longanet, la Ctesse de Lignerac.

Rue des Barres,

NAGUÈRE

des Barres-Saint-Gervais. (1)

Robespierre jeune, qui s'était jeté d'une des croisées de l'Hôtel-de-Ville, fut porté le 9 thermidor, sur une chaise, au siége du comité civil de la section de la Commune. Sa blessure était dangereuse, il fut pansé, puis transféré au comité de Salut public, d'où on le porta à l'échafaud avec Maximilien, son frère, et autres, mis hors la loi par les thermidoriens. Ensuite la justice de paix du IXe arrondissement fut placée dans l'ancien local de la Commune, qui n'était autre que l'hôtel des Barres, bâti sous le règne de saint Louis.

Les moines de Saint-Maur avaient acheté jadis cet édifice, ainsi que les moulins à eau des Barres, qui en dépendaient; puis Louis de Bourdon, un des amants de la reine Isabeau, s'y était pavané. F. Colletet, en 1664, l'appelait hôtel de Sens, et je crois cependant que les seigneurs de Charny

---

(1) Notice écrite en 1857. Trois ou quatre maisons n'ont été démolies que six ans après dans la rue, au chevet de l'église Saint-Gervais, qui ne s'en trouve pas beaucoup plus dégagée, une haie de planches s'y opposant depuis un nombre égal d'années. La rue des Barres craint moins l'humidité du côté de la place Baudoyer, dont l'abaissement a fait monter la rue à l'entresol. On dirait que cette place a plié sous le poids de sa mairie et de sa caserne de construction récente: il y avait, ma foi, bien de quoi plier et de quoi regretter l'orme de Saint-Gervais!

avaient déjà donné leur nom à ce manoir devenu leur propriété. Au xviiie siècle, pour le moins, le bureau général des aides y était installé, avant de passer rue de Choiseul. La plupart des bâtiments de ce grand logis ont été démolis pour livrer passage à la rue du Pont-Louis-Philippe, et il n'en reste rien, quant à présent, pas plus que des moulins à eau, appartenant aux templiers, qui faisaient appeler la rue, lors de la destruction de cet ordre, la ruelle des Moulins-du-Temple. On a dit aussi rue Malivaux, à cause de Malivaux, propriétaire au XVIe siècle de ces machines à moudre, et puis rue des Barrières, ou des Barres. La ruelle pouvait être barrée lors de la construction de l'hôtel des Barres et de Charny ; mais les employés des aides et gabelles mirent par-là des barres jusque sur la rivière. 7 lanternes y éclairaient 29 corps de logis, sous Louis XIV.

En face des Charny était la maison de ville de l'abbaye de Maubuisson, dont les religieuses, filles de la Croix, s'étaient établies audit lieu dès 1664, bien qu'elles n'y fussent propriétaires qu'en vertu de lettres-patentes signées postérieurement. Nous avons fait un pélerinage à leur ancienne abbaye royale, dont il survit des murs près de Pontoise et une maison de campagne à Bessancourt. Ces dames, depuis le règne du galant Béarnais, avaient la thébaïde mondaine. Toutefois les chapelles à colonnes qu'elles ont laissées dans les caves des n°s 9 et 11 de la rue des Barres, n'étaient pas des lieux de plaisance. L'extérieur de ces deux maisons, n'ayant plus rien de virginal, serait plutôt personnifié par une duègne rébarbative ; mais leur mauvaise humeur s'explique par les allures peu confites en douceur, peu régulières et médiocrement pudibondes d'une population ouvrière, plus laborieuse et plus utile que toutes les nonnes de la terre, et aussi matinale, mais plus mal élevée, partant mal embouchée, forcément négligée dans sa tenue, et ne s'entendant guère aux confitures, qui ne se propose même plus de consacrer à Dieu un seul soupir de l'amour innocent ou repenti.

Le 17 est plus vieux encore. La rumeur publique le fait dépendre, dès le règne de Charles VI, d'un couvent d'hommes, mais duquel? Des moines avaient dû se détacher de l'abbaye chartraine de Tiron, en leur fief Tiron de Paris, dont le chef-lieu était assis dans le voisinage, rue Tiron, et qui s'éparpillait en 31 rues. C'est toutefois la maison de la rue des Barres que semble avoir habitée avant la Révolution M. Sue, chirurgien ordinaire de l'Hôtel-de-Ville, oncle d'Eugène Sue.

Un praticien qui se fût cru du même genre, mais plus barbier que chirurgien, avait vendu en l'année 1573 une maison à l'enseigne du Gantelet, sise en ladite rue, au pied de Saint-Gervais, pour servir de presbytère à cette église.

Passage Basfour. (1)

La révolution du 24 février 1848, qui s'était accomplie, pour ainsi dire, sans résistance, se tourna après coup, et en se ravisant comme par humilité, contre les gens qui l'avaient laissé faire. Ces excellents propriétaires, lorsqu'on les eut menacés dans tout ce qu'ils avaient de plus cher, la propriété, jurèrent, comme de juste, de laisser faire un autre 9 thermidor, qui fut le 24 juin 1848, et un 18 brumaire, dont la seconde représentation eut lieu le 2 décembre 1851, avec le même succès que la première.

Bien des gens s'en prennent de plus belle à ceux qui signent les quittances de loyer, et qui, effectivement, après avoir brûlé bien des lampions involontaires pendant l'affreux cauchemar des sept vaches maigres, ne sont pas trop fâchés que le rêve des sept vaches grasses ait son tour. Mais il s'en faut de beaucoup que tout y soit rose. Les atteintes portées aux droits acquis ne restent jamais à court de prétextes quand sévit la guerre civile ; elles ont beau se parer ensuite du manteau de la légalité, leur incessante multiplication est le signe le plus évident qu'on a encore un pied dans la Révolution. Les adversaires en armes de la propriété ont pansé leurs blessures, porté le deuil de leurs morts ; mais ils ont laissé derrière eux une invisible barricade, dont le feu roulant ne tue plus, mais exproprie pour cause d'utilité publique. Le bourgeois, ensorcelé par une indem-

---

(1) Notice écrite en 1857. Le passage Basfour se retrouve entre la rue Saint-Denis et la nouvelle rue de Palestro ; mais le haut en a disparu depuis 1857.

nité, ne s'aperçoit même pas qu'il y va moins encore de sa maison que de la bourgeoisie. Celle-ci ne devient-elle pas, en général, une bohème d'un genre nouveau, qui n'a plus de crédit qu'en raison de la hausse des fonds publics, dont elle porte la chaine pieds et poings liés? Que de victimes dans ce qu'on appelait les rangs de l'ordre !

Par malheur, disent les pessimistes, le droit de posséder n'est pas mort ; à peine s'il a changé de mains, et sa tyrannie pèse toujours. Il a fallu absolument que plusieurs de ces pauvres, pour changer d'opinion, s'enrichissent à la place de plusieurs déclassés. Les nouveaux propriétaires peuvent néanmoins trouver d'excellents modèles dans plus d'un ancien.

Par exemple, aucun parvenu de fraiche date n'est de composition plus facile avec ses locataires que M. Honoré, qui possède une immense maison habitée par la classe laborieuse dans le passage Basfour, du côté de la rue Grenétat. Jamais son père ou lui-même n'a fait vendre le mobilier d'un locataire, et jamais ils n'ont augmenté le prix de leurs loyers, qui en général est modeste. On a pourtant voulu brûler, en juin 1848, les bâtiments appartenant à M. Honoré; soixante-dix fusils y avaient été laissés sur les carrés des escaliers par des insurgés, mis en fuite après avoir fait de la maison une véritable citadelle.

Quant à M. Honoré père, il avait essuyé l'ingratitude de ses voisins pendant la grande révolution. Le tabletier Defrance, un terroriste qui avait sa sœur tricoteuse, s'était souvent armé d'une pique, au bout de laquelle il aspirait à mettre la tête de son propriétaire. Une dénonciation en règle fut donc lancée contre le citoyen Honoré et contre deux marchands, les citoyens Ginette et Nolin, qui soupiraient, comme lui, après la fin des sanglantes saturnales, et M. Honoré l'échappa belle, car les deux autres furent condamnés à mort.

La porte sur la rue Grenétat était à l'enseigne du Roi-David, depuis plus d'un siècle, lorsqu'une lingère, en 1814, quitta la place où est maintenant établi un peaussier. Nos pères ne connaissaient, au reste, qu'une impasse du nom de Basfour, comprise dans la censive du roi, et en 1714 cette ruelle sans chef n'avait qu'une maison et qu'une lanterne. La maison est le n° 4; il s'y révèle dans l'antre d'un charbonnier une ancienne chapelle de la Trinité, où l'on a dit la messe avant les représentations données dans ce couvent par les confrères de la Passion; l'occupation locale avait cessé d'être monastique sans rien ôter de ses droits de propriété à l'hôpital de la Trinité. La maison des Vieilles-Etuves donnait aussi sur le cul-de sac, mais par-derrière, et la principale entrée en était rue Saint-Denis. Du côté le plus rapproché de la rue Saint-Martin commençait l'ancien cimetière de la Trinité, propriété de l'Hôtel-Dieu; il englobait le carré qui, dans le passage, sert de jardin au café Marchetti. Il y a environ trente ans que les propriétaires du passage Saint-Denis et de l'impasse Basfour se sont entendus pour faire de l'un et de l'autre un seul passage.

Avenue d'Antin. (1)

Le petit Moulin-Rouge.

Le duc d'Antin faisait planter en 1723, dans les Champs-Elysées, l'avenue qui porte son nom. Par malheur elle se trouvait dans les parages de l'allée des Veuves, qui ne volaient pas leur détestable renommée. Il y a trente ans encore, les réverbères étaient rares de ce côté ; les dames ne s'y hasardaient pas même en plein jour, et les hommes y couraient le soir plusieurs dangers : si quelque habitant de Chaillot revenait du spectacle par les Champs-Elysées, c'est qu'il avait sous son carrick deux pistolets chargés et amorcés. Le dimanche, néanmoins, les Champs-Elysées donnaient à danser, et leurs guinguettes, étaient surtout la poésie d'un vilain monde, qui n'a pas cessé d'exister, mais dont les plaisirs aujourd'hui, pris en commun avec ceux du monde qui vaut mieux, ont le défaut de coûter plus cher à celui-ci, qui paie pour celui-là. Actuellement la dupe et le fripon, le ponte et le grec, l'amant payant, quelquefois plus suspect que son rival payé, tous ces gens-là semblent d'accord à en boire dans le même verre ; ils s'affichent du moins en public avec les mêmes femmes, avec le même cynisme, et leurs centres communs de réunion créent pour une police décuplée un embarras nouveau, celui du choix. Le rond-point avait autrefois le bal de Flore, où florissaient la bonne et le militaire ; l'avenue d'Antin avait le bal

---

(1) Notice écrite en 1856.

d'Isis, où se célébraient d'autres mystères dont le côté poétique avait inspiré à Virgile une églogue bien commentée dans les colléges :

Formosum pastor Corydon ardebat Alexin.

Puis il y avait le bal des Nègres, où des quinze-vingts jouaient du violon ; celui d'Idalie, pour le commis et la grisette, et d'autres assemblées dansantes, dans des caves, où il fallait descendre par une échelle. Celles-là, dit-on, étaient le repaire de gens qui, dans l'avenue d'Antin, n'auraient pas hésité à demander la bourse ou la vie au préfet de police. C'était un lieu de franchise et d'asile, où le mouchard le mieux payé regrettait son ancien état et fraternisait de nouveau avec ces mêmes voleurs qui ne craignaient d'être arrêtés qu'en plein jour et partout ailleurs. Le bal d'Isis était situé là où se trouve le restaurant du *Petit Moulin-Rouge* depuis bientôt vingt ans.

Bardout, le chef actuel de cet établissement culinaire, a pour ancêtre du côté maternel Amant, qui créa le Moulin-Rouge, à la place qu'occupe le jardin Mabille : le bail du patriarche de cette tribu d'échansons était signé par Mme de Pompadour. Tout est par conséquent de création moderne avenue d'Antin, si ce n'est les arbres et l'établissement Bardout, où la piquette d'abord, puis le bordeaux et le champagne coulent à flots depuis un siècle. Cette maison à deux fins ne convient pas moins à ceux qui aiment la table qu'à ceux qui aiment à table. Il faut voir comme l'on y soupe à la sortie du bal Mabille ! On ne soupe pourtant plus que par anachronisme : le duc d'Antin et ses amis s'y entendaient autrement que nous. A la bonne heure nos diners ! Encore faut-il convenir qu'en général on mange et on boit mieux dans les grands restaurants que l'on n'y dîne.

Les préoccupations de la vie sont infinies depuis que chacun fait comme l'Etat, qui dépense toujours plus qu'il n'a, et depuis que l'amour de la gloire pour elle-même est de l'histoire ancienne; les plaisirs de la table en souffrent parce qu'on y apporte souvent des inquiétudes. Sur deux bouteilles de champagne, dans un cabaret de premier ordre, on en boit une pour s'étourdir sur une perte ou sur une chance de perte, quand ce n'est pas sur un remords, dont la carte à payer fait le report. Si le bruit de verres qui se choquent dans un salon particulier arrive jusqu'à vos oreilles, soyez sûr qu'on y porte une brinde ou à un homme en place, capable d'en donner d'autres, ou à un innocent qu'on prédispose à une partie de baccarat. Du moins le dîneur solitaire est à l'abri de ces spéculations. J'en admirais un l'autre soir, à une table du jardin; c'était un beau garçon encore jeune, et il paraissait si ravi de la bouteille de chambertin, couchée dans un panier, dont il lampait le dernier verre, que j'en fredonnais à sa place la chanson sur le chambertin du *Nouveau Seigneur du Village*. Tout à coup il pâlit, ses lèvres s'injectent de sang, les débris du verre mousseline qu'il vient de mordre jonchent sa table, et il laisse échapper ces mots: — Mon père me vole ma part de la fortune de ma mère, et mon frère, qui songe à l'avenir, en est bien aise!

Rue de l'Arbalète. (1)

Les Chevaliers de l'Arbalète — Le Jardin des Apothicaires. — La Tour-aux-Lions. — Les Filles de la Providence et leurs Voisins en 1660. — La Maîtresse en titre d'un Prélat de Cour. — Les Filles du Silence. — Les Bonnes sans place. — Les Invalides de la Domesticité. — Le Coupe-gorge des Marionnettes. — La M^{ise} de Nesmond. — Le Sacré-Cœur. — La Cour de Saint-Benoît.

Nul doute pour nous que cette rue s'appellerait différemment si la compagnie des chevaliers de l'Arbalète, dits ensuite de l'Arquebuse, puis Archers, n'y avait pas eu son hôtel ou son jardin. A quelle époque? Nous croyons que ce fut sous le règne de Louis-le-Gros, fondateur de la compagnie, ou bien dans le siècle suivant. Thibaud de Montliard était maître des Arbalétriers en l'an 1261. Ces chevaliers peuvent n'avoir commencé que sous Charles V à se livrer dans la rue des Francs-Bourgeois-au-Marais à leurs exercices. La rue de l'Arbalète, primitivement cul-de-sac des Patriarches, s'éloignait moins du Parloir-aux-Bourgeois, lorsqu'il était situé près de la rue des Grès (2).

---

(1) Notice écrite en 1856. Plus récemment la rue des Feuillantines est venue tomber dans celle de l'Arbalète, au-delà de laquelle elle se doit continuer. Les 13 dernières maisons du côté droit, dans cette rue de l'Arbalète, ont déjà disparu et ne sont pas encore remplacées; ce qui laisse un vide entre la dite rue des Feuillantines et la rue Berthollet, naguère des Charbonniers-Saint-Marcel.

(2) Maintenant rue Cujas.

Elle ne porta sans doute au XVIe siècle la dénomination des Sept-voies que pendant le peu de temps où la rue du Petit-Lion-Saint-Sauveur dut celle de l'Arbalète à une translation nouvelle du siège de la compagnie, reporté ensuite au Marais. Si les vieilles enseignes étaient restées aux portes, n'en diraient-elles pas plus que l'écriteau de la rue?

Nous avons demandé de leurs nouvelles à Germelle, appariteur de l'Ecole de pharmacie, qui habite là depuis 1811 ; mais ce vétéran de la rue a perdu un peu la mémoire depuis qu'il a failli perdre la vie en juin 1848. Les insurgés étaient venus à l'Ecole pour qu'on leur fit de la poudre-coton, et Germelle avait pretexté de son ignorance pour ne pas déférer à leurs ordres; mais, comme on était sûr de son mauvais vouloir, on le menaçait de mettre le feu. Des soldats arrivèrent à temps par escalade sur le mur du jardin, après avoir enlevé une barricade, pour empêcher qu'il y eût fait accompli. Malheureusement le fidèle serviteur, pris pour un insurgé moins ingambe que les autres, qui étaient déjà hors de vue, fut sommé de livrer ses complices, et, malgré ses dénégations pleines de bonne foi, il resta un quart-d'heure sous le canon d'un fusil chargé.

Une école de jeunes apothicaires, instituée aux Enfants-Rouges par Nicolas Houel, apothicaire et épicier, fut transférée le 2 janvier 1578 dans un hôpital de la rue de Lourcine, consacré comme celui de nos jours au traitement des maladies vénériennes, qui prit le nom de la Charité-Chrétienne. Houel en fit reconstruire la chapelle, dédiée à sainte Valère, et acheta un jardin vis-à-vis pour la culture des plantes médicinales. Les enfants qui apprenaient sous ses auspices à soigner les malades de la Charité-Chrétienne, joignirent bientôt la théorie à la pratique, grâce aux leçons qu'on leur donnait en face. Telle fut l'origine du collège et du jardin des Apothicaires, maintenant École de pharmacie. Le bureau de la communauté professionnelle des apothicaires et des épiciers, alors qu'ils faisaient bon ménage, s'y trouvait en pays de connaissance; un grand-livre de cette confrérie se retrouve présentement, dans la section des manuscrits, à la Bibliothèque royale de Bruxelles.

L'une des cinq dernières maisons qu'on avait alors à main gauche dans la rue de l'Arbalète, en y venant de la rue Mouffetard, était grande et à grand jardin, avec une fière enseigne : la Tour-aux-Lions. Le propriétaire avait nom Louis-Georges en l'année 1663, et Raoul Estonomi l'avait précédé. M. d'Estranges survenait deux ans après, puis sa veuve, née Marie Lefèvre, en 1702, Mlle Geneviève à dix années de là, M. Cyprien Lefranc de la Cousture, valet de chambre ordinaire du roi, en 1752, et M. René de Bussy-Lameth, mestre-de-camp, quatre ans plus tard. Nous regrettons de ne pas connaitre *de visu* une maison qui fut assurément la lionne de la rue de l'Arbalète; nous savons seulement que le n° 35 fut bâti pour la comtesse de Bussy avant la Révolution. La Tour-aux-Lions n'était-elle pas l'ancien séjour que Jean Ganay, chancelier de France, avait eu rue de l'Arbalète?

Si, pour retourner rue Mouffetard, les passants de l'année 1660 traversaient la rue de l'Arbalète, ils y longeaient pour sûr les murs des propriétaires que voici :

Les religieuses du Val-de-Grâce, 2 arpens de terre pris sur l'ancien clos de la Santé. — Les directrices et le directeur de l'hôpital de la Providence, autrefois de la Santé, qui sont : la duchesse d'Aiguillon (nièce du cardinal de Richelieu), Mme Viole et le curé de Saint-Nicolas-du-Chardonnet, pour ledit hôpital : ancien clos de la Santé, 9 arpens, appartenant antérieurement à Daniel Voisin et plus anciennement à Mme Simon Bouslé. — *Idem* : maison et jardin, 2 arpens, provenant d'Antoine Maris. — Bergeron : maison et jardin, 1 arpent. — Anne Fayet, femme de Rugi, sieur de Marcillac, et veuve de Hirouin, sieur d'Opuina : maison et jardin, avec sortie rue des Postes, 3 arpens, qui passèrent à Dubellineau en 1714 et à Pierrus en 1731. — Louise Renaud, veuve de Champenois, à l'image de la Corne-de-Cerf : sa fille, Marie Champenois, devint propriétaire en 1681, les filles d'icelle en 1704, puis Mignot, fils de l'une d'elles, en 1761. — Antoine Bailly, fils et successeur de Jean Bailly, à l'image de Saint-Jean : après lui vint Jacques de Hallois, année 1681, puis Nicolas Collart, facteur d'orgues, à cause de Denise de Hallois, sa femme, année 1731.

Si le tableau était complet, nous y caserions à leur place respective des renseignements provenant d'autres sources. Mais il est trop souvent impossible d'éviter qu'il y ait lacune, double emploi ou contradiction dans les notes que nous réunissons sur l'histoire de la propriété privée. Comment expliquer, par exemple, que Charles Patour, maître peintre, ait été propriétaire en 1733 de la troisième maison qu'on rencontrait à droite en venant de la rue Mouffetard, à l'enseigne précitée de la Corne-de-Cerf? Il faut qu'il y ait eu division.

En regard de la rue des Postes (1), un pensionnat de demoiselles occupe un bâtiment où la rumeur publique veut qu'autrefois ait demeuré un évêque, et qui paraît avoir été construit sur la fin du

---

(1) Maintenant rue Lhomond.

XVIe siècle. Près de l'École de pharmacie il y a aussi une maison haute, à laquelle une statuette, dans une niche, valait le nom de la Vierge. Le 29, plus haut en montant, fut bâti par l'ordre d'un prélat, qui y installa une jeune femme ; c'est encore une tradition, et qui nous fait songer au cardinal Dubois, à l'évêque d'Orléans de son époque et au cardinal de Rohan, qui ne se gênaient pas pour avoir des maîtresses avouées et à leurs gages, dans un temps où c'était n'en pas avoir que de n'en pas afficher plus d'une. Il y a des tilleuls dans l'avenue ; un assez joli jardin étale des fleurs, des fruits et du gazon au pied de la maison, dont les plafonds jadis étaient élevés, et où il reste vestige d'une chapelle, qui aujourd'hui est une double salle à manger. On y a dit la messe en cachette pendant la Révolution, et l'architecte Petit-Radel y a été propriétaire en 1816. Quant à la dame qui, à l'époque de la fondation, avait donné des fêtes dans cette maison, illuminée la nuit et fréquentée par des gens qui dormaient le jour, elle aurait fini misérablement ; ses voisins l'auraient vue vendre des allumettes sur un pont.

La porte du 33 est du règne de Louis XIV ; mais les titres de la propriété, jadis environnée de jardins magnifiques, remontent au XIIIe siècle ; c'était la maison de campagne de la congrégation des génovéfains. Le 39 date aussi de l'occupation génovéfaine, et l'on retrouve au 39 *bis* l'arcade d'une vieille porte, contemporaine de Charles VI. Là s'établirent en l'année 1700, dans leur quatrième domicile, des filles de Sainte-Agathe ou du Silence, dites aussi de la Trappe, suivant l'ordre de Citeaux dont elles portaient l'habit. Leurs vœux se renouvelaient chaque année, et elles élevaient bien leurs jeunes pensionnaires. Néanmoins leur institution fut supprimée en 1753. M.

de Montchablon, maître de pension, achetait le 11 septembre 1755 les deux maisons qu'elles avaient occupées. Plus tard des dames de Port-Royal s'y établirent, mais y restèrent peu de temps. Les sœurs de la Croix tiennent aujourd'hui au même endroit, pour les bonnes sans place, une maison de refuge, qui a été dirigée avant elles par la sœur Géré.

La sœur Géré a quitté la maison des bonnes, en conservant la haute main sur un autre établissement, où des domestiques mâles sont abrités et nourris à peu de frais. Le siége en est rue des Anglaises, n° 3, rue dont le nom rappelle un ancien monastère où des Anglaises priaient en vain pour que la religion de Marie Stuard redevînt celle des successeurs d'Élisabeth. De plus, l'ancienne boulangerie du couvent de la Providence, édifice carré quelque peu vermoulu, comme tout ce qui le touche, est affecté comme annexe au logement des invalides de la domesticité, dans la rue de l'Arbalète.

A côté de cette boulangerie, voyez-vous une petite chapelle, encore debout avec son toit qui forme un angle aigu? Elle va reprendre, grâce à la sœur Géré, son ancienne destination, et pourtant les élèves du collége Rollin y jouaient la comédie il a dix ans, exercice dont la tradition leur a été léguée par l'ancienne université de Paris. La chapelle principale des religieuses de la Providence est aujourd'hui une fabrique de coton; dans cette église, saint Vincent de Paul a dit sa première messe. Près du couvent, en ce temps-là, était la ruelle des Marionnettes, coupe-gorge où les gardes-françaises dégaînaient pour le point d'honneur, au grand effroi des religieuses voisines, qui finirent par obtenir de Louis XVI la permission de s'arrondir de ce côté, en cloîtrant la ruelle aux coups de sabre. La marquise de Nesmond, née Beauharnais, veuve d'un président à mortier, secrétaire du roi, était supérieure des séminaire et communauté de la Providence sous Louis XV ; elle mourut presque centenaire. Le couvent fut vendu révolutionnairement à Laffon de Ladébat, membre du conseil des Cinq-Cents, républicain du parti de l'ordre qui fut déporté à Cayenne au 18 fructidor. Mais, avant son exil, Laffon avait vendu ces vastes bâtiments et jardins à Roussel, un des quatre directeurs du Trésor public. Mlle Roussel en hérita ; elle mourut comtesse de l'ordre de Sainte-Anne de Bavière et princesse, ayant épousé, un an avant sa fin, le prince Colonna di Chiarcia, parent du comte Colonna Waleski, ministre actuel des affaires étrangères. L'abbé Veyssières, légataire de la défunte, précéda comme propriétaire M. Vaillant, pour le compte duquel se gèrent aussi d'autres immeubles, dans un bureau établi rue des Postes : le théâtre Saint-Marcel et le marché des Patriarches.

Sous le règne de Louis XVIII, les dames du Sacré-Cœur occupèrent les bâtiments en façade des n°s 28, 30 et 32, avant d'aller rue de la Santé ; à présent, l'un des corps de l'ancienne maison conventuelle, qui avait obtenu une concession d'eau d'Arcueil, est une buanderie où se blanchit le linge de plusieurs colléges de Paris.

Une des plus intéressantes parmi les vieilles maisons de Paris est située au n° 44, près de l'ex-venelle des Marionnettes ; elle dépendait aussi du monastère, où elle servit quelque temps de logis à la supérieure. Un écu couronné décore encore la porte, et ses trois fleurs de lis ne furent tout-à-fait effacées qu'à la révolution de 1830 : celle de 89 s'était contentée de les masquer. Derrière cet hôtel s'abritait le cimetière du couvent, et c'est pourquoi, comme le laboureur de Virgile, les maçons trouvèrent des ossements il y a deux ans, en y posant la première pierre d'un nouveau corps de bâtiment. Lorsque la supérieure cessa d'y résider, cela n'empêcha pas d'appeler cour de Saint-Benoît la propriété desdites religieuses bénédictines. Des immunités, dont le privilège devait remonter à la confrérie de l'Arbalète, en faisaient une sorte de cité ouvrière. Les artisans qui n'avaient pas de maîtrise y travaillaient, sans que les jurés des métiers de Paris pussent les inquiéter en franchissant le seuil de cet asile.

Rue de l'Arbre-Sec. (1)

Le Four-l'Evêque. — La Reine Brunehaut. — La Fontaine. — Le Cardinal de Retz. — Colletet. — Le Barbier du Roi. — Les Fastes du Commerce et de l'Industrie en cette Rue. — Mme de Saint-Roman. — Mme Daigremont. — Les Mousquetaires d'Alexandre Dumas. — Le Cheval-blanc.

La rue de l'Arbre-Sec fut appelée quelquefois de l'Arbre-Sel, mais *vicus arboris siccæ* dès le XIIIe siècle. Son nom lui venait de l'enseigne d'une maison qui existait encore près de l'église au temps de Sauval. M. l'évêque eut dans cette rue une grange et un four, entre le cloître Saint-Germain et le cul-de-sac de Court-Bâton ; on les appelait le Four-l'Evêque, et par corruption Fort-l'Evêque, dénomination qui restait encore sous Louis XV à la prison où s'enfermaient par-là les comédiens récalcitrants, bien que le chef du diocèse n'y fût pour rien.

La reine Brunehaut, à l'âge de quatre-vingts ans, avait été tirée à quatre chevaux, au milieu de la rue de l'Arbre-Sec, sur une place qui resta un lieu patibulaire, de la juridiction épiscopale, jusqu'en 1636. La croix qui s'y dressait était dite du Trahoir, du Tiroir. Sous le règne de François Ier, une fontaine s'ouvrit près de la croix. Des bouchers, des fruitiers, dans les temps ordinaires, faisaient

---

(1) Notice écrite en 1856. Un peu moins d'années se sont écoulées depuis la démolition des maisons que remplacent l'école des filles, dépendant de la mairie du nouveau Ier arrondissement, et le passage qui sépare cet édifice municipal de l'église Saint-Germain-l'Auxerrois.

leur commerce à l'entour. Le voisinage du Louvre n'empêchait pas la place d'être un point de rassemblement les jours d'émotion populaire. Une sédition entr'autres y éclata, en l'année 1505, à l'occasion de la mort d'une marchande, que le curé de Saint-Germain-l'Auxerrois n'aurait pas voulu enterrer avant de savoir si elle avait légué quelque chose à l'église. On fait remonter aussi au règne de Charles VI un autre attroupement local, compliqué de rumeurs et de violences, à propos des contributions qui s'augmentaient. C'est pour cela sans doute qu'en 1536 on transporta la croix, la fontaine et la place à l'angle de la rue Saint-Honoré, où François Myron, prévôt des marchands, avait fait pratiquer, trente ans plus tôt, un réservoir des eaux d'Arcueil. Ce qui n'empêcha pas la Fronde de faire des siennes rue de l'Arbre-Sec, où le cardinal de Retz, menacé de la lance d'un rôtisseur en pleine barricade, eut la présence d'esprit de lui dire, quoiqu'il ne le connût pas : — Ah! malheureux, si ton père te voyait!... Le rôtisseur, ne doutant pas que ce fût un ami de sa famille, lui demanda pardon et le secret. Le pavillon carré de la fontaine, flanqué de consoles à têtes marines, sortit du crayon de Soufflot au commencement du règne de Louis XVI.

Ce n'est pas l'eau de la Croix-du-Tiroir qu'avait chantée François Colletet, un siècle auparavant; c'était le vin d'Espagne débité dans un cabaret du même carrefour :

> Voici le pays de Cocagne,
> Où l'on boit le bon vin d'Espagne,
> Le doux Hypocras, le Muscat
> Et l'Alicant si délicat.

Cette annonce vraisemblablement fut payée en nature au poète, qu'une satire de Despréaux eût trouvé moins crotté s'il avait fait usage des calèches à 20 sols l'heure et des chaises à porteurs qui stationnaient sur la place du Tiroir.

Y avait-il déjà un marchand de vin traiteur dans la maison à ventre proéminent qui fait vis-à-vis à la fontaine ? Elle appartenait à François Barnom, premier barbier de Louis XIV, et Barnom écrivait son nom sans particule en 1672. Mais on lisait une trentaine d'années plus tard, au sujet de la même maison, sur le livre d'ensaisinement du lieutenant au bailliage de Montmartre :

Pierre le Petit, secrétaire du roi, co-propriétaire à cause de Marie-Anne de Barnom, sa femme, avec Louis de Barnom, sieur de la Charbonnière, comme héritiers de François de Barnom.

A quelques pas est le 52 ; remarquez la serrurerie et les sculptures de son beau balcon. La porte est haute, et deux grands berceaux de caves feraient encore distinguer sous terre, faute de mieux, l'ancien hôtel bâti pour le sommelier de Louis XV. Trudon, marchand de bougies du roi, qui vint après, habita la maison pendant quarante années ; mais sa fabrique était à Antony. Le 54 appartenait alors au même propriétaire, qui le donnait en location à des particuliers sans notabilité ; il a été revendu et rebâti il y a quinze ans. Trudon arriva par l'échevinage, après avoir quitté le commerce, au titre d'écuyer. Dans ses anciens appartements demeure aujourd'hui M. Techener, libraire, collectionneur de livres curieux de tous les siècles, même du nôtre. La librairie Techener a été fondée place du Louvre, en 1824, dans une maison actuellement démolie.

En 1800 le sieur Harel, fabricant de fourneaux et de fours portatifs, a créé un établissement qui garde son nom au n° 50. La porte d'à côté est surmontée d'une coquille à écusson, et la rampe de l'escalier principal, qui fait suite, porte sur un chef-d'œuvre de balustrade, deux étages durant. C'est l'ancien hôtel Saint-Roman. Un M. de Saint-Roman a été page de Charles X ; un autre a figuré, comme pair de France, parmi les ultra-royalistes. Mme de Saint-Roman, devenue veuve, a épousé en secondes noces un cousin, qui, pour la seconde fois, lui a donné le même nom ; ses fils se sont défaits de la maison. N° 46, on trouve dans la cour, à la hauteur du second étage, un boulet de canon, avec cette date, *mars 1814* : c'est une carte de visite qu'ont déposée là les alliés, de la hauteur des buttes Montmartre. Au 44 autre date : 1760. Tel est le titre de noblesse de Mahé, marchand de vin qui y réside ; cette maison débite le même liquide, avec ténacité, depuis un siècle. Les frères Chériot, fabricants de tabac avant l'établissement du monopole, étaient au n° 51. Martin Saint-Martin, père de Mme Daigremont, conseiller à la table de marbre, habitait le 35 avant 1789, et cet immeuble est encore la propriété de M. Daigremont, un grand amateur de tableaux. Mais quel moyen de retrouver les trois cafés que tenaient dans la rue de l'Arbre-Sec en 1769 Favard, Geffroi et Varlet ! C'est pourtant chez un faïencier de la même rue que se débitait alors une bière en réputation.

Franchissons la rue de Rivoli, nous trouverons au n° 22 un bâtiment dont la façade est réparée sur la rue de l'Arbre-Sec, et dont l'aile la plus ancienne se replie sur la rue Baillet. C'était jadis l'établissement d'un étuviste ; ses chambres à laver n'étaient pourvues que de baignoires en bois, avec un fond de bain en linge écru pour les raffinés. Quant aux personnes qui payaient le moins cher, elles s'immergeaient tout simplement dans la moitié d'un vieux tonneau, coupé en deux dans sa hauteur, moitié que l'on avait consolidée avec des bûches pour éviter le retour du roulis : une fois entré, le baigneur était là, comme dans un esquif de sauvage, mais il n'était possible d'y tenir avec une stature un peu élevée qu'en se recroquevillant comme la noix dans sa coquille. De plus, les étuvistes prenaient plaisir à couler un seul bain pour deux personnes, et c'était le plus clair profit d'un métier qui ne répugnait pas à tremper dans le proxénétisme. Les Marié, qui sont tapissiers au même endroit depuis 1802 de père en fils, logent dans l'ancienne maison de bains.

Au 18, le soleil se lève ; Carcel du moins, en autre Phaéton, a essayé d'en ravir un rayon, et la lampe-carcel a brillé sans égale, après le couvre-feu, depuis le Consulat jusqu'au milieu du règne de Louis-Philippe ; par malheur pour le successeur de ce grand lampadiste, le prix de lumière lui est disputé par des inventeurs d'autres systèmes. Au 16, qui date aussi de loin, le restaurateur Courbec ouvrait en 1815 un restaurant à prix fixe si modeste qu'il trouva immédiatement sa clientèle d'habits rapés et de gilets cachant la chemise. Jusque-là il n'y avait eu que de l'argent à perdre avec des employés sans place, des inventeurs à la recherche d'un commanditaire, des médecins à leurs débuts, des étudiants à la fin du mois, des grisettes leur faisant cortége et des écrivains de tout âge visant à un renom dans la postérité ; Courbec trouva moyen de tromper leur faim, tout en leur soutirant de quoi s'établir plus grandement ailleurs, et il avait déjà des imitateurs dans le quartier alors que Béry prit sa place.

L'impasse des Provençaux, qu'il ne faut pas confondre avec défunt cul-de-sac de Court-Bâton, paraît immédiatement après, et elle n'a pas volé cet air de vétusté qui fait reculer le soleil de cette intéressante fissure, où il est remplacé par une senteur stagnante de moisissure bien chère aux antiquaires. Cette impasse doit son nom à une enseigne dont la portée commerciale est déterminée dans le *Livre commode*, annuaire publié en 1691 et en 1692 :

On trouve chez les Provençaux, au cul-de-sac Saint-Germain rue de l'Arbre-Sec, des orangers, des citronniers, des jasmins, des mirthes, des oignons de tubéreuses, de narcisses de Constantinople, de Hyacinthes orientales, de lis alphodelles, de martagons popiplions, etc. On y trouve quelquefois des mortadelles et des saucissons de Bologne.

Les Provençaux du cul-de-sac de l'Arbre-Sec vendent en gros des fromages de Rocfort, olives, anchoix, vin de Saint-Laurent, figues, raisin, brugnons, amandes et autres fruits secs de Provence.

Le collège de Beauvais établi à Paris était propriétaire de deux maisons, dans le fond à droite du cul-de-sac des Provençaux, anciennement Saint-Germain-l'Auxerrois, et plus anciennement encore d'Arnoul-le-Charron. Un sieur Arnoul de Charonne y demeurait dès l'an 1293 ; les Charonne, au surplus, n'étaient pas rares dans la rue. Sur une troisième impasse, aujourd'hui supprimée, un Jean de Charonne avait pignon, et ce pignon couvrit un cabaret à l'enseigne de la Petite-Bastille.

L'autre côté de la rue, dans le voisinage de l'église, était occupé en grande partie par le cimetière qui y attenait. Il y a vingt ans, lorsqu'on a fait l'égout, n'a-t-on pas découvert des têtes de morts et des reliques ? Néanmoins le n° 3 était debout sous Henri IV, et c'est à une tradition ressuscitée par un fameux roman que la même maison ou celle d'en face doit d'être l'hôtel des Mousquetaires. Dans cette petite hôtellerie à balcon passent pour avoir couché autrement qu'à la nuit des mousquetaires du xvi⁰ siècle. Le comte Annibal de Coconas, gentilhomme piémontais, Boniface La Mole et d'Artagnan fréquentaient pour sûr ces parages, du vivant de Catherine de Médicis ; mais Alexandre Dumas se récrierait à juste titre si nous logions des hommes qui sont devenus ses héros dans la maison n° 5, qui n'a qu'un étage, qu'une fenêtre. Il se peut même que le cruel Coconas, qui n'a laissé sa tête en Grève que le 30 avril 1574, ait été arrêté dans la rue de l'Arbre-Sec, au n° 19, lors de la mort de Charles IX : ne fut-il pas l'amant de la duchesse de Nevers, qui résidait tout près ? Rappelons enfin que Saint-Germain-l'Auxerrois fut criblé de balles pendant la nuit de la Saint-Barthélemy, et que d'Artagnan ne pouvait pas être loin.

Le cheval en plâtre qui subsiste au n° 19 est une enseigne posée en 1618. Ce cheval blanc n'était pas mal moulé ; mais les révolutions, si elles ne décapitent que les saints et les rois, en effigie ou autrement, ont ôté au coursier, contemporain de la Fronde, les jambes de devant et la queue. Il y a seulement dix ans qu'un badigeonneur auvergnat, que nous regrettons de laisser anonyme, a pris de la terre glaise à poignée pour restituer au cheval blanc grisonnant deux fois plus de queue et de train de devant qu'il n'en fallait : c'était au principal ajouter par trop d'intérêts ; l'intention n'en était que plus louable. Que dit-on ? la maison elle-même est menacée de démolition ; sa profondeur peut faire que la mairie du iv⁰ arrondissement, dont la translation à la place du Louvre est décidée, coupe à son tour à la maison le train de derrière et la queue, en expropriant jusqu'au cheval.

Rue de l'Arcade. (1)

Un quadrille d'hôtels.

Le comte de Tournon, préfet sous Napoléon Ier, puis gouverneur de Rome et sénateur, était l'un de ces fonctionnaires, gens de qualité disposant d'une grande fortune, que l'empereur se plaisait à faire voyager, parce qu'ils représentaient le pouvoir avec distinction, en répandant l'aisance et en se rattachant aux bonnes traditions sur quelque point qu'ils fussent dirigés. Aussi la Restauration le fit-elle à son tour préfet, conseiller d'État, pair de France.

Rue de l'Arcade, 57, est mort M. de Tournon dans l'une des premières années du règne de Louis-Philippe. L'hôtel avait appartenu au comte de Pansemont, père de Mme de Tournon, et celui d'à côté au marquis de Beauvoir. Mme Manuel, femme de l'orateur constitutionnel de ce nom, avait postérieurement habité l'hôtel de Beauvoir.

Le n° 22 est comparable à une femme parée pour le bal, qui, sous une jupe de gaze toute moderne, laisserait voir le damas de soie à grands ramages et à lames d'or d'une robe de gala héréditaire. L'édifice est princier, malgré le peu d'étendue de ses proportions ; le corps de bâtiment du fond de la cour présente quatre colonnes doriques surmontées d'un frontispice sculpté avec goût et vigueur. Entrez, vous voilà l'hôte de M. le marquis de Lubersac dont la famille, bien connue, est originaire de la Bretagne. Avant les Lubersac, des Castellane y séjournaient. En

---

(1) Notice écrite en 1856.

remontant encore, nous serions là en plein hôtel de Soyecourt, rebâti sous Louis XVI par l'architecte Célerié. N'abusons pas trop de l'occasion qui nous est offerte de vous parler des Soyecourt du moyen-âge : il en est resté un sur le champ de bataille de Crécy, un autre sur le champ de bataille d'Azincourt. Le comte de Soyecourt qui a acheté du chevalier de Rohan la charge de grand-veneur de Louis XIV, descendait de preux morts l'épée haute. C'est le personnage qui a servi de modèle à Molière pour le fâcheux du genre chasseur qu'il met en scène dans sa comédie des *Fâcheux*. Son nom se prononçait *Saucourt*.

On appelait un de ses petits-fils le grand Saucourt sous le règne suivant, qui l'avait fait gouverneur de Clermont en Beauvoisis, capitaine de la ville de Compiègne et chambellan. Celui-là était le héros d'une anecdote qui peut se conter à la chasse. Un jour que Grammont chassait dans un parc des environs de Paris avec Saucourt, celui-ci faussa compagnie à celui-là, qui, le croyant égaré, reprit le chemin du château ; mais de sa fenêtre il aperçut le fuyard, qui s'enfonçait dans un taillis avec la fille du jardinier. Le lieu aurait paru propice à un jeune luron du village ; mais le chambellan n'aurait jamais songé à profiter de l'occasion sans la jeunesse appétissante et les bonnes dispositions que lui montrait la paysanne. C'était bien le moins qu'il la complimenta tout d'abord de ses jolis yeux et de ses joues parées du vermillon de la santé ; mais il parlait encore que le son du cor se fit entendre, et cette distraction inattendue tournait en un vague bredouillement la fin de la déclaration. Le galant se remit, quand l'air de chasse fut joué, et il s'excusa de son trouble, en avouant à la belle, qui n'y comprenait goutte, que les mâles accents du cor étaient depuis un siècle l'objet d'une passion dominante pour les Saucourt de père en fils ; puis il voulut prendre un baiser, et le cor de sonner la curée. Pour le coup, la séance fut levée et Grammont accueillit Saucourt en lui demandant : — Dis-moi au moins, mauvais sujet, où tu en es avec la jolie fille pour laquelle tu m'as brûlé la politesse? — Eh ! mon cher, répondit l'ami, tes fanfares sur la trompe t'ont pleinement vengé. J'aurais préféré faire ta partie.

A l'endroit où je vous montre l'ancienne résidence des Soyecourt le plan de Verniquet place un hôtel de Conti. Or le seul prince de ce nom, pendant les années consacrées à la gravure dudit plan, était celui avec lequel s'éteignit à Barcelone, en 1814, la branche cadette de la maison de Bourbon-Condé. Mais il arrive souvent à un château de s'appeler comme un châtelain qui n'est plus. Un plus petit plan signalait en 1805 sur le même point la maison de M. Dezarnod, inventeur des cheminées économiques, et l'hôtel Soubise, quoique M. de Soubise eût cessé de vivre avant la fin de l'ancien régime. Aussi bien ce prince résida notoirement à l'ancien hôtel de Guise, maintenant palais des Archives. L'hôtel de la rue de l'Arcade restait au magnifique seigneur comme annexe et petite maison. C'est probablement là que furent inventées ces côtelettes à la purée d'oignons qui simplifient singulièrement le blason d'une maison illustre sur les cartes des restaurateurs. Mais une cerise porte bien le même nom qu'un Montmorency.

Charles de Rohan, prince de Soubise, né en 1715, fut maréchal de France et ministre d'Etat, sans rendre d'éclatants services comme capitaine, comme conseiller de la Couronne. Mais où Louis XV eût-il trouvé un plus aimable courtisan ?

Sans cet opulent roué, entreteneur incessant de filles d'Opéra, le vaudeville historique serait resté impossible sur nos théâtres de genre, où il n'a ménagé pourtant au maréchal ni les couplets ni les situations bien ridicules ; c'étaient de froids ouvrages, en général, que ces sortes de vaudevilles, qui se ressentaient de la poudre à frimas ; toutefois l'esprit n'y manquait pas, et ils ont rapporté à leurs auteurs de quoi vivre, même après sa mort, aux dépens d'un fastueux et infatigable protecteur qu'avaient eu les gens de théâtre. Ses prodigalités, il est vrai, couvraient d'or plus de femmes que de manuscrits ; mais on croit volontiers en France que les bouchons chassés par le champagne élèvent le niveau de l'esprit, et il a abreuvé d'aï à petits traits, mais incessamment répétés, toute une génération de courtisanes qui faisaient boire de son vin à une génération de gens d'esprit, prompts à reprendre ailleurs l'initiative. Partout où a coulé le champagne à flots, baissez-vous : il y a au moins un vaudeville à ramasser, si ce n'est son auteur, sous la table.

Le prince des vaudevilles poudrés, s'il revivait, serait assurément ravi d'apprendre qu'un de ses hôtels a rang de palais et que l'autre se porte encore pas mal. Il était plus glorieux encore que voluptueux, et il n'en voulait pas à ce croquant de Laborde, défrayant après lui le luxe de la Guimard. Le mariage de sa fille avec un Condé l'avait allié à la famille royale, et il prenait, malgré les princes du sang, le titre de *très-haut et très-excellent prince* qui était de leur apanage. Le jésuite Georgel a établi, dans un mémoire, l'égalité des prérogatives des Soubise avec celles des ducs et pairs. La cour, d'ailleurs, a été divisée d'opinion sur les prétentions du beau-père de M. de Condé. Mme de Pompadour, ayant fait le mariage, se rangeait du côté du prince. Ce qui n'empêcha pas Soubise, un peu plus tard, d'aller faire sa cour, un des premiers, à Mme Dubarry. En ce temps-là il était l'amant de la comtesse de l'Hospital, qu'il engagea à recevoir chez elle, pour commencer, la nouvelle favorite. Bientôt il fut l'ami de ce mauvais sujet de Dubarry, frère de la comtesse, et il eut la faiblesse de marier une de ses parentés avec le petit vicomte Dubarry. Cette parente était justement Mlle de Tournon, dont la famille habite la rue de l'Arcade.

Quand le médecin Bordeu eut fermé les yeux de Louis XV, le maréchal de Soubise fut le seul de ses favoris qui suivît le corps du roi jusqu'à Saint-Denis.

Un pont qui reliait deux jardins appartenant aux religieuses de la Ville-l'Evêque valut sa dénomination à cette rue, qui d'abord leur appartenait presque entièrement. L'arcade était à la hauteur de l'hôtel de Conti, c'est-à-dire plus près de la rue Neuve-des-Mathurins que de la rue Ville-l'Evêque. Les carosses de M. de Soubise passaient par-dessous pour conduire la Guimard aux Porcherons. C'était aussi le chemin pour se rendre au quartier dit de Pologne, d'où il vient que la rue de l'Arcade a commencé par être un grand siècle la rue de Pologne.

Rue d'Argenteuil. (1)

Le Marché-aux-Chevaux. — Emprunts faits aux Titres de Propriété de cent Immeubles. — Le Parc-aux-Cerfs de 1793. *— L'Agrafe avalée. — M. et Mme Perlet. — La Prison. — Son Prevôt et ses Religieuses. — Les deux Corneille. — La Barbe-d'argent.*

N'aime-t-on pas mieux à monter qu'à descendre, dans les rues comme dans la vie ? C'est le mauvais côté de la cinquantaine qui en est cause. Mais si les numéros commencent pour les rues du côté de la Seine, c'est l'autre sens que prennent bien des livres, qui ont pour domicile mortuaire la parapet des quais, et le désespoir peut entraîner jusqu'à l'auteur sur ce chemin de la rivière. L'eau de nos ménages vient de la Seine, mais elle y retourne en tapinois, après avoir baptisé, lavé, abreuvé deux millions d'hommes altérés ; là tout commence, l'eau même du baptême, et tout finit, jusqu'à la goutte suprême des saintes huiles de l'extrême-onction. Il ne s'en évapore qu'une partie réduite et rare comme la gloire que donnent tant d'écrits qui ont fait couler des flos d'encre ! Le bas de la rue d'Argenteuil, bien qu'il soit le côté des plus gros numéros, est celui que nous choisissons pour entrer dans l'ancien chemin, toujours montueux, des vignerons et des moines d'Argenteuil. Sous Louis XIII le Marché-aux-Chevaux se tenait

---

(1) Notice écrite en 1856. Si la rue d'Argenteuil n'avait pas été condamnée sans jugement, elle serait encore le temps d'interjeter appel : il n'y a que son n° 2 et son n° 4 d'éxécutés.

entre les rues d'Argenteuil, des Moineaux et des Orties-Saint-Honoré ; c'était l'embarcadère général de Paris, alors qu'au lieu de prendre un chemin de fer, les voyageurs achetaient souvent une mule ou un cheval, qu'ils revendaient fourbu en revenant. Il s'échelonnait dans ladite rue 40 maisons et 11 lanternes au commencement du xviiie siècle.

Tout le côté droit en a vu, d'après un recensement fait sous Louis XV, la propriété divisée comme il suit :

Aufroy, au coin de la rue Saint Roch. — Morel. — Ve Denis, à l'image de Saint-Denis. — Begault, à la Tête-Noire. — Effray, à la Croix-Blanche. — Courtois, maison à porte cochère au coin de la ruelle des Mulets. — Mme Sancé, deux maisons à l'autre coin. — Rémy. — Boucher, deux maisons. — Mme Begaux, deux maisons. — Guvain. — Maupas. — Faucier. — Mondain. — Marie de Paris. — De Luynes, deux maisons au coin de la rue des Orties. — de Labre, autre coin. — Dufort. — Daumalle. — Moreau. — Héritiers Testar. — Héritiers Gamard, à l'enseigne du Bourgeois-Trompé. — des Hautes Brières, maison à porte cochère — Drouin de Lizierre, à la Belle-Image. — Du Besloy. — Clermonté, serrurier. — Bailhf, avec porte rue de l'Evêque. — Ameline, trois maisons.

D'un pareil état dressé sous le règne suivant nous extrayons, pour le même côté de rue, ces noms nouveaux :

Britard, à la place de Mme Sancé, — Mlle Oré, maison contiguë, — Mlle Tenel, au-dessus, — Mlle Fouré, encore au-dessus. — Simon, porte cochère, à la hauteur du maître-autel de Saint-Roch ;

et, pour le côté opposé, la liste malheureusement incomplète que voici :

Les religieuses de Saint-Magloire, coin de la rue

Saint-Roch, — Séguin, — Molière, — les religieuses de Sainte Anne, — la fabrique de Saint-Roch, deux maisons dont une sur le passage Saint-Roch, — Mme de Bray, — Pelletier de la Houssaye, — Hautefeuille, — Mirebeau, — Mercier de la Pomerie, prédécesseur de Montessuy, petit hôtel.

Aujourd'hui le n° 50 nous a tout l'air d'un ci-devant hôtel de petite robe. Un ancien valet de pied de Monsieur, comte de Provence, trouva moyen d'y avoir son Parc-aux-Cerfs en 1793, et le jacobinisme de ce malfaiteur, qui se donnait pour voué à la régénération des lois, des idées et des mœurs, ne rend sa mémoire que plus odieuse. Martial était son nom, auquel il avait substitué celui de citoyen Mucius. Il se mettait le soir à l'affût dans la galerie de Bois, dans le passage Feydeau, et il y volait des petites filles dont il dénonçait le père en toute hâte à la Commune, comme agent des complots liberticides. Au 48, façade du même genre, s'était retiré un ci-devant baron, chevalier de Saint-Louis, chef de partie dans les jeux de hasard tenus par l'ambassadeur d'Angleterre, qui naviguait pourtant en apparence dans les eaux révolutionnaires ; il portait une large cocarde et des habits qu'il avait achetés de rencontre, pour afficher moins d'aristocratie. Ce diable fait ermite avait découvert à quels jeux innocents se livrait son voisin, et il n'attendait qu'un moment de calme pour en aviser le juge de la section ; mais on a tort de croire dans le quartier que Mucius prévint le coup, en empoisonnant le ci-devant. Ce crime, il ne le commit pas, mais il allait peut-être le commettre quand le hasard fut assez bon pour lui en éviter la peine et lui en adjuger le profit. Le baron dînait à midi, un jour de fête, dans la rue, bien qu'il fît très-froid, sur une table dressée devant sa porte ;

et, comme c'était d'usage dans ce temps d'agapes populaires, il offrit un couvert à un lampiste qui passait, ainsi qu'à son voisin Mucius. L'agrafe de son collet était mal attachée, car elle tomba dans son assiette à soupe, et il eut beau tousser, tousseras-tu, un hoquet ne la fit entrer que plus avant dans son gosier, et de-là dans son estomac, que les veilles de l'ambassade avaient délabré. Le lampiste et Mucius d'en rire, ce qui empêcha le baron de demander un vomitif : il garda tout ce qu'il avait pris. Le lendemain on publia sa mort, dont les circonstances avaient dénoncé les ravages du poison à l'apothicaire et au médecin, mais qu'expliquait assez le vert-de-gris dont il fallait que l'agrafe fût chargée.

Les 43 et 41 datent d'environ 1740 ; mais ils ne remplacent aucunement le cimetière de Saint-Roch, que couvre la chapelle du Calvaire à l'église. Le 36 fut bâti pour le serrurier de Louis XVI, et ce monarque lui-même fabriquait des serrures avec une sorte de passion. Le château des Tuileries n'était pas éloigné de l'hôtel de ce fournisseur dont le roi prenait les avis, et qui révéla, après le 10 août, le secret de l'armoire de fer contenant les papiers du souverain. C'est le 35 que le siècle dernier connut à la famille d'Hautefeuille, et le 28 au comte de Dufort, secrétaire du roi, président en sa chambre des comptes, qui vendit avant la Révolution à Fouet, marchand mercier, cette maison à l'enseigne de la Grande-Barbe. Le chiffre 25 est le signe particulier d'une habitation qu'on a construite en grande partie avec des pierres provenant de la démolition de la Bastille. Il y a quinze ans il s'y voyait encore de hautes bornes qui avaient fait partie du même convoi de matériaux. L'acteur Perlet et son épouse Virginie Tiercelin, quand ils possédaient cette maison, auraient sans doute préféré que les murs en eussent été formés des débris du For-l'Évêque. Fit-on jamais aux meilleurs comédiens l'honneur de les incarcérer dans l'aristocratique citadelle, principalement ouverte aux hommes d'État et aux écrivains ? Il est entré plus de vilains à la Bastille en un seul jour que dans toute son histoire, et cette popularité a commencé le dernier jour, 14 juillet 1789.

Par exemple, plus d'un comédien fut mis sous les verrous dans la rue d'Argenteuil elle-même. Le 19 ne servit-il pas de succursale au For-l'Évêque, d'abord comme geôle de la juridiction épiscopale, et puis comme pénitencier disciplinaire des acteurs et actrices qui avaient manqué aux devoirs de leur état ? C'est qu'alors on se fût bien gardé d'arrêter et d'emprisonner de la même manière Béranger, l'archevêque de Pradt, Vidocq, la Bancal du procès Fualdès et Mlle Mars, si cette grande comédienne eût oublié un soir que son nom était sur l'affiche. Cette unité pénitentiaire, qui est de création moderne, n'a dégradé ni le chansonnier, ni l'homme d'État, ni l'artiste ; mais elle a élevé le malfaiteur, qui joue maintenant un véritable rôle et captive l'attention publique à chaque instant. L'honnête homme, au contraire, où l'honnête femme se défend dans l'ombre et le silence, contre des besoins et désirs qu'il est censé ne pas éprouver, et son foyer ressemble aux anciennes oubliettes qui se cachent sous la maison dont nous parlons. Des anneaux, solidement scellés en six pieds de mur, y ont été retrouvés en 1847 dans des caveaux, ainsi que des têtes de morts dans des basses-fosses, et quelques-uns de ces chefs avaient conservé leur chevelure depuis un temps que nous devons supposer antérieur au règne de Henri IV.

Le 17, ancien hôtel du prévôt de cette prison, a aussi ses deux berceaux de caves, qui autrefois faisaient sans doute corps avec les cachots d'à côté. Provenchères de Villiers, premier valet de chambre de la garde-robe de Monsieur, en était le propriétaire avant 89, et l'habitait comme simple particulier. Dans un salon à trois croisées il y a eu des peintures décoratives de maître et il reste des boiseries sculptées, qui déposent en faveur de l'état de fortune de Provenchères de Villiers.

De la prévôté, où se retrouve un commissaire de police, on veillait sur des prisonniers, qui n'étaient pas toujours voués à l'oubli ; mais il y eut un bon ange en face du mauvais. Des religieuses, établies au n° 18, communiquaient aussi par des souterrains avec les prisonniers, dont elles devaient être les sœurs de charité, et la tradition orale, rien qu'en nous mettant sur leurs traces, en dit plus long que les documents écrits. Ce bâtiment remonte lui-même à six cents ans, bien que sa porte soit moins ancienne ; elle offre sur le devant des têtes de clous d'une facture vigoureuse, dont les pointes sont recourbées comme des griffes à l'intérieur, où une croix est restée fixée. La boutique actuelle d'une crémière servait autrefois de parloir. Les n°s 16 et 14 de la même rue, le 13 et le 15 de la rue de l'Évêque ne faisaient qu'un jadis avec ce n° 18, qu'un autre souvenir a surtout rendu historique. C'est là que mourut Pierre Corneille. En 1824, une inscription a été mise aux frais de Louis-Philippe, alors duc d'Orléans, sur la façade, et la voici :

Le grand Corneille est mort
dans cette maison le 1er octobre 1684.

Dans la cour se répète cette légende au-dessus

d'un buste, qui eût été salué avec transport par tous les comédiens réfractaires qui avaient à passer huit jours dans leur maison de correction de la rue d'Argenteuil. Au-dessous de cette belle tête, de laquelle est sorti armé de pied en cap notre théâtre national, on lit encore :

Né a rouen en 1606.
Le Cid en 1636.

Je ne dois qu'à moi seul toute ma renommée.

Pierre Corneille avait fini par être le doyen de cette Académie qui avait commencé par le traiter de barbare. Les marchands de son temps ne ressemblaient guère à ceux du nôtre, puisque des chroniqueurs contemporains s'accordent à dire qu'il avait l'air d'un homme livré au commerce des rouenneries. Corneille n'en a pas moins donné des leçons aux rois, aux politiques, aux gentilshommes de tous les temps ! A l'auteur du *Cid* survivait son frère Thomas, encore plus cadet, pour la postérité, que ne l'avaient fait dix-neuf années de moins. Thomas logeait sous le même toit que Pierre, et ils avaient épousé les deux sœurs, en gardant indivis les biens de famille. L'ainé ouvrait souvent dans son plafond, avec une tête de loup, le judas qui trouait le plancher du cadet, pour lui dire : — Eh ! Thomas, passe-moi une rime en *ince...* Pierre Corneille laissait aussi trois fils ; les deux ainés furent tués officiers de cavalerie, et le troisième obtint, comme prêtre, le bénéfice d'Aigue-Vive, près de Tours.

La famille de l'acteur Cartigny disposait en 1786 de deux propriétés qui nous paraissent les mêmes que celles dont nous venons de parler.

Les façades qui suivent, et nous continuons à rebrousser l'ordre numérique, auraient aussi de la barbe sans les ravalements qui ont fait leur toilette. Un mascaron que nous avions aperçu dans la cour du n° 8 nous paraissait l'équivalent d'une date et surtout un signe de race ; mais cette figure, en bois badigeonné qui joue la pierre, est rapportée : sa décollation a eu lieu rue Saint-Denis, où elle contrevenait à l'alignement, avec le visage peint couleur de chair et la barbe argentée, au-dessus d'un magasin de mercerie. L'immeuble numéroté 4 appartint au marquis de Maupas, attaché à la cour de Charles X et père du sénateur.

Rue d'Arras-Saint-Victor. (1)

Ancien collège d'Arras.

Tête-Christ! par la Mort-Dieu! n'est-ce pas le cas de revenir aux jurons les plus pittoresques du moyen-âge? Ventre-Saint-Gris! serait déjà un anachronisme. Voilà une rue montueuse qui date de Philippe-Auguste, comme fossé si ce n'est comme rue, et dont plusieurs maisons sont antérieures à celles du haut à main gauche, qui servirent de caserne sous le bon roi Henri. Une bonne partie de la rue est étayée pour la sûreté des passants, dans ce coin valétudinaire du vieux Paris. Le 25, le 27 et le 28 sont les aînés, dit-on, des reliques de pierre enchassées qui n'y comptent plus que de rares adorateurs.

Un peu plus bas le 13 et le 15 ont été une tuerie à l'usage des bouchers, avant de servir de résidence à une communauté de filles de la paroisse de Saint-Nicolas-du-Chardonnet, qui tuaient en elles le péché. Il y avait encore vers 1825 une chapelle grillée dans une cave, nos 9 et 11, et cette chapelle communiquait avec les souterrains de la Pitié. Derrière ces bâtiments plusieurs fois séculaires, on reconnaît encore à merveille l'enceinte de Philippe-Auguste, large rideau de pierres devenues rocs, dont

---

(1) Notice écrite en 1856. Ultérieurement la nouvelle rue des Ecoles a enlevé ses deux premières maisons à la rue d'Arras; la nouvelle rue Monge a fait plus, elle l'a écrasée à mi-corps dans sa pente, en laissant deux tronçons se tordre, l'un en bas, l'autre sur la hauteur, avec une sorte d'échelle pour trait-d'union.

les fissures tiennent lieu de jardinières à des voisines, qui en arrosent les fleurs de leurs fenêtres. Cette fortification explique assez la dénomination de la rue des Murs, qui s'est encore appelée du Champ-Gaillard, à cause des gaillardises dont les clercs les plus débauchés du xvie siècle la rendaient le théâtre, et qui a dû enfin à un collège de passer rue d'Arras.

Au coin de la rue Traversine était le cimetière de Saint-Nicolas ; aussi, en 1825, trouva-t-on sous le sol assez de cadavres pour en remplir plusieurs tombereaux. Un maçon aperçut des boucles aux oreilles d'un mort, pendant l'exhumation : en un clin-d'œil il en orna les siennes.

C'est avant de se jeter rue Saint-Victor que la rue d'Arras nous montre à gauche la vieille porte assez grandiose d'un hôtel refait sous Louis XVI pour servir à l'évêque d'Arras. Le pavillon attenant à cette porte n'a été, selon nous, que restauré pour le prélat ; nous avons vu des meubles, notamment un fort joli coffre à papiers de famille, qui ont été acquis avec l'immeuble depuis la rentrée des Bourbons, et ce coffre était certainement du style Louis XIII. Là siégeait bien l'ancien collège d'Arras, dont les dépendances étaient bornées du côté du cimetière par une maison à l'image de Saint-Pierre, et du côté de la rue Saint-Victor par une autre maison dite du Sauvage-du-Roi. Nicolas le Canderlier, abbé de Saint-Wast d'Arras, avait fondé l'établissement pédagogique antérieurement à l'année 1332, en vue d'écoliers pauvres à choisir dans le diocèse d'Arras ; cet abbé avait ainsi appliqué à un usage recommandable ses propres économies et celles de personnes pieuses dont il était le mandataire et le dépositaire. Dans le principe, ce collège n'avait provision que pour les officiers chargés de le conduire et pour quatre, puis pour huit boursiers, touchant chacun 75 livres tournois par an.

Douze messes, qui devaient être dites le premier jour de chaque mois, furent fondées dans la chapelle de l'établissement par Jean Waast, tout au commencement du xvi° siècle ; cette fondation reposait sur la grande île d'Asnières, plantée en saules et en osiers, qui avait 4 arpents, et qui, affermée jusqu'en 1760, rapportait 54 livres de rente. L'an 1754, une éclaircie fut pratiquée dans le feuillage des arbres de cete île, aujourd'hui rendez-vous de Parisiens en goguete, par ordre du lieutenant de police d'Argenson, pour relier par la vue son domaine d'Asnières à la maison de campagne de son prédécesseur M. de la Reynie. Le collége avait, outre cela, un petit fief en province et quelques prés à Clichy-la-Garenne.

En 1580, Mathieu Gourdin est principal d'Arras lorsqu'il s'élève une contestation au sujet des limites de la propriété de Paris, et ce n'est que le prélude de difficultés plus sérieuses. Les boursiers croient être propriétaires fonciers ; mais les abbé et religieux de Saint-Wast ne les considèrent que comme usufruitiers d'un bien appartenant à leur maison. Les guerres de religion ruinent le collége d'Arras, avan qu'on ait statué sur ces difficultés. La nation e Picardie, au nom de l'université de Paris dont elle fait partie, somme bientôt par lettre le moines de Saint-Waast, qui appliquent à leur profit tous les revenus du collége, de pourvoir aux bourses vacantes. En effet, la maison est réprée en 1612 ; mais des prêtres anglais l'occuper gratuitement de 1613 à 1642, époque où les étues reprennent leur cours tant bien que mal dans ce petit collége, qui n'a jamais été de plei exercice.

En 1713, le recteur de l'univesité s'aperçoit

de nouveau que les bourses scolastiques servent d'appoint aux bénéfices monastiques ; un arrêt du parlement l'autorise à séquestrer les biens et revenus de la fondation. Un nouvel interrègne classique dure environ quarante années, avant que Letocard soit investi des fonctions de principal. Puis l'administration des petits colléges est réunie à l'administration de Louis-le-Grand, en 1763 ; les revenus de celui d'Arras s'élèvent alors à 1,866 livres, pour se doubler plusieurs années après.

Rue d'Astorg. (1)

Le Colonel du Royal-Comtois. — Le Marquis de Carabas.

Louis d'Astorg d'Aubarède, marquis de Roquépine, connu d'abord sous le nom de comte de Barbazan, entra cornette dans le régiment de Toulouse et acheta ensuite le régiment de Nivernais ; il était colonel du Royal-Comtois en 1747, maréchal-de-camp et lieutenant-général quinze ans après. La rue d'Astorg lui doit le jour et l'hôtel qu'il a occupé. Cette propriété est présentement la demeure du général de Goyon, qui fait partie de la maison de l'empereur ; c'est le n° 31 de la rue.

Le n° 14 dépend de l'hôtel qui appartenait au marquis d'Aligre, rue d'Anjou, et ce nom de famille revient assez souvent dans nos recherches historiques sur la propriété particulière à Paris pour nous remettre en mémoire un certain conte de Perrault. A qui ces prés, ces bois, ces fermes, ces cours d'eau, ces villages, ces châteaux et ces paysans ? Au marquis de Carabas, toujours au marquis de Carabas !

D'autres grandes portes annoncent d'autres hôtels, notamment celui du duc de Mouchy ; mais leur construction est de nos jours. Après 89 la rue s'est continuée jusqu'à la rue de la Pépinière sous le nom de rue Maison-Neuve, puis elle s'est prolongée au-delà, et elle y a

---

(1) Notice écrite en 1856.

pris la place d'un chemin montant ; cette rampe conduisait à un lieu parfaitement infect où se jetaient encore les immondices il y a vingt ans, et où les chiffonniers s'abattaient ainsi que les corbeaux, au grand chagrin des rats qu'ils y dérangeaient à chaque instant.

Sénateurs, députés, ambassadeurs et magistrats sont encore fort à l'aise dans l'ancienne rue d'Astorg ; c'est à peine si le commerce y touche. On ne pourrait s'y procurer que des carrosses et des fleurs : c'est assez pour aller au bal chez un ministre, où le buffet est mieux garni qu'ailleurs. Le haut de la rue est, au contraire, le siége de grands établissements industriels, et tout y date du siècle qui suit son cours.

Rue des Batailles. (1)

Mlle de la Vallière. — Les d'Orléans. — Gabrielle d'Estrées. — Le Député Dangès. — Balzac et Jules Sandeau. — L'Hôtel Chabannes, etc.

Deux fois l'unique amour de Mlle de la Vallière la disputa au repentir, par un enlèvement au couvent. Mais elle s'y retira sans retour en 1674 ; ses dernières années y furent consacrées à l'exercice de la piété la plus austère, et son âme, déjà détachée, s'y exhala dans un soupir qui demandait encore pardon de sa faute. Les deux maisons religieuses qui avaient servi de refuge à cette duchesse, mère de princes reconnus, étaient les Carmélites du faubourg Saint-Jacques et la Visitation de Chaillot.

Or les supérieure et religieuses du monastère royal de la Visitation-de-Sainte-Marie étaient dames de la terre, seigneurie et justice de Chaillot, ainsi que du fief de Longchamp, et la rue des Batailles faisait partie de ce village de Chaillot, englobé par la grande ville en 1786. Henriette de France, reine d'Angleterre, avait présidé à leur installation en achetant pour elles un château, alors en décret, qui avait appartenu à

---

(1) Notice écrite en 1857. Il ne survit plus aujourd'hui de la rue des Batailles, principalement absorbée par l'avenue d'Iéna, qu'une belle propriété, le ci-devant n° 9, et l'ancien siége de l'administration des Phares, appartenant à la Ville et appelé à disparaître sous peu. Cet îlot semble surnager, et la mer des démolitions n'a jamais été plus houleuse que dans le haut-Chaillot.

Catherine de Médicis, à Marie de Médicis, à Bassompierre et au comte de Tillières, beau-frère de ce maréchal. Le grand plan de Verniquet assignait au couvent tout l'espace compris entre la barrière Sainte-Marie, assise en regard des deux rues Vineuse et des Minimes, le quai des Bonshommes et la rue des Batailles, celle-ci se reliant au quai par la ruelle d'Hérivault et au couvent par la ruelle Sainte-Marie. Le fief Larcher, auquel touchait d'un seul côté l'une des extrémités de la rue des Batailles, relevait-il de la même seigneurie ? Ces dames, dans tous les cas, n'étaient que justicières honoraires ; elles se contentaient de mettre en possession chaque acquéreur ou héritier nouveau : la signature de la supérieure et des sœurs conseillères de la communauté était nécessaire au contrat chaque fois qu'il y avait mutation et ne se donnait pas gratis. Aussi bien les héritages soumis à cette suzeraineté étaient chargés de quelque redevance annuelle au profit du royal monastère. Par exemple, 5 sols par an de cens et de rente, payables chez les sœurs aux jour et fête de Saint-Étienne, lendemain de Noël, grevaient le n° 1 d'à présent.

Il s'en fallait pourtant que ce village fût devenu une thébaïde. Les femmes perdues ou qui voulaient se perdre y étaient reçues la nuit, à la lueur des petits-soupers, dans maintes petites maisons de fermier-général ou de grand seigneur, à double porte, sans compter les portes dérobées. Les prières de ces dames de Sainte-Marie n'en étaient que plus utiles ; mais les grâces du ciel, qu'elles n'imploraient pas uniquement pour leur propre compte, ne se distribuaient pas avec égalité dans le cercle de leur mouvance. Geoffroi Sinet, officier de la maison des d'Orléans, princes du sang, avait bien son appartement chez le duc, au Palais-Royal ; mais il était propriétaire sous Louis XV de ce n° 1, dont le plaisir avait souvent les clefs, car il y en avait un trousseau. Il empiétait d'autant plus sur le voisinage actuel qu'il avait l'une près de l'autre deux maisons, dites la Verrerie et le Pavillon.

Au reste Geoffroi Sinet avait trouvé, sans en sortir, des traditions augustes de galanterie. La reine Marie de Médicis n'était sans doute venue à Chaillot qu'après une reine de la main gauche, car le double toit qui protégeait à l'occasion les débauches princières du xviiie siècle, avait rendu le même service au chef de la dynastie des Bourbons. Henri IV y fut reçu maintes fois par la belle et douce mie à laquelle il écrivit la veille d'une grande bataille : « Si je suis vaincu, vous me connaissez assez pour savoir que je ne fuirai pas, mais ma dernière pensée sera à Dieu, l'avant-dernière à vous. » De nos jours il subsiste encore un beau balcon, sur une terrasse ; c'était l'observatoire d'où Gabrielle d'Estrées épiait l'heure du royal berger, dont elle n'était que la brebis d'élite.

Quant au complaisant que le petit-fils du régent eut pour ministre de ses menus-plaisirs à Chaillot, avant d'en transférer le département sans prête-nom à Bagnolet, il eut pour successeur, dans la principale de ses deux maisons, Noury, un conseiller au grand-conseil du roi Louis XVI. Puis vint Mme de Brassier, née de Pomiès, jusqu'en 1792. M. Ducatel laissa plus tard l'immeuble à ses héritiers, dont l'un était M. Baroche, le président du conseil-d'Etat. L'extérieur de l'immeuble est devenu tellement bourgeois qu'il faut avoir lu cette notice pour s'y arrêter en passant. La vue ne s'étend plus aussi librement, du balcon mémorable qui sert toujours de point d'appui sur la terrasse, qu'au temps où s'y penchait la duchesse de Beaufort, titre créé pour Gabrielle d'Estrées. Un procès n'a pas réussi à empêcher qu'on construisît une ou deux maisons à mi-côte ; heureusement elles permettent encore de contempler sans effort le dôme des Invalides, au-delà du fossé que la Seine semble avoir creusé pour faire deux villes au lieu d'une.

Mais il fait beau parler des Invalides ! Avec une longue-vue ne découvre-t-on pas le donjon de Vincennes, sans quitter la maison de M. Badonville, qui occupe le n° 3 ? Le père de ce propriétaire ressemblait à Louis XVI d'une manière si frappante que plusieurs incrédules, en l'apercevant dans la rue, doutaient de l'exécution du roi-martyr. Les dames de Sainte-Marie possédaient la maison de Badonville avant la déchéance de ce roi.

Néanmoins en 1730 Geoffroi Sinet avait été mitoyen avec Nicolas Catherine, menuisier. Une seule maison séparait alors celle du menuisier d'un terrain appartenant à François Mammère, marquis de Conzier. Venait ensuite une grande propriété à Martin de Vaucresson, président des trésoriers de France au bureau des finances, et le marquis de Malaret succédait dans la même rue à la veuve de Pennautier, conseiller du roi.

Un assez bel hôtel répond aux chiffres 16 et 18 ; Regnault de Saint-Jean-d'Angély l'occupait sur la fin de l'Empire, bien que son domicile privé fût principalement rue de Provence. Presque en face habitait Dangès, ancien député royaliste du commencement de la Révolution ; c'était l'ennemi intime du sieur Perrin dont nous parlons dans la monographie de la rue Basse-Saint-Pierre. Malheureusement Dangès est mort dans un tel dénûment, au centre de Paris, que pendant ses dernières années il vivait à la charge de son portier, qu'il avait pris pour femme de ménage.

Balzac et Jules Sandeau ont aussi séjourné vis-à-vis de l'appartement que le comte Regnault de Saint-Jean-d'Angély a quitté pour l'exil ; l'auteur de la *Peau de Chagrin* avait entraîné jusque-là son ami, pour le mieux dégager d'une chaîne, dont l'anneau de rupture fut justement le roman personnellement intime de *Mariana*, écrit rue des Batailles. Les deux romanciers associés n'étaient pas collaborateurs ; ils ne mettaient en commun que des besoins fort inégaux et des déceptions de nature toute différente. Balzac croyait indispensable d'afficher du luxe pour signer des traités avantageux avec les éditeurs ; c'est pourquoi le salon regorgeait de meubles magnifiques et s'éclairait de trente bougies lorsque les deux amis attendaient un libraire, qui arrivait crotté, mais ébahi. On le faisait marcher, sur des tapis si neufs, d'un fond si clair et d'un velouté si moelleux que toute sa personne en était d'abord chatouillée ; il acceptait, bon gré mal gré, une pipe turque ou un cigare, pour faire comme deux ou trois familiers de la maison, qui se disaient venus par hasard, et s'il tremblait que la cendre n'en tombât sur le damas de soie des meubles, quelqu'un montait dessus à pieds joints, pour le mettre plus à son aise : le moyen de marchander ensuite les produits de ces deux grands seigneurs de lettres ! Le maître et le disciple jouaient là une comédie qui semblait être déjà au répertoire sous ce titre : *Les Dehors trompeurs*. Le lendemain des audiences données pour affaires à l'heure tardive que tant d'autres affectent à des rendez-vous moins sérieux, M. Loyal tirait vainement la sonnette de l'appartement, pour y remplir ses délicates fonctions, car Balzac en était réduit à n'habiter son logement officiel que du coucher au lever du soleil et à y mettre ses meubles sous le nom d'un tiers.

Un poète, le marquis du Belloy, a eu depuis le même domicile. Puis M. Desrodet, médecin qui tenait également la plume, et qui fut représentant du peuple sous la dernière république. Cette propriété, que le xix⁰ siècle a frottée de littérature, est de l'ancien régime, mais restaurée. Le comte de Cossé-Brissac en disposait il n'y a pas longtemps.

Deux pensions de demoiselles rajeunissent un peu plus loin les bâtiments numérotés 24 et 26. Le premier fut hôtel Chabannes anciennement; nous n'osons en savoir gré qu'à la famille de Chabannes, comte de Dammartin, gouverneur de Paris pour Charles VIII, et toutefois ce frère d'armes de Jeanne-d'Arc put avoir lui-même sa maison de campagne au milieu des vignes de Chaillot. L'édifice doit encore beaucoup à une restauration qui date de la Régence, quoiqu'il ait fallu l'agrandir en l'appropriant à sa destination nouvelle. Lord Chatham, ce grand homme d'État de l'Angleterre, a habité l'hôtel Chabannes, lors de la résidence qu'il a faite à Paris sur la fin du règne de Lous XV. On retrouve dans un terrain contigu au jardin des jeunes pensionnaires, et qui faisait encore partie naguère de la même propriété, un superbe groupe d'arbres de Judée qu'on appelle toujours les *Judées de Chatham*. Sous le premier empire, comme il était question de bâtir un château pour le roi de Rome dans le haut de Chaillot, Napoléon a fait l'acquisition de l'hôtel Chabannes et de ses jardins. M. de Rancey a racheté le tout, sous le règne de Louis-Philippe, dans un moment où une noble dame appartenant à l'émigration polonaise, la comtesse Potocka, l'occupait avec sa famille.

Une des plus grandes villas que nous venons de voir appartint à Servandoni, peintre-décorateur et architecte. Elle se trouvait alors la huitième propriété avant la ruelle Sainte-Marie.

Plus d'une maison de santé a choisi cet étage supérieur de Paris, afin d'y réunir des citadins malades, dont le grand air et la tranquillité accélèrent la convalescence. Celle du n° 31 a été dirigée, dans le principe, par le docteur Tavernier ; celle du docteur Duval fils, qui elle-même a des antécédents, est à l'extrémité inférieure de la rue.

L'habitation particulière de M. Klein, teinturier-dégraisseur et juge au tribunal de commerce, jouit d'une situation aussi favorable que possible. Paris déroule devant ce belvédère son panorama le plus clair, à cause de la rivière qui baigne des groupes de pierre en les forçant à serpenter comme elle, au lieu de courir la ligne droite, et qui attire, comme par fascination, la plupart des rues dont le parcours ne lui est pas parallèle. La grande ville à qui la voit de si haut prodigue tellement ses bonnes grâces qu'elle transforme en un doux murmure le tapage infernal de son mouvement sans fin. La propriété de M. Klein vient la dernière, du côté des numéros pairs, à un endroit où siégea le justicier qui faisait pendre les marauds de la prévôté de Chaillot.

Deux anciennes bornes de la ville étaient encore visibles dans la rue des Batailles en 1789, malgré la construction du mur d'enceinte dit des fermiers-généraux et l'annexion de Chaillot à Paris. L'une tenait au mur du sieur Lélu, au coin d'une ruelle ; l'autre flanquait la maison du sieur Jamard, à l'encoignure de la ruelle des Blanchisseuses.

Rue du Battoir. (1)

Nous n'avons pas de brillantes promesses à faire aux amateurs qui hésiteraient à s'engager, sur nos traces, dans la rue du Battoir. La région du Jardin-des-Plantes est, d'ordinaire, plus riche en souvenirs. On a, du reste, confondu d'ancienne date avec la rue Gracieuse et une autre qui la touche celle dont il s'agit.

L'Hôpital-général y était propriétaire en l'année 1741 de quatre maisons qui se suivaient à droite, en partant de la rue Copeau, et dont la seconde, à l'enseigne du Battoir, avait plusieurs jardins. Aujourd'hui le 13, à l'une des encoignures de cette rue Copeau, érigée en rue Lacépède depuis peu, est une construction qui paraît remonter un peu plus haut que la date précitée.

Un square, comme on en voit à Londres plus qu'à Paris, c'est-à-dire un groupe de maisons n'en faisant qu'une pour les dégagements et pour une cour plantée d'arbres ; un square d'assez belle apparence a toutefois le défaut de former dissonance avec la porte majestueuse du n° 9, qui nous rappelle celle de plusieurs des petits collèges du moyen-âge qu'absorba le collège Louis-le-Grand vers la fin du règne de Louis XV. Sous le gouvernement conventionnel, aucun des bâtiments de cette cité n'était debout ; une maison plus modeste, mais du même âge que la porte, restait à cette époque au milieu du jardin qui égayait sa solitude, bien que l'horticulture ne s'y ressentît pas du voisinage de l'ex-jardin du Roi.

---

(1) Notice écrite en 1857.

Une dame Caudon, qui avait tenu sous Louis XV un café rue de l'Arbalète, et dont précisément l'établissement est indiqué dans l'almanach de 1769, logeait de sa personne dans cette maison de la rue du Battoir, et avait pour sous-locataire la ci-devant comtesse de Schomberg, héritière suprême du nom du maréchal Schomberg. Bien que plus d'une visite honorât la vieillesse de cette noble veuve, presque aussi émigrée dans ce quartier-là qu'à Coblentz, elle s'y trouvait plus souvent en face de la misère que des consolations de la bienveillance. Le Directoire rendit bien quelque espoir à Mme de Schomberg, qui dépouilla alors l'incognito ; mais elle n'était plus d'âge à accepter d'échéance à long terme, et sans désespérer de l'ancienne cour, qu'elle avait à regretter, elle prit gaîment son parti des airs de fête qui en annonçaient une nouvelle. On raconte que la pauvre dame, bien qu'elle manquât de bois pour se chauffer et de rideaux à sa fenêtre, s'habilla néanmoins, jusqu'au dernier moment, avec une survivance de coquetterie, moins compatible encore avec les ressources de son vestiaire qu'avec son âge. Sa mante laissait à désirer, sa robe trahissait un peu plus que la gêne, son bonnet était veuf comme elle, veuf d'un des deux rubans qui l'eussent tenu droit sur la tête ; mais elle avait un beau jupon d'une soie verte tellement épaisse qu'il avait résisté, comme sa philosophie, à toutes les révolutions. La vieille comtesse de Schomberg, quand elle enjambait un ruisseau, n'osait retrousser que sa robe; et comme elle n'était pas surchargée d'embonpoint, quelquefois un galant la prenait encore, par-derrière, pour une bourgeoise déchue d'un âge consolable, et elle en savait gré au jupon vert, qui avait vu lui-même des temps meilleurs. Mme Caudon lui avait conseillé étourdiment d'en faire une robe. — Oh ! que non pas, avait-elle répondu. Une femme doit toujours avoir un jupon propre. On rencontre tant d'insolents !

Or d'où venait la rue où nous sommes ? L'abbé de Sainte-Geneviève était propriétaire d'un terrain qu'il donna en 1540 à Réné d'Ablon ; ce particulier y ouvrit la rue qui s'appela rue Neuve-Saint-Réné, avant d'être la rue du Battoir. En 1714 on y énumérait 7 maisons, 3 lanternes.

Rue Beaubourg. (1)

Ses Auberges en 1769. — Le beau Bourg. — Anciennes Dénominations. — Hôtels de la Magistrature. — La Tour de Babel. — La Fruitière. — Le Marchand de Vins. — Les Oubliettes. — Les Carmélites. — Le Théâtre Doyen — L'affaire de la Rue Transnonain. — Les Impasses. — Le Bourgeois séducteur.

Connaissez-vous un centenaire? Il a pu voir des marchands de province descendre, rue Beaubourg, soit à l'hôtel des Quatre-Provinces, soit à l'auberge du Franc-Bourguignon ; mais il est encore venu près d'un siècle trop tard pour avoir pu dîner ou souper à 20 sols par tête à la Toison, qui florissait dans la même rue. Celle-ci aboutissait sous la minorité de Louis XV aux rues Maubuée, Simon-le-Franc, Grenier-Saint-Lazare et Michel-le-Comte, en leur donnant pour trait-d'union ses 85 maisons, auxquelles ne pendaient que 5 lanternes. Au commencement du xie siècle on n'y trouvait encore que des chaumières de manants, qui finirent par former un bourg, dit le beau Bourg ; les Parisiens, sous le règne de Louis VI et de Louis VII, avaient là leur petit Belleville. L'enceinte de Philippe-Auguste donna droit de cité au bourg, sans l'enfermer entièrement dans Paris, et la rue s'appela d'abord de la Poterne, puis elle emprunta le nom d'un certain Nicolas Hidron.

---

(1) Notice écrite en 1857. Postérieure est la démolition d'une quinzaine de maisons, à l'embouchure de la rue Beaubourg, qui de la sorte a fait réception à la nouvelle rue de Turbigo.

Une autre section de la rue Beaubourg actuelle était d'abord dite de Châlons, à cause de l'hôtel des évêques de Châlons, sur l'emplacement duquel on bâtit ensuite le couvent des Carmélites, à l'encoignure de la rue Chapon; puis c'est la galanterie de bas étage qui se prélassa à loisir dans la rue qu'avait habitée l'évêque. On se crut autorisé par cela seul à la dénommer Trousse-Nonnain, Transnonain. Elle fut enfin le théâtre d'une émeute, c'est-à-dire d'une révolution incomplète, dix-sept ans avant qu'on rayât de la carte de Paris ce nom de rue par trop taché de sang, en la réunissant à celle Beaubourg. Vers le temps de cet accouplement, la voie qui nous occupe, et qui serpente comme une anguille vivante, fut allongée de deux autres tronçons, qui affectent de suivre la ligne droite, comme si le poisson frétillant était appelé à devenir rectograde. L'ancienne rue au cours tortueux paraît tenir à chacun de ses faux plis, pareils à ceux que les marchands de drap, dans le quartier, nomment précisément des *anguilles*. Au reste, les deux dernières adjonctions ont annihilé : 1° le ci-devant passage au Maire, vendu le 21 mars 1767 par un propriétaire de la rue au Maire, M. Turpin, au ministre Sartine, stipulant pour le roi ; 2° une petite rue formée en 1780 sur les dépendances du prieuré de Saint-Martin-des-Champs.

Que d'hôtels, dans cette rue Beaubourg, qui ont appartenu à la magistrature ! La plupart des maisons, petites ou grandes, y datent des XIIIe, XIVe, XVe et XVIe siècles. Les juges d'à présent préfèrent, en général, les quartiers neufs, où les plaideurs furieux d'avoir perdu leur procès de la veille se reconnaissent de plus loin ; mais les magistrats de l'ancien régime étudiaient les dossiers et rédigeaient les rapports à quelques pas seulement du parlement et du Châtelet. L'unité a tout rapproché, sinon mêlé, et la robe, autrefois immeuble comme les glaces et les cheminées par destination, a trop souvent suivi l'impulsion du vent, depuis qu'il souffle d'un seul côté, et elle s'est éloignée de l'audience où elle siège, en se rapprochant tout doucement de l'audience qu'on donne à ses ambitions. Pour que les barricades rebelles du mois d'avril 1834 n'aient rien ôté de leur aspect à tant d'anciennes demeures d'une magistrature qui avait elle-même servi de rempart à la bourgeoisie de Paris, fallait-il qu'on les eût bâties à chaux et à ciment!

Les n°s 13, 15, 17, 19, réunis par un pont, appartiennent depuis 1807 à la même famille, qui a cousu deux pièces de plus à cet habit d'arlequin, au moyen de deux petits bouges de la rue des Vieilles-Étuves. Trois au moins de ces bâtiments n'étaient déjà qu'un seul hôtel, fondé il y a deux siècles; on doit même penser que le n° 21, monté sur deux berceaux de caves, formait alors le principal corps de logis de cette habitation d'une notabilité parlementaire. M. de Belleyme, qui a été longtemps le président du tribunal civil de la Seine, avait pour oncle M. Gobley, de son vivant propriétaire de ladite agglomération; elle est actuellement à la disposition de M. Cabany aîné, qui n'a pas moins de soixante quittances à faire présenter, tous les trois mois, à soixante locataires. Dans cette région méridionale d'une rue qui n'a changé en quelque sorte que de nom depuis saint Louis, on remarque une boutique qui a gardé religieusement sa physionomie du moyen-âge, et dans laquelle la même fruitière, depuis cinquante-deux ans, vend des légumes, seul endroit où le décor subisse, mais à contre-cœur, l'affreuse nécessité du renouvellement! D'autres craignent l'expropriation; mais notre vénérable marchande de verdure appelle de tous ses vœux, à ce qu'on dit, la démolition officielle, car elle espère que la Ville, en escomptant le bail de cinquante autres années que son propriétaire a bien voulu lui consentir, lui fournira de quoi se retirer là où pousse sa marchandise. Dans tous les cas, la bâtisse est solide : le gros-œuvre n'en eût pas permis de spéculer sur l'indemnité d'un jury, comme le font sans doute les capitalistes qui nous dressent, avec une économie de matériaux toujours croissante, des tentes plutôt que des maisons.

Le berceau du 24, qui a eu pour parrains des religieux de Saint-Merri, se perd également dans ce qui devient la nuit des temps. Les siècles, affectivement, se suivent et se ressemblent par un seul trait, c'est que le dernier-venu ne manque jamais de considérer tous les autres comme des âges de ténèbres au point de vue intellectuel ou moral, en attendant qu'on le taxe à son tour de barbarie, d'ignorance crasse et de fétichisme, ou de libertinage sans frein dans les idées et dans les mœurs.

Le conseiller au parlement qui se commanda le 31 nous parait un contemporain du cardinal de Richelieu, d'après le style de la porte. Dans la boutique furent des écuries ; dans l'arrière-boutique, des cuisines. Toutes les ferrures du premier étage ont été préservées de la rouille par une sorte de vaccine, qui la leur a inoculée sous la forme d'une dorure dont le ton jaune tient encore bon. L'ancienne dorure trempait-elle donc le fer, avant la découverte du galvanisme ? De nos jours, la dorure n'est guère qu'une peinture à l'ocre, qui rappelle trop le jaune d'œuf pour que la trompe des mouches ne la suce pas entièrement et promptement ; nos aïeux, au contraire, avaient le double tort d'enduire d'or véritable le véritable fer qu'ils employaient.

Au 32, une porte du même âge replie ses deux battants à l'intérieur d'un établissement de marchand de vin, qui s'est ouvert sous le règne de Louis XIV, en supprimant la principale entrée de la maison. Interrogez ce seuil, ces marches, ces murs et chacune de ces larges pièces dont souvent on fait un logement, et parfois même deux étages : l'écho d'alentour vous dira, sans emprunter l'accent plaintif de l'Écho incarné par la mythologie, qu'une princesse, pour sortir de chez elle, mollement assise dans sa chaise à porteurs toute garnie de satin et de glaces, passa journellement sous cette voûte, où les plus gueux maintenant sourient comme elle, à travers leur verre à demi plein, à leur propre figure dont le comptoir d'étain est le miroir le plus flatteur. Cette maison et celle qui la précède ont été vendues à feu Dumogeot, créateur du fonds de marchand de vin, par la comtesse de Beaumont. dont l'hôtel était place Royale et dont Mme de Sévigné a dit : « Mme de Beaumont ne vient-elle pas toujours comme l'oublieur ? » L'hôtel avait-il été d'Elbeuf à une époque antérieure ? La comté d'Elbeuf, échue à la maison de Lorraine en 1554, fut érigée en duché-pairie par Henri III en faveur de Charles de Lorraine. Nul doute que l'hôtel d'Elbeuf se carrât de ce côté de la rue Beaubourg ; seulement il pouvait y être encore plus près de la rue Montmorency et n'avoir eu pour maître et seigneur, au lieu du beau cousin du roi, que son homonyme d'une autre époque.

. Que vous dirai-je ensuite du 33, et de sa rampe d'escalier, en fer, pour nous un précieux objet d'art ? Les deux premiers étages datent d'environ cent cinquante ans ; un ancien avocat au parlement y prit ses aises. Ce ne fut que momentanément le siége de la mairie du VIIe arrondissement ; puis on y fondit les beaux sous de la première République, monnaie qui sonnait comme les cloches dont c'était la matière première, dans les modestes poches qu'elle remplissait à peu de frais. Et du

39 ? il est édifié sur les fondements de ce mur de Paris dont nous vous parlions tout-à-l'heure, et qui érigea du beau bourg en faubourg de la grande ville ce qui longeait la rue de la Poterne.

Souventes fois les maisons de cette rue vont par deux, que relie une naissance jumelle. Le 39 et le 41 ne formaient qu'une construction à deux portes, et celles-ci sont sœurs : trois siècles et demi ont certainement passé par-là. La façade du 38 et du 40, autres bâtiments faisant la paire, est de fraîche date ; poussons néanmoins dans la place une reconnaissance, la cour est majestueuse, et nous voici en plein hôtel de Fer. Nous savons qu'à l'avènement de la République le citoyen Féline y faisait la banque ; mais, si ce n'est pas l'ancien séjour d'Elbeuf, nous en ignorons l'origine. Le logis que les princes de Lorraine rendraient historique se cache, comme s'il était coupable ; des sculptures et de jolies peintures ont été retrouvées au premier, sous un voile de badigeon qui leur fait payer cher l'incognito. Qu'est-ce à dire ? Les griefs ne manquent pas, il est vrai, contre des oubliettes, que la Ligue put mettre à profit, mais qu'elle avait dû trouver déjà pratiquées dans les caves de l'édifice. Ne sont-ils pas encore fixés au mur, ces anneaux et ces barres de fer auxquels se rivaient des patients, et qui parfois retenaient leurs cadavres jusqu'à ce qu'ils tombassent en poussière ? Le XVIe siècle assurément comptait bien plus de prisons que le nôtre, mais par contre moins de prisonniers ; quoi qu'il en soit, on s'aperçoit toujours, ne fût-ce qu'au bout de trois cents ans, des fautes qu'ont pu commettre les personnages autorisés à en punir. Après l'hôtel de Fer en vient un autre, bâti en 1623, qui appartient présentement à M. Cabany jeune : un procureur au parlement y précéda M. Delahaye, son fils ou son petit-fils, conseiller à la cour d'appel.

A titre égal, le 49 passe pour trois fois séculaire : la famille Brocas, qui a donné deux peintres, jouit depuis cinquante ans de cette ancienne résidence d'un président au parlement. Ses marbres de Durance, comme ses bordures de glace, ressortissent au style Louis XV, et c'est à la place des comptoirs de ses boutiques que pendaient les rateliers des chevaux du magistrat.

L'hôtel où le chapitre et les évêques de Châlons succédaient aux archevêques de Reims, allait de la rue Montmorency à la rue Chapon, en longeant la rue Transnonain, dans ce qui est marqué rue Beaubourg 62 et 64. Une colonie de carmélites avait commencé à se former, sous les auspices des grands colliers de l'ordre, dans une maison voisine de ce considérable pied-à-terre, laquelle appartenait à une demoiselle qui y prit le voile, sœur Jeanne de Jésus. La supériorité avait été dévolue par le Mont-Carmel du haut de la rue Saint-Jacques à révérende mère Madeleine de Saint-Joseph, et la sous-prieure, mère Marguerite du Saint-Sacrement, qui succéda ensuite à la prieure, était fille de Pierre Acarie, maître des comptes. La première novice qu'elles reçurent apportait une dot considérable ; c'était sœur Agnès de Saint-Michel, plus tard prieure en d'autres maisons. L'installation de ces religieuses avait eu lieu la veille de Noël, en l'année 1617 ; mais elles étaient d'abord si à l'étroit que dès 1619 messire Côme Clausse, évêque de Châlons, mit le grand hôtel à leur disposition et le leur vendit 120,000 livres l'année suivante.

De la reconstruction monastique la rue Beaubourg n'a pas perdu grand'chose : mais la division en nombre d'ateliers rend le bâtiment méconnaissable. La chapelle des religieuses était ornée, comme celle du collége des Grassins, d'un tableau de Vouet, maître de Mignard et de Le Brun ; elle s'est transformée en un magasin, qu'exploite aujourd'hui M. Villette, marchand de boiseries. On en avait fait une salle de danse avant que le théâtre Doyen s'y transportât, et ce théâtre d'élèves était si peu de fondation récente que Lepeintre aîné y avait, sous la Convention, préludé à sa carrière dramatique, dans la rue Notre-Dame-de-Nazareth. Pour le dernier spectacle, dans la salle Transnonain, la toile se leva dans la rue : un drame était improvisé par la sanglante affaire d'Avril. La veille de l'insurrection, on y jouait encore des vaudevilles ; le jour même, on y répétait au bruit d'une vive fusillade. Le second mari de la veuve de Doyen ne songea à se réfugier que dans la loge du souffleur, lorsque fut prise la dernière barricade ; on l'y coucha en joue, mais il eut le temps, par bonheur, de se laisser glisser sur les marches, il tomba dans le troisième-dessous.

Il n'en resta pas moins beaucoup de morts sur le champ de bataille de la rue Transnonain, et le cimetière Saint-Nicolas, qui n'avait été séparé de l'hôtel de Châlons que par l'une des rues latérales, n'existait plus. Une maison avec jardin, attenante à ce champ de repos, appartint aux évêques de Meaux : les administrateurs de l'Hôtel-Dieu l'achetèrent pour agrandir leur cimetière Saint-Nicolas. Aussi bien le même sang d'activité et d'industrie circule obstinément dans cette veine de l'ancien Paris, dont le dégorgement des veines dénouées fait un vaisseau si important. L'artisan laborieux n'a pas moins succédé au robin d'autrefois, dans tout le 72, hôtel déchu qui ronge comme un frein sa belle serrurerie, témoignage du lustre passé, que dans les deux maisons sur la même ligne séparées vainement par une rue, celle des Gravilliers, qui ne réussit pas à les désapparier. Les encoignures, vivent les encoignures ! C'est un signe particulier qui fait mieux reconnaître une maison et qui, en général, dure plus longtemps que l'enseigne, que le numéro. L'hésitation est impossible, par exemple, quand les Archives nous livrent un document qui se rapporte pour l'année 1723 au premier angle que forme la rue Beaubourg, à gauche en s'éloignant de la Seine, avec la rue des Petits-Champs-Saint-Martin (1) : nous y voyons tout de suite où fut propriétaire de deux maisons Anne-Antoinette Le Porquier, veuve de Pierre Leclerc de Lesseville, un conseiller au parlement, fille et héritière du trésorier-général de la maison ducale de Longueville. L'autre coin appartenait alors à Vallier, comte du Saussey, président à mortier au parlement de Metz, que Richard, secrétaire du roi, avait précédé. Ce dernier avait fait bâtir entre ladite rue des Petits-Champs et la cour du Maure une maison doublement angulaire à la place de quatre autres. La cour du Maure et la rue Beaubourg donnaient pour pendant à la maison du président celle d'un grand parent de l'auteur des *Anciennes Maisons de Paris sous Napoléon III* : Jacques Lefeuve, bourgeois de Paris, qui demeurait au cul-de-sac de la rue de la Tixéranderie, et qui avait acquis de Cournier, contrôleur des rentes provinciales d'Orléans. D'autre part, est-ce qu'un des angles de la rue des Ménétriers ne payait pas loyer, sous Louis XIV, au prieuré de Saint-Martin-des-Champs ? Est-ce que l'on ne coula pas des bains, pour le beau sexe, au coin de la rue des Vielles-Étuves ? Plus il y a de coins, plus une rue est claire : pour nous surtout !

---

(1) Maintenant rue Brantôme.

De ce chef nous devons aux impasses moins de gratitude qu'aux rues. Mais ce n'est pas une raison pour faire fi de l'impasse des Anglais, *angiportus Anglorum*, et de l'impasse Bertaut, qu'on a dite également des Truies. Le premier de ces culs-de-sac est situé vis-à-vis l'hôtel de Fer et peut avoir été étrenné au XV° siècle, pendant l'occupation anglaise : le jeune médecin et professeur Hallé y demeurait trente années avant de partager avec Corvisart le titre et le service de premier médecin de Napoléon Ier. Le second cul-de-sac doit sa dénomination à Jean Bertaut, qui y fit établir un jeu de paume, vers l'année 1577. Quant aux truies qui s'y rencontrèrent communément, étaient-elles bien des compagnes de l'animal dont la malpropreté donne à son nom la portée d'une injure ? Cette application physiologique, tout en s'étendant beaucoup moins à la femelle, rappellerait que l'antre des Truies n'était pas éloigné de la rue Trousse-Nonnain.

Dans cette impasse Bertaut demeurait, en l'année 1740, la fille d'un marchand de tripes, nommé Langlois, né au village de Septenville, et Marie-Glorieuse Langlois avait été séduite par le voisin Durand, qui avait pignon sur la rue Beaubourg. La donzelle menaçait d'aller porter l'enfant qu'elle disait né de leurs rapports intimes, chez Mme Durand, tout en assignant en justice le trop galant bourgeois, pris de la sorte entre deux feux. Tant y a que maître Durand jugea prudent de faire la part du feu, en consommant un sacrifice d'argent, et la tempête se changea en bonace. Voici la teneur de l'acte qui a concilié les deux parties :

« Marie-Glorieuse Langlois, demeurante cul-de-sac Bertaut, a par ces présentes quitté et déchargé à pur et à plein de maintenant et à toujours François Durand, bourgeois de Paris, demeurant rue Beaubourg, à ce présent et acceptant, de tout l'intérest civil, réparation, dépens, dommages et intérêts et autres choses généralement quelconques qu'elle pourroit prétendre et demander contre luy pour raison de la compagnie et copulation charnelle qu'elle prétendoit avoir eue avec luy dont elle estoit demeurée enceinte, et en est issu une fille, le 21 avril 1739, qu'elle a fait baptiser sur les fonts de Saint-Méry, sa paroisse, et nommée Françoise : cette quittance et décharge ainsi faite, à condition que le dict Durand se chargera, comme de fait il se charge par ces présentes dudict enfant, a promis et promet de le faire nourrir, élever et instruire en la religion catholique, apostolique et romaine, luy faire apprendre mestier, et en faire son devoir comme un père de famille est tenu et obligé de faire pour ses enfants légitimes, pour raison de quoy ledict Durand décharge entièrement ladicte Glorieuse Langlois, et promet aussi de luy faire voir et représenter ledict enfant toutefois et quantes, et outre moyennant la somme de trois cent septante livres qu'icelle Glorieuse Langlois a confessé avoir eue et receue comptant dudict Durant, présents les notaires soussignés, en louis d'argent, et autre bonne monnoye ayant cours dont quittance. Et en ce faisant ladite Glorieuse Langlois consent et accorde que l'instance pendante par devant les juges au sujet cy-dessus, soit et demeure nulle et sans effet, ainsi que chose non avenue. »

Rue de Beaujolais. (1)

La Ville est revenue sans nous à l'orthographe d'avant François Ier, elle écrit *Beaujolois*. Mais change-t-on aussi aisément la prononciation qu'une enseigne? On persiste à dire *Beaujolais*, malgré ces deux vers éminemment classiques de Boileau :

> A mon gré, le Corneille est joli quelquefois ;
> Moi, je vous l'avouerai, j'aime le beau *françois*.

Il n'y en a pas moins deux rues du même nom. Celle qui touche le Palais-Royal s'ouvrit en 1784, sur la lisière de l'ancien jardin du palais, emplacement dont partie avait auparavant dépendu des Quinze-Vingts. Son parrain, l'un des fils de Louis-Philippe-Joseph duc d'Orléans, était comte de Beaujolais. Le jour de la naissance du prince de Valois, frère de Beaujolais, avait été fêté par Sophie Arnould, qui demeurait alors rue Neuve-des-Petits-Champs : elle avait fait tirer de ses fenêtres, donnant sur le jardin public, un feu d'artifice en l'honneur du nouveau-né. La spirituelle actrice de l'Opéra habitait ainsi la rue Beaujolais avant qu'on ne l'ouvrît, avant qu'on ne songeât à établir les galeries du Palais-Royal. Beaujolais, après trois ans de captivité, fut exilé aux États-Unis, et il mourut à Malte l'année 1808. La République, d'ailleurs, avait appelé Quiberon la rue Montpensier, du Lycée la rue de Valois et d'Arcole cette rue Beaujolais qu'à l'origine on avait traitée de passage. Le passage

---

(1) Notice écrite en 1857.

actuel de ce nom, où s'est fondé le restaurant Serveille, date seulement de 1812.

La Bourse avait alors quitté depuis quatre ou cinq ans la place des Petits-Pères, pour se tenir dans la galerie qui était dite Virginie au moment de son ouverture au marché financier ; cela donnait dans le jour beaucoup d'animation à la moins ancienne des deux rues Beaujolais. Cette rue le soir se ressentait aussi du va-et-vient des robes décolletées dont le nouveau pourtour avait commencé par faire sa spécialité. Les étoiles de la rue et de la galerie Beaujolais étaient sous le Directoire des filles moins prétentieuses que les princesses du jardin Mabille en ce temps-ci, mais plus populaires, plus connues : la Stainville, la Lévêque, le Roi-Théodore, l'As-de-Pique et la Belle-Paysanne. Celle-ci logeait chez Cuisinier, au-dessus du café de la Rotonde : elle a fini ses jours dans l'aisance à Versailles. L'As-de-Pique avait pour mérite particulier d'être blonde pour les passants et brune pour les observateurs que la galanterie ou la curiosité poussait à la voir de plus près.

Nous retrouverons, au reste, en parlant des galeries du Palais-Royal et de la rue Neuve-des-Petits-Champs, les maisons dont se compose ladite rue Beaujolais : ses restaurants, ses cafés ont deux portes. Par exception il n'en est pas de même des trois ou quatre boutiques borgnes au seuil desquelles les successeurs des frères Millan offrent, en chuchotant, leur marchandise, parachute de la galanterie, à tous les hommes bien mis qui passent.

Dans le même cas particulier se trouve depuis longtemps, presque en face du perron, un modeste lupanar, qui se distingue des établissements rivaux du quartier en ce que les entrées de faveur n'y sont accordées qu'à des bohèmes frottés d'art et de littérature, qui ne dînent jamais, qui soupent quelquefois et qui ne savent pas toujours quand minuit sonne où s'en va reposer leur tête, mais qui ne sont pas du tout des vauriens ordinaires. Ils ont le mot pour rire à jeun ; on les salue comme de futurs grands hommes dans les musées ou les bibliothèques ; ils tutoyeraient jusqu'au ministre qui aurait eu l'imprudence de les inviter à dîner, et ils ne demandent pas encore la croix. Les filles de joie ne leur paraissent, en général, que les prêtresses d'un art plastique en vie, et comme la sacristine de ce temple Beaujolais a pour eux des égards particuliers, ils oublient chez elle que ce n'est pas un salon.

Les filles de joie, au reste, s'y connaissent, et la police ne fait pas mal de les consulter quelquefois. Manquent-elles jamais de citer à toutvenant, fût-il imbécile, fût-il ivre, un personnage marquant qu'elles se flattent d'avoir connu plus petit garçon ? En essayant de se réhabiliter par l'évocation de celui-là, combien cachent-elles d'amis beaucoup plus intimes, combien oublient-elles de passants qui ne méritent qu'on les remarque nulle part, pas même là ! D'ailleurs, les déclassés vont-ils dans le monde ? A la brasserie, je ne dis pas. Tant que sa peinture n'a pas de cours dans les salons, le peintre y est mal vu. L'esprit qui suffirait à y tenir le dé de la conversation est dépensé au jour le jour, dans des feuilles aux opinions compromettantes, par le poète en défaillance.

Les fermiers-généraux d'autrefois priaient à dîner le simple nouvelliste, habile à fureter par la ville, et les femmes du grand monde se le disputaient, pour peu qu'il sût conter une anecdote, lancer le trait, donner à des riens un tour piquant et ne pas rire le premier de ses propres facéties : on se contente aujourd'hui d'acheter son journal. Les beaux-esprits de ruelle, au lieu de viser à la pruderie, ont toujours eu le bon mot croustillant ; ils assisteraient encore au petit-lever des duchesses, si elles n'avaient pas cessé de prêter leurs oreilles, devenues chastes, à des balivernes aussi lestes, et si leurs portes pour de pareilles visites n'étaient pas maintenant défendues. Ces dames en sont quittes pour lire, en se couchant, la chronique scandaleuse qu'elles n'ont pas entendu débiter plus matin.

Où voulez-vous, depuis leur proscription, que se réfugient des causeurs qui peuvent être aussi spirituels que dégourdis, aussi brillants que licencieux, aussi philosophes que badins, dépositaires traditionnels quand même de ce qu'il y a de plus alerte dans le caractère national ? Le mauvais lieu ne leur est hospitalier ordinairement que dans les jours dorés, et néanmoins la bohême tout entière passe pour se régler sur un calendrier où le carnaval dure toute l'année. La jeunesse, le talent en herbe et les espérances vont si bien à ces surnuméraires de la renommée en tous genres qu'on les croirait souvent entre deux vins. Mais si les plus grandes fêtes que tout le monde chôme n'ont qu'une vigile, il y a dans la vie de bohême peu de jours fériés qui ne soient mieux partagés, le jeûne de la veille ayant accoutumé de reprendre le lendemain.

Rue de Picardie,

NAGUÈRE

Beaujolais-du-Temple. (1)

Sauval parle d'une communauté de religieuses barratines qui avait été établie, sous le titre de Saint-François-de-Paule, dans cette rue Beaujolais. Ladite rue s'était ouverte en 1626 sur un territoire presque entièrement accensé depuis dix-huit ans à Michel Sigon par la commanderie du Temple, qui l'avait pris sur sa culture, et c'est la même année que la princesse Marie de Montpensier avait apporté le Beaujolais en dot à Gaston d'Orléans. Quatre-vingts ans plus tard cette voie publique était flanquée de 22 constructions, qui de nos jours répondent toutes à l'appel; nous n'en trouvons qu'une de plus. La rue portait le nom des Alpes alors qu'une décision ministérielle du 5 vendémiaire an IX, signée *L. Bonaparte*, fixait sa largeur à 8 mètres.

Une école de filles a succédé depuis quatre ans au bureau de bienfaisance du VIe arrondissement, dans la maison n° 5, assujettie à reculement, et d'une vétusté qui ne saurait comporter une solidité à toute épreuve; elle paraît malade, mais qu'importe! puisqu'elle appartient aux Hospices. Il se peut que des religieuses, comme on le dit, l'aient occupé, puisque des barratines se sont arrêtées par-là; mais la boucherie du Temple avait encore son étal au rez-de-chaussée en 1789, l'immeuble appartenant alors à la veuve

---

(1) Notice écrite en 1857.

de Brichard, marchand boucher, et cette exposition quotidienne nous paraît avoir commencé avec l'agrément de Jean Noël, substitué aux droits de Michel Sigon.

Cinquante années de moins ont dû passer sur le 6, le 8 et le 10, qui offrent plus de consistance. Le n° 18, dont l'extérieur semble relativement assez coquet, est depuis soixante ans, ainsi que le n° 4, dans la famille de Mme Anaïs Ségalas, née Mlle Ménard, qui ne se borne pas à être le poète du Marais.

M. Rousseau, qui poursuit avec zèle ses investigations de chaque jour pour le compte des *Anciennes Maisons de Paris sous Napoléon III*, a reçu le contre-coup d'une querelle de ménage, en s'enquérant de l'âge des portes et fenêtres de la rue. Une femme du peuple, en sortant d'une allée avec la brusquerie d'un ouragan, les cheveux épars, pensa le renverser, lui et ses notes ; elle criait : — Au secours ! à la garde !... Notre honorable scrutateur du passé ne tarda pas à être le centre d'un rassemblement de commères, que dissipa l'arrivée des sergents. Il n'en était pas moins évident, pour M. Rousseau, que cette pauvre femme avait été battue par son mari, peu de temps auparavant, et il était permis d'en inférer que leur mariage avait été aussi peu volontaire que celui de Gaston, frère de Louis XIII, avec la princesse de Montpensier, baronne de Beaujolais.

Le lendemain soir, un dimanche, quelle ne fut pas la surprise de notre collaborateur ! Il revit la même femme, au bras de son mari et suivie de ses trois enfants, qui revenait de la barrière : ce ménage avait cimenté, sinon la paix, du moins une trêve hebdomadaire, sous les auspices d'une ivresse populaire dont la marmaille elle-même avait sa part ! M. Rousseau en était quitte pour la peur et des contusions.

Rue du Bac. (1)

Café d'Orsay. — Mme *de Mailly. — Petit Hôtel du Bac. — Les Mousquetaires-Gris. — Maison du Président Hénault et de M. Habert. — Café Desmares. — Le Petit-Saint-Thomas. — Fouché. — Le C*^{te} *d'Entraigues. — M. de Vence. — M*^{me} *de Boulogne et Piron. — Veuillot. — Véron. — Hôtels Galliffet, Dillon, La Feuillade, Ligny, Giac, Dupin, Clermont-Tonnerre, La Vallière et autres. — Les Récollettes. — Un Arago au Bal du Salon-de-Mars. — Les Convalescents. — Les Missions. — Les Sœurs de Saint-Vincent-de-Paul.*

La Babylone moderne n'a pas de rue plus intéressante, au point de vue des maisons particulières léguées au nôtre par d'autres siècles, que celle dont nous allons vous faire les honneurs. Un bac fut établi en 1550 sur le quai des Théatins, plus tard quai Voltaire ; telle est la racine du nom. En 1632 le sieur Barbier fit construire le pont Rouge, que remplaça sous Louis XIV le pont Royal, posé un peu plus bas.

En 1714, un chantier marquait l'angle de la rue du Bac et du quai, à l'endroit où se trouve aujourd'hui le café d'Orsay. Cet établissement de premier ordre remonte lui-même assez loin, et si c'est un café pour des officiers de cavalerie et pour ces commis de nouveautés, c'est un restaurant également, fréquenté par les membres du Corps législatif, qu'y relancent des électeurs pour

---

(1) Notice écrite en 1857.

leur faire apostiller des placets ; on y rencontre aussi des fonctionnaires des départements en congé, qui cherchent à se faire bonne bouche, par une halte, avant de porter de vive voix leur demande d'avancement dans l'un des ministères de la rive gauche. George Sand, le 15 mai 1848, déjeûnait dans un cabinet de l'entresol, et puis se mettait à la fenêtre pour juger de l'effet de sa prose officielle sur les masses. Autre titre de gloire pour le café d'Orsay que de figurer dans la chanson de Nadaud sur les reines de Mabille et leurs parages! Nous n'en dirions que grand bien, quant à nous, sans un certain chateaubriand qui nous y a été servi avec des pommes de terre frites de la veille. A tout péché miséricorde ; constatons donc, de préférence, que les soles normandes y sont assez bien préparées pour qu'un jour ce poisson de mer remonte lui-même la Seine jusqu'aux savantes casseroles du chef de ce café riverain, et que les vins y sont quelquefois de la bonne année.

L'ancien chantier avait pour vis-à-vis l'hôtel de Mailly, décoré alors de mascarons et de cariatides du grand siècle ; il en subsiste la partie solide ; seulement ses jardins ont été submergés, non vraiment par le fleuve, mais bien par un torrent de maisons neuves. Les Mailly et les Nesles étaient, pour ainsi dire, la même famille.

Beaucoup de monde sait que la fille ainée de M. de Nesle-Mailly, premier marquis de France, épousa son cousin, M. de Mailly, avant de captiver le cœur du jeune roi à qui une série de ricochets donna aussi pour maîtresses la duchesse de Lauragais, la comtesse de Vintimille et la marquise de la Tournelle, duchesse de Chateauroux, toutes les trois nées aussi de Nesles. Le n° 1 de notre rue avait été vendu en l'année 1733 par Modeux au comte de Mailly, déjà propriétaire de l'hôtel de Nesles y attenant et ouvrant rue de Beaune. C'était l'entrée particulière du royal amant, qui racheta et donna le tout à Mme de Chateauroux, pour éloigner sans retour Mme de Mailly. Celle-ci en devint dévote et eut soif d'expiations pour le mauvais exemple qu'elle avait donné à la cour. C'était déjà une punition pour elle que le ton cavalier des compliments qui la poursuivaient dans la disgrâce, et il lui semblait dur de ne pouvoir éconduire le plus petit galant sans qu'il se crût le droit de la persifler d'importance ; mais les justiciers à l'eau-rose, brandissant leur déclaration d'amour comme une discipline à pénitence, gardaient encore les gants d'une politesse qui couvrait les sous-entendus, et la jolie duchesse de Mailly, tombée de si haut, n'avait pas seulement à souffrir d'allusions injurieuses. Un jour qu'elle entrait à Saint-Roch, dont elle avait déjà franchi les marches, précédée par un suisse qui lui faisait livrer passage, un homme grossier s'écria : — Voilà beaucoup du bruit pour une p..... ! Mme de Mailly se retourna et dit d'une voix douce à ce manant : — Puisque vous la connaissez si bien, priez pour elle.

Le vieux maréchal comte de Mailly paya plus tard pour les quatre grandes pécheresses de sa famille. Il n'avait échappé que par miracle aux envahisseurs des Tuileries, le 10 août 1792 ; il fut repris avec la maréchale et son jeune enfant au berceau ; mais il s'évada de nouveau. Ressaisi une fois de plus, on craignit de le perdre encore : c'est pourquoi on le décapita à 86 ans dans la ville d'Arras, patrie de Robespierre.

Un bijoutier a passé trente-cinq années dans une boutique de la première maison de la rue, où lui succède le patissier Tempier depuis 1825. Le commerce y fait donc sans bruit des baux autrement longs que l'amour ! On assure qu'au n° 4 a demeuré l'immortel Jean Goujon. En face, n° 9, est le petit hôtel du Bac, maison garnie ; or il y en a peu dans la rue. Nous tenons toutefois de l'*Almanach des Arts et Métiers* de 1769 qu'il y avait dans ce temps-là un hôtel de Nevers, où le logement coûtait de 15 à 100 livres par mois. Dans le petit hôtel du Bac ont demeuré : la comtesse Dudognon, dame d'honneur de la duchesse d'Angoulême ; l'abbé Poirier, un des chapelains de Charles X ; la maîtresse de l'ambassadeur de Naples, sous le même règne, prince de Castel-Siccala ; le maréchal Saint-Arnaud, n'étant encore que sergent-major, et enfin la famille du petit comte de Clercy, page du petit duc de Bordeaux, que ce prince venait souvent prendre pour jouer avec lui au jardin des Tuileries. On avait estimé digne de l'attention des amateurs, dans les premières années de l'Empire, le cabinet de Janisson, littérateur, près la rue de Lille.

Après cette rue, à gauche, était l'hôtel des Mousquetaires-Gris, qui tenait à la rue de Bourbon (Lille) et à celle de Verneuil, mais qui, dès l'an 1780, a été remplacé par le marché Boulainvilliers, supprimé treize années après la chute de Charles X. Sorbet, un des médecins du roi, logeait il y a un siècle en face de l'hôtel de ses mousquetaires. Le 10 est une maison également ancienne, qui appartient à un peintre éminent de l'école classique, M. Hersent. Du 12 était propriétaire, après vingt autres, feu M. Sédillot, président du tribunal de commerce. Avant la rue de l'Université, mais du côté opposé, se retrouve un autre Goujon, celui-là géographe, dans une maison où demeurait sous l'Empire M. Habert, grand-oncle du rédacteur de ce recueil et fournisseur par excellence des épaulettes qu'on gagnait sur les champs de bataille à la pointe des épées, qu'il avait également fournies.

Les propriétaires entre les rues de Bourbon et de l'Université, côté droit, avaient été au beau milieu du xviiie siècle :

Le chapitre de Saint-Honoré, M. Moreau, M. Loyauté, M. Sauffroy, M. Bréan, Mlle de Bure, M. de Rambures.

Et ceux de vis-à-vis, après l'hôtel des Mousquetaires :

Le séminaire Saint-Sulpice, le président Hénault, qui venait de publier sa *Chronologie de l'Histoire de France*; M. de Robsy, M. Lecamus, angle Université.

Il y avait alors un café tenu par Raisson rue du Bac. Ne serait-ce pas ce café-restaurant qu'on nous dit pourtant ouvert sous l'Empire par Desmares, père d'un vaudevilliste, à l'autre angle de la rue de l'Université ? On compte peu d'établissements de ce genre où les gens comme comme il faut puissent aussi bien s'asseoir sans se compromettre. La maison est l'ancien chef-lieu de l'université de Paris, transféré au collège Louis-le-Grand en 1763. Les magasins de nouveautés du Petit-Saint-Thomas s'établirent en 1820 sur le jardin de l'ancien hôtel universitaire.

Le 36, qui fait face, fût si mal habité qu'on le considérait comme une succursale de la cour des Miracles. Avant cette propriété, que le temps a régénérée, est l'ancien hôtel Valbelle, où mourut en 1834 le comte de Lanjuinais, ancien conventionnel, et qui avait appartenu au duc d'Otrante, sous le premier empire. Valbelle a longtemps eu pour maîtresse la célèbre Mlle Clairon. Quant à Fouché, duc d'Otrante, il a été oratorien, puis conventionnel terroriste : il a servi, comme ministre de la police, Napoléon et Louis XVIII. Outre l'hôtel Valbelle, il avait acheté Pont-Carré et Ferrières, châteaux et terres d'émigrés. Malgré les apparentes anomalies de sa conduite politique, il serait encore possible d'en expliquer l'une par l'autre les modifications successives. Un très-grand écrivain, qui a demeuré au 112 de la même rue, le vicomte de Chateaubriand, n'a-t-il pas donné, lui aussi, dans des contradictions politiques ? Fouché disait un jour à l'empereur que Louis XVI aurait dû dissoudre le corps qui s'était arrogé le droit de représenter à lui tout seul le souverain. — Mais il me semble, lui dit Napoléon, que vous étiez un de ceux qui ont envoyé Louis XVI à l'échafaud ? — Oui, Sire, répondit le duc d'Otrante ; c'est le premier service que j'aie rendu à Votre Majesté.

Il y avait du temps de Fouché une grande maison de jeu un peu plus haut, de l'autre côté. Les jacobins de la rue Saint-Dominique avaient eu leur grille à l'entrée de la rue Saint-Thomas-d'Aquin, et je crois que la majeure partie des maisons de la rue du Bac contigües à leur monastère avaient été leur propriété. Néanmoins au n° 25 d'à-présent on eût rencontré sous Louis XVI le comte d'Entraigues, élève de l'abbé Maury, puis constituant. Ce gentilhomme épousa à Vérone Mlle de Saint-Huberti, chanteuse de l'Opéra de Paris.

— Lorsque nous rentrerons en France, proclamait presque cet émigré vindicatif, il faudra que quatre cents mille têtes tombent à nos pieds ; la guillotine est tout ce qu'il faut garder du régime révolutionnaire. Je serai le Marat royaliste.... Un domestique anglais l'assasina à Londres, avec sa femme.

Le 35 a appartenu à la famille de Custine, puis à Mme de Lacoste, avant d'être au propriétaire du magasin de nouveautés, comme l'ancien hôtel de l'université.

Les fenêtres du comte de Vence donnaient en regard de la grille du couvent, alors que la marquise de Pompadour, à l'apogée de sa domination, était aussi l'arbitre de la mode et du goût : la galerie de M. de Vence n'était pourtant pas pompadour, elle devait sa réputation aux maîtres de l'école flamande. En ce temps-là M. de Pisis,

M. Hussard, la présidente Le Vayer et M. Bernard étaient propriétaires des quatre maisons précédant la rue Saint-Dominique, dont l'une était la demeure du comte de Vence.

Dans l'aristocratique rue du Bac les numéros changent moins qu'ailleurs. Toutefois ce n'est plus au 42, mais bien au 46 que nous devons chercher l'hôtel Le Vayer, postérieurement de Boulogne, et le moyen de s'y tromper ! La grille et les grands arbres du jardin laissent voir une statue de Louis XIV, pour si peu qu'on entre dans la cour, sur laquelle règne une terrasse. La maison d'après nous a l'air du petit hôtel de ce grand. M. de Boulogne, riche colon de la Guadeloupe, en avait ramené un fils que lui avait donné une négresse, le fameux chevalier de Saint-Georges ; il était fermier-général. La femme du financier accueillait le cynique et spirituel Piron, qui ne savait pas même être galant dans un salon sans qu'un mot de cabaret lui échappât. Un jour il apportait une épître en vers rue du Bac, et il regrettait même, disait-il, de ne pouvoir pas offrir à Mme de Boulogne jusqu'à un trône ; enfin il ajoutait :

> Mais nous voyons, loin qu'il en vaque,
> Que pour un c.., en voilà deux,
> Se prenant l'un l'autre aux cheveux
> Pour s'asseoir où fut assis Jacque.

Le célèbre Chaptal, qui a séjourné au ci-devant hôtel de Boulogne, y présidait les séances de la Société d'encouragement pour l'industrie nationale. En ce temps-ci M. Louis Veuillot loge dans l'annexe, et cet homme d'esprit, qui n'en a pas moins à lui seul que tous ses détracteurs, serait le dernier à regretter le ruisseau qui se partageait la rue du Bac et qui charmait Mme de Sévigné : elle allait en carrosse, il va à pied.

Le n° 60, voisin de l'ancien couvent de la Visitation, a été la propriété du père de M. Odilon-Barrot. Le 53 est à la discrétion de Mme Delamotte, qui n'est pas la gracieuseté même, et si le malheur voulait que sa maison eût besoin d'enchevalement nous dirions que c'est contagieux. M. Véron, député de la Seine, est né sous ce même toit, chez son père. On pourra dire de ce glorieux, qui se donne en spectacle comme homme universel, qu'il a eu pour unique talent de jouer avec bonheur à tous les jeux, sans qu'on le traitât de grec, et que pourtant il en a toujours cuit de mettre de l'argent dans son jeu.

Le premier ambassadeur envoyé par Philippe V s'installa à l'hôtel du président Talon, ensuite Galliffet, qui passa sous l'Empire au ministère des relations extérieures. Il n'en reste pas pierre sur pierre du côté de la rue du Bac. Le 84 est l'ancienne entrée du ministère ; mais les portes principales avaient été longtemps rue de Grenelle, et celle de la rue du Bac avait été réservée aux jardins, lesquels sont remplacés par de hautes constructions. Les Dillon, accueillis par la France avec Jacques II, se sont fait tuer pour elle à Fontenoi, à Lawfeld ; l'un d'eux, colonel de naissance, a été député aux Etats-généraux et a péri sur l'échafaud. Leur résidence venait après celle des Galliffet. Mais que ces réminiscences aristocratiques ne nous fassent pas omettre qu'au n° 94 est installé le magasin de vins en gros de M. Durouchoux, dont une date, sur la porte, préconise l'origine séculaire.

Depuis 1812 le n° 85, qui alors était peint en noir comme tous les autres numéros de la rue, a changé de couleur, mais a gardé sa place. C'est l'ancien monastère royal de l'Immaculée-Conception, dit aussi des Récollettes, ouvert en l'année 1637. Le 87, maison de bains, a fait partie du même couvent, ainsi que tout l'espace embrassé d'un côté par le 89 et de l'autre par la rue Grenelle, où s'étendait aussi le jardin monastique jusqu'à la rue de la Planche. Ce quartier doit un peu aux récollettes la plus belle fontaine de Paris, pour l'édification de laquelle elles ont donné le terrain nécessaire rue de Grenelle. Néanmoins, la *Religieuse* de Diderot ayant fait du tort à toutes les communautés, celle-ci n'échappa pas plus que les autres à la suppression de l'an de Révolution 1792. Ses maisons se vendirent les 9 floréal an v, 21 pluviôse et 25 germinal an vi et 23 nivôse an viii. On établit même un théâtre dans la ci-devant chapelle des récollettes : Potier, le comédien inimitable, y débuta. Peu de temps après la prise du Trocadéro, la duchesse d'Angoulême ramena une vingtaine de sœurs dans l'ancien monastère royal, où elle payait leur loyer, et ces religieuses n'en firent que plus d'économies; elles parlaient de racheter tout le couvent, avec et y compris le cimetière, quand la révolution de 1830 vint pour elles tout remettre en question. Ces mêmes sœurs occupent à présent l'ancien hôtel Chagot, faubourg Saint-Honoré. Le théâtre n'avait pas duré; on ne saurait en dire autant du Salon de Mars, qui tient sa place. Depuis trente années on y danse de mère en fille tous les jeudis, tous les dimanches, et j'aime à croire que des nonnes évoquées ne se mettent jamais de la partie; mais des sœurs converses, je ne dis pas ! C'est en vain que Jacques Arago, le vaudevilliste qui n'y voyait pas clair, se jeta au milieu des quadrilles pour les exorciser à sa manière, après l'élévation de son frère à la présidence du Gouvernement provisoire. Il engageait vivement M. Godelet, propriétaire de l'immeuble, à refaire du Salon de Mars un théâtre, dont il offrait d'être le directeur à tâtons. Les danseurs ont foulé aux pieds cette proposition séduisante.

Au 97 ont résidé : le prince de Salm, botaniste estimé, et la princesse de Salm, qui écrivait en vers et qu'on a surnommée la muse de la Raison. L'hôtel qui suit est remarquable à l'extérieur par une vieille et belle porte restaurée. Le 100 est actuellement au comte de Turenne, qui y succède aux dames de la Bourdonnaye. Immédiatement après vient le séjour du comte de Sainte-Aldegonde. Le 101 a été surélevé pour le marquis de la Feuillade, qui le tenait de ses ancêtres et qui l'a vendu, après avoir marié sa fille à M. de Bauffremont; ce n'est plus même à Mme Coustou, fille de M. Trudon et femme d'un descendant du fameux sculpteur Coustou, qu'il appartient, c'est au Crédit foncier. Cet hôtel d'Aubusson de la Feuillade a été habité jadis par le courtisan de Louis XIV qui a fait la place des Victoires, peut-être aussi par le héros de cette race qui a forcé les Turcs à lever le siége de Rhodes.

Le grammairien Chapsal, maire de Joinville-le-Pont, possède l'ancien hôtel et le jardin répondant au chiffre 104. Aussi bien ne cherchons-nous pas dans ces parages un hôtel de Ligny, encore mentionné sous l'Empire par Saint-Victor? Le même nom du moins fut porté par un ancien condisciple de Gresset, qui avait vu le jour à Amiens, comme ce poète.

Le 103 ne fut-il pas l'hôtel du marquis de Giac, cousin de la reine Hortense par alliance, et dont le père mourut révolutionnairement? Et le 105, celui du député Quinette, très-ardent révolutionnaire, qui finit cependant par s'humaniser au pouvoir, et qui transféra là le ministère des cultes, quand il en avait le portefeuille?

Cette revue des principales maisons de l'autre siècle sera presque complète; mais gardons-nous d'oublier un hôtel qui, des mains du vicomte de Seyssac, a passé dans celles du président M.

Dupin, et qui a dépendu des Missions-étrangères. La maison voisine, ancien hôtel de Clermont-Tonnerre, était familière au duc et pair de ce nom, de même qu'à son fils, député aux États-généraux ; il fut investi plusieurs fois, malgré les opinions du député favorables aux réformes, et le père ainsi que le fils, un peu avant le 9 thermidor, furent sacrifiés à d'aveugles vengeances. Le marquis de Clermont-Tonnerre eut le porte-feuille de la guerre, sous Charles X. Plusieurs années du règne suivant furent passées dans l'hôtel par cet autre ministre et pair de France dans la disgrâce, qui restait pour s'en consoler homme de génie, et que nous avons déjà nommé : Chateaubriand.

106 reste la marque de l'ancien hospice des Convalescents, créé en 1628 par Mme de Bullion, femme du surintendant des finances de Louis XIII. Le siècle métallique où nous vivons ne sera pas fâché d'apprendre que les premiers louis d'or furent frappés sous la surintendance du mari de la fondatrice de cet hospice. Les religieuses de la Charité en eurent la direction sept ans après. De cet établissement, supprimé en même temps que la communauté des récollettes, l'immeuble fut vendu par la direction des hospices en 1812. On en reconstruisit tout ce qui donne sur la rue du Bac pendant le troisième lustre qui suivit.

Dubois de Saint-Gelais, qui avait publié sous le voile de l'anonyme l'*Histoire journalière de Paris* en 1717 et d'autres écrits, était propriétaire à l'angle de la rue de la Planche (maintenant ajoutée à la rue de Varennes) ; les héritiers de sa veuve vendirent la maison à Charles Malassis, dans l'année où le duc de Lorges acquit du marquis d'Ancenis l'un des angles de la rue de Varennes.

Le séminaire des Missions-étrangères est l'œuvre de Bernard de Sainte-Thérèse, évêque de Babylone, qui se trouvait déjà propriétaire de plusieurs maisons et cultures rue du Bac et rue de Babylone avant la formation du noviciat apostolique.

Le 132 s'appela d'abord par métonymie La Vallière. Louis-César La Baume Le Blanc de la Vallière, petit-neveu de la duchesse, était grand-fauconnier de la Couronne, bien qu'il n'y eût plus d'oiseaux de proie lancés sur le gibier royal ; il recevait des gens de lettres, principalement Moncrif et Voisenon, et sa réputation de bibliophile se justifiait par la bonne composition de sa bibliothèque considérable, qui est devenue le fond de celle de l'Arsenal. Mort en 1780, il avait laissé à la duchesse de Châtillon, sa fille, cette grande demeure, qui appartient à la communauté des sœurs de Saint-Vincent-de-Paul depuis 1815 ou 20. Parmi les dépendances qui se rattachent à l'hôtel, depuis que ces religieuses l'occupent, figure un autre hôtel qu'a habité la famille de Crouseilhes.

Boulevard Beaumarchais.

Caron de Beaumarchais. — Les Contre-allées. — Ninon de Lenclos. — Jules Hardouin Mansart. — Autres Habitants des Maisons accotées à la Rue des Tournelles.

Le boulevard Saint-Antoine eut pour passeport un arrêt du conseil, en date du 7 juin 1760 ; il prit le nom de Beaumarchais en vertu d'une décision ministérielle, signée *Montalivet* le 22 janvier 1831.

L'illustre auteur du *Mariage de Figaro* y eut une propriété d'un luxe seigneurial, qui ne mesurait pourtant pas plus de 4,000 mètres de superficie, entre la rue d'Aval, la rue Amelot et la place Saint-Antoine, et dont l'avenue principale, donnant sur le boulevard, portait cette inscription :

> Ce petit jardin fut planté
> L'an premier de la Liberté.

Une large voûte souterraine menait de ce dystique au centre du jardin dont il était le préambule, et la présidence de la cour appartenait à une statue de gladiateur. D'autres statues encore, notamment celle de Voltaire, faisaient partie de la décoration, ainsi que plusieurs vues de Ferney, et comme tous les arts devaient être honorés chez le seul prince que la Révolution n'empêchât pas de s'offrir un château, il y avait une belle salle de concert. On admirait aussi des grottes, des rocailles, des bosquets, un labyrinthe et un haha, c'est-à-dire une ouverture pratiquée dans le mur, sous la protection d'un fossé, et qui surprenait la vue au détour d'une allée en élargissant l'horizon. D'autres légendes, à l'intérieur, indiquaient la destination de plusieurs pièces, notamment ce latin de cuisine :

> *Erexi templum à Bacchus*
> *Amicisque gourmandibus.*

Beaumarchais tenait à la fois de son frondeur de Figaro, car il ne s'était enrichi, ayant pour père un horloger, qu'en s'engageant dans toutes sortes d'affaires, et de son élégant Almaviva, car il savait descendre jusqu'aux manants pour se relever grand seigneur. Il se fixait en regard de l'emplacement où s'était élevée la Bastille, comme un vainqueur en vue de son champ de bataille, et le fait est que ses idées n'avaient pas attendu le 14 juillet pour monter à l'assaut ; mais Basile, son mignon, ne l'avait pas empêché, sous l'ancien régime, de laisser sa femme et sa fille à l'abbaye Saint-Antoine, pendant plusieurs de ses voyages. Sans aucun doute il préférait la cour où il avait été reçu en qualité de musicien, accompagnant sur la harpe et sur la guitare Mesdames, filles de Louis XV, au gouvernement terroriste qui l'emprisonna, qui ne lui épargna que l'échafaud.

La mort vint surprendre Beaumarchais dans sa maison, le 19 mai 1799. Sa veuve ne changea pas de domicile. La Ville n'acheta l'immeuble que le 28 mai 1818 de Delarue et d'Amélie-Eugénie Caron de Beaumarchais, sa femme, moyennant 508,300 fr. La démolition s'ensuivit ; toutefois un pavillon, qui avait pour ceinture un balcon circulaire, et que Beaumarchais avait dédié tout spécialement à Voltaire, ne fut jeté bas qu'en 1826.

De cette propriété à l'ancien corps-de-garde de la Galiote se déployaient de belles contre-allées, que Louis XIII, si ce n'est Henri IV, avait octroyées à la Ville, pour en faire la promenade des habitants paisibles du Marais ; mais les grands arbres qui les ombrageaient en plein jour cachaient le soir trop d'amours illicites pour que l'édilité ne songeât pas à les abattre, et ce parc-aux-cerfs du faubourg Saint-Antoine devenait, qui plus est, du côté de la rue Amelot, un réceptacle non moins obstiné d'immondices. Une ordonnance royale du 19 février 1846 supprima donc les contre-allées, le terrain fut vendu par lots, et pendant que la Ville y gagnait des millions, le boulevard Beaumarchais n'avait qu'à tendre son bras droit pour que de coquettes maisons neuves, sorties de terre par enchantement, prissent ce bras pour alignement.

N'ayant rien à attendre de ce reflux de maisons trop neuves, prenons la chaussée pour ponton et mettons pied à terre sur l'autre côté. La basse-terre y laisse encore voir quelques-unes des maisons bordées de jardins qui se suivaient de près sur ce côté de boulevard il y a vingt ans. Voici d'abord une grille qui nous montre, près du théâtre Beaumarchais, dans le fond d'un jardin qui descend, un des hôtels qu'habita une femme dont les amours virent passer celles de quatre générations. Anne de Lenclos, dite Ninon, eut tout au moins une vertu, seul avantage peut-être qu'oublient de lui envier les autres femmes, celle de faire à la fois des dépenses sans profusion et des économies sans avarice, et sa bourse agissait en cela comme son cœur. L'amour était pour elle un peu plus qu'une sensation, mais un peu moins qu'un sentiment, et n'en peut-on pas dire autant pour la plupart des Parisiennes, dont la préférence est si prompte à récompenser le mérite que d'autres se sont chargées d'encourager ? Les choix que font leur âme délicate prouvent, à chaque instant, que le siége en est dans la tête, et elles abandonnent volontiers à leurs rivales de province tout succès qui paraît douteux, toute suprématie qui ne repose que sur des avantages vulgaires ou naturels.

D'ailleurs la belle Ninon, en cette maison du boulevard Saint-Antoine, se trouvait locataire de Jules Hardouin dit Mansart, surintendant des bâtiments, arts et manufactures, neveu de ce François Mansart qui a droit à la gratitude de tous les poètes présents et à venir, comme inventeur des couvertures brisées qui portent son nom, les *mansardes*.

Hardouin, sur les dessins duquel furent bâtis l'hôtel des Invalides, le palais de Versailles, le château de Marly, etc., reçut le cordon de Saint-Michel, et sa fortune devint considérable. Un jour que sa maîtresse lui avait dérobé une ordonnance de 50 000 livres, destinée à divers paiements, Louis XIV eut la générosité de lui en faire expédier une seconde. L'hôtel que s'édifia lui-même cet architecte, sur terrain dont il s'était rendu adjudicataire au bureau de la Ville en 1699, a une entrée rue des Tournelles, 28, primant la grille du boulevard Beaumarchais. Un prêtre a la disposition du rez-de-chaussée ; le plafond de son cabinet est enrichi d'un merveilleux groupe d'amours, qui date de la fondation. Plus haut une galerie à colonnes offre un balcon marqué aux initiales du second Mansart. Un grand salon n'existe plus, dont on voyait encore en 1792 les colonnes à chapiteaux corinthiens dorés et le plafond en plein-cintre décoré de peintures d'Allegrain et de Le Brun. Heureusement un petit salon a survécu, où du pinceau de Mignard s'est détachée une admirable *Assemblée des Dieux*. Une *Cérès accompagnée de Bacchus*, par le même auteur, dominait une pièce qui est veuve aujourd'hui de cette brillante œuvre d'art. Sur le versant de la rue un portique est orné de quatre têtes de lion, et à la cage d'un vaste escalier, malheureusement déshérité de sa rampe caractéristique, adhère un médaillon qui représente Louis XIV. Quand aux fenêtres d'en bas, elles étaient garnies de barreaux à une époque où la police laissait le champ libre aux voleurs, crainte de déranger des amants dans leur innocente escalade ; un fossé tenait alors le boulevard en respect sur la lisière du jardin.

Les précieuses virent dans leur neuf ces appartements somptueux, bien qu'elles fussent déjà décriées ; Ninon les regardait comme les jansénistes de l'amour. Comme elle donna des conseils à Molière, on peut croire que les femmes savantes lui durent en quelque chose, après les précieuses, d'être tournées en ridicule sur la scène, avec plus de retentissement que dans les salons. Melle de Lenclos, entendant une fois Mignard se plaindre de ce que sa fille, qui fut depuis la comtesse de Feuquières, manquât de mémoire, dit pour l'en consoler : — C'est fort heureux, ma foi, pour son mari, elle ne lui fera pas de citations.

Ninon, qui habita aussi une autre maison de la rue des Tournelles, cessa de vivre deux années avant l'architecte, qui avait commencé plus de trente ans après. Hardouin, qui mourut à Marly le 11 mai, en 1708, fut rapporté dans son hôtel, puis inhumé à Saint-Paul, sa paroisse. M. Sinet tient cette propriété de son beau-père, qui l'a acquise sous l'Empire.

Lemaître, architecte des bâtiments du roi, habita une maison contigüe, qu'il avait construite sur une place à lui cédée par Hardouin-Mansart ; il y eut pour successeur Nicolas Gaillard. Une autre, donnant rue Jean-Beausire et sur le boulevard, fut laissée vers 1730 par Liévin, docteur en Sorbonne, à Claude Liévin, épouse de Laborie, apothicaire, et à Marie-Madeleine Liévin, veuve de Guérin, charpentier.

Vu du boulevard, le 37 est moderne ; une belle rampe en chêne, dans un large escalier, qui se rapproche de la rue des Tournelles, n'en annonce pas moins l'âge respectable de cet ancien hôtel du duc de Melun, où demeurait Beudin, député, sous le règne de Louis-Philippe. Ce duc n'était-il pas Louis de Melun, marquis de Maupertuis, lieutenant-général qui défendit le Hàvre contre les Anglais, et en faveur duquel fut rétablie en 1714 la duché-pairie de Joyeuse, dont les titulaires venaient de s'éteindre ?

Autre rampe magnifique au 43, que précède un jardin, dont une porte contemporaine de Ninon de Lenclos donne sur la rue basse. Cette héroïne de la philosophie galante, qui n'a jamais cessé d'être jeune et de le paraître, a reçu là plus d'un amant, dans une chambre du premier étage qui a plus fidèlement gardé et garde encore les mêmes boiseries, glaces, dorures et peintures depuis la première visite du prince de Condé.

Après vient une maison du même temps, sans numéro ; du moins on n'a pas su où fixer sur la grille l'estampille municipale portant le chiffre 45, qui est sien : Caillot, notable charcutier, dont la petite-fille est la femme du docteur Trousseau, y précéda la famille Grébert, comme propriétaire. D'aspect pareil est l'immeuble qui suit ; un des 25 marchands de vins privilégiés qui suivaient la cour de Louis XV, ayant nom Proustot de Montlouis, le laissa à sa fille, Mme de Montchoisy, belle-mère de M. Glandaz, magistrat, possesseur actuel. Encore deux façades au n° 51, qui fut logis de la musique du roi tout à la fin du siècle xvi. et le bruit court aussi qu'une jolie femme y ajouta le tendre accord dont Henri IV lui donnait la mesure aux accords de l'orchestre royal. Cette maison a appartenu, sous le règne de Louis XV, à Jean Aviat, receveur des tailles de l'élection de Paris et à sa sœur, épouse de Dubuisson, conseiller-secrétaire du roi ; après la mort de ces propriétaires, les syndics de leurs créanciers l'ont vendue ; depuis lors elle a changé de mains deux ou trois fois. On l'appelle la Fosse-aux Lions, probablement à cause de la profondeur du jardin. Que si les receveurs des tailles ont quelquefois laissé des successions embarrassées, des pâtissiers, en revanche, ont bien pu faire fortune à leurs dépens. Par exemple, Félix, du passage des Panoramas, s'est retiré dès la Restauration au n° 53, avec un parterre sous ses fenêtres, dans une propriété dont le bâtiment le plus ancien portait en l'an III de la République le n° 83, section de l'Indivisibilité, boulevard Antoine, après avoir appartenu en 1784 à l'architecte Cressot.

Reste le 87, qui naguère n'avait encore qu'un seul étage avec perron, jardin et barrière par devant ; le général Drouot en a occupé le premier, postérieurement à Rameau, un sellier, fournisseur enrichi des armées de la République. Reste aussi le 111, dont la prestance pleine de dignité rappelle certainement le grand siècle, et qui, comme les maisons voisines, fut bâti sur le clos Margot. Un centenaire enfin, ou peu s'en faut, ferme la marche : le 113. Il y a trente ans à peine qu'on ne le nomme plus le Château, et sa façade évidée, à l'angle d'une rue, est d'une coupe aristocratique. Si nous ne savons pas au juste quel personnage s'y grisa de champagne et de beautés faciles, pour en sécher les plâtres, c'est que deux des célébrités du genre eurent à la fois leur petite maison au Pont-aux-Choux, le duc de Grammont et le duc de Fronsac. Sous l'Empire, le général marquis de Faudoas possédait l'immeuble, et Mme Dabos, connue par ses talents en peinture, y demeurait ; puis ce fût à M. Bosselet, père d'un publiciste de ce nom, et sous la présidence du fils, citoyen à peine majeur, des assemblées électorales préparatoires avaient lieu au Château en 1848.

Est-ce que pareille moisson de renseignements ne suffirait pas encore aux granges de l'historiographie? Dans ce cas rentrons dans le champ, pour y glaner une dernière poignée d'épis. Le charpentier Bombeuf avait acquis des hoirs de Michel Villedo, secrétaire du roi, et de Marguerite Hanicle, sa femme, une langue de terrain qui s'allongeait de manière à border presque tout le Cours entre la rue de Poitou, *alias* du Pont-aux-Choux, et la rue Saint-Claude, mais qui n'était large que de 13 toises, 2 pieds, et il y avait élevé une seule maison, dont vraisemblablement le Château n'est que la reconstruction. François Bombeuf, bourgeois de Paris, et Poty, potier d'étain, en étaient propriétaires vers l'époque où se livra la bataille de Fontenoy. En ce temps-là l'hôtel du conseiller du roi Barillon, comte de Morangis, qui fut aussi hôtel de Venise, rejoignait le boulevard par ses dépendances, en partant de la rue Saint-Gilles. L'angle de cette rue le plus éloigné du Pont-aux-Choux avait pour propriétaire en 1791 le citoyen Ménessier et fut habité postérieurement par Charles Nodier. L'immeuble où se maintient un vieux café à l'encoignure de la rue du Pas-de-la-Mule, nouvellement dite des Vosges, appartenait en 1650 à Pierre de Creil, puis à Creil de Marsilly, puis à Claude-Eléonore de la Fresnaye. Les Goujon, famille d'avocats et d'épiciers, avaient une maison près de la Bastille quand le xviiie siècle entra dans son troisième quartier.

Rue de Beaune. (1)

Ce que peut coûter une Satire. — Maison Laporte. — Hurtaut. — Les Carnot. — Les Mousquetaires. — Les Hôtelleries. — Voltaire. — M. et Mme de Villette. — La B^{nne} de Champi. — Cercle Agricole. — M. Victor Considérant. — Les Mailly et les Nesles. — Le Duc de Mazarin et Mlle Allard.

Paris est un, quoi qu'on en dise, et d'un quartier à l'autre nous retrouvons souvent la même famille. Le nom de Mme Dabos est venu sous notre plume, dans la notice qui précède ; voici venir maintenant Dabos lui-même, que sa femme a pu faire peintre comme elle, car elle était un ravissant modèle : la chronique assurait du moins qu'elle ne s'était pas contentée précisément de le faire son mari. Nous avons vu un délicieux portrait, qui était de Mme Dabos à double titre : elle se l'était peint au miroir, en beaucoup plus de séances qu'il n'en fallait pour se ranger de l'avis des plus ardents complimenteurs. Dabos était, du reste, un artiste assez recommandable, protégé par la reine Hortense, qui le recevait à Saint-Leu, et il montrait plus de philosophie que la plupart de ses confrères, car il ne voulait pas la mort de ceux qui lui trouvaient moins de talent qu'il n'en avait. C'est rue d'Anjou-Saint-Honoré, chez la comtesse de Saint-Geniès, qu'il avait fait la connaissance de Joseph Despaze, et la verve satirique de ce poète gascon avait

---

(1) Notice écrite en 1857.

commencé par s'attaquer à un poète amateur, propre frère de cette dame, qu'il avait d'abord flagorné. Depuis que Despaze, pour cause d'ingratitude, était banni de ce salon, qui l'avait accueilli avec bienveillance dès son arrivée à Paris, plusieurs familiers de la maison étaient en butte à ses brocards, et la part de Dabos y était faite. Le peintre avait-il tort d'en prendre trop facilement son parti? Il était assez bien en cour pour ne plus craindre tout de la critique, et les suffrages du public ne venaient plus eux-mêmes qu'au second plan dans le tableau de sa position. Il se frotta pourtant les mains quand sa vengeance sortit d'une *coquille*, c'est-à-dire d'une lettre mise à la place d'une autre dans la composition d'une satire. La copie y portait un hémistiche ainsi conçu : *Le stupide Dabos*; mais l'impression avait substitué un *u* à l'*a* du nom propre, et certain autre peintre s'appelait Dubos. Celui-là, qui n'était pas doué de la même longanimité, avait reçu au collège et dans les ateliers de peinture le surnom de *Bos*, sobriquet en latin qui tenait compte de sa vigueur. Découvrir la mansarde habitée rue de Beaune par Joseph Despaze, auteur de la satire, fut pour Dubos l'affaire d'une semaine. Le poète pris au gîte eut beau dire à l'artiste : — Calmez-vous, je ferai un carton pour *l'erratum*, je tiens votre peinture pour estimable, lisez *Dabos*.... — Tant pis pour toi, répliqua le furieux en levant un bâton formidable ! C'est à mon nom que s'accole ton épithète, et au surplus Dabos est un brave homme qui ne mérite pas plus que moi le traitement que tu me fais subir. Tu as deux comptes à régler, voilà tout. Tiens, faquin, tiens, ces premiers coups sont pour Dubos, cet autre est pour Dabos ; voici encore pour l'*u*, et puis pour l'*a*... Les coups se succédaient, sans la moindre faute d'impression, tant et si bien que le pauvre

Despaze en mourut quelque temps après dans sa ville natale de Cussac. Des satires de cet obscur martyr de la critique ont reçu les honneurs de la réimpression dans le recueil des *Satiriques des* xviiie et xixe *siècles*. Sa chambre était située dans une maison de la rue de Beaune qui porte le n° 37, originairement hôtel particulier avec écurie et remise.

Aujourd'hui toute trace d'équipage a disparu ; des magasins occupent le rez-de-chaussée, dominé par la loge de la portière, étrangement pratiquée dans un renfoncement sur l'escalier, au-dessus d'un couloir qui sert de longue-vue à ce fonctionnaire féminin. Le bâton sous lequel est mort un poète oublié de l'Empire existe encore, c'est chose possible, car il ne manquait pas de solidité, et notre collecteur de notes allait demander de ses nouvelles quand la voix rauque de la gardienne probable de ce trésor l'arrêta sur la première marche. Comme le secrétaire de notre rédaction a lui-même çà et là médit de son prochain, la crainte lui est venue d'explorer en personne ton observatoire, ô portière :

> Serait-ce l'écurie où tu mets d'aventure
> Le manche de balai qui te sert de monture ?

Même transformation subie par le 33, ancien hôtel de maître, exploité en hôtel garni depuis quatre-vingts ans. Le 31 a servi de résidence à Hébert, auteur du tableau *La Malaria*, qui fait partie de la galerie du Luxembourg. Confisquée sur le séminaire de Saint-Sulpice, cette propriété a été achetée en 1792 par le beau-père de M. Laporte, greffier en chef de la Cour de cassation, et restaurée par Pécoul, architecte de Jérôme Bonaparte et allié à la famille dudit propriétaire : ce Pécoul fut aussi beau-père du peintre David et père, comme architecte, de toute l'ancienne rue du Coq-Saint-Honoré. M. Bernard, gendre de M. Laporte, a hérité du même immeuble et du greffe de la même cour.

La rue de Beaune, dite du Pont en 1640, à cause du Pont-Rouge, comptait 24 maisons et 8 lanternes cent ans plus tard; et parmi ces maisons, déjà séculaires presque toutes, figurait, comme les susdites, le n° 23. Les trois qui suivent n'ont pas toujours appartenu à un propriétaire unique, et il ignore lui-même auquel reviendrait ce droit d'aînesse qu'on ne reconnaît plus, même entre immeubles, comme si la plupart du temps deux frères cadets ne s'appuyaient pas aux flancs de leur aîné. Le 21, qui payait 12 deniers parisis de redevance annuelle à l'abbaye de Saint-Germain-des-Prés, était à la disposition de la famille de Maupeou en 1682. Le 19, autrefois chargé du même cens, date du règne de Henri IV; Jean Huchon, boulanger privilégié du roi, demeurant rue de Bourbon, paroisse de Saint-Sulpice, l'a acquis en l'année 1767 de la famille Chazeray, qui sous l'ancien régime a fourni des orfèvres-graveurs et sous la République un avoué de première instance. En ce temps-là Hurtaut, qui a composé avec Magny un estimable *Dictionnaire historique de Paris*, était établi maître de pension dans la rue : cet ancien professeur de l'École militaire avait publié d'autres écrits notamment une *Bibliographie parisienne* en collaboration avec d'Hermilly, censeur royal.

Du 17 ont disposé plusieurs générations d'ancêtres du ministre Carnot, savoir : Louis-Robert, avocat au parlement ; Marguerite, sa sœur, morte civilement comme entrée en religion en 1737 au couvent de Sainte-Élisabeth ; Jean, notaire au Châtelet, et Louis-Robert du même nom, commissaire des guerres et du corps royal de l'artillerie, époux de D^lle Dorothée-Françoise-Fabre de Granville.

Un fameux facteur de cors de chasse, Joseph Raoux, est devenu l'un des propriétaires de cet immeuble sous le premier empire.

Du 10 au 16 inclusivement, de l'autre côté de la rue, reparaît une des façades de l'ancienne caserne des Mousquetaires, que nous avons vue rue du Bac; mais la première de ces propriétés a seule conservé sa physionomie d'autrefois. Le 13 et le 15 datent de plus loin encore. Le 5 et le 7 sont l'hôtel de Lorraine et celui de France, réunis depuis un certain temps; il y a plus d'un siècle qu'on y reçoit des voyageurs; une vieille porte, d'accord avec un escalier dont les larges balustres de bois semblent crier: Vive Henri IV! déposent du droit d'aînesse que la maison avait sur l'hôtellerie, mais que celle-ci a très-bien pu acheter au prix d'un des plats de lentilles destinés à sa table-d'hôte.

L'hôtel du Colysée, qui vient après, ne remonte-t-il pas de même à un siècle comme station de voyageurs, et à plusieurs comme pignon? Avant de faire le tour du monde, Dumont-Durville descendait là. Une grande salle à manger, qu'y fréquente par prédilection l'élite des habitants de l'Aveyron, était naguère un quadrille de chambres à coucher; on eut pû alors y souper dans l'attitude horizontale, comme aux festins de l'ancienne Rome. Avant même que des étrangers vinssent y passer la nuit à tour de rôle, c'était tous les jours maigre dans cette salle à manger, où d'autres hôtes ne pouvaient que debout manger au râtelier qui simplifiait le service. En d'autres termes, c'étaient des écuries; les chevaux de Voltaire y piaffèrent.

Le n° 1, rue de Beaune, est la maison où le grand homme cessa de vivre, âgé de 84 ans, le 30 mai 1778. Le curé de Saint-Sulpice refusa d'inhumer son illustre paroissien, mais il permit qu'on transférât ses dépouilles mortelles à l'abbaye de Scellières ; le commendataire de cette abbaye était l'abbé Mignot, qui présida à l'enterrement malgré l'évêque de Troyes. Chacun sait que douze ans plus tard les cendres du philosophe étaient rapportées en triomphe dans cette ville, qui en avait eu peur avant qu'elles fussent tout à fait refroidies. Pourtant, dans une maladie, qui avait précédé la maladie mortuaire, Voltaire avait mandé rue de Beaune l'abbé Gauthier, chapelain des Incurables *(des Incurables !)* en disant : — Je ne veux pas qu'on jette mon corps à la voirie.

Cette maison historique appartenait, d'ailleurs, au marquis de Villette, que Voltaire traitait comme un fils, après avoir eu pour sa mère des sentiments auxquels pouvait être dûe cette survivance. Villette avait fait embaumer, avec une louable prévoyance, le corps de son hôte immortel; et Mme Denis lui permit d'emporter le cœur au château de Ferney, quand il l'eut acquis. Cet admirateur domestique fit baptiser son fils, en 1792, sous le nom de Voltaire-Villette et fut lui-même conventionnel ; à propos des massacres de Septembre, il eut le bon esprit d'écrire contre Robespierre et Marat. Il avait été poète en d'autres temps, et ennemi de Boileau, bien avant l'école romantique, tout en servant dans les armées du roi. Malheureusement les mœurs de ce lettré s'inspiraient moins de la nature, dit-on, qu'elles ne rappelaient les amours insolites de plusieurs bergers de Virgile : il n'a affiché que pour donner le change des liaisons de parade avec Sophie Arnould et avec Mlle Raucourt. On lui reprochait, outre cela, une forfanterie voisine de l'impudence, comme le rappelle ce quatrain :

> Petit Villette, c'est en vain
> Que vous prétendez à la gloire :
> Vous ne serez jamais qu'un nain
> Qui montre un géant à la foire.

Mme Denis préférait de beaucoup au petit marquis sa femme, fille du colonel Rouph de Varicourt, qui était d'une rare beauté et d'une vertu encore moins commune. Ce mariage, au surplus, était aussi l'œuvre de Voltaire, qui, peu de temps après sa conclusion, avait écrit au chevalier de Tressan : « Votre ami le marquis a raison d'aimer le monde ; il brille dans son *étonnante* maison : il l'a purifiée par l'arrivée d'une femme aussi honnête que belle. » Reine-Philiberte de Varicourt, marquise de Villette, a élevé un buste au grand homme, en signe d'une dévotion particulière à sa mémoire, et chaque matin cette femme, quoique très-religieuse, venait saluer avec un respect tendre l'image du prince des philosophes. Or elle n'est morte qu'en 1822. Un de ses frères avait été tué à Versailles, garde-du-corps du roi Louis XVI ; un autre avait fini évêque d'Orléans.

Quant à l'appartement occupé par Voltaire, il porta trente ans le deuil du maître, en fermant au jour ses croisées. Tel encore qu'il se comportait, on le retrouve au premier étage, occupé par M. le baron Paul de Bourgoing ; mais la pendule de la chambre mémorable, qui donne sur la cour, ne s'est pas arrêtée à 11 heures 1/4, à l'instar de celle de Versailles, pour éterniser l'heure fatale. Avant M. de Bourgoing, qui a pour voisin dans l'hôtel M. Lebrun, comme lui sénateur, et, de plus académicien, la baronne de Champi habitait ces lieux consacrés ; ayant été une fort jolie femme, elle acquittait comme une dette d'honneur en aimant le monde à la folie ; ce n'était qu'une restitution. A voir la société nombreuse à laquelle la baronne ouvrait encore ses portes vers la fin, on confondait l'automne avec le printemps ; elle avait pourtant fait les trois-quarts du chemin pour être centenaire. Ces réceptions de tous les soirs étaient un tour que la septuagénaire jouait de bon cœur à ses deux jambes, dont l'enflure empêchait qu'elle se déplaçât ; ne pouvant plus courir après les souvenirs agréables, et encore moins après ce qui en laisse, elle convoquait les plaisirs en personne et savait les mettre à leur aise, en reliant maints regrets à maintes espérances par l'esprit de conversation, la bienveillance et la philosophie. Au mois de juillet 1856 la baronne de Champi cessa de recevoir ; c'est assez vous dire le moment où sa succession s'ouvrit.

Que si nous traversons la rue, nous entrons dans une vaste cour, à l'entrée de laquelle se dresse un marronnier touffu, dont le veuvage se devine : il doit avoir eu son pendant de l'autre côté de la cour. Un peu plus loin s'ouvre un grand escalier, bordé d'une large rampe en pierre merveilleusement taillée, à jour. Ces allures de palais séyent parfaitement à l'un des plus grands cercles de Paris ; seulement les trophées de pierre qui n'ont pas encore cessé d'en décorer l'extérieur annonceraient un conseil de guerre plutôt qu'un comice agricole, à moins pourtant que celui-ci ne se composât de soldats-laboureurs. Là se tient le *Cercle Agricole*, fondé en 1835, et qui passait d'abord pour une compagnie légitimiste, mais qui compte aujourd'hui pour membres des représentants de toutes les opinions, de savants académiciens comme MM. Pouillet et Payen, et des Montmorency, des Montesquiou, à côté des Girod de l'Ain, des Taillandier, des Treilhard, des Woorms de Romilly, des Lafaulotte et de plusieurs dignitaires de la nouvelle cour impériale. La bibliothèque du cercle est également un terrain neutre où se rencontrent et se touchent toutes les idées contemporaines, au fur et à mesure de leur incarnation en livres ; des peintures en grisaille, qui datent du grand siècle, président, comme dessus de portes, à l'accolade littéraire que facilitent les rayons de cette collection de volumes disparates, souvent étonnés de revêtir une demi-reliure uniforme. Une salle de billard, dont le plafond et les murs étalent des dorures du plus brillant effet, et qui, comme dessin, sont aussi un chef-d'œuvre, rappelle éloquemment que cet hôtel fut traité en palais par les artistes Le Sueur et Le Brun.

Les sciences, les arts et la littérature sont restés la plus vive des préoccupations, dans cette réunion d'élite. Le socialisme lui-même, s'il y rencontre peu de partisans, a cette consolation que la bibliothèque du cercle compte avec son école, en achetant les livres qu'il inspire. Cette acquisition, au surplus, n'entraîne aucun déplacement. La librairie phalanstérienne a conservé pour siége d'exploitation l'ancien logement de M. Considérant, au second étage d'un corps de logis attenant. La *Démocratie Pacifique* a eu ses bureaux, dans la cour du fond, au rez-de-chaussée. Cet hôtel de la rue de Beaune a même été le but de plusieurs manifestations en 1848 ; les démocrates des écoles y sont venus, à différentes reprises, complimenter fraternellement les citoyens Cantagrel et Considérant, qui, maintenant, habitent le Texas.

M. le comte de Flavigny, secrétaire de M. de Polignac, demeurait en 1830 dans le local aujourd'hui métropole de la propagande fouriériste. M. le marquis de Juigné, pair de France, a occupé l'appartement du cercle, et déjà le jardin en terrasse, d'où la vue embrasse à la fois le quai, le Pont-Royal et les Tuileries, en dépendait. Un notaire, M. Guénoux, avait acheté l'immeuble, le 31 juillet 1809, du contre-amiral de La Crosse, acquéreur lui-même à la date du 6 vendémiaire an XII, en lieu et place de Mᵐᵉ Kanguen, veuve d'un capitaine de vaisseau. En remontant toujours, nous apprenons que la citoyenne Kanguen s'était rendue adjudicataire le 21 frimaire an VII, moyennant 5,101,000 fr., en assignats, de ladite propriété, confisquée sur le ci-devant marquis de Nesle, émigré.

Celui-ci est le dernier qui ait porté le titre héréditaire de premier marquis de France. Sa famille était alliée à celles de Mailly et d'Aumont par des nœuds légitimes quand Louis XV avait jeté le mouchoir dans cet hôtel, qui porta leurs trois noms : plusieurs marquises, l'une après l'autre, y ramassèrent le royal mouchoir, au même endroit, et n'en devinrent-elles pas duchesses ? La salle de lecture, dont nous admirons le plafond et les boiseries, fut la chambre à coucher de plusieurs des maîtresses royales nées de Nesle et de Mailly ; la dernière de cette série, veuve du marquis de la Tournelle, y a fermé les yeux. Le roi avait créé pour elle un duché-pairie de Châteauroux et avait obligé M. de Maurepas, qui la détestait, à lui rendre visite pour rentrer dans ses bonnes grâces.

Puis la duchesse de Mazarin, née de Mailly, fit de l'hôtel le domicile en titre de son mari, qui se prodiguait ailleurs dans les petits-soupers du genre le plus débraillé. Ce duc héréditaire sans pairie entretint longtemps Mˡˡᵉ Allard, première danseuse de la Comédie-Française et puis de l'Opéra, qui s'en fit aimer le plus possible, mais sans se piquer elle-même de la fidélité dont il lui donnait la consigne. Une fois entre autres, le jaloux surprit sa maîtresse en défaut, et l'autre galant, au lieu de filer doux, répondit à ses menaces par des voies de fait. On rapporta le duc, avec la tête fracassée, rue de Beaune, et la danseuse faillit payer les pots cassés en quittant son théâtre par ordre; elle n'échappa à ce danger qu'en trompant le vainqueur, à son tour, avec un gentilhomme de la chambre influent.

Rue Beauregard. (1)

L'Exécuteur des Hautes-œuvres et ses principaux Voisins. — Prix d'un Terrain en 1622. — Surtaxe de ce Terrain en 1702. — L'Hôtel Varignon.

Nous avons connu des vieillards qui persistaient à dire quand ils se rendaient rue Beauregard : — Je m'en vais à la Ville-Neuve... Cette rue n'était pourtant neuve, en réalité, qu'au siècle xvie.

Colomb s'y était établi maître de pension vers 1750 ; mais il aurait eu beaucoup plus d'élèves si de nombreux parents n'avaient pas craint de passer et repasser incessamment, en tenant leurs enfants par la main, devant une maison trop peu distante, dont la tranquillité faisait contraste avec la turbulence des récréations du pensionnat, mais qui laissait une impression sinistre. C'était la demeure de Sanson, exécuteur des hautes-œuvres. M. de Lally, avant de s'embarquer pour Pondichéry, dont il était nommé le gouverneur, vint voir chez ce bourreau, par curiosité, son cabinet d'histoire naturelle, qui n'était autre que l'arsenal de sa profession. La corde et le gibet, la hache et le billot, prêts à sortir, n'attendaient plus qu'un ordre. L'attention du visiteur s'étant portée sur la lame d'acier finement trempée d'un couperet, Sanson dit en saluant : — Ce damas est pour la noblesse..... L'infortuné Lally, à son retour, reconnut l'instrument lorsqu'une sentence

---

(1) Notice écrite en 1857.

injuste de la grand'chambre l'eut condamné à la peine capitale.

Des boîtes transparentes, au nombre de 5, dans lesquelles on mettait de la lumière, composaient l'éclairage des 44 maisons que l'année 1714 énumérait dans la rue dont nous vous entretenons. Presque tous ces pignons, jadis la bordure et la fleur de la construction parisienne, assistent de nos jours à ce renouvellement de la grande ville qui prend un caractère définitif, on peut le croire au peu d'envie qu'il donne de recommencer.

M. Peytel est propriétaire, rue Beauregard, des deux maisons du côté pair qui donnent le plus près de la porte Saint-Denis et qui s'ouvrent aussi sur la rue de Cléry. L'un de ces bâtiments, dont les quatre étages carrés reposent sur deux berceaux de caves, occupe 12 toises 1/2 de terrain qu'ont vendues les religieuses du couvent des Filles-Dieu, par acte du 28 août 1622, à Richard Champion, maître-maçon. Il n'en coûtait à l'acquéreur d'alors que 48 livres tournois, qu'il paya devant les notaires, principalement en pièces de 16 sols, c'est-à-dire un peu moins de 4 livres par toise ; seulement il s'obligeait à bâtir dans l'année une maison qui a tenu parole, sur le terrain qui lui était cédé, et à payer 12 sols tournois par année aux Filles-Dieu, comme redevance seigneuriale. Au contrat signaient la plupart des religieuses professes de la communauté ; voici leurs noms :

Sœurs Denise Chavenas, *mère prieure*, Catherine Broing, *mère du cloître*, Marie Le Masson, Louise Rapponet, Éléonore de Hacqueille, Hélène Boucher, *mère antique*, Anne Bellet, Perrette Robert, Marguerite Le Conte, Geneviève des Bernages, *dépositaire*, Anne Quin, Claude Le Feuve, Marie Brullart, Madeleine

Hotman, Françoise Coffart, *boursière*, Catherine Berthélemy, Marse ou Marie Prévost, Anne Séguier, Denise Thierrot, Marie Monduit, Marie Regnard, Jacqueline Le Feuve, plus tard *prieure*, Louise de La Croix, Geneviève Le Tellier, Marie Grosset, Louise Troussom, Marie Le Feuve, Marie Mourry et Anne Violes.

Plusieurs Parisiens d'aujourd'hui retrouveront, comme nous, des parentes parmi les signataires de l'acte.

Certes, un pareil contrat est en bonne forme ; toutefois, vu l'état des finances royales, une ordonnance émane de Louis XIV, au mois de novembre 1675, pour légaliser le prélèvement d'un sixième de la valeur des biens ecclésiastiques aliénés, et ledit prélèvement aux dépens de ceux qui les détiennent. Champion, rendons-lui cette justice, s'empresse de contribuer aux nouvelles charges de l'État, en acquittant la taxe de 8 livres. Mais en 1702, époque de la guerre de succession d'Espagne, les finances du royaume se trouvent encore plus obérées, et le receveur du sixième, dont les bureaux sont place des Victoires, se ravise, en dépit des quatre-vingts ans écoulés depuis la vente consentie par nos tantes, les dames des Filles-Dieu ; il réclame à Gallyot, successeur de Champion, 225 livres de plus, pour parfaire le sixième de la valeur réelle des 12 toises de sol où s'élève sa maison. Le sieur Etienne Gallyot n'est pourtant pas de ceux qu'on berne ; ses titres et qualités n'en font rien moins qu'un conseiller du roi et de la Ville, commissaire au Châtelet. Ce fonctionnaire résiste, on saisit les loyers de sa propriété, qui s'élèvent par an à plus de 250 livres ; force lui est, par conséquent, d'en envoyer 225 au bureau de la place des Victoires. Au reste Etienne Gallyot, un peu plus tard, a pour héritier Pierre Gallyot, également conseiller du roi, commissaire enquêteur et examinateur au Châtelet. Chapelle, entrepreneur des bâtiments du roi, se trouve postérieurement propriétaire au même endroit.

Non loin s'élève le 33, vieil édifice à six étages, dont quatre tout au moins datent de l'ouverture de la rue ; ses fenêtres sont pourvues de ferrures bien conservées. Au demeurant, le courant de la rue Beauregard compte des maisons bourgeoises sur ses deux rives, près de son embouchure sur le boulevard et sur la rue de Cléry, et il en est de même du côté de sa source, prise rue Poissonnière ; mais dans le milieu du parcours, c'est-à-dire sur les derrières de l'église Notre-Dame-de-Bonne-Nouvelle, l'aspect diffère sensiblement. Là ses bords ne sont plus semés des fleurs modestes, mais sereines, de la maison bourgeoise ; là, au contraire, végètent les ronces du galetas et les épines du logement par chambrées. Ces bâtiments, tout récemment blanchis pour la première fois depuis leur fondation, semblent avoir perdu en quelque chose leur centre de gravité ; le tassement du sol et de la pierre a fait presque partout descendre un pan de leur premier étage au rez-de-chaussée, et du second au premier ; on les prendrait pour des portefaix ivres, dont les jambes se sont alourdies avec la tête. Après tout, ces vieilles constructions à petites allées sont encore moins bossues que la rue, qui monte et descend tour-à-tour. Le 46, en ce qui le concerne, a progressé au lieu de reculer, depuis le règne de Henri III ; il a religieusement gardé les deux fenêtres à coulisses qui en font une par étage ; mais on lui a imposé des gouttières, qui reçoivent les eaux du ciel, et puis des plombs, en saillie sur la rue, parachute quotidien des pluies d'un autre genre ; sur son escalier, bien qu'étroit, le conseil de Salubrité a exigé qu'on ajoutât une petite pièce, qui est devenue indispensable, mais dont ce bouge manquait, sans s'en apercevoir, depuis la Ligue.

On remarque aussi au n° 32, qui appartient depuis longtemps à la famille d'un médecin de campagne, une petite niche garnie d'une Vierge ; c'est l'une des deux maisons qui se suivaient portant la même enseigne et qui appartenaient sur la fin du xviie siècle, la première à Toulmont, la suivante à Moreau. Aux religieux de Saint-Lazare revenaient les loyers de deux propriétés, sises vers le n° 36. Le 12 ou le 14, qui tient encore bon, malgré son apparence titubante, a conservé de l'époque de la Fronde un escalier à balustres de bois avec ses marches traditionnelles en briques.

Et comment mieux finir qu'en parlant du n° 6 ? Quel malheur qu'une désignation toute commerciale, inscrite sur un grand tableau, masque la tête sculptée et les consoles coiffant artistement sa porte, qui fut d'abord de bonne maison, sous le règne de Louis XIV ! Les mêmes sculptures, il est vrai, se retrouvent dans la cour, surmontées d'un balcon en fer, digne de l'attention des connaisseurs ; le style très-élégant de cette saillie se rapporte à celui de la rampe du grand escalier. On a dernièrement découvert des écussons à demi effacés dans la corniche du plafond, au premier. Cet hôtel deux fois centenaire eut pour fondateur et premier occupant Varignon, architecte du roi, qui tenait de près au géomètre du même nom, membre de l'Académie des sciences, professeur de mathématiques à Mazarin, auteur d'une *Statique* et d'autres ouvrages savants. Son voisin du côté de la rue Poissonnière s'appelait Percheron et avait deux maisons ; celui de l'autre côté, à l'image des Trois-Torches, avait nom Messager et était secrétaire du roi. On a confisqué à la Révolution, sur la comtesse Longneau de Launay, émigrée, l'ancien hôtel Varignon et une maison adjacente, qui seule a été vendue à la criée, comme bien national ; l'hôtel lui-même, quoiqu'il fût confisqué, a échappé au même sort en devenant un siége de la Justice de paix. Restitué depuis lors à qui de droit, il est de nos jours à la disposition de M. de Gars de Courcelles, dont la famille s'était alliée à celle de Launay.

Rue Grenéta

EN CE QUI S'EN APPELAIT NAGUÈRE

Rue Beaurepaire. (1)

Le Roulage. — La Présidente et les autres gros Bonnets de la Rue quand Louis XV commençait à régner. — Les Vertus domestiques quand même. MM. de Vermond et leur Entourage.

Vers la fin du règne de Napoléon Ier, l'incendie d'une maison où se tenait un roulage fit événement dans la rue Beaurepaire. Cette propriété, dont le devant a été épargné par les flammes et date pour le moins du règne de Henri III, se qualifie à l'heure qu'il est : *Cité Beaurepaire.*

Des chevaux entiers, incessamment attelés à de lourds charriots, n'y faisaient pas encore entendre le carillon de leurs grelots alors que retentit le roulement de la majorité royale pour le jeune Louis XV, qui fut bien vite en selle. La place future du roulage était prise par un jeu de paume, qu'exploitait Pellerin, locataire de Chauvin, et ce dernier jouissait pareillement de propriétés contiguës. Deux maisons à cheval sur ladite rue et sur celle des Deux-Portes appartenaient en ce temps là, l'une aux ursulines de Saint-Denis, l'autre à la fabrique de l'église Saint-Sauveur. La présidente Pucelle était propriétaire pas loin, à l'image du

---

(1) Notice écrite en 1857. La rue Beaurepaire, la rue du Renard-Saint-Sauveur et la rue Grenéta viennent d'être réunies sous le nom de cette dernière.

Nom-de-Jésus, et Léonard, libraire, du même côté que la présidente, à six ou sept maisons de différence, puis le marquis de Quivieux, à l'encoignure de la rue Montorgueil. Ledit Léonard faisait probablement partie de la famille des Léonard, fameux imprimeurs établis sur la montagne Saint-Geneviève, dont un membre fut même écrivain, et qui publiait vers ce temps-là l'édition des classiques *ad usum Delphini*.

Quand Louis XV détela, et avec quel regret des plaisirs du voyage ! le demi-siècle de plus sous lequel il pliait bagage ne pesait-il pas également sur la bourgeoisie dont les mœurs étaient le moins à décrier ? La rue Beaurepaire avait changé de bourgeois, tout comme les soupers avaient changé de convives dans les petites maisons du faubourg Saint-Antoine. Mme Pucelle n'avait vécu elle-même que ce que vivent maintes filles d'Opéra. Les matadors locaux de plus fraîche date étaient M. Delorme, M. de Poissy, M. de Vermond et les Trudaine. Heureusement les mutations se produisaient encore dans la propriété avec des ménagements dont on se gausserait fort par le temps qui court. Une honnête famille ne se déplaçait, pour obéir aux exigences d'une position nouvelle, qu'après avoir cherché d'honnêtes gens qui s'arrangeassent non-seulement du local, mais encore des vertus domestiques dont il gardait pour eux l'empreinte. Le plus mince bourgeois de Paris ne tenait son rang qu'au moyen du pignon sur rue, et livré à lui-même, les deux pieds sur les chenets, il se fût chagriné inévitablement à l'idée que son propre foyer pouvait après lui déroger ; il aspirait, autant qu'un Lamoignon ou un Montmorency dans son hôtel, à ne céder la place qu'à celui de ses héritiers qui lui ressemblait le plus, ou à quelqu'un du moins qui fût de sa classe, et ne laissât pas le bâtiment se dégrader. C'est donc chanter en quelque chose les vertus de la rue Beaurepaire que de ressusciter par nos recherches, autant que possible, son ancienne bourgeoisie.

Ce qu'elle a eu de plus considérable n'a fait que passer devant le n° 15, dont l'escalier modeste à balustres est étroit, outre qu'il y a peu de logement. MM. Trudaine avaient dans ces parages, sur l'autre ligne, leurs deux propriétés. Mme la baronne de Mouzin a reçu le 18 à titre d'héritage, et cet hôtel date d'avant Louis XIV : feu M. de Mouzin était colonel de chasseurs.

Du même âge paraît le 20, que François-Germain L'Evêque, seigneur des fiefs du Jard et de la Tour, vendait en 1766 à Charles-Toussaint de Vermond, conseiller d'État, membre de l'Académie royale de chirurgie. L'abbé de Vermond, frère de celui-ci, était docteur en Sorbonne ; Loménie de Brienne l'envoya en Allemagne près de l'archiduchesse Marie-Antoinette, fiancée à l'aîné des petits-fils de Louis XV, pour la perfectionner dans l'étude de la langue française, et il eut l'habileté de se faire si bien venir qu'il resta le confident intime de son élève, une fois reine de France. N'est-ce pas lui qui poussa Marie-Antoinette à un fâcheux éclat dans l'affaire du Collier ? On avait nommé l'abbé conservateur de la bibliothèque Mazarine et l'autre Vermond accoucheur de la reine. M. Gibou, père du propriétaire actuel de l'ancien hôtel Vermond, l'a acheté en 1820 des sieur et dame Clavareau, acquéreurs eux-mêmes en l'an VIII de la République.

Le 21, autre hôtel bien bâti sur un double berceau de caves, aimait fort sa tranquillité ; il y reste deux barres de fer, qui servaient à fermer solidement la porte à l'heure du couvre-feu. C'est au 22 que demeurait maître Delorme, syndic des huissiers de la chambre des comptes. L'habitation qui vient après fut appareillée sous François Ier ; chaque réparation y remet à jour des dorures, qui témoignent de splendeurs passées.

Toutefois nous hésitons à dire de quel côté trônait l'hôtel Coislin, qui était la plus importante des 37 maisons de la rue, se contentant de 5 lanternes, dans la dernière moitié du règne de Louis XIV. Ces maisons presque toutes sont encore debout, mais divisées en un millier de feux. Cette voie publique n'a jamais changé de nom ; elle s'appelait déjà *Bellus-Locus* en 1255, *vicus qui dicitur Bellus-Reditus* dans une charte, trois années plus tard, et Beaurepaire en toutes lettres dès 1313.

Rue Beautreillis. (1)

Gérard Beauquet. — L'Hôtel Beautreillis. — Les Maupertuis. — Les Loyers payés au Drapeau. — L'Hôtel Charny. — Les N°s 20, 18, 17, 16, 14, 12. — L'Hôtel Renty. — Le Prince de Monaco. — Zamet et Gabrielle d'Estrées. — M. Siméon Chaumier.

Gérard Beauquet avait acquis un terrain provenant du royal séjour de Saint-Paul. Telle était l'origine d'un bout de rue fiancé dès sa naissance à la rue Beautreillis, marié même, mais pour peu de temps, qui s'appela rue du Pistolet en divorçant, et bientôt rue Gérard-Beauquet. Les deux époux se tourneraient encore le dos sans le rapprochement par ordre qui date de 1838.

L'hôtel patronymique de la rue Beautreillis fut bâti, en 1519, des débris du même palais, et ce phénix sortait trop à la lettre des cendres de l'hôtel Saint-Paul pour être solide. Henri II jugea prudent d'ordonner, dès le mois de décembre de l'année 1548, l'aliénation de son Beautreillis, dont l'édifice menaçait ruine, et qui se composait de plusieurs corps de logis, d'un jeu de paume, de cours, de jardins, le tout ouvrant sur la rue Saint-Antoine. Le parlement se consulta si bien, avant de légaliser l'ordonnance royale, que la subdivision de cet ancien quartier du séjour de Saint-Paul en 37 places à bâtir et l'ouverture de

---

(1) Notice écrite en 1857.

la rue Beautreillis ne se décidèrent tout-à-fait qu'en 1554. On admet généralement que la dénomination du pavillon survivant au palais, et de la rue qui s'y substitua, venait d'une belle treille du jardin de Saint-Paul, et en effet ce fut un petit Thomery par la magnificence et la saveur de ses grappes de raisin, se ressentant par leur exposition du soleil de Fontainebleau. Toutefois, en 1714, la rue portait encore la dénomination de *Jean-Treillis*, concurremment avec la dénomination de *Beautreillis*. Elle comptait alors 8 maisons et 7 lanternes, de la rue Saint-Antoine au coin des rues Neuve-de-Saint-Paul et des Trois-Pistolets (1), où commençait la rue Gérard-Beauquet.

Quarante-sept ans plus tard, au coin de la rue Saint-Antoine et de celle qui nous occupe, demeurait messire Le Chanteur, qui venait d'être nommé conseiller-auditeur à la cour des comptes. Il y a sept ou huit ans encore, on retrouvait, fixé à la muraille du marchand de vin établi à cette encoignure, un crampon d'environ 18 pouces de haut, qui avait servi à attacher la chaîne qu'on tendait pour la nuit à l'entrée de la rue, et aussi en plein jour dans le cas d'émeute populaire. C'était probablement le dernier vestige de ce genre qui subsistât, depuis l'affranchissement nocturne des voies publiques de Paris, qui regarderaient aujourd'hui comme un esclavage le droit de s'isoler l'une de l'autre. Cette mesure défensive, qui parut superflue quand le premier éclairage de la ville fut établi au moyen de chandelles, en 1668, avait été prise aussi bien pour sauvegarder des surprises les franchises de

---

(1) La rue Neuve-Saint-Paul absorba postérieurement celle des Trois-Pistolets; elle s'appelle depuis peu Charles-Cinq.

la bourgeoisie, à laquelle appartenaient ses maisons comme le pavé était au roi, que pour empêcher les coups de main des malfaiteurs ordinaires, nyctalopes de profession.

Si le 23 ne date pas de l'ouverture de la rue, on reconnaît du moins le style Louis XIII dans sa porte cochère, dans les boiseries murales et les cheminées de ses appartements. Les Maupertuis en étaient les propriétaires avant cette révolution au plus fort de laquelle émigra l'abbé de Maupertuis ; la Nation confisqua et fit vendre la moitié des propriétés indivises qui revenaient à l'émigré, ce qui n'empêcha pas son frère, resté en France, de posséder sans trouble sa moitié personnelle jusqu'en 1818. M. Frémy dispose actuellement de l'hôtel Maupertuis, principalement occupé par une fabrique de papier de verre.

Le 21 a été certainement édifié en même temps que la maison précitée ; son architecture est la même. Une filature de calicot s'y trouvait installée au commencement du règne de Louis XVIII, époque où l'élévation des salaires fit tomber l'établissement. Un des spéculateurs de la bande noire acheta ce corps d'hôtel, pour le revendre, approprié à une destination bourgeoise. L'immeuble traversa, depuis, des phases qui démontrent que les fortunes greffées sur la propriété foncière ne sont pas plus exemptes que les autres de l'instabilité, qui prouve l'insuffisance de toutes les combinaisons humaines. Il appartenait, sous le règne de Louis-Philippe, à une dame âgée, qui laissa deux héritiers : M. Riquier, pharmacien à Paris, qui était son fils, et une enfant, qui était sa petite-fille ; une licitation eut lieu, et Riquier parut faire une assez bonne affaire en achetant la maison 120,000 fr. : la part de sa cohéritière était représentée par une inscription hypothécaire de 60,000. Vint la révolution de 1848, au moment où l'adjudicataire avait ses comptes à régler avec les entrepreneurs qu'il avait chargés de réparer la propriété de fond en comble. Pendant que l'impôt des 45 centimes grevait à l'extraordinaire tout ce qui était bien-fonds, comment se payèrent les loyers? La plantation des arbres de la Liberté et des drapeaux fut accompagnée et suivie d'une longue série d'illuminations forcées. En revanche, l'obligation de payer avait cessé pour les locataires du malheureux Riquier, que ne tardèrent pas à faire exproprier ses créanciers, qui devaient alors à leur qualité de travailleurs d'être mieux écoutés des juges que les propriétaires les plus chargés de dettes, de famille et de contributions. Cette fois les enchères ne montèrent qu'à 53,000 fr. ; l'adjudication était prononcée au profit de la nièce, créancière principale, qui se maria, fut bientôt veuve et épousa en secondes noces M. Brissot, fils ou neveu du conventionnel. M. Riquier a donc été ruiné et sa nièce enrichie par la force des choses. Mais au même temps, entre cohéritiers, celui qui s'appliquait ainsi les parts des autres à vil prix avait souvent eu l'habileté de provoquer, directement ou indirectement, la sortie de l'indivision, et le même procédé, fort indélicat, mais légal, réussissait à simplifier la raison sociale dans des entreprises commerciales; tant il y a que les malheurs publics faisaient riches de malhonnêtes gens.

Ce 19, ce 21 et ce 23 sont reliés souterrainement par le conduit de leurs concessions d'eau, lequel suit la direction d'un passage particulier qui donne rue Saint-Antoine. Or il a existé un marché entre les rues Saint-Antoine, Neuve-Saint-Paul, Bautreillis et Saint-Paul; on arrivait à ce marché par le passage Saint-Pierre, allant déjà de la rue Saint-Antoine à celle Saint-Paul, et puis par le passage dont nous parlons.

M. et Mme Ledentu possèdent évidemment la maison historique, par excellence, de la rue Beautreillis. Elle a appartenu avant eux au baron du Noyer, qui a organisé les tribunaux en Italie et en Illyrie, sous l'Empire, et qui est mort doyen des conseillers de la cour de cassation en 1832. Ce magistrat était le frère de Jean-Baptiste Coffinhal, vice-président du tribunal révolutionnaire, qui ajoutait à son nom celui de Dubail, et qui, le lendemain du 9 thermidor, précipita le commandant Henriot d'une fenêtre de l'Hôtel-de-Ville, au milieu d'un tas d'immondices, en lui disant :
— Va, misérable ivrogne, tu n'es pas digne de l'échafaud!... Jean-Baptiste, quant à lui, en était digne, et pourtant il faut reconnaître que, seul des amis de Robespierre, il montra du courage, même devant la guillotine et les huées des témoins de son exécution. Le frère aîné de Coffinhal, avocat au conseil avant la Révolution, fut nommé juge au tribunal de cassation en 1791 et fut membre de la haute-cour qui condamna Babeuf en 1797; devenu baron et maître des requêtes, il obtint de Napoléon Ier l'autorisation de changer son nom en celui de Du Noyer. Il tenait cet immeuble portant le n° 22, de sa femme, dont la famille en était propriétaire depuis un demi-siècle : il y avait pour locataire M. Coutant, qui, ancien officier, demeure dans la maison depuis quarante-et-une années, et dont le beau-père antérieurement l'avait habitée tout autant. Un superbe treillage, qui rappelait le Beautreillis du moyen-âge, régnait encore en 1840 tout autour du jardin, et il était soutenu par des colonnes à chapiteaux, reliées par des balustres et un portique : décoration à l'italienne qui n'avait rien eu à envier aux nymphées de la Folie-Titon et des

Folies-de-Chartres. Un jet d'eau promenait son éventail diaphane sur une pelouse circulaire, à la verdure de laquelle il ajoutait les nuances de l'arc-en-ciel. Un réservoir pour les eaux de la Seine se trouvait placé sur le toit ; la tradition ajoute que la portière de M. du Noyer, qui s'appelait Mme Bichet, et que son mari battait souventes fois, sous le prétexte qu'elle ne buvait pas d'eau, finit par lui donner un démenti formel en se noyant par escalade dans cette cavité faîtière. Le magistrat avait succédé, comme propriétaire, à M. Lombard, son beau-père, entrepreneur du pavé de Paris, mort en 1792, qui avait eu pour associé et pour prédécesseur Claude-Jean de Sainte-Croix, ancien greffier, acquéreur de la même propriété à la date du 8 janvier 1783, moyennant 60,000 livres. C'était d'ailleurs un des anciens hôtels Charny. En 1753, haut et puissant seigneur messire Pierre-François de Siry, chevalier, comte de Marigny, marquis de Savignies, seigneur de Charny, seigneur châtelain de Chaulny et autres lieux, conseiller ordinaire du roi, président honoraire en sa cour du parlement de Paris, vendait l'hôtel, immatriculé au terrier du roi, à Louis-Antoine Dumas, officier de la reine. Or deux maisons voisines dépendaient de l'hôtel Charny ; celle qui s'était contentée du titre de petit hôtel dudit nom ouvrait aussi rue du Petit-Musc, et là famille du ministre Machault, affiliée à la magistrature, en disposait sous le règne de Louis XVI. Quant au baron du Noyer, il a laissé un fils, M. du Noyer de Noirmont, qui fait partie de la société des Bibliophiles français, et un neveu, M. Lombard.

1676 est une date qu'on retrouve sur la plaque d'une cheminée, n° 20, et la jolie rampe de l'escalier atteste la même origine. Même style au 18 de fond en comble. A l'hôtel Charny se rattachait le 16. La maison numérotée 17 date de Henri IV ; elle se divisait autrefois en deux corps de bâtiment ; le beau-père du propriétaire actuel la paya en assignats à la veuve d'un président au parlement, M. de Plancy. Le jardin y attenant a dépendu de l'ancien cimetière de Saint-Paul. Une fois, en jouant au billard, dans une pièce du rez-de-chaussée, un invité a défoncé involontairement d'un coup de pied le plancher vermoulu de la salle, et le contre-poids de sa chute a fait surgir une apparition fort imprévue, celle d'un cercueil de plomb inhumé au temps de la Fronde. Un pied de vigne remarquable s'élève dans la cour du n° 14, rehaussé d'une belle terrasse qui s'y appuie sur des colonnes : c'était encore une résidence de robe. Pour le 12, sa construction neuve en remplace une qui, depuis longues années, était pauvrement habitée et lieu d'asile pour mainte vermine, mais dont la démolition a tellement décrassé les poutres qu'une couche d'or y reparaissait, comme la braise sous la cendre.

En l'année 1635 Pierre Hérouard, sieur du Mesnil, conseiller et maître-d'hôtel ordinaire du roi, était propriétaire du 11, chargé de ses 12 deniers parisis de cens dans la mouvance du roi. Quatre-vingt-quatre ans plus tard Jean-Jacques marquis de Renty vendait à l'écuyer Claude du Rye, avocat, ancien capitoul de Toulouse, le même hôtel, tenant d'une part à l'abbé Goy, d'autre part à Mme Petit et par-derrière à M. de Saint-Germain-Beaupré ; le marquis de Renty en avait hérité de sa tante, mariée au comte de Choiseul, maréchal de France. Le financier Crozat fut l'acquéreur du susdit capitoul, et son fils, chevalier, seigneur d'Orfeuil, avocat également, fit réparer la maison du haut en bas : ouvrage dont le mémoire fut réglé dans la matinée du jeudi 17 décembre 1733 à la somme totale de 58,300 livres 3 sols et 5 deniers, et n'était-ce pas avoir bien fait les choses ? Il paraît néanmoins que la propriété changea bientôt de mains, car trois années plus tard Benjamin Guihou, écuyer, sieur de Montleveaux, conseiller-secrétaire du roi, en était maître, et lui-même eut pour successeur Jacques Le Pelletier, conseiller au parlement. Au milieu du xviiie siècle, le rachat de l'impôt des boues et lanternes coûtait au propriétaire de cet hôtel 268 livres 4 sols, pour 12 années. La présidente de Murard s'y rendit locataire du premier étage à partir du 22 septembre 1786, et M. de Ponty Sainte-Avoye, premier président en parlement, lui succéda.

Ne disions-nous pas tout-à-l'heure que la rue Beautreillis avait poussé dans un verger royal ? Les murs multipliés par la propriété privée ne firent pas perdre tout de suite à cette extrémité méridionale de l'ancien Paris le bénéfice de son exposition favorable à la culture de la vigne. Henri IV, un beau jour, y a rapporté de Fontainebleau un cep de vigne, qui a si bien grandi sur la muraille livrée à ses embrassements que l'hôtel du n° 10 s'est élevé, en 1640, sous les auspices d'une étreinte amoureuse qui produisait des fruits aussi flatteurs pour la vue et pour l'odorat que pour le goût. N'y avait-il pas de quoi faire venir l'eau à la bouche de Valton, sommelier de Louis XVI, qui acheta la propriété ? De cet officier dégustateur descendent les Valton du xixe siècle, magistrats et jurisconsultes. Son hôtel de la rue Beautreillis avait été inauguré par la famille du prince de Monaco, duc de Valentinois, dont l'ancienne chapelle n'est pas méconnaissable.

Le 9, ancien séjour de magistrat, a été depuis une teinturerie. Un balcon, dont le fer artistiquement tordu remonte à l'âge d'or des balcons, et un escalier à balustres de bois servent de parchemins à la maison qui suit, bâtie sous le roi béarnais.

Il ne nous reste plus qu'à ajouter un épilogue à la *Belle Gabrielle*, drame de Maquet joué au théâtre de la Porte-Saint-Martin. Le célèbre financier Zamet, un des personnages de la pièce, était l'amant de Madeleine Le Clerc, demoiselle du Tremblay, et il en avait eu plusieurs enfants. Quand la maîtresse légendaire de Henri IV passa duchesse de Beaufort, Zamet, bien qu'il fût fils d'un cordonnier de Lucques, se qualifiait déjà baron de Murat et de Billy, seigneur de Beauvoir et de Cazabelle, conseiller du roi en ses conseils, capitaine du château et surintendant des bâtiments de Fontainebleau ; paré de cette brochette de titres, il épousa enfin Madeleine du Tremblay, en grande cérémonie, sous les auspices de Gabrielle d'Estrées, qui espérait alors que ce mariage serait suivi du sien avec le roi. Mais Zamet aspirait en secret à devenir le surintendant de la maison d'une autre reine, Marie de Médicis, et à la suite d'une collation, prise chez l'Italien, la favorite se sentit tout-à-coup malade. Néanmoins elle alla entendre ténèbres en musique, au petit Saint-Antoine, où la souffrance prit en elle un caractère plus violent. On la ramena presque sans connaissance chez l'ancien protégé de Catherine de Médicis. Dès qu'elle ouvrit les yeux : — Retirez-moi, dit-elle, de ce maudit logis !... Et trente-six heures après, Gabrielle d'Estrées expirait.

Zamet, qui fut successivement le confident de Henri III, de Mayenne, de Henri IV, du connétable de Montmorency, de Bassompierre et de Marie de Médicis, était doué d'un esprit subtil et facétieux ; il ne se bornait pas à prêter sa maison splendide aux rendez-vous de Gabrielle, il rendait le même service à toutes les dames d'amour du roi, voire même à Henriette d'Entragues, qui soupait avec Bassompierre des reliefs du dîner que l'auguste galant lui avait offert chez ledit complaisant. Sully lui-même trouvait bon de ménager cet Italien, dont l'hôtel s'élevait rue de la Cerisaie et passa, après lui, aux Lesdiguières et puis aux Villeroi. Cette maison mémorable fut jetée bas en 1741 ; mais on bâtit immédiatement plusieurs autres hôtels, de ses restes, et entre autres le n° 8 de la rue Beautreillis. Des boiseries et des croisées dorées, qui ont conservé jusqu'aux vitres de l'époque de Louis XV, servent aujourd'hui d'ornement à cette habitation actuelle de M. Siméon Chaumier. Tantôt romancier, tantôt poète, M. Chaumier manie la plume depuis une trentaine d'années, pour obéir à une vocation qui n'a jamais été douteuse. Cet écrivain tient son hôtel de son beau-père, M. Raoul, fabricant de limes, honoré sous l'Empire de distinctions particulières en qualité de grand industriel. Loin de nous la pensée que le gendre ait à recourir aux outils perfectionnés par feu Raoul ! Mais la réputation des vers sortis de cette maison n'arrive pas encore à la hauteur de la réputation de ses limes. Il est vrai que notre Balzac a dit : « Le style trop limé perd de sa vigueur. »

Place Beauvau. (1).

(Rue du Faubourg-Saint-Honoré).

Dans la monographie de la rue des Batailles nous avons déjà reconnu aux Badonville la qualité de propriétaires ; c'est du liquide qu'ils ont mis en solide, car ils étaient d'abord marchands de vin en détail, place Beauvau, à l'angle de la rue des Saussayes. — Allons chez Badonville ! étaient heureux de se dire les gardes-françaises, en sortant de la caserne de la rue de la Pépinière, et les maraîchers de Neuilly, en revenant du carreau des Halles.... D'autres amateurs se plaisent encore à se faire verser rasade au pied-levé sur le comptoir du même établissement, où l'on trinque à tout coup, ne fût-ce qu'avec le débitant dont le nom sans doute a changé plusieurs fois. L'immeuble, qui a été acheté par M. Badonville père pendant la République, avait commencé par faire partie des dépendances de l'hôtel Beauvau.

Même origine à la maison voisine, qui porte le n° 94 rue du Faubourg-Saint-Honoré. M. le baron de la Fresnaye la tient de sa belle-mère, Mme de Chavigny.

Au reste la place Beauvau-Saint-Honoré, qui forme une demi-lune au milieu du faubourg, est comme une vignette intercalée dans le texte et dans la pagination de ce livre aristocratique,

---

(1) Notice écrite en 1857. L'ancien hôtel Beauvau est depuis occupé par le ministre de l'intérieur.

intitulé rue du Faubourg-Saint-Honoré, dont près de la moitié est écrit en anglais. Ce quartier jouit de la prédilection bien avérée des voyageurs qui passent la Manche pour comparer Paris à Londres, et ce n'est pas d'hier que le Paris d'au-delà de la rue Royale a une physionomie à demi étrangère.

Quand l'architecte Le Camus de Mézières y édifia le splendide hôtel qui s'annonce par un péristyle dorique, fermé de grilles, et dont une avenue précède la vaste cour, comme celle-ci le bâtiment-princeps, derrière lequel s'abrite un jardin, on regardait encore le prince de Beauvau comme un Lorrain : il y avait si peu de temps que la Lorraine était annexée à la France ! Mais si, sous Louis XIV, les princes de Beauvau n'étaient pas encore ducs et pairs, ils brillaient en revanche à Nancy et à Lunéville, et ils étaient princes du Saint-Empire ; le courage et l'esprit leur avaient donné les meilleures lettres de naturalité en France, à eux et aux Boufflers, que des alliances mettaient presque dans leur famille. Un Beauvau, prince de Craon, scella de son sang, à Fontenoy, la conversion définitive de la Lorraine en province française.

De ce que le siège de la Ire municipalité était indiquée officiellement en l'an ix place Beauvau, maison Latour, devons-nous inférer que l'hôtel porta aussi cet autre nom ? Ne serait-ce pas, par hasard, une maison contiguë qui s'appela Latour ? Après tout, l'administration municipale, sous le Consulat, pouvait ne pas occuper entièrement le ci-devant hôtel Beauvau. Un ancien officier du roi de Pologne, le poète Saint-Lambert, y mourut le 9 février 1803, sous les yeux de l'illlustre comtesse d'Houdetot. Leur amour de si longue haleine rachetait le xviiie siècle de son péché originel : la galanterie au pied-levé.

Le duc de Noailles a pris aussi ses coudées franches dans cette grande demeure, voisine de l'Elysée, et puis elle a appartenu à la comtesse Dupont, veuve du général de ce nom, poètes tous deux, la femme et le mari.

Par malheur l'extérieur de cette résidence est tout ce qu'elle a gardé de magnifique ; au dedans, peu de chose rappelle que le luxe de deux cours y fut combiné par le brave et savant maréchal de Beauvau. M. Ernest André, notabilité financière, vient de se rendre acquéreur de l'immeuble, et il devient probable, en conséquence, que les bureaux d'une grande entreprise s'y installeront au premier jour.

M. Labordette, pharmacien, a son officine place Beauvau, au coin de la rue Miroménil, dans une maison où était née la citoyenne Demeulle, grand'mère de Mme Labordette. Peu s'en fallait que cette femme, d'un patriotisme exalté, n'assistât, comme tricoteuse, aux séances de la Commune ; elle s'honorait du moins elle-même de figurer parmi les sans-culottes, et Robespierre l'avait pour prosélyte. Malgré ses opinions tranchées, nous pourrions ajouter tranchantes, la citoyenne Demeulle, voisine d'un boulanger, se cachait la nuit dans une cave communiquant avec celle du voisin, et elle faisait passer en secret du pain aux royalistes de son quartier, au fort de la disette et de la Terreur.

Dans la même maison avait figuré avec assez d'éclat, avant la Révolution, Mme Le Boulanger, épouse d'un président au parlement et mère de la comtesse de Beaumont.

Rue Aubry-le-Boucher. (1)

Ébauche de son histoire.

Le cardinal de Saint-Eusèbe, un jour de l'année 1309, rencontra en passant par cette rue un homme qu'on menait au supplice et délivra ce malheureux. Les cardinaux, en pareille occurrence, jouissaient alors du droit de grâce qu'avaient eu les vestales à Rome.

Cette réminiscence historiographique ne sert-elle pas de commentaire à une vieille enseigne de marchand de vin, encore visible à l'angle des rues Aubry-le-Boucher et Saint-Martin ? C'est un Chapeau-de-Cardinal, pavillon dont la couleur seule se rapporte à la principale marchandise qu'il couvre : les canons de l'Église et ceux qu'on sert sur le comptoir ne sont équivalents que pour des chantres. Des cardinaux, par exemple, fussent entrés avec plus d'aisance dans le magasin d'étoffes auquel a succédé le commerce de vin en détail, et qui déjà s'était placé sous l'éminente invocation. Par un motif qu'expliquerait le séjour d'un trésorier royal, ou d'un changeur, ou d'un prêteur, la même maison s'appelait d'abord « des Monnoyes. » Au XVIIᵉ siècle Gérard, conseiller du roi et quartinier de l'Hôtel-de-ville, en était le propriétaire; Jean-Bart y jeta l'ancre égale-

---

(1) Notice écrite en 1857. La rue Aubry le-Boucher d'alors comprenait, entre le boulevard Sébastopol et la rue Saint-Denis, la moitié d'une rue qui porte, depuis peu le nom de M. Berger, préfet de la Seine avant M. Haussmann. L'alignement donné au n° 24, dans ce qui reste la rue Aubry-le-Boucher, prélude à un élargissement considérable.

ment, à ce que publie la renommée, et le fait est que des insignes maritimes s'y remarquaient naguère, qui pouvaient être le remous de la navigation de l'illustre marin dans les eaux de la grand'ville.

Le 10 est, lui aussi, une maison sur le retour. D'où venait-elle? de l'usure et de la galanterie à petite mesure. Une femme à tout le monde s'y retira, vers l'année 1750 ; elle s'appelait Glorieuse Famichon et prêtait à la petite semaine aux nécessiteux du quartier les milliers de livres qu'elles avait amassés par petits écus en suivante de Vénus, comme on disait le plus honnêtement alors, et à ne se montrer d'un désintéressement égal à sa désinvolture que pour ses féaux seigneurs, les gens de guet. Glorieuse Famichon, une fois bourgeoise de Paris, faisait volontiers vendre à la criée les nippes des débiteurs qui payaient mal, après s'être elle-même habillée et déshabillée pour quelques-uns de ceux que la nécessité rendait ses tributaires. Un de ces clients en récidive lui disait un jour : — Chère Glorieuse, comment oses-tu me mettre sur le pavé? Je t'ai donné dans le temps plus d'argent que tu 'ne m'en a prêté depuis. — Mon vieux, répondit la prêteuse, je n'ai eu confiance en toi qu'à cause de cela. Mais ne parlons plus du passé : il faut bien que jeunesse se passe!

Le président Feydeau avait, peu de temps avant, une maison à porte cochère vers le même endroit, et le président de Bragelonne la pénultième avant la rue des Cinq-Diamants (Quincampoix).

Dans un accord passé entre Philippe-le-Hardi et le chapitre de Saint-Merri, en 1273, la rue Aubry-le-Boucher est déjà intitulée *vicus Alberici-Carnificis*, et le boucher Aubry vit au même siècle.

Rue Babille. (1)

Elle a été percée sur l'emplacement de l'hôtel de Soissons, en même temps que cinq autres rues, rayonnant autour de la Halle-au-blé, en vertu de lettres-patentes qui portaient la date du 25 novembre 1762. Laurent-Jean Babille, écuyer, avocat au parlement, chevalier de Saint-Michel, a rempli les fonctions d'échevin, cette année-là et la suivante, sous la prévoté de Camus de Pontcarré, seigneur de Viarmes, père de la dernière marquise d'Aligre.

Le parrain de la rue y était propriétaire à celle des deux encoignures de la rue de Viarmes qui se rapproche le plus de la rue de Grenelle-Saint-Honoré. A l'autre angle dans le même temps : Finauld.

En 1792 il y a eu le café Moreau n° 3, où l'on ne conspirait pas du tout le retour aux idées rétrogrades ; l'austérité de mœurs qu'on affichait alors empêchait qu'on y jouât aux cartes des demi-tasses ou du vin ; mais parfois on y jouait des têtes, en représailles de la Saint-Barthélemy, dont le point de départ avait été justement l'hôtel de Soissons.

Dans la maison d'en face, contemporaine aussi du percement de la rue Babille, et dont la petite allée obscure sent à plein nez le passé, nos pères ont vu longtemps une maison de filles. En 1847 ces courtisanes de la Halle aux farines étalaient encore en plein jour, a leurs fenêtres sans rideau,

---

(1) Notice écrite en 1857.

leur gorge nue, premier appel, et puis elles frappaient au carreau, avec un dé, seconde invitation ; mais le soir, c'était beaucoup mieux : le passant jeune ou vieux, car les extrêmes se touchent, était agrippé dans la rue, et les forts de la Halle du sexe féminin l'entraînaient de gré ou de force.

Rue au Maire. (1)

Du XIII° Siècle à l'Année 1857.

Là où passe la rue Beaubourg s'arquait naguère la voûte au Maire, presque au milieu de la rue du même nom, et ce n'était pas le seul pont qu'eussent jeté les religieux de Saint-Martin-des-Champs, pour demeurer en communication avec les premières rues qu'ils avaient ouvertes sur les champs de leur abbaye. Après les champs, les jardins y passèrent, et le quartier primitivement fondé par le couvent fut rendu encore plus populeux par la suppression de ces jardins, qui l'égayaient et l'assainissaient si bien qu'on se met à les rétablir ou qu'on y tâche.

Les boulevards et les squares plantés d'arbres, nouvellement créés ou à créer, succèdent en effet, sur presque tous les points, à des maisons pressées l'une contre l'autre, qui avaient pris la place de cultures attachées à des hôtels ou à des monastères. On aère la grande ville par réaction, plutôt que par révolution. Croyez-vous même qu'on le fasse autant qu'on dit ? De hautes bâtisses remplacent à chaque instant là une cour, ici un jardin. Tant pis pour une race qui, en se multipliant à l'infini sur les bords de la Seine,

---

(1) Notice écrite en 1857. La rue au Maire, qui depuis lors a grandi, donne aujourd'hui de la tête dans la rue des Vertus. En revanche, la nouvelle rue de Turbigo lui a fait perdre dans le bas, directement et indirectement, un certain nombre d'anciennes maisons, notamment les trois-quarts du presbytère de Saint-Nicolas-des-Champs.

y a déjà sacrifié à des progrès artificiels et superficiels les couleurs de ses joues, la solidité de sa chevelure et de ses dents, quelque chose aussi de la sûreté de ses voies respiratoires et un peu de sa taille ! L'espèce humaine en souffre dans un type dont les Parisiens et les Parisiennes sont l'échantillon le plus en vue. Mais si l'homme et la femme se modifient avec le temps, les choses n'en tournent pas moins avec ténacité dans les mêmes cercles : serait-ce par ironie ?

Par exemple, au lieu des révérends pères, on ne retrouve plus dans la rue Bailly, dont l'existence date légalement de 1765 et réellement de 1780, qu'un grand nombre d'artisans, casés dans des cellules qui pourraient encore recevoir des moines. Les bâtiments conventuels y sont encore debout, sans se relier, et sur chaque palier quatre petites chambres, toutes pareilles et fidèles à la fenêtre à coulisses, se présentent dans chaque escalier. Plus d'un barbon contemporain a pu voir la cour Saint-Martin, dénomination collective de la rue Bailly et des rues voisines ; plusieurs grilles faisaient encore du ci-devant monastère une cité ouvrière, toute semblable à celles que croit inventer notre époque de réminiscences. Les religieux du prieuré substitué à l'abbaye s'y étaient donné d'autant plus facilement des locataires que ceux-ci avaient l'heur d'y jouir d'immunités localisées. Sous la Révolution, on avait commencé par emprisonner là les banqueroutiers, comme pour les confier à la garde de la population laborieuse du quartier, qui figurait, directement ou non, parmi les créanciers des marchands en déconfiture.

La rue au Maire, sorte de chef-lieu du bourg, était déjà connue au xiiie siècle ; le maire de Saint-Martin-des-Champs, portant aussi le titre de bailli, l'habitait originairement : de là son nom. L'échelle des seigneurs religieux était fichée entre la dite rue et leur église. Le maire donnait ses audiences dans une maison qui comptait encore, on peut le croire, parmi les 41 maisons qu'avait la rue en 1714, et qui sait même si elle a disparu? Il est probable au moins que la démolition a respectueusement épargné trois boutiques plus obscures, dans lesquelles un ancien *Almanach des Arts et Métiers* nous annonce un peu tard que Dardet, Hule et Michel, en 1769, donnaient à manger à raison de 8, de 6, et qui plus est de 4 sols. La rue au Maire a gardé de vieilles maisons, à côté de celles qui ne sont que vieillottes. Le n° 50 lui-même, qui date de 1848, affecte par le pastiche de ses sculptures un air de revenant, qui trompe l'œil d'autant mieux que la poussière des barricades, et peut-être aussi la fumée des poêles à frire du voisinage, l'ont noirci avant l'âge. La délinéation de Verniquet ne laisse pas douter que le cloître de Saint-Nicolas-des-Champs bordait ladite rue depuis celle Saint-Martin jusque-là.

La petite place du Cloître-Saint-Nicolas se carre, après ce n° 50, devant l'église Saint-Nicolas-des-Champs, sur laquelle l'abbé Pascal a fait imprimer une notice historique. La porte carrée et sculptée du presbytère est d'un caractère excellemment ancien qui ne doit rien à l'imposture de l'art. On y remarque, au-dessus d'une arcade, de la même taille que celles de l'ancien cloître, un cadran solaire avec une inscription admirablement concise, qui compare au soleil Saint-Nicolas, l'un réglant les heures, l'autre les mœurs :

Sol Momenta
Nicolaus Mores
1666

Au rez-de-chaussée de cette petite maison, sous la bibliothèque de M. le curé, est maintenant une chapelle qui dépend de l'église. Son toit irrégulier lui donne à l'extérieur un aspect pittoresque ; à l'intérieur, les ornements des portes, et notamment de celle de l'ancienne salle d'audience presbytérale, qui avoisine la chapelle, remontent par le fait, autant que par le style, à l'époque de la Renaissance.

Le 49 nous représente un ancien hôtel de robin, nouvellement restauré par M. Paulmier : son toit tient un peu de la toque. Des paysages peints sur bois, dans la propriété voisine, peuvent être attribués à Watteau ou à Boucher, et ornent aujourd'hui les magasins d'un commissionnaire en marchandises. Toutes les portes sont chargées d'une imposte, et les cheminées, n'ayant rien de moderne, par conséquent ne fument pas. Les balustres de l'escalier sont encore d'une richesse à annoncer l'appartement d'un grand seigneur, et d'une solidité à servir plus longtemps d'appui dans l'avenir que dans le passé. Une tête sculptée fait sentinelle au-dessus de la porte cochère, devant laquelle des connaisseurs s'arrêtent. La famille Vittoz dispose depuis longtemps de cet ancien hôtel, qui a été créé pour le fameux duc de Roquelaure ou pour la famille de Roncherolles. Autre escalier à rampe remarquable dans une maison numérotée 40. Il y a à chaque étage, et surtout au premier, du côté de la cour, de remarquables ornements. Ce fut, vers la fin de l'ancien régime, l'habitation d'un marchand de vins en gros ; Le Tellier, ancien chapelier, en fit l'acquisition sous la première république ; le colonel Arnould, gendre de Le Tellier, vint après, et il était parent du célèbre général Daumesnil, dit la Jambe-de-bois.

Nous croyons que le n° 22 porta pour enseigne

le Chef-Saint-Jean. Les Labarthe, maîtres-couvreurs de père en fils depuis cent ans, en furent les propriétaires, mais n'y sont plus que locataires. Par bonheur, il y a dans Paris un grand nombre de bâtiments sur lesquels Labarthe peut dire, sans que l'immeuble lui appartienne : — Ceci est mon toit.

Le Chef-Saint-Jean appartenait en 1687 à l'abbé Plumet, maître de philosophie. Ce personnage, dont la profession nous en rappelle un de Molière, ne se montrait sans doute que par oubli censitaire récalcitrant ; il avait fait de la rébellion sans le savoir, tant qu'un procès ne l'avait pas obligé à payer les arrérages dus au monastère de Saint-Martin-des-Champs, dont *la partie la plus saine*, comme disaient les actes prioraux, se composait alors de cette façon :

Les révérends pères dom Hildefonse Sarrazin, prieur claustral, dom Albert Gaulu, sous-prieur, dom Paul Rabusson, dom Jean Maistre, dom François Soulletier, cellérier et procure, dom Jean-François Samayre, dom Jean Vaniole, dom Pierre du Jour, dom Ferdinand Bachelier, dom Antoine Desèvres, dom Denis Auvaux, dom Pierre Tallard et dom Léopold Buveul, frère Luglé Pinguet, frère Edme Taupin, frère François Pérùde, frère Martin Elias, frère Joseph Debard, frère Pierre-Henri Rossignol et frère Louis Aroldi, « tous religieux profez de l'estroite observance de l'ordre de Cluny du prieuré royal de Saint-Martin-des-Champs à Paris. »

Les martinians, c'est-à-dire les religieux de Saint-Martin, avaient fait établir dès 1766 leur marché privilégié entre la rue au Maire et leur jardin. Dobilly, l'architecte de ce marché carré, en dédia le plan au prieur, l'abbé de Bréteuil. On y entrait du côté de la rue au Maire par la rue intérieure du Roi-Philippe, qui traversait celles d'Ursion, de Louis-le-Bienaimé et de Saint-

Hugues. La rue d'Urbain et une autre étaient intérieurement parallèles à celle du Roi-Philippe.

D'autres vieilles maisons, serrées comme des capucins, mais qui ne sont pas de cartes, apparaissent aux navigateurs qui remontent le courant de la rue au Maire jusqu'au n° 1, voisin du vieux passage de Rome, qui fut un de ces repaires de lazzaronnes qu'on appelait chez nous cours des miracles. La maison est encore solide et à l'enseigne du Roi-de-Sardaigne ; on y débite du vin depuis 150 ans. La boutique eut malheureusement une barricade pour seconde devanture pendant les fameuses journées de juin 1848, et Dercheu, le marchand de vin, pensa n'en être quitte ni pour des carreaux volant en éclats sous les balles, ni pour ses tonneaux mis en perce de la même façon sans foret, coupés ensuite pour servir de civière aux blessés et aux morts. La barricade enfin fut prise ; mais les mobiles trouvèrent un fusil encore fumant chez Dercheu, qui venait de l'arracher des mains d'un ouvrier, son locataire et père de famille ; il n'en fallait pas davantage pour qu'on fusillât le marchand de vin, déjà couché en joue plus mort que vif, quand une blanchisseuse et un sergent de la garde nationale se portèrent sa caution.

Rue de Babylone. (1)

Ouverture. — Un Mariage ducal. — Les Hôtels Chatillon et Damas. — Notre-Dame-de-la-Paix. — Les Missions-Étrangères. — M. de Cassini. — Hôtel Caffarelli. — Garnerin. — M. de Cossé-Brissac. — L'Abbé Michon.

Tout porte les chroniqueurs à attribuer le nom de cette voie publique à un évêque de Babylone *in partibus*, Bernard de Sainte-Thérèse. Elle s'appelait d'abord la rue de la Fresnaye, puis rue de Grenelle ou de la Maladrerie jusqu'en 1669. En 1714 on n'y comptait que deux maisons et point de lanterne; le reste était le Cours de la ville, puis la barrière et la plaine de Grenelle. Des lettres-patentes du 18 février 1720 ordonnèrent qu'elle fût continuée jusqu'au nouveau rempart; quarante-cinq ans plus tard, ses constructions étaient bornées par la rue du Bac, d'un côté, et par la rue Vanneau, de l'autre. Le comte de Provence acquit un terrain à la suite, et la caserne Babylone y fut bâtie, vers l'année 1780, pour les gardes-françaises. La rue de Babylone, en 1810, figurait parmi celles dont les numéros étaient rouges, et Saint-Victor venait d'y rapporter, dans son *Tableau de Paris*, les hôtels de Damas, de Châtillon, de Barbançon et de la Queueille. La Tynna, dans le *Dictionnaire des Rues de Paris*, publié peu d'années après, parle de l'hôtel Barbançon, et il ajoute: « Actuellement hôtel de Caraman, au n° 18. »

---

(1) Notice écrite en 1857.

Les Caraman et les Chimay descendent du célèbre Riquet, fondateur du canal du Midi. Mme Tallien, qui joua un si grand rôle sous le Directoire, a épousé en secondes noces le prince de Chimay ; le duc de Caraman, président du cercle des Echecs et auteur de livres de philosophie, a obtenu plus récemment la main de la fille du duc de Crillon. Le jour où la signature du contrat préludait à cette union, a révélé que le beau-père de M. de Caraman se souvient un peu trop du noble écusson qui a été encore rehaussé par un illustre vers :

Pends-toi, brave Crillon, l'on a vaincu sans toi.

M. de Crillon n'a voulu recevoir les deux notaires que comme ces tabellions du temps passé qui frayaient avec les baillis. Il n'en est pas moins vrai que ces officiers ministériels, confesseurs de toutes les fortunes, sont devenus conséquemment des personnages importants et de véritables directeurs de conscience, depuis que le mérite sans la richesse n'est presque rien et que MM. les abbés ne dictent plus les testaments. Vous tombez de Charybde en Scylla, diront à cela les rétrogrades ; mais après celle des notaires, quelle est donc bientôt l'influence qui dominera moralement dans la société française ? probablement le tour viendra des changeurs du Palais-Royal. Les notaires des familles Crillon et Caraman, disions-nous, furent accueillis sans qu'il leur fût avancé deux fauteuils. — Mais il est difficile d'écrire debout, risqua timidement le plus hardi... On leur fit donc passer deux tabourets. Ce diminutif leur suffit, et ils s'en consolaient peut-être en ruminant le succulent parfum de truffes qu'avaient exhalé les cuisines à leur passage dans la cour. Or, quand le contrat fut signé, et que la mort de chacun des assistants eut été bien prévue, et pour ainsi dire préparée, M. le duc de Crillon salua les deux notaires, et la famille alliée passa, avec la sienne, dans un grand salon à manger, pour le déjeûner du contrat. On avait fait dresser à part un couvert pour les officiers ministériels, contrairement à l'usage moderne. Ces derniers n'en fêtèrent que mieux, réflexion faite, la cave et la cuisine du duc, en songeant que la petite table coûterait à la grande, distraction faite du menu, 8,000 fr. pour les deux familles.

L'hôtel Châtillon, plus connu sous la dénomination de La Vallière, donnait principalement rue du Bac. Ce qui n'empêche pas d'en avoir dépendu le 5, qu'on dit ancien-couvent, mais qui n'a dû recevoir, comme le grand et le petit hôtel contigus, les sœurs de Saint-Vincent-de-Paul que sous la Restauration. Il faudrait avoir terriblement abusé de la lecture de Dulaure pour accuser ces dignes religieuses d'avoir fait des cachots de leurs caves. Aussi bien les anneaux de prison qu'on y retrouve et les sculptures de la voussure sont antérieurs à la fondation même du séminaire apostolique d'en face. Ne doit-on pas croire que l'ancienne maladrerie avait été là? Le duc de Châtillon, dernier rejeton d'une famille alliée aux rois, et de laquelle était sorti un pape, avait épousé en 1756 Adrienne-Emilie de la Vallière, et était mort à six années de là ; sa veuve et ses deux filles, la duchesse d'Uzès et la duchesse de la Trémoille, furent mieux les contemporaines de Saint-Victor et de La Tynna.

L'un et l'autre de ces historiographes durent aussi connaître M. Charles de Damas, rentré en France sous l'Empire, après avoir servi dans l'armée de Condé. C'est lui qui habita, dit-on, la rue de Babylone, mais à quelle époque de sa vie ? Il avait commencé par assurer fort mal la retraite de Louis XVI, arrêté à Varennes ; mais il avait réussi pour son propre compte à s'évader autant de fois qu'on l'avait pris. Louis XVIII, à son retour, fit Damas lieutenant-général, commandeur de Saint-Louis, pair de France, puis duc, et ce grand dignitaire n'expira à Paris qu'en 1829, peu de mois avant la prise de la caserne Babylone par les ouvriers des faubourgs et les bourgeois. Les Suisses défendirent ce poste avec un courage digne d'un meilleur sort ; ils ne battirent en retraite que devant l'incendie et en assez bon ordre pour se replier sur le boulevard extérieur. Mais il n'est ni caserne, ni fort qui sache résister aux prodiges de valeur d'une révolution qui a pour elle les écrits, les discours et une bourgeoisie qui se fait peuple.

Malgré toutes nos guerres intestines, une Vierge dans sa niche, Notre-Dame-de-la-Paix, ne reste-t-elle pas incrustée dans la muraille des Missions-étrangères, rue de Babylone, près de la rue du Bac ? Cette madone semble aussi veiller sur un hôtel tout proche, qui portait déjà plus de deux siècles quand le père Bernard de Sainte-Thérèse y demeurait et y présidait les premières assemblées de la maison religieuse des Missions, en 1663. Nous savons que ce n° 10 actuel était occupé par l'illustre famille Cassini au milieu du XVIII° siècle. Seulement le troisième astronome du nom était encore très vivant en l'an 1772, et déjà Mgr Guiaud, nonce du pape, résidait dans ladite maison. Or, comme cet ambassadeur était archevêque de Damas, il se peut que l'hôtel ait pris le nom du diocèse, au lieu du nom de famille qu'on aurait eu tort de rattacher à la même rue.

Nous retrouvons au n° 24 (sous le premier empire n° 10) un hôtel bâti sous Louis XV pour le prince de Conti, probablement celui qui remporta en Piémont la victoire de Coni. Il n'a même pas dû passer directement de Son Altesse sérénissime au général Caffarelli du Falga. Ce républicain sans fureur, cet officier savant autant que brave fut le seul qui refusa d'admettre les décrets qui prononçaient la déchéance du roi Louis XVI ; il était alors attaché au corps du génie, armée du Rhin. Destitué, arrêté pendant quatorze mois, il réussit pourtant à rentrer dans les camps, grâce au 9 thermidor ; il perdit une jambe en Allemagne, il fut nommé membre de l'Institut, il fit l'expédition d'Egypte en qualité de général de division et de chef de son arme. Des services scientifiques et de hauts-faits d'armes ajoutèrent, sur ce grand théâtre, à l'amitié que lui avait déjà vouée Bonaparte, son chef militaire et son collègue à l'Institut. Caffarelli mourut devant Saint-Jean-d'Acre, et, le lendemain, l'ordre du jour disait : *Il emporte au tombeau les regrets universels ; l'armée perd un de ses plus braves chefs, l'Egypte un de ses législateurs, la France un de ses meilleurs citoyens, les sciences un homme qui y remplissait un rôle célèbre.*

De plus, le général en chef avait promis de veiller sur les frères et sœurs, au nombre de huit, dont le général était l'aîné, et auxquels il avait servi de père depuis qu'ils étaient orphelins. Parmi ces frères se trouvait un prêtre, ancien chanoine de Toul, qui avait partagé la captivité de l'aîné ; Napoléon le nomma préfet à trois reprises, puis il se retira dans le château du Falga, près Toulouse. Un petit-fils du général, le comte Caffarelli, habite encore l'hôtel.

Les numéros 28, 30, 32, 34 et 36 sont le derrière d'un hôtel de la rue de Varennes, au duc de Galiera ; de vieilles portes historiées et des constructions annexes du même âge, qui limitent les jardins, éveillent l'attention du curieux qui longe la rue de Babylone. Cet immeuble considérable a appartenu à S. A. R. Mme Adélaïde et s'appelait Matignon au milieu du siècle dernier. On distinguait même le grand hôtel Matignon, dont nous revoyons le jardin et la grille, du petit hôtel du même nom, ouvrant sur notre rue plus particulièrement.

Le 33, de son côté, est une ouverture condamnée de l'immense propriété des sœurs de Saint-Vincent-de-Paul; il date au moins du règne de François Ier. Le 35 fut à la baronne de Védrille, avec des jardins qui s'étendaient jusqu'à la rue Oudinot. L'aéronaute Garnerin habita aussi la maison, et à la même époque il fut chargé de contribuer aux fêtes du couronnement de l'empereur par l'enlèvement d'un splendide ballon. Le départ fut superbe; mais un vent déchaîné pendant toute la nuit poussa en Italie l'aérostat, qui le lendemain toucha terre sur le tombeau même de Néron ; le bruit s'en répandit si vite que le vent de la péninsule rapporta bientôt, en échange, la disgrâce de l'aéronaute. Garnerin succomba, en 1823, aux suites d'une blessure qu'il s'était faite dans l'exercice de son art au jardin Beaujon. Cette habitation, au surplus, est d'un accroissement récent; M. Moisy, tapissier, y a ses ateliers et il y succède à son père ou à son aïeul, qui avait été jardinier du maréchal de Biron, colonel des gardes-françaises.

Passons maintenant au 43, qui fut bâti pour M. Méry, avocat, sur un terrain marécageux acquis révolutionnairement. Le sol avait appartenu, ainsi que bien des terrains environnants, au duc de Cossé-Brissac, pair et grand panetier de France, gouverneur de Paris, comme son aïeul l'avait été sous les Valois, et capitaine-colonel des cent-Suisses. Décrété d'accusation par Quinette, ce grand seigneur fut entraîné à Orléans, puis à Versailles, où les septembriseurs vinrent à lui; il résista d'abord à ces bourreaux, qui le criblèrent de blessures avant qu'un coup de sabre l'abattît. Sa mort a inspiré des vers à Delille, dans le poëme de *la Pitié*. Le 57 paraît plus que son âge, puisqu'il n'a bien que cinquante ans : c'est à peine la majorité pour un hôtel ! Sur cette maison déteint probablement l'air de maturité du bel hôtel voisin, le 53.

En face, mais dans une des maisons en état de minorité, loge l'Abbé Michon, qu'on distingue des autres prêtres qui se croisent dans la rue avec les fusiliers de la caserne, aux galoches dont il est chaussé comme en province. Ce prédicateur est connu comme publiciste de l'école gallicane ; il a eu son journal l'*Européen*, supprimé au commencement du présent règne ; son principal ouvrage est un *Voyage Religieux en Orient*.

Rue de Bagneux. (1)

Mme de Chalot. — La Mort de César. — Le Peintre Uzanne. — Le Pigeonnier. — M. de Mérode. — Le Cimetière.

Encore une rue qui était sans lanterne en 1714, bien qu'on y eût bâti 11 maisons depuis son ouverture, qui datait du siècle d'avant ! Une barrière était alors posée au milieu de cette rue, dont la moitié seulement faisait partie de Paris, et qui devait son nom à une ferme, devenue un hameau, relevant de Saint-Germain des Prés. Les numéros 3, 5 et 7, qui sont accaparés par une raffinerie de sucre déjà ancienne, n'étaient cependant pas au nombre des onze maisons dont nous parlons. Le 11 et le 13, à la bonne heure !

Le dernier de ces numéros va introduire l'ami lecteur dans un hôtel qui appartient à Mme la comtesse de Chalot, à laquelle nous demandons mille fois pardon de dire son âge : 87 ans. On ne s'en douterait guère, en la voyant, soit aux Champs-Elysées dans sa voiture, soit aux premières représentations que donne la Comédie-Française. M. de Chalot, son second mari, ne l'a pas été longtemps ; mais, en vertu de premières noces, elle a porté aussi un nom illustre dans les arts, et à côté duquel l'autre tient de l'incognito. Mlle Charlotte Vanhove, artiste du théâtre de la République, aujourd'hui comtesse de Chalot, a épousé Talma le 16 juin de l'année 1802. Napoléon Ier a plusieurs fois, dit-on, payé les dettes de l'émi-

---

(1) Notice écrite en 1857.

nent acteur; eh! bien s'il arrivait que sa veuve pût craindre à cet égard une réclamation, qui n'aurait pas le sens-commun, elle ne se cacherait pas davantage sous la couronne de comtesse qu'elle porte avec amour depuis près de trente ans. Talma, pour obtenir la main de la charmante et blonde Charlotte Vanhove, qui jouait supérieurement le rôle de Cassandre dans l'*Agamemnon* de Lemercier, et celui d'Araminte dans les *Fausses Confidences*, a divorcé lui-même avec sa première femme. Le voyage de noces des deux époux a été fait par ordre, et les a conduits à Erfurth, où le futur empereur avait promis au tragédien, son favori, de le faire jouer devant un parterre de rois. Quelle fut l'inquiétude de Talma, lorsque Napoléon, choisissant le spectacle, eut enjoint aux acteurs de donner la *Mort de César* ! Plus d'un César, parmi les spectateurs, prenait les énergiques vers de Voltaire pour le compte de Sa Majesté, et Talma, à chaque hémistiche, cherchait en vain à regarder dans la salle quelqu'un qui ne pût rien s'appliquer. Jamais l'art dramatique ne fut, comme ce jour-là, le plus vivant, le plus inspiré et le plus difficile des arts ! Mme Talma, qui avait pris place avec le public, sentait si vivement tout ce qui faisait battre le cœur du tragédien, et tous les autres cœurs, que, brisée par tant d'émotions, elle se trouva mal à la fin du spectacle.

Le 11 fut l'hôtel d'un prélat, sous le règne du roi-martyr, puis un refuge pour les repenties sortant de Saint-Lazare, maison fondée par un abbé sous le patronage de la fille de ce roi. M. Gobelet de Beaulieu, référendaire à la cour des comptes, s'en rendit acquéreur avant 1830 ; son gendre, M. Uzanne, peintre d'histoire, lui a succédé. Dans le jardin un buste, qu'on voit de la cour, rappelle que Valentin de la Pelouze, fondateur du

Courrier Français, était de la famille de cet artiste recommandable.

La façade du n° 4 sent aussi son vieux temps ; le bâtiment du fond a pris la place d'un noble pigeonnier. Si je dis noble, c'est qu'autrefois les roturiers ne pouvaient pas avoir de construction élevée et ronde pour pigeonnier. M. Sibuet, ancien président à Corbeil, a possédé, sous la Restauration, cette maison bâtie en 1743 pour un autre magistrat, nommé Duplessis de Bioche. Le 6 date tout bonnement de la première république ; le 9 est son aîné. Trois des immeubles précités peuvent se disputer l'honneur ou le plaisir d'avoir été la demeure ou la petite maison du comte de Mérode, au temps où Mme de Pompadour était ministre sans portefeuille.

Au coin de la rue de Vaugirard s'élève, entourée d'arbres et de fleurs, une jolie maison neuve, où il se chante au piano des ballades qui donnent vraiment envie d'y vivre. Mais elles n'ont pas encore ressuscité les morts qu'on enterrait jadis dans un mélancolique petit cimetière, enterré lui-même à son tour sous cette jolie maison qui chante.

Rue Baillet. (1)

*Le Trésorier du Dauphin. — Les Chartreux. —
Le Comte d'Artois au Violon. — L'Auberge.*

En l'année 1350 messire Baillet, argentier du dauphin qui, dans la suite, fut le roi Charles V, habitait un séjour, comme on disait alors, qui se retrouve encore n° 4, dans la rue qui porte son nom. Celle-ci, en 1300, avait été appelée Gloriette, et quelque temps avant Dame-Gloriette. Les fenêtres et l'escalier du trésorier Baillet demeurent ferrés en vieille serrurerie, et n'est-ce pas le fer qui écrit sur la pierre le meilleur certificat d'antiquité pour un hôtel? Les dalles de l'escalier descendaient avec majesté jusqu'à la cour spacieuse sur laquelle aujourd'hui empiètent les magasins de M. Girault, commissionnaire en marchandises; c'est seulement au premier étage qu'on revoit la rampe et les marches où tant de mains et de pieds laissent si peu d'empreintes! Le conseiller au parlement Jean Baillet, qui fut prévot des marchands de 1444 à 1449, n'a-t-il pas lui-même passé par-là?

Le 2 est un café au rez-de-chaussée; mais il a son entrée rue de Rivoli, et ce fut un couvent de chartreux, qui avait si bien englobé le séjour de l'argentier qu'il en faisait son discrétoire. Ces religieux quittèrent la rue Baillet pour se réunir à leurs confrères de la rue d'Enfer; mais la Grande-Chartreuse conserva jusqu'à la fin des droits féodaux sur un côté de leur ancienne rue, dont l'autre côté dépendait principalement du fief de

---

(1) Notice écrite en 1857.

Garges. La maison où un limonadier débite, après la demi-tasse, la liqueur inventée précisément par des chartreux, appartient à M. Guérin, ancien pharmacien, inventeur de deux aliments qui ont souvent été préconisés dans la quatrième page des journaux, la pâte de Nafé d'Arabie et le Racahout des Arabes. Et, chose assez bizarre, si l'on démolissait l'une de ces deux maisons jumelles, n° 2, n° 4, il faudrait que l'autre y passât avec elle. Les corps de cheminées y sont comme les deux branches d'un même tronc d'arbre, et ils se croisent à travers les murs mitoyens ; les caves, en s'emboîtant aussi comme les morceaux d'un même jeu de patience, semblent une poignée de mains cachée, que se donnent sans cesse l'un et l'autre édifice, malgré la division que leur impose le cadastre.

Le 6 était aussi l'un des bâtiments du couvent ; sur un des piliers de sa façade on pouvait lire encore, il y a quelques années, les lettres C H.

La maison qui porte le chiffre 3 appartenait encore au même établissement religieux ; la dépense et le cellier des chartreux étaient de ce côté, et il existe encore, sous le pavé de la voie publique, une porte de communication entre les caves des deux rives. Un des logements qu'on avait faits de ladite propriété, se trouvait celui de Chéneau, commissaire de police, quelques années avant la prise de la Bastille. La loge actuelle du portier servait en ce temps-là de violon. Le comte d'Artois y fut amené incognito par un sergent du guet, qui l'avait arrêté à la suite d'une querelle que ce prince avait eue avec un perruquier, et dans une maison qu'on eût flattée en la disant suspecte, voisine de la Halle-au-Blé. Cet emprisonnement éphémère laissa peut-être assez de souvenirs dans l'esprit du roi Charles X pour lui faire respecter autant que possible la liberté individuelle, et l'histoire prouve, d'ailleurs, que la captivité, même celle qui dure, c'est fort pénible à dire, fait ensuite les bons princes. Si les lettres de cachet ont cessé d'avoir cours, sous le règne de Louis XVI, c'est que presque tous ceux qui pouvaient en signer en avaient eu déjà à leur adresse.

Le 8, enfin, n'est autre qu'un petit hôtel garni dont le modeste achalandage, dans une rue qui n'a rien à envier pour l'âge à ses voisines, remonte tout au moins à cent ans. La rue comptait alors 10 maisons, et son luminaire était à 3 becs. D'Hôte, aubergiste, y servait à son monde des repas de 4 à 15 sols. Ses plus notables voisins étaient M. Boursier de Lille, secrétaire du roi, M. Gelez, avocat aux conseils, et son confrère M. Poriquet.

Rue Beccaria et place d'Aligre

NAGUÈRE

Rue de Beauvau et place du Marché-Beauvau. (1)

Mme de Beauvau-Craon était abbesse de Saint-Antoine-des-Champs, et M. d'Aligre premier président au parlement, au moment où la rue de Beauvau, la rue d'Aligre et la rue Lenoir furent percées sur les dépendances de ladite abbaye, aujourd'hui l'hôpital du Faubourg-Saint-Antoine. Un marché de foin et de paille, qui se tenait en face de ce monastère féminin, fut transféré au même temps, c'est-à-dire en l'année 1777, sur une place attenante aux trois nouvelles rues ; place et marché avaient également pour marraine la supérieure du couvent, et le tout en vertu de lettres-patentes accordées par le roi Louis XVI à ses « amées et chères les abbesse, prieure et religieuses de l'abbaye royale de Saint-Antoine-des-Champs de Paris. » L'architecte Lenoir, dit le Romain, avait été chargé de présider à la division des terrains distraits de l'abbaye royale : il fournit

---

(1) Notice écrite en 1857. Les ci-devant rue Lenoir et place du Marché-Beauvau sont dites aujourd'hui rue et place d'Aligre, et la rue de Beauvau, Beccaria. Le nom de ce jurisconsulte italien du siècle précédent avait été donné de notre temps à une rue qui longeait la prison de Mazas ; mais cette rue ayant disparu pour faire place à l'avenue Daumesnil, on en a transporté l'estampille à la rue de Beauvau. Celle-ci avait-elle quelque chose à démêler avec l'auteur du *Traité des Délits et des Peines?*

en même temps le plan de ce marché Beauvau, qu'on appelait aussi quelques années plus tard place et marché de l'abbaye Saint-Antoine. On sait quel rôle fut joué par le foin et la paille de la place Beauvau, dans l'assaut mémorable que le peuple livra à la Bastille, avant que de n'en pas laisser pierre sur pierre. Par décret impérial du 30 janvier 1811, la Ville devint propriétaire du marché, qu'elle fit reconstruire de fond en comble l'année 1843. On y débite maintenant beaucoup de choses qui ne se mettent ni au râtelier ni en litière.

Kornemann, celui même qui a été longtemps en procès avec Beaumarchais, avait spéculé tout d'abord sur la sécularisation d'une portion du domaine monastique. La maison qu'on retrouve n° 10, rue de Beauvau, fut bâtie, sous Louis XVI, pour la manufacture de papiers peints dirigée par Raimbaud, émule de Réveillon. Aujourd'hui c'est encore une propriété particulière, mais occupée par les Petites-Sœurs des Pauvres ; ces religieuses y reçoivent des vieillards, et leur hospitalière maison est sous la protection de dames charitables, parmi lesquelles figure Mme la comtesse de Bar.

Rue Bellechasse. (1)

M. de Rubelles. — Les La Trémoille. — Le Couvent. — Hôtels Broglie, Molé, Soyecourt, Guerchy, etc. — Le Comte de La Bourdonnaye. — Le Duc de Saint-Simon et ses Successeurs. — Mlle Bourgoin. — Berthollet. — M. de Crouzas. — Bernardin de Saint-Pierre.

Pour passer en revue les anciennes maisons d'une rue, qu'elle en soit riche ou non, il nous arrive parfois de commencer par les numéros élevés, et les maçons seraient fort empêchés de procéder à notre exemple, par le haut, à la construction d'un palais ou même d'une bicoque. La démolition, par exemple, commence forcément par le faîte, et fatale, comme la mort, dont ses traits empruntent la pâleur au plâtre volatilisé,

Æquo pulsat pede pauperum tabernas
Regumque turres.

M. le comte de Rubelles a une maison, le n° 51 de la rue Bellechasse, naguère n° 7 de la rue Hillerin-Bertin, que lui a vendue en 1840 Forest, homme d'affaires, ancien sous-préfet de l'Empire, héritier par sa femme de Legay, et Legay avait acquis du Dr Sue, adjudicataire de ce bien d'émigré. Il va sans dire que M. de Rubelles, qui lui-même a

---

(1) Notice écrite en 1857. C'était avant que le nouveau boulevard Saint-Germain n'enjambât le quartier dont il porte le nom, en attendant que sa trouée y soit faite, et ne sautât du quartier latin rue Belle-chasse. Il y est entré du côté où elle ne l'attendait pas, et la voilà rajeunie de force entre les n°s 22 et 30, 17 et 23 !

été porté sur la liste des émigrés, n'a traité de l'hôtel qu'après avoir obtenu, par écrit, l'agrément de M. de Galliffet, qui en avait été exproprié par la Révolution ; l'ancien propriétaire s'est borné à se réserver la part supplémentaire de dédommagement qui pourrait lui échoir, en cas de répartition définitive, sur les 60 millions que le gouvernement de Louis-Philippe avait détournés de leur destination et qui étaient le reliquat du milliard de l'indemnité des émigrés. Le marquis de Galliffet, prince de Martigues, dont l'hôtel était rue du Bac, possédait non-seulement cette propriété, mais encore presque tout le terrain qui l'environnait. Le comte de Lassalle, qui occupait avant 1830, ladite maison de la rue Hillerin-Bertin, y avait été précédé par le comte de la Luzerne, pour lequel avaient été faites de grandes réparations : d'aussi grands endommagements y avaient résulté de l'explosion de la poudrière de Grenelle. La tradition ajoute que Bossuet a demeuré lui-même sous ce toit.

Le 49 a sans doute le même point de départ. Le 55 date du règne de Louis XVI ; mais il a été restauré. Le 50, en revanche, ne remonte qu'à la fin de la Restauration et a servi d'habitation, sous le gouvernement de Juillet, à la princesse de la Paix, seconde femme de don Manuel Godoy, prince de la Paix, qui avait vendu l'Espagne à Napoléon. Nous gardons quelques doutes sur l'âge du 46, qui appartient à Mme la comtesse de la Trémoille. Au reste Charles-Amand-René de la Trémoille, auteur des paroles et de la musique d'un opéra intitulé : *Les Quatre Parties du Monde*, demeurait rue Bellechasse, et un hôtel du même nom s'y carrait quelque part peu de temps après le prolongement de cette voie de communication entre la rue Saint-Dominique et la rue Grenelle, c'est-à-dire en 1806. Il se peut que le 52 ait dépendu, comme la caserne des guides qui lui fait vis-à-vis, de ce couvent de Bellechasse qui empêchait la rue d'aller plus loin, et ledit immeuble ne fut pas le seul dans ce cas sur la même ligne ; il fait maintenant partie de l'hôtel du ministre de l'instruction publique.

Aussi bien le couvent-prieuré des chanoinesses du Saint-Sépulcre de Jérusalem, dites religieuses de Bellechasse, avait été transféré de Philippeville, alors en Lorraine, sur ce terrain, voisin du Pré-aux-Clercs, que des chasseurs avaient sans doute baptisé, et qu'elles devaient principalement aux libéralités de Barbier, fameux traitant. Le couvent absorbait non-seulement la rue qui nous occupe, dans son parcours entre les deux grandes rues déjà citées, mais encore tout le territoire de l'église Sainte-Clotide, des rues Las-Cases, Martignac et Casimir-Périer. On appelait d'abord *Filles à Barbier* ces religieuses, suivant la règle de saint Augustin, qui n'étaient qu'au nombre de vingt ; pourtant, dans le plan de Paris que Jacques Gomboust dressa en l'année 1640, elles sont qualifiées *Filles de Lorraine*. Le nombre des religieuses s'élevait à quarante-cinq, dans les derniers temps, et la dot était le plus souvent de 6,000 livres ; la pension et l'habillement portaient les frais du noviciat à 1,000. Au reste, deux corps de bâtiment, tout-à-fait séparés l'un de l'autre, étaient réservés par les sœurs aux dames et aux jeunes personnes qui restaient passagèrement leurs pensionnaires, celles-ci pour apprendre, celles-là pour oublier. Il devint même de bon ton d'aller à Bellechasse, ou plutôt d'y avoir été, comme il en est depuis d'une saison passée à Interlaken, à Bade ou aux Pyrénées. La princesse de Bauffremont, si elle avait à s'absenter, confiait ses filles, pour deux mois, aux religieuses de Bellechasse. Mme de Saint-Vincent se réfugia chez elles, pour échapper aux indiscrétions de la foule et à des embarras de contenance, lorsqu'elle eut avec son amant mécontent, le maréchal de Richelieu, un si vilain procès. La comtesse de Genlis y continuait, au moment de la Révolution, l'éducation des princes d'Orléans et de la princesse Adélaïde, leur sœur. La gouvernante de Louis-Philippe n'avait pourtant pas été jusqu'à prendre au grand jour des religieuses pour former ce jeune prince aux usages du monde; elle ne leur avait demandé, pour elle et ses élèves, qu'un pavillon particulier, qui se retrouve rue Saint-Dominique, derrière l'hôtel du ministre. On assure qu'avant d'émigrer, la comtesse y fut en butte aux brûlantes assiduités de Pétion, maire de Paris, qui ne la trouvèrent pas de marbre.

Jusqu'en l'an 1850 la rue actuelle, dans tout ce qui dépasse la rue de Grenelle, porta le nom d'Hillerin-Bertin, propriétaire de terrains, qui vendit à Louis XIV, mais non pas en totalité, de quoi bâtir les Invalides. Cent-quarante ans avant de s'effacer, la rue Hillerin-Bertin, dite également de Saint-Sauveau, n'alignait encore que 4 maisons et 2 lanternes. Quant à la rue Bellechasse de cette époque, les deux habitations dont elle se composait se passaient le soir d'y voir clair; le reste n'était que bois flotté, en piles dans de grands chantiers, jusqu'au port de la Grenouillère.

Au coin de la rue Saint-Dominique se dressait l'un de ces deux hôtels, seuls encore en l'année 1739, et l'autre s'appelait de Broglie. Le 17 et le 19 pouvaient correspondre encore il y a peu d'années, par une porte souterraine, rappelant qu'ils furent élevés simultanément par le comte de Broglie, fils du maréchal de Broglie, pour ses deux sœurs, peu de temps avant ou après la mort de Louis XIV. La duchesse de Boufflers, plus tard, laissa le n° 19 à ses héritières, Mmes de Guines, Charles de Broglie et de Vaudemont, toutes trois nées Montmorency ; mais avant que la succession fût liquidée, la Nation séquestra l'hôtel. En 1845 M. le comte de Choiseul l'acheta du marquis de Frémeur. La fortune du 17 n'ayant pas été meilleure à l'époque révolutionnaire, M. de Larochefoucauld, duc de Doudeauville, racheta ensuite cette maison, construite pour sa grand'mère, Mme de Larochefoucaud-Surgère, née Broglie. Mme la marquise de Bassompierre en est maintenant propriétaire, et elle y a apporté un chef-d'œuvre, le portrait du maréchal de Bassompierre peint par Van Dick.

Au commencement de l'Empire on distinguait encore, rue Bellechasse, les hôtels Guerchy, Bénonville, Molé, Saumeri. La famille Soyecourt avait aussi laissé son nom par-là, mais à une résidence moins somptueuse que celle de la rue de l'Arcade. « L'hôtel Molé, dit d'Angerville (1), est du dessin de Lassurance, continué et orné sur ceux de Le Roux... L'hôtel de Guerchy est sur les dessins de Boffrand. Un ordre ionique décore l'entrée de la cour, qui quoique ovale n'ôte pas aux appartements leur forme régulière. La façade est ornée d'une architecture composite qui embrasse deux étages et qui est couronnée d'un entablement » Or Germain Boffrand, né à Nantes en 1667, était mort en 1754 ; ce qui nous prouve suffisamment que l'hôtel du lieutenant-général Claude-François-Louis Regnier, comte de Guerchy, qui commandait avec tant de bravoure le Royal-Vaisseaux à Fontenoy, était cette maison du coin de la rue Saint-Dominique, déjà visible sur le plan de Paris de 1739. Le comte de Guerchy,

---

(1) *Voyage pittoresque de Paris*, par M. D***. Paris, chez de Bure, 1769-1770.

revenu à Paris après son ambassade à Londres, ferma les yeux en l'année 1767.

Les nos 36, 26, 13 et 6 sortent également du dernier siècle. Le 30 est leur contemporain et la propriété de M. Bourruet-Aubertot, riche marchand de nouveautés; par malheur les réminiscences qui sourient à nos chers lecteurs n'offrent absolument rien qui intéresse cet honorable calicot, et les notes qu'il fait présenter sans relâche aux chalandes de ses magasins sont les seuls titres qu'il prenne le temps de consulter.

Le comte de la Bourdonnaye, sous la Restauration, habitait la maison qui porte le chiffre 22, et qui déjà n'était plus neuve; ce chef de la contre-opposition était alors traité de jacobin blanc. Il avait combattu pour le service du roi, bien avant que de passer ministre; mais il s'était, dans l'intervalle, rallié à Napoléon, qui l'avait fait maire d'Angers.

A cette élévation, du côté des numéros pairs, le terrain longeant la rue Bellechasse a été la propriété du duc de Saint-Simon et d'Armand de Saint-Simon, duc de Ruffec, deuxième du nom, qui l'avaient acheté en 1779 de la princesse de Poix, ainsi que de M. et de Mme de Hautefort. Après la mort de ces acquéreurs, les droits des créanciers l'ont emporté, à la barre du parlement, sur le crédit de MM. Charles de l'Aubespine, chevalier de Saint-Louis, brigadier des armées du roi, Charles-Anne de Saint-Simon, le marquis de Saint-Simon, grand d'Espagne de première classe, et le maréchal duc de Fitz-James, ce dernier étant légataire universel et les autres étant héritiers de Marie-Christine de Saint-Simon de Ruffec, comtesse de Valentinois, petite-fille du duc et pair et nièce d'Armand de Ruffec. Partant le banquier Leduc, puis l'architecte Gilbert ont acheté ce terrain, qui tenait d'un côté à la propriété du prince de Chalais. En l'année 1787, Gilbert en a vendu une portion à Durant, architecte de Mesdames et de l'intendance de Champagne, lequel a édifié la maison n° 24, où a demeuré le magistrat Jacquinot de Pampelune, et dont les quittances de loyer sont actuellement revêtues du seing de M. Moreau, notaire honoraire, longtemps député, maire et puis représentant du peuple, élu dans le viie arrondissement de Paris.

Que si nous nous reportons au commencement du siècle, nous voyons Mlle Bourgoin, de la Comédie-Française, installée dans la même maison, avec un assez grand luxe, par le ministre Chaptal. Une lettre officielle de cet homme d'Etat, qui paraît le 28 décembre 1801 dans le *Journal de Paris*, adresse des remercîments publics et une gratification à Mlle Dumesnil, depuis longtemps retirée du théâtre, pour avoir bien voulu, sur sa recommandation, donner des conseils à Mlle Bourgoin. Que si la beauté de ses traits va merveilleusement à Iphigénie sur la scène, sa gaîté vive et ses réparties ne conviennent pas moins en ville à ses amis. Un jour Napoléon s'écrie : — Quelle est donc cette femme qui tourne la tête même à des chimistes ? Qu'on me l'amène !... L'empereur de nouvelle promotion la voit, et il comprend, dit-on, bien moins encore l'engouement de Chaptal, qui le lendemain quitte son portefeuille. On attribue toutefois cette séparation brusque, datant de la fin de l'an xii, à ce que Chaptal aurait refusé de mettre, dans un rapport, le sucre de betterave au-dessus du sucre de canne.

Le Mécène de l'agriculture et de l'industrie ne s'était pas contenté de cultiver simultanément Mlle Bourgoin et la canne ; il leur avait voué un culte, qui l'a fait reléguer au Sénat alors qu'il avait le plus besoin d'émerger grassement au budget ministériel de l'Empire, et sa demi-disgrâce a semblé de loin une preuve qu'il restait exclusivement entiché de la République. Voilà comme on écrit l'histoire ! De son côté, l'actrice passa pour royaliste. Le feu et l'eau ! Il est vrai qu'en Allemagne, où Mlle Bourgoin eut l'honneur de jouer comme Talma, devant une réunion de rois étrangers, elle eut plus à se louer de leur galanterie que de celle de l'autocrate français. Après la rentrée de Louis XVIII, elle rivalisa doublement avec son chef d'emploi, Mlle Mars, qui affichait des opinions bonapartistes.

Un autre chimiste illustre, Berthollet, qui, le premier, a analysé l'ammoniaque, a trouvé un autre secret, qui ne s'est pas encore vulgarisé, celui de vivre sans se passionner pour ou contre les idées de la Révolution. Peu de temps après avoir fait la campagne d'Egypte, dans l'état-major des savants, il a payé comptant l'immeuble coté n° 15, qui avait été confisqué par l'Etat, puis mis en loterie et gagné par un Anglais. Une fois membre du sénat, comme le comte Chaptal, le comte Berthollet se fatigua bientôt des embarras de la représentation. L'empereur, en apprenant que son chimiste venait de vendre ses chevaux et recommençait à se servir des fiacres, comme s'il n'était encore que professeur et membre de l'Institut, ne douta pas d'un état de gêne produit chez cet autre savant par quelque autre surprise d'un cœur trop innocent malgré son âge : — J'ai, lui dit-il, toujours cent mille écus au service de mes amis... Berthollet, qui plus est, avait quitté la rue Bellechasse, où le remplaçait comme habitant, le sénateur Vimar, et comme propriétaire le beau-père de M. de Crouzas, possesseur actuel, et le même, si j'ai bonne mémoire, qui signe les billets de banque, comme autrefois M. Garat.

Sous le même toit, dans les premières années du

siècle, vivait l'auteur célèbre de *Paul et Virginie*, qui n'avait pas encore son logement au Louvre. En ce temps-là, bien que déjà les honneurs et les pensions fussent venus jusqu'à lui, Bernardin de Saint-Pierre, fort habile à tirer parti de ses ouvrages, publia une lettre dans les journaux qui annonçait que, par suite de pertes récentes, il ouvrait personnellement une souscription à une nouvelle édition de *Paul et Virginie*, d'une belle impression, ornée de gravures recommandables, et coûtant de 172 à 432 fr. chaque exemplaire, selon le caractère des ornements.

Rue Bellefond. (1)

Mme de Bellefond. — MM. de la Brillantais. — Les deux Rose. — Autres Habitants qui ont marqué. — Séraphin. — Les Salles de Danse. M. de Pongerville.

La rue Bellefond, tracée au milieu du xviie siècle, ne fut tenue sur les fonts que vers l'année 1700 par Mme de Bellefond, abbesse de Montmartre, qui était en cette qualité propriétaire de terrains en bordure et jouissait de droits seigneuriaux sur les autres propriétés de la rue. Marie-Eléonore Gigault de Bellefond, issue de Bernardin Gigault de Bellefond, maréchal de France, et de Madeleine Fouquet, succédait à Mme Marie-Anne d'Harcourt dans cette abbaye en règle, dont le brévet était à la nomination du roi depuis l'année 1560. Dès l'âge de cinq ans, son éducation avait été confiée à l'abbesse de Montivilliers, sa tante, et elle avait appris les langues anciennes, comme un garçon ; ce qui ne l'empêcha pas de rester modeste. Elle avait commencé, à peine âgée de quinze ans, son noviciat, bien que les plus brillants partis se présentassent à l'envi pour la détourner de prendre le voile, et elle avait fait profession le jour de la Toussaint, année 1675. Cette religieuse, appelée dans sa vingt-quatrième année au gouvernement du monastère de Notre-Dame-des-Anges, dit de Bellefond, près Rouen, n'avait pris la crosse à

---

(1) Notice écrite en 1857. Des excavations n'avaient pas encore fait passer la nouvelle rue Baudin sous la rue Bellefond, à mi-chemin de son parcours.

Montmartre que quinze ans plus tard, s'étant retirée chez sa sœur, supérieure à Conflans, pour attendre ses bulles. La communauté de Montmartre aliéna, sous la direction de cette abbesse, des biens, pour acquitter des dettes contractées antérieurement; il y passa jusqu'à la seigneurie de Clignancourt, dont M. du Maine donnait 5,500 livres. La maison obtint, à titre de secours, 4,000 livres sur les gains non réclamés dans les loteries et 20,000 sur les loteries de la Conception; mais elle demanda sans succès l'autorisation d'organiser une tombola pour son propre compte. Il s'en fallait, ne le voyez-vous pas? que le crédit de l'abbesse fût sans bornes! La fille du duc d'Orléans compta pourtant parmi ses pensionnaires, et la régente elle-même eut un appartement à l'abbaye, pour y faire ses dévotions. Dans les premières années de la Régence, l'entourage officiel de Mme de Bellefond, abbesse de Notre-Dame de Montmartre, dame dudit lieu, de Clignancourt, des Porcherons et du For-aux-Dames, fief assis en Paris, se composait de ces dames:

Sœur Rénée de Sève, *prieure*; sœur Thérèse Pellot, *prieure du cloître;* sœur Anne Dudot, secrétaire du chapitre; sœur Geneviève Hénault, *portière*; sœur Françoise Fromentel, *dépositaire*; sœur Marie d'Argence, *bourcière*, et sœur Marie de Cassière, *cellériére.*

Mme de Bellefond avait 58 ans quand une longue maladie finit par l'emporter, le 28 août 1717.

Comme on avait gravé son nom, aux quatre coins de la rue, en deux mots, tous les étymologistes ne tardèrent pas à soutenir que l'eau d'une belle fontaine avait servi à y gâcher les premiers sacs de plâtre. Sur le plan de Turgot, qui porte le millésime 1739, la rue *Belle-Font* sert de limite à la ville de Paris et ne va pas encore jusqu'à la rue du Faubourg-Poissonnière, alors Sainte-Anne. Une des bornes qui avaient tenu lieu de mur d'enceinte à cette époque attenait, vingt-cinq ans après, à la maison du sieur Moreau, s'élevant à 83 toises de l'encoignure de ladite rue du Faubourg, où se trouvait déjà portée l'embouchure de la rue Bellefond. C'est bien en 1728 qu'on avait commencé à numéroter les maisons, mais l'ordre numérique faisait d'abord le tour de chaque rue sans séparer les chiffres pairs des impairs, et il en a fallu un chassé-croisé général pour que le premier et le dernier ne fussent plus vis-à-vis l'un de l'autre. Aussi bien la maison Moreau, qu'on disait sise à droite, doit plutôt être à notre gauche.

Un hôtel de campagne florissait déjà, rue Bellefond, avant que les frontières urbaines fussent reculées; on prétend que c'était alors la maison de campagne de l'abbesse; MM. de la Brillantais en disposèrent ultérieurement, et de nos jours l'emplacement est occupé par des écuries et des remises qu'a établies la Compagnie impériale des petites voitures. Heureusement la rue est carrossable; on ne pouvait pas en dire autant lorsqu'elle menait à la voirie; une ordonnance du 13 floréal an IX, signée Chaptal, en a fixé la largeur à 10 mètres.

MM. de la Brillantais possédaient également le terrain, si ce n'est la maison même de M. Isambert, qui touche à celle de M. Bachimont portant le n° 35, école chrétienne pour les filles; mais en 1843 la construction de celle-ci n'était pas encore terminée. Dans lesdits n°s 35 et 37 le vicomte de la Brillantais avait préludé à l'établissement d'une salle de spectacle, destinée à ces exercices d'amateur dont la tradition ne court pas risque de se perdre, et cela pouvait n'être qu'une restitution; mais il y avait eu changement de destination, en même temps que de propriétaire, avant l'achèvement des travaux.

On avait joué auparavant la comédie bourgeoise chez les D{{lles}} Verrière. Mais ces deux sœurs, qui ne brillèrent comme premiers-sujets que sur la scène mobile des petits-soupers, habitèrent et la rue Bellefond et la rue de la Tour-d'Auvergne, qui en est presque le prolongement ; nous croyons, mais sans l'affirmer, que leurs spectacles furent donnés dans l'une des maisons La Brillantais. Les petites Verrière montèrent à Epinay-sur-Seine des représentations du même genre, aux frais de M. de la Live d'Epinay, fermier-général, illustré par sa femme plus que par ses maîtresses. Il y avait sept loges dans leur salle de Paris, sans préjudice des loges grillées pour les curieuses timorées, qui ne s'aventuraient dans la mauvaise compagnie qu'à la faveur de l'incognito. Des acteurs de profession, tels que Laruette et M{{lle}} Villette, participaient chez elles aux applaudissements accordés principalement à des amateurs, tels que le président Salaberri, qui se complaisait aux rôles de valet, le poète Colardeau, le baron de Van-Switen et M. d'Epinay. L'aînée des deux sœurs jouait les soubrettes, et ce n'était pas une raison pour qu'on la distinguât aisément de l'autre à la ville : les deux se ressemblaient si fort qu'on les croyait au moins jumelles. Avaient-elles réellement deux cœurs ? L'une et l'autre portaient le petit nom de Rose, pour faire plaisir au fermier-général, et elles ne se montraient jamais jalouses que de lui être agréables. La cadette s'appela toutefois M{{me}} la comtesse de Lamarre.

Des fenêtres du n° 38 on a vu passer les carrosses de cette cour galante. Le 33, qui appartenait en 1781 à Louis Bazin, menuisier de l'Opéra, a gardé un petit jardin, luxe qui n'est pas encore bien rare dans ces parages ; il a été habité, sous l'Empire, par Braise, chirurgien-major du Ier régiment des grenadiers de la garde, démissionnaire en 1814, puis par l'amiral Duperré et par M. Malleval, secrétaire-général de la préfecture de police. Tout près de la maison du menuisier de l'Opéra, un rossignol du même théâtre avait trouvé son nid, dont les dispositions étaient les mêmes ; ce rossignol était Lainé, chanteur haute-contre de l'Académie impériale de musique.

En face est une maison que Dardillier, maître-maçon, s'est bâtie vers l'année 1780, et que M. Gautier, propriétaire actuel, a augmentée d'un pavillon. Cet ancien officier, qui a été adjoint au maire du IIe arrondissement, a eu pour locataires : feu Arnoult, auteur dramatique, mari de Mme Plessy-Arnoult ; Cordelier-Delanoue, également auteur dramatique et fils d'un général ; le baron Trouvé, littérateur et imprimeur. Ce même n° 32 a servi de résidence, vers 1830, au comte de Saint-Denis, ancien page de Louis XV, et à M. de Saint-Pierre, doyen des anciens membres du parlement de Paris, où il avait présidé.

La maison attenante, côté de la rue Rochechouart, fut construite sous la Restauration par Joseph Séraphin, directeur du spectacle des Ombres-Chinoises au Palais-Royal pendant quarante-quatre ans. Son oncle, Dominique Séraphin, voyageait depuis l'année 1772, avec une troupe docile de marionnettes, lorsque S. M. Louis XVI, se souvenant d'une représentation qu'il avait donnée aux jeunes princes du sang royal, au palais de Versailles, lui accorda le privilége du petit théâtre exploité aujourd'hui encore par sa petite-nièce. N'est-il pas rare, en somme, qu'une entreprise dramatique demeure un patrimoine héréditaire ? Voilà enfin une direction que les feux n'ont pas incendiée !

Les n{os} 26 et 28, à coup sûr, sont d'un âge

très-respectable, mais sans traditions dignes d'intérêt. Un chiffre en fer sert de signature au 22, qui ne s'en trouve pas moins, à l'égard des recherches historiques, en cas d'insolvabilité.

Depuis plusieurs générations, la famille de M. Thomas dispose du n° 19, ancienne guinguette décorée d'un balcon doré, construite pour Desdomène, cabaretier, qui se rendit acquéreur successivement des n°s 15, 17, 21, 23 et 25, dont le sol pour le moins avait appartenu à l'abbesse de Montmartre. Le marchand de vins Desdomène, dans les salles et jardins duquel on dansait comme aux Porcherons, est mort n° 21 :

> Sa cendre encor frémit, doucement remuée,
> Quand dans la nuit sereine une blanche nuée
> Danse autour du croissant des cieux.

Desdomène, fils et successeur du Ramponneau de la Nouvelle-France, a cessé de vivre en 1842, à l'âge de 81 ans, dans la propriété frappée du n° 17.

L'hôtel Bellefond, naguère le pied-à-terre des colonels de la caserne du faubourg Poissonnière, fut créé en 1820 par l'hôte qui le dirige encore. Un peu plus tôt c'était une filature. On y dansait comme dans les maisons voisines, avant que les barrières fussent portées au-delà de la rue Bellefond. Comme guinguette, elle avait une enseigne qui pouvait donner l'avant-goût de la Californie ; on y lisait en grosses lettres : *Au Pérou !*

Reste le séjour d'un académicien, homme d'esprit, qui passe l'hiver depuis trente années rue Bellefond. Nous supposions que ce n° 20 datait d'un siècle au minimum. Mais voici la lettre que M. de Pongerville s'est empressé d'adresser à M. Rousseau, en réponse à un exemplaire de la circulaire qui demandait pour nous à un grand nombre de propriétaires une note sur les antécédents de leur maison :

Aux Quignons, près Nanterre (Seine), 23 mai.

« Monsieur,

La maison qui m'appartient rue Bellefond, faubourg Montmartre, n'a aucun souvenir intéressant ; elle a été bâtie, en 1819, par une dame Cheval, qui me l'a vendue en 1826. Je l'habite depuis 1832. Si, dans les notices que vous destinez aux Maisons, vous recherchiez, Monsieur, les personnes de talent qui en ont été locataires, je ne me souviens que de Léopold Leprince, peintre, et de Mme Félicie d'Aizac, femme d'une grande érudition, dignitaire de la maison impériale de la Légion-d'Honneur.

J'ai l'honneur de vous offrir mes civilités.

De Pongerville (de l'Académie française).

Rue de Bercy-Faubourg-Saint-Antoine

NAGUÈRE

de Bercy-Saint-Antoine. (1)

Comment aiment beaucoup de Médecins. — Bordeu enlevé par une Grisette. — A quoi sert de tâter le Pouls. — Lantara. — Recensement local en 1720. — Les Doctrinaires.

Les médecins les plus ignorants craignent-ils de mourir de faim ? Ils excellent eux-mêmes à se faire attendre, comme le Messie, par des malades encore plus ignorants, pour vivre à leurs dépens. Ceux qui en savent plus long percent toujours à l'âge de raison ; ils portent moins leur croix sur le dos qu'à la boutonnière, et la santé des femmes leur rapporte plus d'argent que celle des maris, mais ceux-ci ont la bonhomie de payer jusqu'à des visites dont ils demanderaient raison s'ils y voyaient un peu plus clair. Presque tout le corps médical épouse des jeunes personnes sans dot et néanmoins dote ses filles : cumul bien difficile dans les autres carrières ! Ces femmes, devant tout à leur mari, n'en reconnaissent pas mieux l'autorité et ne l'en aiment pas davantage ; mais elles se

---

(1) Notice écrite 1857. Le Chemin de fer de Lyon occupe maintenant tout un côté, dépourvu de maisons, de la ci-devant rue de Bercy-Saint-Antoine, à laquelle est ajoutée la ci-devant rue de Bercy, qui y faisait suite à Bercy, avant l'annexion de cette commune à Paris.

résignent au rôle secondaire, dans le ménage, plus facilement que celles qui ont le droit de faire des scènes de jalousie, et le bonnet doctoral y gagne d'être plus rarement aux prises avec l'autre bonnet. Quant aux princes de la science à notre époque, ce qu'ils gagnent d'argent aurait suffi aux fermiers-généraux de l'ancien régime, et pas un ne s'embarrasse d'une petite maison. Les autres personnages en vue ont souvent des maîtresses qu'on cite ; mais la discrétion fait souvent tous les frais des bonnes fortunes d'un médecin, même en vogue.

Leur maître à tous, Théophile de Bordeu, médecin de la cour de Louis XV, eut rougi de cacher son jeu sous le manteau professionnel ; il était homme du monde et de son temps, au point de faire la part de la galerie dans ses plaisirs intimes, et une gêne relative le poursuivait, quels que fussent les succès de sa pratique à Paris, à Versailles et dans les Pyrénées. Il trouvait même le temps de courir, comme un simple mortel, après les bonnes fortunes, si elles ne tombaient pas des nues. Mais la recherche des aventures l'exposait à des déconvenues que lui eût épargnées un choix facile à faire dans la clinique en ville des affections nerveuses. Un jour il fallait en rabattre quand la lumière donnait sur un minois mal distingué dans la pénombre ; il arrivait un autre jour à l'innocence, qui s'était fait prier, d'entraîner dans sa chute le masque de la jeunesse. Honneur, en revanche, à l'imprévu les jours où le galant n'était mis en défaut qu'au profit d'une curiosité, digne de son attention de philosophe, ou d'une bonne action à accomplir !

Un soir, en sortant d'une maison de la place Royale, Bordeu vit luire deux yeux si grands ouverts qu'ils le retinrent sous les arcades. Ils prévenaient en faveur d'une jeune fille, qui se disait brodeuse de son état, mais qui n'en accepta pas moins, sans la plus petite hésitation, une place dans le carrosse qui attendait le médecin. Elle parut même enchantée que le cocher, sur l'ordre de son maître, prit la direction de la Râpée, et il était logique d'en conclure qu'elle connaissait les bosquets de la fameuse guinguette de ce nom, et qu'elle en aimait la friture. Le ravisseur, qui aurait préféré que l'enlèvement fût un peu moins facile, en prit néanmoins son parti, et la victime dardait sur lui des regards tellement scrutateurs qu'il en aurait été lui-même intimidé s'il avait fait plus clair. Les propos qu'il tenait, du reste, à l'ouvrière étaient enjoués, sans manquer aux égards qu'il aurait eus pour une femme du monde dans une situation aussi risquée. La voiture roulait rue Contrescarpe quand la jeune fille demanda à descendre, parce qu'elle logeait dans la rue de Bercy, alors de la Râpée, où ce bel équipage ne pouvait que la compromettre. Bordeu obtint sans peine la permission de la reconduire jusqu'au bout ; mais elle lui tendit une main si froide, pour mettre pied à terre, que la sienne en demeura glacée.

Or une bonne poignée de mains suffisait au grand médecin, auteur du *Traité sur le Pouls*, pour deviner bien des secrets ; il tâtait le pouls aux gens sans qu'ils s'en aperçussent, et les pulsations lui indiquaient : chez les malades, la nature de leur maladie ; chez les filles, si elles étaient sages, et chez les femmes, plus qu'elles-mêmes n'en savaient.

A peine l'a-t-elle introduit dans un galetas, si mal meublé que pas une autre fille n'aurait le courage d'y approcher une allumette du chandelier boiteux qui lui-même va être vide : — Ma belle enfant, lui dit Bordeu, je te supplie de me répondre avec franchise. N'y a-t-il pas deux jours que tu n'as pris de nourriture et de sommeil ?

— Vous me connaissez donc? répond-elle en s'appuyant au mur pour fondre en larmes.

— Déjà trop, reprend le savant, car je sors souvent sans argent, et je ne saurais à l'instant même pourvoir au plus pressé. Mais viens dans mon hôtel, rue de Bourbon, et mon garde-manger aura bien du malheur s'il sonne aussi creux que ma bourse.

Impossible! fait l'ouvrière en baissant la voix, et en conjurant, par un geste, le visiteur d'en faire autant. Je n'ai pas encore osé vous dire que j'allais de porte en porte à la recherche d'un médecin, pour le supplier de me suivre, lorsque le suisse d'un hôtel m'a vivement conseillé de vous attendre sous les arcades, en jurant ses grands dieux que je ne pouvais mieux m'adresser.

— Mademoiselle, réplique le médecin en se mettant au même diapason, ce brave homme aurait dû aussi vous faire savoir que d'habitude je commande partout où il y a des gens qui souffrent.

— Alors, lui dit plus bas encore la jeune fille en le saisissant par le bras, vous ne sortirez pas de la maison sans voir quelqu'un qui vous a probablement entendu de la chambre voisine, et qui doit être bien plus malade que moi : il n'a plus faim. C'est presque un inconnu dans la maison. Ses gémissements m'ont appelée à son aide, et il prétend être guéri depuis avant-hier que je veille à son chevet ; mais il s'épuise à me cacher qu'il souffre, et j'ai peur que le mal n'augmente à mesure que les forces diminuent. Sauvez, docteur, sauvez ce malheureux!

— Son nom?

— Je ne lui connais que le nom de Mathurin : il n'y a pas plus de huit jours que le hasard nous a rendus voisins.

— Son état?

— Peintre paysagiste. Ses couleurs lui auront fait mal, et vous entendez comme il tousse ! N'est-ce pas effrayant, docteur ?

— Non, mademoiselle, c'est la toux d'un malade qu'à nous deux nous allons sauver, car je sais déjà qu'il est jeune et qu'il est aimé, Mathurin, quoique vous n'en touchiez pas mot ! Je vous en veux pourtant, petite fûtée, d'avoir douté de mon empressement à remplir un devoir d'humanité. Pourquoi m'avoir si bien caché qu'il s'agissait d'une bronchite aiguë ? Vous mériteriez, chère enfant, que je vous la fisse attraper. Mais vous êtes pour ça trop belle fille et trop bonne garde-malade. Chargez-vous des deux ordonnances, que je vais signer dans la chambre d'à côté : l'une pour mon apothicaire et l'autre pour le traiteur de la Rapée, nommé Raynal, qui ne me connaît que trop. Je les renouvellerai chaque jour tant que vous n'aurez pas accepté mon invitation à souper, avec votre convalescent.

L'artiste que Bordeu eut effectivement le bonheur de rappeler à la vie, dans cette maison de la rue de Bercy, n'était autre que Benjamin Lantara, un pauvre diable, qui lui-même avait du génie. Il aima trop le cabaret pour s'attacher exclusivement à une fille qui n'y remplissait pas son verre. Le talent lui venait toujours, comme l'amour, entre deux vins, sans que la tendresse et la gloire le dégoûtassent d'une ivresse moins exigeante, plus constante que la leur. Il mourut encore jeune à l'hôpital, en attendant les honneurs du vaudeville qui, avec la *Clé du Caveau*, ouvrit son Panthéon à l'*air de Lantara*.

Le plan que Jaillot, contemporain de Bordeu et de Lantara, a donné de la partie méridionale du quartier Saint-Antoine, marque dans cette rue de Bercy plus de 20 propriétés. Mais quelques-unes ont pour toutes constructions de quoi loger le jardinier d'un marais ou le gardien d'un chantier, et la plupart donnent aussi sur le quai, comme la guinguette précitée, qu'un passage y sépare de la chapelle Saint-Bonnet, ou bien sur une des rues qui partent du quai.

Ladite n'est encore en 1714 qu'un chemin sans pavé et sans lanterne, d'après l'abbé Lacaille, qui n'y reconnaît pas plus de 5 maisons. Opposons à ce petit nombre une division tout autre, qui date de six années plus tard.

Propriétaires du côté droit : — Un marchand de bois, *chantier.* — Un autre marchand de bois. — Un autre. — Un autre encore. — Grangé. — Un marchand de bois. — Boudion, *tanneur.* — Un marchand de bois. — Hébert, procureur de la cour, *maison de la Rapée* (La rue s'appelle alors de la Rapée jusqu'à l'habitation d'Hébert et rue de Bercy au-delà). — Delacroix. — Orry, puis Mme de Parabère. — Delacroix. — De la Vieuville, *avec Mme de Maulevrier pour locataire.* — Mme Le Vayer. — Pajot d'Onzembrai. — Le même. — Le duc de Rohan. — Le notaire Lechanteur. — Le même.

Propriétaires du côté gauche : — Un jardinier. — Les pères de la Doctrine-chrétienne. — Delacroix.

La Grange-aux-Merciers, assise dans la vallée de Fécamp et dépendant de la paroisse Sainte-Marguerite, avait été donnée aux Doctrinaires, en l'année 1677, par Jacques Champion, qui avait plaidé au parlement. C'était l'ancien chef-lieu du fief de Bercy, dont avait fait partie une terre de la Rapée. La Doctrine-chrétienne de Bercy avait pour chef d'ordre celle de la rue des Fossés-Saint-Victor à Paris, maison-mère de la congrégation. Les seigneurs de l'endroit avaient fait célébrer la messe tous les jours de fête dans une chapelle que remplaçait l'église des pères, sous l'invocation de la Nativité-de-la-Vierge. Nous reparlons de la Grange-aux-Merciers dans l'historique du quai de la Râpée.

Le duc de Rohan, dont la propriété faisait vis-à-vis à celle des Doctrinaires, obtint par arrêt du conseil, le 12 décembre 1724, à la condition de payer 100 sols par année au Domaine, la permission d'élever deux pavillons à droite et à gauche de sa maison et d'en faire précéder l'entrée d'une seigneuriale demi-lune, comme s'il avait droit de justice à Bercy.

Rue de Bercy-Saint-Jean (1)

MAINTENANT AJOUTÉE A CELLE DU

Roi-de-Sicile.

L'Usurier honnête Homme. — Le Marché-Saint-Jean. — Les deux Escaliers en rivalité. — Deux groupes de Propriétaires en 1786.

Les juifs ne prêtent pas tous à la petite semaine ; ce sont parfois de grands artistes que ces chrétiens tirés avant la lettre. La gravure, la statuaire, la littérature et le théâtre inscrivent, à coup sûr, des israélites fort nombreux sur la liste des candidats que notre époque propose à l'immortalité : la postérité disposera. Il est permis de remarquer aussi que l'esprit judaïque domine, sans exception pour les chrétiens, les affaires temporelles de la littérature actuelle; on en viendra bientôt à ne plus distinguer, parmi les appelés et surtout les élus de la réputation, les ultramontains des sceptiques, les illuminés des athées. Nous avons connu, quant à nous, un M. La Ressource, parfaitement israélite, qui venait fréquemment en aide aux gens de lettres et de théâtre, avec une bonhomie qui jusqu'ici l'a empêché de se

---

(1) Notice écrite en 1857. La reprise en sous-œuvre a remis plus récemment à niveau les premières maisons qu'on côtoie dans la ci-devant rue de Bercy-Saint-Jean, en sortant de la rue Bourtibourg. On appelle du Marché-Saint-Jean la rue large et courte qui sépare de celle Bourtibourg, la place Baudoyer : quatre ou cinq maisons anciennes y gardent encore, du côté des chiffres impairs, les numéros qu'elles portaient sur l'ancienne place du Marché-Saint-Jean.

faire, pour son propre compte, éditeur de journaux, puis banquier : c'est la route qui mène aux grandes fortunes. Il prêtait à gros intérêts, et jamais ce n'était en espèces ; mais on assure qu'en somme il n'a réalisé qu'une collection pittoresque d'autographes, protestés sur papier timbré, ce qui rend les dates authentiques. Si par hasard M. La Ressource, qui demeurait près du marché Saint-Jean, refusait de prendre à l'escompte les espérances folâtres d'un journaliste, d'un vaudevilliste ou d'une actrice, on le traitait de gredin et comme un lépreux au moyen-âge ; c'était bien pis si l'affaire s'était faite, quand les billets venaient à échéance. Quel honnête homme pourtant que ce coquin, en dehors de son petit commerce ! Dans ses moments de gêne il allait emprunter à l'un de ses débiteurs trente écus, sur parole, remboursables à la fin du mois, et il payait toujours à l'heure convenue, sans se prévaloir un instant des signatures en souffrance dont il était le détenteur, et sur lesquelles la procédure suivait son cours avec une sereine impassibilité. Combien de chrétiens ne pousseraient pas jusque-là l'héroisme obscur de la loyauté ! La parole, il est vrai, suffit dans les petites affaires ; elle établit le crédit ; mais il ne faut plus y compter le jour où il s'agit d'un coup de partie. Le symbole de la foi au serment, dans *Hernani*, aurait-il jamais fini par être compris si les acteurs de ce fier drame avaient porté des habits noirs, au lieu de costumes du temps de la chevalerie ?

Que s'il survit encore quelques maisons de la défunte place du Marché-Saint-Jean, à très-peu de distance de la rue Bourtibourg, la maison habitée naguère par notre homme en est encore plus près, rue de Bercy. Elle tient bon sur deux berceaux de cave, qui n'annoncent guère une origine roturière. De ses deux escaliers, qui sentent le règne de François Ier tout au moins, l'un est à balustres de bois, l'autre est pourvu d'une rampe en fer ; le même métal se tord, comme la griffe arrondie d'un notaire de cette époque-là, pour servir de balcon à des paliers qui ouvrent sur la cour. Si bien que ces deux escaliers, dont les cages se font vis-à-vis, semblent deux vieillards encore verts, qu'une jalousie égoïste pousse à épier l'instant où l'un des deux cédera le pas à l'autre ; bien loin que l'âge les ait cassés, on dirait qu'ils se penchent par curiosité réciproque, et que tous deux dédaignent de ramper comme des insectes enveloppés dans une coque de pierre : les degrés inégaux de l'un compte les marches écornées de l'autre. Il y a peu d'années, un des vieux locataires de la maison décrochait, pour déménager, un tableau qui pendait depuis le Directoire ; un papier vermoulu et des toiles d'araignée, qui dataient bien du Consulat, s'étaient incorporés avec le cadre et tombèrent en poussière, en découvrant quelque reste des peintures qui avaient illustré les panneaux des appartements. C'est en chaise à porteurs qu'on y arrivait autrefois, car les voitures, faute d'espace pour tourner, s'arrêtaient à une vieille arcade sur la place. Aujourd'hui la maison dont le premier étage est occupé par une synagogue, s'élève, comme ses voisines, à quelques pieds du sol abaissé de la voie publique.

Aussi bien c'était moins une rue qu'un cul-de-sac, avant que la rue de Rivoli envahît la place Saint-Jean. Dès le règne de Louis-le-Jeune quelques constructions s'y espaçaient. Les maisons qu'on y rencontrait à droite, en sortant de la rue Vieille-du-Temple, appartenaient quand l'ancien régime touchait à sa fin :

à M. de Bellepomme ; au président de Meurat ; audit Bellepomme ; au M{is} de Versainville.

Celles de l'autre côté :

à M. Chapsal, dont les 4 maisons côte à côte avaient peu de temps auparavant M. de la Garde pour propriétaire ; à M. Grenier, 3 autres maisons de front ; au maître-maçon nommé Pierre, qui avait eu pour prédécesseur dans la propriété de ses 4 maisons le M¹ˢ de Fénélon, et à M. Gibert

Rue Bergère. (1)

Chemin, Cul-de-sac et Rue. — Prééminence du Féminin sur le Masculin. — Le Comptoir d'Escompte et l'Hôtel d'après. — Les Maraîchers. — Le Conservatoire. — Le Président Gilbert des Voisins. — La Bourgeoisie de 1769. — L'Hôtel Rougemont et les Maisons d'avant. — M. Hottinguer. — Le 18 et 20. — M. Fould. — Le Prévôt des Marchands.

Des anciennes bornes du Paris de Louis XIV, deux se voyaient encore rue Bergère en l'an de grâce 1777 : l'une du côté droit, à 78 toises, 4 pieds, de l'encoignure de la rue du Faubourg-Poissonnière, chez le sieur Levée, et l'autre, presque en face, attenante à la maison du sieur Le Guay, et distante d'environ 97 toises du point de départ de la rue Bergère. Il y avait déjà plus d'un siècle que le chemin dit du Berger coupait l'ancien clos du Hallier ; seulement, la communication ayant été interrompue du côté du Faubourg-Monmartre, il était devenu une impasse. Lorsque la restitution de la seconde issue a fait du cul-de-sac une rue, la dénomination a passé du genre masculin au féminin, et c'était de l'avancement. Tout chemin mène à Rome ; mais quelques-uns seulement deviennent rues. Il y a gros à parier, d'ailleurs, que le sexe faible, tout entier, renoncerait au genre féminin, comme Georges Sand, si les hommes eux-mêmes n'en confirmaient pas la suprématie en y ayant recours pour se donner des titres aussi élevés que Son

---

(1) Notice écrite en 1857.

Excellence, Sa Grâce, Son Éminence, Son Altesse, Sa Hautesse et Sa Majesté.

Le plan de Paris en 1739 ne nous laisse voir encore que l'impasse, comme celui de 1714, mais avec des murs sur la gauche, bordant principalement des potagers, et cinq ou six maisons sur la droite, dont une grande.

C'était probablement l'hôtel actuel du Comptoir national d'escompte, qui fait partie du patrimoine échu à M. le comte Roger du Nord, député, puis représentant du peuple, arrêté le 2 décembre comme ceux de ses collègues qui se montraient hostiles à l'extension des pouvoirs attribués au président de la République. Le père de M. Roger tenait l'hôtel de la famille de Clesle, qui l'avait acheté de Mme Mérault, moyennant 120,000 livres, le 20 janvier 1761. Or, plus nous remontons, plus va s'amoindrissant le prix de cette propriété, dont la valeur s'est plus que cubée. Dix ans avant de la céder, Mme Mérault l'avait payée 85,000 livres à Victor Riquetti, chevalier, marquis de Mirabeau, père de l'illustre orateur, qui lui-même était acquéreur du marquis Hector de Saint-George, chevalier, seigneur de Dirac, pour une partie des dépendances, en 1742, mais adjudicataire de l'hôtel proprement dit dans la même année, sur une saisie pratiquée contre le sieur Jacques Dupin du Plessis, maître de mathématiques.

La maison de M. de Saint-George, qui venait immédiatement après, avait appartenu à François de Lormé, successeur de Pierre-Antoine Levée; elle passa à Jean de Sénac. Puis maison et jardin de 60 perches à Charles Brière, maraîcher, qui tenait d'une part à Saint-George, d'autre part à Jean Saulnier, par-derrière à l'égout de la ville. Puis un arpent cultivé en marais par Jean Saulnier, y ayant son habitation, qui vendit à Legué ou Le Gauy, dont la famille également jardinière était alliée à la sienne. Un autre Saulnier, demeurant rue d'Enfer (autrement dit rue Bleue) bêchait et arrosait trois quartiers de terre à la même époque, rue Bergère, et il y succédait à Delaroche.

La vie des champs se menait donc encore dans cette ancienne bergerie. Toutefois les pastorales qu'on avait jouées, sous la Régence, dans la petite maison du comte de Charolais, prince du sang, n'y avaient pas précisément naturalisé l'innocence. Cette propriété d'encoignure, qui devint l'hôtel royal des Menus-Plaisirs, puis le Conservatoire, n'était vouée encore qu'aux menus-plaisirs d'un prince quand elle faisait pendant à la maison Fornat, qui ouvrait, elle aussi, sur la rue du Faubourg.

Les Fornat, famille bourgeoise, tenaient sur la rue Bergère au président Gilbert des Voisins, propriétaire sur l'une et l'autre lignes. Le président avait hérité de son beau-père, Nicolas Langlois, secrétaire des finances, une grande maison, une petite et 3 arpens et 1/2 de terre au *Clos du Hallier*, et cette propriété était embrassée par la maison du susnommé Du Plessis, par un héritage Legoix, par les égouts de la ville et par la rue Bergère ; elle avait donc la petite maison du prince pour chef de file.

Les propriétaires se suivant à l'opposite répondaient en 1769 à l'appel que voici :

M. Glyent, M. Trouard, M. Marquet de Peyre, M. de la Salle, M. Mercier de Montblanc, pour deux maisons, Mme Serval, *idem*, M. Bruyère, M. Moussel.

De ce côté, Marquet de Peyre disposait de l'hôtel-*princeps*, qui faisait presque face à l'autre, et que l'on connaissait pourtant sous les noms de Samuel Bernard et de Boulainvilliers. C'était enfin l'hôtel Rougemont quand, sous le règne de Louis-Philippe, on perça sur son emplacement la rue Rougemont en morcelant le reste du terrain.

Les démolisseurs donnaient 4 millions de cet hôtel, dont le magnifique jardin servait de fossé au boulevard, à travers une belle grille, et qui avait triple porte rue Bergère; il n'avait toutefois coûté que 600,000 fr. au banquier Rougemont de Lowenberg. La commande en avait été faite par le riche financier Samuel Bernard, qui eut pour fils et successeur le président Bernard de Boulainvilliers. Quels noms de l'aristocratie n'ont pas porté les filles du président, quand leur tour est venu d'en changer! Le mariage a fait sortir, l'une après l'autre, de l'hôtel de Samuel Bernard ses quatre petites-filles, devenues, Dieu me pardonne! la duchesse de Roquelaure, la duchesse d'Uzès, la marquises de Clermont-Tonnerre et la marquise de Faudoas.

Par exemple, on n'a pas demandé, que nous sachions, la main d'une jolie fille pour laquelle fut construite en 1740 la maison du n° 7 ; il est vrai que le sieur Trouard l'y amena de la main gauche. Aussi bien tous les ornements du rez-de-chaussée, jadis appartement unique, y sont en plomb coulé et doré. Le grand jardin de ce lieu de plaisance longeait autrefois le parc de l'hôtel Rougemont jusqu'au boulevard. Un juge, M. Dubois, y avait ses pénates au commencement de la Révolution. Eugène Scribe y a occupé un appartement de garçon, sur le côté, lors qu'il sortait de Sainte-Barbe, avec des vaudevilles en portefeuille et Poirson, le futur directeur du Gymnase, pour camarade et collaborateur. Là demeura aussi M. Paul Avrial, négociant, tombé sous les balles d'une barricade au mois de juin 1848.

Le 5 est de la même date que le 7, et tout pareillement il est veuf d'un jardin, lequel y donnait vue sur le boulevard. La famille Papillon de Laferté a disposé de la maison qui précède.

Ne remarquez-vous pas aussi, sur ce versant du boulevard, mais après la rue Rougemont, l'hôtel du baron Hottinguer, régent de la Banque de France? Il appartint à Jean-Claude Douet et à Marie-Claude Bataille de Francès, sa femme; mais il fut confisqué par la Nation sur la comtesse de la Massaye, châtelaine à Béthemont, près de Montmorency, qui avait émigré. La famille Hottinguer en jouit depuis trente ans; les plafonds historiés, les sculptures et les dorures qui décorent les bureaux de cette maison de banque sont tout à fait du style de l'Empire, et le reste de l'hôtel observe une simplicité qui fait contraste.

En face est le 18, où un petit salon s'enguirlanda des couronnes décernées par le public à une forte femme, Mlle Georges, que le drame réussit pourtant à enlever à la tragédie : cette locataire, n'eût-on reconnu en elle, dans l'escalier, ni Marguerite de Bourgogne, ni Lucrèce Borgia, aurait encore eu de la peine a y passer inaperçue. Un autre appartement est occupé par M. Comartin, princièrement logé pour un avoué; or Ignace-Joseph Comartin, huissier-audiencier au grenier à sel de Paris, habitait déjà la même rue il y aura bientôt cent ans. L'imprimerie Chaix a démocratisé un ancien hôtel adjacent, où n'a pas résidé, comme on l'a publié, Mme de Pompadour, mais qu'on a bâti de son temps et qui en porte encore le cachet, bien qu'il ait cessé d'être entre cour et jardin. La méprise vient de ce que le premier occupant, Lenormand de Mézières, commissaire des guerres, époux de Louise-Marie-Jeanne Duchesne, était parent du fermier-général Lenormand d'Etioles, mari de la marquise de Pompadour. Le terrain lui avait été vendu en 1758, sous la censive de Sainte-Opportune, par Aimée-Geneviève Baudin, veuve de Charles Bruyère, maître-jardinier, propriétaire qui était mitoyenne avec le marquis de Saint-George à l'orient, avec le comte de Bussy à l'occident. Or l'acheteur lui-même se qualifiait seigneur de Bussy et de Mézières : du titre de monseigneur à celui de comte il n'y avait pas loin, pour un financier bien en cour ! Par conséquent, deux hôtels, au lieu d'un, ont pu appartenir au commissaire des guerres, qui a cédé pour sûr le premier en 1765 à Marie-Antoine Bourgogne, écuyer, et à sa femme, née Anne Duvergier. Le 27, sujet à reculement, n'a plus le droit de réparer sa façade, qui d'ailleurs n'en aurait besoin qu'au point de vue de l'alignement ; depuis vingt ans c'est un hôtel garni ; depuis un siècle il est debout. Quant au pâté d'hôtel garnis dit la cité Bergère, son enfournement date de l'année 1825.

L'hôtel Fould, acquis par le père du ministre de ce nom après le 18 brumaire, n'a pas cessé depuis de se livrer aux opérations de banque au profit de la même tribu. M. Achille Fould a fait, dit-on, les fonds nécessaires au coup d'État du 2 décembre, et les Tuileries continuent à avoir si souvent besoin de ce financier, riche en expédients, que sa disgrâce n'est jamais de longue durée. Sitôt qu'il n'a plus de portefeuille, la gêne désorganise les innombrables combinaisons dont le fil d'or est incessamment tenu par la maison de l'empereur ; il rentre donc forcément aux affaires, à seule fin de ramener l'abondance au palais, mais en exigeant, comme toujours, carte blanche pour les moyens. Le jardin de l'hôtel Fould longe la rue de Trévise ; il a d'abord été beaucoup plus grand. Ce qu'il y a de bâti sur le devant est moderne ; mais la cour a gardé le pas sur les anciens appartements de M. de Flesselles, une des premières victimes de la Révolution.

Ce dernier prévôt des marchands de Paris, qui avait été intendant de Lyon, vit naître une puissance redoutable, la Commune, inaugurée au sein du comité des électeurs qui avaient envoyé les députés aux États-généraux. Les anciens échevins, présidés par Flesselles, eurent beau tenir tête, en plein Hôtel-de-Ville, à cette édilité rivale, il fallut opérer bientôt une fusion, sous le nom de comité central des échevins et des électeurs, mais dont le président n'eut jamais que l'apparence de l'autorité. L'imprudent Flesselles continuait néanmoins ses relations avec la cour et avec le baron de Bézenval, qui se disposait à défendre la Bastille. Un matin donc, Garan de Coulon, électeur, interpelle le prétendu traître avec fureur, avec menaces; Flesselles veut se justifier, mais plusieurs électeurs l'entraînent, en lui criant qu'il aura à répondre directement de sa conduite au peuple, qui l'attend au Palais-Royal. Le prévôt des marchands n'est pas encore au bas de l'escalier qu'on le massacre. La foule fait irruption, pour s'emparer du corps, qu'elle décapite, en dispersant ses membres dans la fange. La tête du vieux Flesselles est promenée ensuite au bout d'une pique par la ville. Ainsi tombait, le même jour que la Bastille, une magistrature élective qui datait encore de plus loin, et qui avait rompu plus d'une fois en visière avec l'autorité royale.

Rue de Berri. (1)

Le Vicomte de Jailly. — La Pension Lemoine. — Mme de Genlis. — Mme de Langeac.

Pauvre vicomte de Jailly ! N'a-t-on pas quelque peine à croire que les splendeurs et la sérénité de l'autre monde l'empêchent de regretter parfois celui où il est mort, comme il avait vécu, sans perdre de vue son salut ! Il se flattait d'avoir connu Jean-Jacques, et pourtant il a survécu à la république de 1848, seconde tentative de pression exercée en France sur le gouvernement par les idées de l'immortel philosophe de Genève. Quoique septuagénaire tout au moins, notre confrère Hector de Jailly rédigeait encore, vers la fin de l'existence du *Corsaire*, les meilleurs feuilletons dramatiques de ce journal, père de l'esprit actuel. L'école romantique avait pour adeptes la plupart des rédacteurs de cette feuille, bien que le compte-rendu périodique du Théâtre-Français le maintînt classique par la base. Le vicomte de Jailly avait ses coudées franches, une fois par semaine, dans le sous-sol de cet édifice fantaisiste, et son indépendance exceptionnelle lui tenait lieu d'émoluments ; en effet, malgré son esprit, malgré l'autorité de sa critique, il figurait encore parmi les amateurs, comptempteurs de l'émargement, qui gâtent le métier de journaliste en écrivant gratis ce dont vivrait un autre.

Il est vrai que ce gentilhomme de la critique

---

(1) Notice écrite en 1857. Depuis lors la rue de Berri, au lieu d'aboutir à la rue du Faubourg Saint-Honoré, se prolonge jusqu'au nouveau boulevard Haussmann.

pouvait regarder comme une indemnité les visites assidues que lui rendaient, à l'entresol de la maison qui fait le coin de la rue de Berri et des Champs-Élysées, la plupart des actrices en vue dans son théâtre. Elles riaient au foyer, quand il n'était pas là, de ses leçons, de son âge et de sa bosse ; mais plus d'une, en particulier, passa sans doute par-dessus tout cela. Mlle Judith, actrice qui ne brillait pas dans l'ancien répertoire, n'en faisait que plus la cour au papa Jailly, qui lui tint moins rigueur qu'au drame moderne ; toutefois Mme Allan finit par l'emporter. Celle-ci était plus comédienne, mais moins jeune, et elle commença par dire aux gens qui lui demandaient ce qu'elle faisait du vicomte : — Il est incapable de franchir les bornes de l'amour platonique !

La rivale, à qui le propos fut rapporté dans les coulisses, ne manqua pas d'y contre-dire ainsi : — Avec elle, c'est déjà beaucoup ; moi, j'avais rajeuni Platon !

C'était le plus musqué des feuilletonistes dramatiques ; il saluait d'un baise-main les dames qu'il allait voir, ou qui se cautionnaient de sa perruque et de sa bosse jusque dans le boudoir qu'il appelait son cabinet. La maison qu'il habitait avait été une guinguette, mais moins courue, moins éclairée, moins élégante que le jardin Mabille, dont il faisait aussi ses galeries. Le spectacle qu'il s'y donnait, à quelques pas de chez lui, l'amusait franchement ; il n'avait nulle envie d'y mettre le holà, comme à la première représentation des *Burgraves*. La grosse injure pour ce gentilhomme de lettres que d'être appelé le burgrave du *Corsaire !* Délicat en toute choses, il avait toujours mis de l'eau dans son vin, bien qu'il ne bût que du vin fin ; son ordinaire au restaurant, c'était une demi-bouteille de champagne, noyée dans quatre grands verres d'eau, et, malgré cet allongement, il ne lui fallait qu'une gorgée pour reconnaître la sorte, l'âge et la provenance du champagne.

J'avais lié connaissance avec M. de Jailly chez M. et Mme Ancelot ; mais je n'étais devenu son ami qu'avec le temps, sur la fin de sa carrière. Comme de juste, il avait été jeune, beaucoup avant que nous l'y aidassions. Lorsqu'il avait voulu, courtisan de l'exil, rendre une visite à Charles X déchu, sa famille l'avait mis dans une chaise de poste, mais en lui imposant un domestique de confiance, chargé de régler sur la route avec les hôteliers, avec les postillons ; sans cette précaution, la prodigalité du pèlerin l'eût empêché de pousser jusqu'à Prague.

Un déplacement plus facile ramène de temps à autre MM. de Barante, de Ségur, de Wagram, de Valmy, Tascher de la Pagerie et quelques autres dignitaires du sénat, du conseil d'Etat, au n° 5 de la rue de Berri. Cet hôtel pour eux est une ruche, où l'essaim des souvenirs d'enfance bourdonne toujours. Charles Aubert, architecte, y appropria un ci-devant hôtel, en l'an vi, aux besoins d'une institution polytechnique ; le chef de cet établissement ne tarda pas à y prendre pour associé le citoyen Lemoine, qui bientôt lui-même resta seul. On remarquait la pension Lemoine et la pension Hix, plus tard fondues en une seule, parmi celles dont les élèves suivaient, sous le premier empire, les cours du lycée Bonaparte. Tous les ans, avant les vacances, le quartier était en émoi pour la distribution des prix ; elle avait lieu avec éclat dans une chapelle bâtie par M. Lemoine, et qui s'est transformée depuis en brasserie dans la rue de l'Oratoire. L'immeuble principal appartient au beau-père de M. Houssaye, ancien élève lui-même de la pension qui n'est plus. Un peintre distingué, M. Lehmann, y travaille maintenant ; la comtesse de Bertrand y donnait de fort jolis bals, sous le règne de Louis-Philippe.

Nous ne voulons pas dire avec d'aucuns que Mme de Genlis eut ses appartements au 12 de la même rue, et avec d'autres que ce fut au 22. Mais n'y aurait-il pas moyen de mettre d'accord ces deux traditions? Le n° 22 actuel, qu'occupent le maréchale Gérard et MM. de l'Aigle, doit avoir répondu antérieurement au chiffre 12. Les maisons pouvaient-elles déjà être nombreuses, il y a une trentaine d'années, dans cette rue, où le pavé se bornait encore à durcir le lit du ruisseau? Mme de Montesson, qui regarda comme ses petits-enfants ceux du duc d'Orléans, avait obtenu pour sa propre nièce, la comtesse de Genlis, qu'elle fût chargée de les élever ; or celle-ci ne pouvait mettre dans aucun quartier de Paris ses jeunes élèves en meilleur air que dans l'ancienne pépinière du roi, à proximité du grand parc des Folies-de-Chartres (le Parc-Monceaux), qui appartenait à leur père. Pour sûr elle aimait les jardins, et ce quartier n'en était qu'un. Avant que les ombrages du château de Saint-Leu ne vinssent à lui manquer pour toujours, elle s'en fut lestement passer une matinée dans le jardin naissant de Beaumarchais pour assister de là, et pour faire assister ses élèves, déjà grands, au triomphe des vainqueurs de la Bastille, qui était prise de la veille. Quelle leçon dans ce spectacle pour les jeunes cousins du roi ! La comtesse, que le mariage même n'avait pas su rendre sédentaire dans ses habitudes, dans ses goûts, voyait surtout dans la Révolution un déménagement général. Elle aimait à déménager. Ses changements de domicile ne se présentaient déjà plus à sa mémoire elle-même avec des dates certaines. Le galant M. d'Ormensenne, la rencontrant un jour aux Tuileries, lui avait demandé: — Chère comtesse, où demeurez-vous cette semaine ? — Rue de Berri, avait-elle répondu, et elle ne se rappelait rien de plus.

Au n° 16 siège une des maisons d'éducation

qui portent le nom d'*Institution Saint-Marie* ; une chapelle russe est au n° 12, dans la propriété de Mme veuve Hérold ; l'une et l'autre de ces maisons, assurément, sont antérieures au pavage de la voie.

Comme celle-ci conduisait à Chaillot et longeait le jardin des Oratoriens, on la traitait de ruelle de Chaillot ou de l'Oratoire ; elle s'était auparavant dite le chemin de Chaillot-au-Roule ; on l'appelait rue de la Fraternité en 1848. Le garde de la pépinière royale avait eu, à l'entrée de ce chemin, son pavillon et son jardin. Le comte d'Artois étant devenu propriétaire de ladite ancienne pépinière, une ordonnance de Louis XVI donna le nom des deux fils de ce prince aux deux rues adjacentes, reliant parallèlement les Champs-Elysées au Roule : la rue d'Angoulême et la rue de Berri.

Déjà Saint-Florentin, duc de la Vrillière, avait remplacé la maison du garde par un charmant pavillon, pour le donner à Mme Sabatin. Cette maison, qui s'est agrandie à l'angle de l'avenue des Champs-Elysées, n'a plus, en revanche, qu'un jardin rappetissé. Le ministre de Louis XV avait trop bien fait les choses pour ne pas ajouter un titre nobiliaire à ce cadeau. On lui trouva un vieux comte de Langeac assez rapé pour épouser d'emblée Mme Sabatin, en se reconnaissant le père de deux garçons, qui furent mis l'un et l'autre à la tête d'un régiment. Après la comtesse de Langeac, le comte d'Artois lui-même prit possession des lieux : une hôtellerie de plus pour ses amours !

Est-ce là que descendit à son tour l'Espagnol Godoy, duc d'Alcudia, prince de la Paix, dont l'intrigue défit et refit la fortune ? Il séjourna dans la rue de Berri, sous la République ou sous l'Empire, avec sa première femme, la princesse Tereza-Luisa de Bourbon, fille de l'infant don Louis.

Rue de l'Abbaye. (1)

Ancien Palais abbatial de Saint-Germain-des-Prés.

Le tapissier de l'Opéra n'a pas besoin de quitter ses magasins, qui sont rue de l'Abbaye, et il peut se passer de lustre, de rampe, de portants, de machinistes, pour avoir devant soi un décor historique. Le fantôme du palais abbatial de Saint-Germain-des-Prés est encore debout sur ses marches de pierre usées. L'ancienne résidence de l'abbé appartient à un particulier, et la Société impériale et centrale d'Agriculture y tient son bureau, ses séances, depuis une douzaine d'années. Une imprimerie typographique, en disposant du rez-de-chaussée, ne donne-t-elle pas ainsi qu'un démenti à un célèbre mot de Victor Hugo, qui se borne à faire de l'effet, et que chacun sait par cœur : « Ceci tuera cela ? » Les pages d'impression peuvent vivre en bonne intelligence avec celles de l'architecture, et si bien que l'on eût pu dire : Cela abritera ceci. L'artiste Fauginet a également ses ateliers dans le palais, comme naguère Gigoux, Pradier et Péron. Ce dernier, à ce qu'il paraît, est mort célibataire, comme un vieux moine, dans les appartements méconnaissables de l'ancien abbé de Saint-Germain, après y avoir passé 45 ans sur les 84 qu'avait duré sa vie.

Le jardin du seigneur ecclésiastique existe encore,

---

(1) Notice écrite en 1857. Les deux dernières maisons de la rue de l'Abbaye, côté des numéros impairs, ont ont été démolies depuis ; mais on a prolongé cette rue depuis la rue Bonaparte jusqu'à la rue Saint-Benoît.

et l'on y aperçoit les types en plâtre des statues de Mansard et de Massillon, qui semblent avoir froid dans le palais déchu et sécularisé. Les arbres séculaires qui s'y dressent ont encore dans leur sève une teinte du sang que leurs ruines ont bu lors des massacres de Septembre, dont il semble que rougisse aussi le bâtiment, sous l'encroûtement de ses briques. La prison de l'Abbaye avait une sortie sur ce jardin ; des bancs étaient posés des deux côtés, sous les acacias encore verts, pour la commodité des spectateurs privilégiés, et chaque fois que la porte de la geôle s'ouvrait, l'odieux public, friand d'un sanguinaire spectacle, applaudissait aux grimaces de l'horreur, aux contorsions de l'épouvante, avant que le massacre eût fait une victime de plus.

Il est vrai que le dernier abbé de Saint-Germain était un roi, Casimir, roi de Pologne, qui avait abdiqué ; mais les anciens droits régaliens de la communauté avaient porté ombrage à Louis XIV, avant que la Nation elle-même s'en émût, et l'abbé couronné n'avait pas eu de successeur. Cette fin avait, du reste, quelque rapport avec l'inauguration de la résidence personnelle de l'abbé. C'est Charles de Bourbon qui avait fait bâtir, en 1586, le palais des seigneurs abbés ayant droits de justice et de cens non-seulement à Saint-Germain des-Prés, ville d'abord et ensuite faubourg, mais encore dans trente rues de Paris, où s'étendait plus ou moins la circonscription de leur fief. Ledit prince de l'Eglise fut salué pendant deux grands mois, immédiatement après la mort de Henri III, d'un nom fait pour porter malheur : il fut proclamé roi de France, sous le nom de Charles X, par le duc de Mayenne, et le parlement de Paris appuya d'un arrêt parfaitement confirmatif son élévation éphémère, au mois de mars 1590. Il faillit même répudier l'Eglise, épouse dont le front divin dé ragerait à partager une couronne royale; on négocia pour lui un mariage, déjà ridicule à cause de l'âge du fiancé, et qui nécessitait doublement les dispenses de Rome, avec la veuve du duc de Guise. Mais le cardinal, au mois de mai, mourait prisonnier à Fontenai, après avoir fait battre monnaie à son effigie, et puis, quand Henri IV eut dit que Paris valait bien une messe, le parlement raya de tous les actes ce nom de Charles X qu'on ne craignit pas dans la suite de redonner à l'un des petits-fils du Béarnais.

Trois années après la suppression révolutionnaire des ordres et communautés, des rues nouvelles morcelèrent l'habitation ci-devant conventuelle. Les terrains domaniaux de l'Abbaye furent vendus, comme biens nationaux, les 18 et 24 thermidor an v, le 1er thermidor an vii et le 18 prairial an viii. Toutefois, la dénomination qui a prévalu convient par excellence à la rue dont nous parlons, dite de la Paix le 11 brumaire an x. Outre la demeure du supérieur, on y retrouve des corps de bâtiment qui ont servi aux religieux. D'autres jalons du même genre, encore posés aux alentours, permettent de reconstituer par la pensée l'ensemble de ce vaste couvent, dont la vénérable basilique survit à la prison. Celle-ci, du reste, avait cessé depuis plus d'un siècle d'être seigneuriale, pour devenir géôle militaire et corps-de-garde. De l'ancienne porte d'honneur il subsiste un pilier au coin de la rue Jacob et de la rue Furstenberg : c'était un porche à grande arcade, avec un pont-levis sur le fossé embrassant toute l'abbaye. L'entrée par la rue Saint-Benoît, où se trouvaient les écuries, est encore un passage.

Près du palais en dernier lieu était la sacristie nouvelle, avec l'ancienne par derrière et l'église, dominant aujourd'hui des restes qui lui sont devenus étrangers. La rue de l'Abbaye passe au beau milieu du quartier affecté autrefois au chapitre ; c'est pourquoi l'on y retrouve à gauche des pans du cloître neuf. Il y reste également une aile de la salle des hôtes, à l'angle de la rue Bonaparte. L'illustre bibliothèque des pères était au-dessus et à côté : l'explosion d'une poudrière la détruisit presque entièrement en 1794.

Les n°^{os} 4 et 6 de la rue actuelle n'ont pas changé de physionomie : c'était l'habitation des officiers, des palefreniers. Langlumé, lithographe connu, Challamel, éditeur de livres d'art, et Raynaud, professeur à l'École polytechnique, ont demeuré au n° 4, avant M. Baltard, architecte distingué du temps où nous vivons. Quant au n° 6, où demeure M. Féburier, des fragments de sculpture curieuse et délicate, comme une broderie, débris de la galerie du cloître, y sont rassemblés avec soin. Les caves de ces deux maisons communiquent encore avec celles du grand bâtiment n° 3, souterrain qui eût pu contenir autant de vin qu'un entrepôt. Le 10 est tout un morceau bien conservé sous la porte cochère : il y a sculptée la Passion de N. S. Jésus-Christ. De ce côté de notre rue se suivaient de près : la cuisine, la dépense, le réfectoire, le parloir, le petit cloître, la grande chapelle de la Vierge et le passage à la cour des écuries.

Nous voyons là ce qu'est devenu le royal monastère fondé au vi[e] siècle par Childebert, reformé et soumis à la règle de Saint-Benoît en 1513 et agrégé en 1631 la congrégation de Saint-Maur. Mais un monument moins sujet à l'expropriation impériale est l'*Histoire de l'Abbaye de Saint-Germain-des-Prés*, par le bénédictin Bouillart.

Rue de Furstenberg. (1)

Ouverture de cette rue, dans l'enclos abbatial de Saint-Germain-des-Prés, en 1699, le cardinal de Furstenberg étant abbé.

Jean Carnot vend à l'abbé Dufour, au prix de 15,000 livres, une maison de la rue de Furstenberg, vers l'année 1720, et ce n'était pas la seule propriété de l'enclos qui appartînt déjà à un laïque.

Adjudication en 1723, moyennant 124,000 livres, à Létendart, marquis de Bully, de plusieurs maisons sises dans ladite rue et saisies réellement sur Aubert.

Vente par cet adjudicataire, en 1732, de trois maisons, toujours dans la même rue, à Martin de Vaucresson, trésorier de France.

En mémoire du combat livré aux Autrichiens le 8 octobre 1805 à Wertingen, le nom de ce champ de bataille est donné à la rue.

Elle reprend en 1815 le nom de Furstenberg.

Des dix maisons de cette voie publique, nous en voyons bien six qui donnent aussi rue Jacob, rue Cardinale ou rue de l'Abbaye. Les nos 6 et 8 se sont évidemment détachés des communs de l'abbaye Saint-Germain-des-Prés, et il n'en est autrement ni du 7, qu'on a refait depuis et exhaussé, ni du 9 et du 10, que reliait une arcade. On reconnaît encore des *in-pace* dans leurs belles caves, qui longtemps se sont rejointes sous les rues de Furstenberg et de l'Abbaye. Des fragments de pierre en saillie marquent encore, à la hauteur du premier étage, dans la rue de Furstenberg, l'ancienne porte de l'abbaye ; elle n'avait aucun rapport avec les quatre portes de la petite ville de Saint-Germain-des-Prés, démolies en 1672 et 1673.

---

(1) Notice écrite en 1870.

Rue d'Aguesseau. (1)

N°s 11, 12, 13, 15, 18, 20, 22.

Presque toutes les maisons de la rue d'Aguesseau, l'une des plus aristocratiques parmi les petites rues de Paris, datent du règne de Louis XVI. Le doyenné d'âge y revient pourtant à des hôtels dont la construction remonte à peu d'années après la mort de Louis XIV.

Par lettres-patentes, en l'année 1723, l'ouverture de cette voie publique fut autorisée sur terrain dépendant de l'hôtel d'un écrivain et orateur distingué, le chancelier d'Aguesseau. A cette époque-là même, le régent imaginait de faire enregistrer au grand-conseil la fameuse bulle *Unigenitus*. D'Aguesseau avait résisté à l'entérinement de cette bulle en parlement, à la fin du règne précédent, et il n'avait pas craint de braver ainsi la disgrâce, n'étant encore qu'avocat-général. Mais depuis qu'il remplissait les hautes fonctions de chancelier, il n'avait plus que de l'éloignement pour les scrupules et les subtilités du jansénisme, qui se trouvait encore moins bien en cour. Comme le magistrat Pérelle, au sein du grand-conseil, résistait à son tour, le chancelier s'en étonna : — Où donc, maître Pérelle, demanda-t-il, avez-vous puisé vos idées, contraires au sentiment de la raison? — Dans les plaidoyers, dit Pérelle, de feu l'avocat d'Aguesseau.... Le cardinal Dubois ne tarda pas, au reste, à exiler de nouveau dans ses terres le garde-des-

---

(1) Notice écrite en 1855.

sceaux, qui ne revint aux affaires qu'en 1737, lorsqu'il y eut bien des maux à réparer qu'il aurait pu prévenir. Saint-Simon lui-même a rendu justice à cet homme d'Etat, ami de Boileau et de Racine, dont Louis XV reconnut les services en lui assignant une pension de retraite de 100,000 livres, et en subvenant, après lui, à la décoration de son mausolée, qui fut violé, brisé sous la Terreur, mais rétabli sous le Consulat. Aujourd'hui la noble famille des d'Aguesseau est fondue dans celle des Ségur.

Les historiographes d'avant 89 ne citent que deux hôtels appartenant à la rue d'Aguesseau : ceux d'Armaillé et de la Marck. Le comte de la Marck-Aremberg, étant d'une famille souveraine en Allemagne et princière en Belgique, dont le prince de Ligne fait partie, jouissait de la protection de la reine Marie-Antoinette ; il fut choisi par elle pour servir d'intermédiaire secret entre la cour et Mirabeau. La comtesse de la Marck, fille du duc de Lauraguais, était elle-même une grandeur de plus dans la maison. Lorsqu'on était admis chez elle, rue d'Aguesseau, c'était à croire que les huissiers-priseurs y avaient tout vendu à la criée. Mme de la Marck était seule, dans un grand fauteuil, qui faisait exception dans un salon entièrement démeublé, et, selon la qualité de la personne qu'on annonçait, elle faisait avancer par ses gens un fauteuil, une chaise, un tabouret, ou rien du tout : ce dernier cas était le plus fréquent.

Au coin de la rue de Suresne se retrouve le petit hôtel du marquis de l'Aigle, famille alliée à celle de Broglie. En face est l'ancien hôtel d'Espagnac, appartenant à M. de Gerbois et occupé par la légation de Bavière. Le baron Sahuguet d'Espagnac, auteur des *Mémoires du Maréchal de Saxe*, était gouverneur des Invalides sous Louis

XV. Cette maison était liée avec celle de Calonne. Le baron d'Espagnac actuel est grand connaisseur en peintures ; dans un accès de folie, son gendre est allé se jeter par-dessus les tours de Notre-Dame, quinze jours après son mariage. Le lieutenant-général comte de Girardin, ancien grand-veneur de Charles X, a habité aussi le haut de la rue, pendant que le comte de Monbreton résidait vers le milieu.

M. Berger, ancien préfet de la Seine, est le propriétaire du grand hôtel en face la rue du Marché, que son beau-père, M. Biennais, a acheté vers 1812. Le 5 pluviôse an x, cette maison appartenait à la ci-devant comtesse Cropte de Saint-Abre, et le citoyen Lemitre, fondé de pouvoir, la donnait à bail à la Ville de Paris pour servir de siége à la mairie du Ier arrondissement. Molinos, architecte de la Ville, était chargé des travaux d'appropriation, et le maire avait nom Huguet de Montaran ; 1343 était le numéro de la maison.

M. Rohault de Fleury père, sous le gouvernement consulaire, était déjà propriétaire de celle où demeure encore son fils, architecte en réputation, qui n'a fait qu'ajouter à l'hôtel un arrière-corps de bâtiment. Le terrain avait appartenu au maître-maçon Gobier à l'époque où le chancelier disposait encore d'une place à bâtir au bout de la rue, même côté.

Un ancien plan manuscrit des constructions de la rue d'Aguesseau porte les noms que voici :

A main gauche en venant du faubourg : — le Mis de Castries, — Séguin, — et le Mis d'Armaillé.

A main droite : — 4 ou 5 noms illisibles de petits propriétaires, — Tellier, — le Mis de Tilly, — Béranger, — Dumont.

M. et Mme Séguin avaient acquis, le 19 mars 1773, de M. de Durfort-Duras et de son épouse, née de Coëtquen, la propriété qui répond présentement au chiffre 13. Elle appartient à M. le baron de Marinville, ancien archiviste du Sénat, lequel y a pour locataire le maréchal de Castellane. Le ministre de Wurtemberg et M. le général Roguet y résidaient naguère.

Cour d'Aligre. (1)

Ancien hôtel Schomberg-d'Aligre.

Mme de Courchamp et M. Creuze sont aujourd'hui propriétaires de cet ancien hôtel Schomberg-d'Aligre, situé rue Saint-Honoré, près de la rue de l'Arbre-Sec, dans lequel, chaque dimanche, un bal attire les commis du quartier. C'est une espèce de cité ouvrière actuellement que la cour d'Aligre, et il y a longtemps que le petit commerce et la petite fabrication s'y partagent l'occupation d'une propriété qui fut d'abord l'hôtel Schomberg, ouvrant sur la rue Bailleul et sur la rue Saint-Honoré.

Schomberg, maréchal de France, commandait les troupes allemandes au service de la France pendant les guerres religieuses et celle de la Ligue, sous Charles IX, Henri III, Henri IV. Le duc du même nom, son fils, également maréchal de France, épousa Marie de Hautefort, fille d'honneur de Marie de Médicis et célèbre par sa beauté, qui inspira un amour platonique encore plus rare à Louis XIII. Le comte de Schomberg, sous Louis XV, était un gentilhomme instruit et spirituel, lié avec les gens de lettres, surtout avec d'Alembert et Voltaire ; il allait à Ferney, il était maréchal-de-camp. La comtesse de Schomberg, pour laquelle eut de l'amour le maréchal de Kellermann, finit d'une manière plus modeste. M. de Schomberg, son mari, était un tyran domestique, jaloux non-seulement de ceux qui faisaient la cour à sa femme, mais encore des oiseaux qu'elle élevait

---

(1) Notice écrite en 1856.

innocemment en leur apprenant ses chansons. Elle avait, par exemple, un serin, que le comte ne craignit pas de faire rôtir, en la forçant à prendre sa part de ce festin, rappelant celui de Gabrielle de Vergy. Si les grandes familles commencent comme le Nil, dont on ne connaît pas trop bien les sources, il est juste d'ajouter qu'elles finissent un peu comme le Rhin, dont l'embouchure s'égare dans les sables. Mme de Schomberg est morte à Sainte-Périne, dans un état d'obscurité qui contrastait avec ce que son nom avait de mémorable.

Les Schomberg et même les d'Aligre résidèrent aussi presque en face, de l'autre côté de la rue Saint-Honoré. L'Etienne d'Aligre du temps de Louis XIV, doyen du conseil d'Etat, garde-des-sceaux et chancelier, prêta au grand-conseil, pour y tenir ses séances, le plus grand salon de l'hôtel qui donna son nom à la cour. Le d'Aligre qui fut ensuite président à mortier et premier président du parlement de Paris, n'habitait plus du tout cette grande maison, déjà peuplée de locataires. On y faisait en 1762 une exposition des peintures de l'académie de Saint-Luc.

Le premier restaurant à la carte connu à Paris s'établissait, six ou huit ans plus tard, dans la cour d'Aligre, après un court séjour dans la rue des Poulies. *Restaurant* voulait dire alors *bouillon de prince :* ces deux termes étaient synonymes. Roze et Pontaillé s'étaient associés pour renchérir sur les cabaretiers, pâtissiers, traiteurs et aubergistes, qui servaient tous à tant par tête, depuis six sols jusqu'à un louis. Mais on ne vendait pas que du bouillon cour d'Aligre ; la carte y ajoutait de la volaille fine, des œufs, du riz au maigre et au gras, du macaroni, des compotes, des crèmes, des confitures, du vin de Bourgogne, avec le prix en regard de chaque article : un chapon, par exemple, coûtait 3 livres 12 sols ; la moitié 1 livre 16, et le quart 18 sols. C'était toute une innovation, présentée comme un avantage pour les palais friands et les estomacs délicats. Roze et Pontaillé tenaient à flatter le goût, mais sans se brouiller avec l'esprit ; aussi commençaient-ils par servir à tout venant, en guise d'apéritif, ce distique inscrit en grosses lettres sur le mur :

> Hic sapidé titillant juscula blanda palatum,
> Hic datur effœtis pectoribusque salus.

Vers le même temps l'ancien hôtel du grand-conseil s'encombrait d'un roulage, servait de siége à une agence de police commerciale et de toutes sortes d'affaires, se donnant pour *Bureau général d'Adresses personnelles et d'Indications*, et ne dédaignait même pas de rendre les ramoneurs ses tributaires, pour le loyer de leur bureau central. Le roi avait permis en 1777 au sieur Joseph Villemain d'engager autant de ramoneurs que bon lui semblerait, et de les distribuer dans différentes succursales pour les besoins de la ville et des faubourgs. Vingt dépôts étaient donc créés, et une troupe de petits savoyards y faisait un service réglé : leur uniforme était couleur de suie, et chacun d'eux portait son numéro sur une plaque de cuivre, qu'il était tenu de repolir, avant de se débarbouiller, en sortant de chaque cheminée. A la moindre lueur d'incendie, tous les ramoneurs du quartier devaient se rendre en toute hâte sur le théâtre du sinistre, aux termes du cahier des charges.

Rue du Chemin-Vert
EN CE QUI S'EN APPELAIT NAGUÈRE
Rue des Amandiers-Popincourt. (1)

Parmentier, Broussonnet et Lhéritier. — Adam. — Le Classique de la Porcelaine. — La Folie-Genlis. — Carbonneau. — Le Prince de Carignan et ses Voisins.

On se trouve assez d'accord, cas qui ne se présente pas souvent, sur l'étymologie du nom de cette voie publique. C'était, sous le règne de Louis XIII, un chemin qui s'engageait avec des sinuosités que ne détestaient pas les couples amoureux, dans une plantation d'amandiers. Il s'érigea en rue avec le temps ; une décision ministérielle du 23 messidor an ix, signée *Chaptal*, fixa le minimum de sa largeur à dix mètres : MM. Lazare nous l'indiquent dans leur *Dictionnaire des Rues de Paris*.

Le 17 décembre 1813, un agronome célèbre par sa philantropie, et qui a doté l'ancien monde du plus précieux trésor du Nouveau-Monde, la pomme de terre, mourait dans la maison n° 20.

---

(1) Notice écrite en 1856. La rue des Amandiers-Popincourt n'est plus maintenant que le prolongement de celle du Chemin-Vert. On y a détruit l'abattoir Popincourt, dont on parle de faire un marché, entre l'avenue Parmentier élargie, qui ne se prolonge encore qu'à droite, jusqu'à la place du Prince-Eugène, et la rue Saint-Maur. Plus haut passe en travers la nouvelle rue Servan. Plus haut encore, dans la ci-devant banlieue de Paris, on rencontre, en marchant tout droit, une autre rue des Amandiers. L'amorce d'une avenue nouvelle de ce nom tient à la nouvelle place du Château-d'Eau.

C'était un grand chercheur que Parmentier, et ses écrits nombreux témoignaient d'une bonne volonté qui sait tenir lieu de style et de talent. — Je voudrais au moins, disait-il avec une modestie qui, au fond, était du génie ; je voudrais faire l'office de la pierre à aiguiser, qui ne coupe pas, mais qui dispose l'acier à couper... Parmentier n'avait pas trouvé le temps de se marier, mais l'amertune du célibat lui avait été épargnée par les soins affectueux d'une sœur, qu'il eut le chagrin de perdre dans une des dernières années de sa vie. Il avait été aux armées inspecteur du service de santé, et il avait dans ses fonctions contracté l'habitude d'une franchise carrément bourrue, qui ne rendait que plus touchantes la bienveillance et l'humanité tendres faisant vite tomber ce masque de brusquerie. Deux neveux lui prodiguaient les marques d'attachement et les consolations durant sa suprême maladie, suite d'une affection chronique des poumons. Au moindre instant de relâche, dans les douleurs de l'agonie, leur oncle les interrogeait, avec une anxiété plus pénible que son propre mal, sur le sort des blessés que l'empereur, dans sa mémorable retraite, avait laissés forcément en arrière.

Avait-il donné lui-même, peu après le 18 brumaire, l'hospitalité à ses deux amis, le botaniste Lhéritier et le naturaliste Broussonnet ? Leur avait-il, au contraire, succédé dans la maison qu'ils occupaient en commun ? De toute façon la demeure de tous trois fut sous le même toit dans cette rue. - Broussonnet, girondin proscrit, avait voyagé en Espagne et dans le Maroc, avant de se rapatrier ; il avait collaboré avec Parmenties à la *Feuille du Cultivateur*. Lhéritier, ruiné par la Révolution, avait accepté une place au minirtère de la justice ; il périt l'année 1800, assassiné à quelques pas de la maison qu'il habitait avec Broussonnet.

Adam, sculpteur, auteur du *Centaure* de marbre qui contribue à l'ornement du jardin des Tuileries, a séjourné au n° 22, avant la grande révolution. Il a vendu cette propriété à Nast père, qui y a établi une manufacture de porcelaine, honorée de médailles d'argent et d'or aux expositions de l'an vi et de 1819. M. Nast fils, adjoint au maire de son arrondissement, était un fabricant que le bon goût des formes de ses produits érigeait en artiste ; mais il appartenait à une école qui ne voulut pas sacrifier aux idoles de Renaissance, au moment où le public y reportait ses prédilections ; il se retira classique des affaires, et la propriété fut affermée, en 1852, à la Ville de Paris et aux hospices, pour en faire une école primaire de jeunes filles et une maison de secours, sous la direction des sœurs.

Un peu plus bas, au n° 28 de la même rue des Amandiers, on retrouve la Folie-Genlis, au bout d'une avenue peu fastueuse, qui la dérobe aux yeux comme par un reste de pruderie assez bien placée. Sous le portail sont attachés au mur les bas-reliefs en plâtre de la statue équestre de la place des Victoires ; le fondeur Carbonneau a eu ses ateliers dans la maison, et il a également laissé à la porte du jardin deux lions, modèles qu'il a coulés en bronze, au même temps que son Louis XIV, et qui ont été fondus là.

Aujourd'hui la Folie-Genlis est divisée, mais ce n'est pas en infiniment petits. Les n° 30 et 32 offrent encore une habitation assez vaste, avec deux grands jardins qui en faisaient partie. Le n° 28 comporte : 1° l'ancien pavillon du jardinier, érigé en maison bourgeoise et flanqué d'une loge, ancienne salle de bain, où des rideaux sont figurés en plâtre sur une façade qui joue la tente dressée en camp volant, pavillon entouré de plantations agréables ; 2° deux autres de construction gothique, édifiés sous le premier empire par Carbonneau. L'un de ces pavillons sert de logement et d'atelier à un fabricant de marbres artificiels ; l'autre est entièrement tapissé de lierre qui grimpe toujours, comme l'échelle de Jacob ; on n'en voit plus que les fenêtres ogivales, qui semblent des yeux ouverts par le moyen-âge sur le nôtre. Tous deux sont encadrés par un petit parc, dont la plupart des arbres ont assisté aux promenades et aux ébats de l'auteur des *Veillées du Château*. La spirituelle femme, auteur de cet ouvrage, veillait souvent. Le corps de bâtiment qui donne sur la rue et qu'habitent maintenant des ouvriers, est antérieur aux galanteries du comte de Genlis, dont ce spacieux et aimable domaine fut le théâtre seigneurial avant d'être particulièrement à la disposition de la jeune et illustre femme du comte. L'intérieur de l'hôtel était enrichi de peintures et de sculptures merveilleuses. Un petit temple grec, orné de statues, figurait dans ses dépendances. Il y avait un parloir en glace, dont l'entrée était défendue par un guerrier armé : la lance de ce guerrier, mue par un ressort, tombait et était présentée, pour faire honneur aux visiteurs admis.

La comtesse habitait le Palais-Royal, comme *gouverneur* des fils du duc de Chartres ; elle y retrouvait ces appartements du régent dont la décoration, jusqu'alors conservée telle quelle, rappelait plus de folles nuits que la petite maison de M. de Genlis, quelque bien roué qu'il eût été, n'avait pu en compter à la barrière *Pincourt*. Mme de Genlis avait aussi, pour ses élèves, un château à Bercy, un château à Saint-Leu, dans lequel elle apprit un jour qu'on démolissait la Bastille. C'étaient ses menus-plaisirs qui siégeaient rue des Amandiers, où elle recevait des gens de lettres, son cousin, le comte de Tressan, le chevalier Gluck et Buffon : elle voyait ces élus avec autant de plaisir qu'elle avait voué de haine à Voltaire, à la Dubarry et à beaucoup d'autres, philosophes ou courtisans. Les 100,000 livres de revenu que lui valaient les éducations princières permettant à Mme de Genlis de ne pas vendre les livres qu'elle écrivait, elle se contentait alors, pour commencer, des intrigues politiques, arrangées, dérangées incessamment par celles de l'amour. De première force sur le clavecin et sur la harpe, elle jouait aussi la comédie avec aisance, et puis elle dansait à ravir. Que s'il y avait déjà dans ses menuets un peu de carmagnole, c'est sans doute qu'elle prévoyait tout. Est-il un exercice du corps dans lequel elle n'excellât pas, en changeant au besoin de sexe ? Les tendances satiriques de son esprit lui faisaient un mérite de celui qui manquait aux autres ; aussi avait-elle à revendre de la satire par fines allusions, dès que la nécessité l'y contraignait. Le moyen, après tout, de conserver de l'ordre dans ses propres affaires, lorsqu'on s'occupe si fort de celles des autres !

L'adroite princesse, que ses envieux prenaient pour un démon, avait ses jours de dévotion, de retraite, et s'essayait au métier d'ange, avec la même vivacité et autant d'entraînement réel au couvent qu'au milieu des tourbillons du monde. Heureuses, d'ailleurs, les pécheresses qui ont leurs heures de remords, de repentir, de pénitence ! Certainement sensible à l'excès, comment la spirituelle Mme de Genlis fût-elle restée sourde à ces avertissements qui tombent du ciel au plus fort des orages du cœur, après la rosée des plaisirs ? En sortant d'un bain de lait à la surface couverte de feuilles de rose, la comtesse tout-à-coup demandait un cilice, et elle songeait à entrer en religion, en consultant là-dessus son directeur. Parfois aussi l'esprit du siècle allait la chercher dans la retraite, jusque chez les religieuses de la Roquette, et lui soufflait les plus frivoles conseils. Une nuit, par exemple, elle s'échappe furtivement de la cellule temporaire qu'elle occupe, par pénitence, dans la pieuse et hospitalière maison de la Roquette, voisine de la Folie-Genlis ; elle s'introduit à pas de loup dans les cellules des plus vieilles religieuses, endormies d'un juste sommeil. Le lendemain matin, ces bonnes vieilles sœurs vont en toute hâte à matines, avec du rouge et des mouches sur les joues, qui leur valent maints sarcasmes et quelle confusion !

La chronique scandaleuse va encore plus loin ; elle prétend que les princes d'Orléans, à peine entrés dans leur adolescence, prirent leurs jours de congé dans la petite maison des Amandiers, et que leur hôtesse, obligeante jusqu'au bout, leur livrait la clef d'un passage qui les menait secrètement près des nonnes et des nonnains d'à côté. Le fait est que dans le jardin de M. Sarrasin, fabricant de marmorine, il existe encore de nos jours une grotte, ancienne glacière du château, avec un souterrain, qui prend le mieux du monde la direction de l'ancienne résidence des sœurs. Au-dessus de cette ouverture, se retrouvent un rocher et les vestiges d'un kiosque, fort joli autrefois, et vers lequel se dirigèrent, dit-on, bien des nymphes légères, en costume encore plus léger. Honni pourtant qui mal y pense !

Le marquis de Sinety était propriétaire de la Folie à la fin de l'ancien régime. C'est vraisemblablement au même endroit que Moreau, secrétaire du roi, avait eu sa maison de campagne au milieu du XVIIIe siècle, et le prince de Carignan sa petite maison avant M. de Genlis. Ce prince n'était à Popincourt que locataire d'une propriété à Delaguerre, mesurant 2,288 toises, et la maison contiguë appartenait alors à Cousin, boulanger.

Entre la maison Cousin et la rue Popincourt se suivaient des propriétés :

à Chevalier, jardinier, à Turlin, bourgeois de Paris, et à Lesage, même qualité.

Les propriétaires de l'autre côté de la rue étaient :

Auvray, bourgeois, vis à-vis de Lesage ; Tessier, bourgeois ; un jardinier ; un autre jardinier ; les hospitalières de Saint-Gervais, avec un jardinier aussi pour locataire ; de Saint-Vaux, bourgeois, et puis d'autres jardiniers, d'autres bourgeois.

Rue Laplace

NAGUÈRE

des Amandiers-Sainte-Geneviève. (1)

L'Auteur du Roman de la Rose. — *Le Collège des Grassins.* — *L'Élève Chamfort.* — *L'Hôtel du Principal et son Entourage.* — *Pichegru.* — *Une Gravure de Poncelin.*

Philippe-le-Bel chargea Jean de Meung, dit Clopinel parce qu'il boitait, de continuer le célèbre *Roman de la Rose*, commencé par Guillaume de Lorris. Ce poète, autre Tyrtée, parlait sans gêne des femmes et des prêtres ; ses licences ne l'empêchèrent pas d'être enterré vers l'année 1320 aux Jacobins. Il avait habité la montagne Sainte-Geneviève, près du Puits-Certain et de la cour d'Albret ; plus tard même on reconnaissait, au coin de la rue des Amandiers, la maison qu'avait dû occuper Jean de Meung dans celle d'un pâtissier, à l'enseigne de la Talmouse. Or l'auteur du *Roman de la Rose* n'avait connu que sous le nom de rue de l'Allemandier celle qui s'appela encore des Allemandiers avant de prendre, à la fin du XIVe siècle, la dénomination de la présente monographie. Les évêques de Nevers y avaient alors leur hôtel, à l'angle du cimetière de Saint-Étienne-du-Mont.

---

(1) Notice écrite en 1855. Postérieurement la rue des Amandiers-Sainte-Geneviève, donnant presque en face de l'École polytechnique, a reçu le nom du géomètre Laplace, qui avait été président du Sénat sous le premier empire.

Le collège des Grassins y était fondé en 1569 par Pierre Grassin, sieur d'Ablon, conseiller au parlement, lequel par testament consacrait à cette œuvre 30,000 livres d'abord, puis 60,000 autres pour le cas où son fils unique viendrait à mourir sans enfants. Ce fils cessa de vivre assez jeune et sans postérité, non sans avoir montré sa soumission aux volontés suprêmes de son père. Mais Thiéry Grassin, avocat, frère du conseiller au parlement, et ennemi des substitutions héréditaires, éleva des prétentions contraires. Il fallut un arrêt du parlement, chargeant le prévôt des marchands et les échevins de procéder à l'achat d'un terrain, avec la qualité d'exécuteurs testamentaires commis, pour que Thiéry, de guerre lasse, vînt à résipiscence, et une fois son parti pris il s'exécuta de bonne grâce. Lui-même choisit pour emplacement une portion de l'ancien hôtel d'Albret, dit de Blois, en la censive, justice, police, voirie, terre et seigneurie de Sainte-Geneviève, où il ouvrit le collége des Grassins. Qui plus est, il y mit du sien en léguant quelque rente et sa bibliothèque au principal et aux boursiers. Ses livres furent gardés avec une pieuse prédilection dans la chapelle tant que le collége subsista : c'étaient des éditions médiocres des Pères de l'Église et de quelques auteurs mystiques.

La pédagogie des Grassins se composait, à l'origine, d'un principal et de six grands boursiers, étudiants en théologie ayant déjà subi un examen, plus six petits boursiers d'humanités et de philosophie. Chacun des grands boursiers, suivant le vœu du premier bienfaiteur, avait à surveiller les études de deux élèves de la catégorie suivante. C'était un commencement d'enseignement mutuel, dont Pierre Grassin était le créateur. L'archevêque de Sens avait à nommer ces boursiers, et il devait les prendre de préférence parmi les pauvres écoliers de son diocèse. Il fallait que le principal fût docteur-régent licencié, ou au moins reçu bachelier en la faculté de théologie de Paris.

En vertu de lettres-patentes du mois de mai 1696, une fondation du même genre, faite en faveur de pauvres écoliers irlandais, fut transférée au collége des Grassins ; mais cette agrégation ne fut que temporaire, les Irlandais passèrent au collége des Lombards quatorze années après. Les écoliers de la rue des Amandiers étaient mal partagés à cette époque, malgré des libéralités nouvelles dont ils avaient été l'objet. Quelque temps le nombre de leurs bourses avait été croissant ; mais un arrêt du parlement en suspendit douze d'un seul coup pour que l'institution mît ordre à ses affaires. Un quatrième membre de la famille Grassin, seigneur d'Arci, directeur-général des Monnaies de France, tint à prouver que bon sang ne ment jamais, en ajoutant au bienfait de ses aïeux ; les finances du collége s'en ressentirent favorablement ; toutefois, les bourses supprimées ne purent pas être rétablies. Le traitement du principal avait été réduit à 300 livres ; celui du procureur-gérant, à 100. Le collége ne possédait plus que cinq petites maisons et 216 livres de rentes sur les aides et gabelles : il fallait donc user de parcimonie. Le supérieur-majeur de la maison était toujours l'archevêque de Sens ; son aveu était nécessaire pour que les dépenses imprévues excédassent par an 300 livres, et le censeur, officier révocable, avait besoin de la signature du principal pour toute somme à payer qui dépassait 30 livres, ainsi que pour toute action à intenter en justice. Grâce à ces précautions sévères, les bâtiments furent remis en état, et il y eut même, vers 1780, une somme de 10,000 livres, économisée par deniers, qu'on put placer sur les États du Languedoc.

Heureusement les études florissaient dans l'établissement de la rue des Amandiers, quel qu'en fût le revenant-bon. Edme Pourchot, auteur de livres de philosophie, professeur aux collèges des Grassins et Mazarin, fut sept fois recteur de l'université. Aux Grassins appartient l'honneur de l'initiative en ce qui regarde l'impression du livret de la distribution des prix. Pour exciter l'émulation des classes, le principal fit imprimer les noms de tous les lauréats de sa maison, depuis 1747 jusqu'à 1780, sans oublier les accessits : des lettres d'or distinguaient le prix-d'honneur. Outre les huit chaires ordinaires, le collége était fier d'en avoir une de grec, fondée par le sieur Dairaux, principal, et qui était à la nomination du tribunal de l'université de Paris.

Il faut citer Chamfort parmi les écoliers auxquels il fut donné d'acquérir aux Grassins ce qu'il faut encore de culture à l'esprit le mieux doué pour se faire un nom dans les lettres. Un docteur de la faculté de Navarre, nommé Morabin, avait obtenu une bourse pour cet enfant pauvre, dont il avait été le premier instituteur. Comme Chamfort était né en Auvergne, il eût dû se voir préférer un élève des environs de Sens ; mais Morabin jouissait directement du crédit tout particulier qui n'échappe nulle part au secrétaire d'un lieutenant de police. On sait que l'élève ainsi tenu sur les fonts des humanités marquait ensuite comme poète, comme littérateur et comme ami de Mirabeau.

Le dernier principal du collège fut l'abbé Neuville, à qui la Nation ordonna d'en fermer les portes.

Un de ses prédécesseurs, maître François du Moutier, avait laissé au commencement du règne de Louis XIV son nom à un hôtel situé par derrière et cet hôtel à ses héritiers. Une reconnaissance passée par ledit principal à l'abbaye Sainte-Geneviève avait eu pour objet : six corps d'hôtel, une grande cour, une chapelle, plusieurs petites cours et un jardin, rien que pour le collège, avec seconde entrée par la rue des Sept-Voies. L'ancienne porte, rue des Amandiers, arborait en ce temps-là une Diligence pour enseigne, à cause d'un bureau de coches pour la province qui s'y tenait. Une maison adjacente, avec un Pélican pour image, appartenait aux Grassins. Le collège était mitoyen, de l'autre côté, avec l'Occasion, appartenant aux boursiers de l'Ave-Maria. Puis venaient : Saint-Nicolas, à Gérarde Batelard, veuve Regnault ; le Nom-de-Jésus, à Pierre Marchant ; Sainte-Geneviève, à l'avocat Veyras, faisant le coin de la rue, avec issue sur le cul-de-sac du Carrefour-Saint-Étienne. Trois maisons, dites Saint-Marc, Saint-Mathieu et Saint-Jean, précédaient cet hôtel. L'hôtel de Bellebranche, dont elles avaient fait partie, était presque à l'autre bout de la rue, et le Dauphin gardait l'encoignure.

Aujourd'hui les hospices possèdent, dans cette petite rue des Amandiers-Sainte-Geneviève, une bonne part de l'ancien collége, et la rue de l'École-Polytechnique doit quelque chose à son jardin. C'est dans le fond de la maison principale qu'ont été faits par M. Leullier les premiers essais de bouillon en tablettes.

On rapporte que Pichegru, au mois de janvier 1804, s'y réfugia chez le nommé Leblanc, qui le trahit et qui le fit arrêter rue Chabannais. Le général Pichegru, conspirant le retour des Bourbons et la mort du premier-consul, avait Moreau et Cadoudal, comme chacun sait, pour complices.

La grande porte des Grassins n'avait été celle d'un bureau de voitures qu'à l'époque où ils avaient dû se faire petits pour rétablir l'ordre dans leurs finances. Nous revoyons cette porte n° 12. Mais comme la maison est appelée à disparaître au premier jour, ainsi que la plupart de celles de Paris qui nous rappellent quelque chose, nous renvoyons d'avance les amateurs à l'*Histoire civile, ecclésiastique, physique et littéraire de Paris*, par Béquillet, parue en 1781 et ornée de planches par Poncelin. Le haut d'une jolie gravure à deux compartiments y représente la cour du collège, avec des écoliers qui jouent devant leur chapelle à rosace, jadis bénite par un évêque de Digne sous l'invocation de la Vierge. Le soubassement de l'image donne la porte.

Impasse Maubert

NAGUÈRE

d'Amboise. (1)

Nos 4 et 6.

Plus d'un procès a révélé qu'il y a beaucoup plus d'empoisonneuses que d'empoisonneurs. Ainsi, parmi les crimes sans nombre dont les annales prouvent que notre sexe est beaucoup plus pervers que l'autre sexe, on en trouve deux, rien que deux, dont les femmes ont en quelque sorte le monopole : l'infanticide, l'empoisonnement. A notre époque encore, il y a plus d'une fille d'Ève qui, faute de fruit défendu, cherche à connaître les substances dont l'usage n'est permis qu'en pharmacie ou en chimie. On en voit de fort attentives suivre le cours de M. Chevreul, sur les bancs de l'amphithéâtre du Jardin-des-Plantes, et remarquez un peu comme leurs yeux brillent lorsque le savant maître fait circuler une fiole nouvelle entre les mains de ses élèves de tout âge !

Il y a environ un siècle, la propriétaire d'une maison dont il ne reste que de tristes débris, impasse d'Amboise, 4 et 6, aurait pu être nommée à une chaire de toxicologie. Elle avait pour complices deux autres femmes, fabricant et vendant des essences vénéneuses. La partie volatile,

---

(1) Notice écrite en 1856. L'impasse d'Amboise n'avait pas encore changé de nom, place Maubert.

les gaz que dégageait leur marchandise, finirent par tuer raides ces Locustes ; du moins, on les trouva empoisonnées, comme trois rats, dont la mort n'entraîne pas de deuil.

Ce cul-de-sac (car cet ancien mot est fort juste, quoi qu'en dise Voltaire, qui prétend qu'une impasse ne ressemble ni à un sac, ni à l'autre partie du mot), ce cul-de-sac d'Amboise tient la place d'un antique hôtel du même nom, antérieur au siècle xiv, et du collége grec ou de Constantinople, fondé en l'année 1206 et réuni en 1420 au collége de la Marche.

Rue d'Amboise. (1)

Le Danseur de la Comédie-Italienne. — La chaste Suzanne. — Deux Harems. — Mme Méni-Simon. — Schwartz et Blain.

Des lettres-patentes, datées du 14 octobre 1780, ont autorisé le percement de cette voie de communication sur des terrains appartenant au duc de Choiseul-Amboise. Louis XVI, qui a signé cet acte, avait mis fin à l'illustre disgrâce de ce ministre de Louis XV, exilé à Chanteloup, près d'Amboise. Les dix maisons dont se compose la rue sont alignées et d'une construction identique remontant à fort peu d'années avant la grande disgrâce qui, à son tour, enveloppa la cour, la noblesse et le clergé en masse. Toutefois Grangé, maître des ballets de la Comédie-Italienne, y a demeuré, au coin de la rue Favart, pendant plus de la moitié du dernier règne de l'ancien régime. Il était pensionnaire de S. A. S. le grand-duc de toutes les Russies, un théâtre moscovite se recrutant déjà à Paris au xviiie siècle.

Les combles du n° 7 ont été le théâtre d'un petit drame peu connu, sous le Directoire. Une jeune femme, qui brodait et faisait du filet pour vivre et nourrir un enfant, logeait dans une mansarde, après avoir été séduite par le fils d'un conseiller au parlement, à 14 ans, âge qui serait celui des amours s'il nous fallait en croire les vers mignons de Parny, de Dorat et d'autres poètes. La jeune fille n'avait connu que pendant

---

(1) Notice écrite en 1855.

vingt-quatre heures le fils du magistrat ; c'était le 13 juillet, veille de la prise de la Bastille, et depuis lors aucune visite, aucune lettre ne lui avait appris ce qu'était devenu l'auteur du seul souvenir qui lui rappelât cet amour d'un seul jour. Quelle que fût sa détresse, elle avait refusé les secours accordés aux filles-mères ; elle était parvenue à élever sa petite fille, en ne quittant la fine aiguille d'acier, quand ses yeux, mouillés de pleurs, se fatiguaient d'en suivre l'agile mouvement, que pour saisir l'aiguille et le moule de buis qui servaient à multiplier, sans frais de lumière, pendant une partie de la nuit, les larges mailles de ses filets de commande.

Suzanne était son nom ; on l'appelait *la chaste Suzanne* dans le quartier, parce qu'elle refusait d'écouter deux vieillards, espèces de satyres, qui occupaient la mansarde voisine : l'un était allumeur de réverbères, l'autre savetier. Les gens de la maison croyaient tous fermement que l'un des deux finirait par changer de camarade de chambrée, sans changer d'étage. On finit par se faire effectivement à l'odeur du vieux cuir et de l'huile à quinquet, à force d'habiter, sous les toits, près des gens qui en distribuent ; mais c'était, en réalité, la vertu de Suzanne qui la tenait en garde contre de nouvelles entreprises, fussent-elles faites par des aspirants, en meilleure odeur. Elle aimait un fantôme, dans l'espoir d'un revenant. Il se pouvait que son amant eût reçu dans la mêlée un coup mortel, en se rendant près d'elle avec l'idée de ne la plus quitter ; dans ce cas-là elle croyait devoir à sa chère mémoire d'éternels sacrifices. Si, au contraire, l'éxil, le voyage, la prison peut-être, retardait un rapprochement ardemment souhaité de part et d'autre, ne devait-elle pas se tenir constamment prête pour le retour, ce qu'elle était au moment du départ ?

Un soir qu'elle revenait, avec sa fille endormie sur les bras, du boulevard où demeurait, dans une échoppe, le marchand de filets qui lui donnait de l'ouvrage, elle s'arrêta devant une maison, à l'entrée de la rue d'Amboise, où elle venait de voir entrer un homme, le menton enfermé dans une large cravate, les cheveux débouclés, la démarche avinée ; elle avait reconnu le fugitif dans cet incroyable à bottes molles, à long habit et à collet, qui avait devant elle franchi les premières marches de l'escalier fuyant. Retourner dans sa chambre, y coucher son enfant et revenir seule, fut pour Suzanne l'affaire d'un moment. Cette maison n'était autre que le plus ancien des sérails qui cachent une cinquantaine de houris picardes, bordelaises et normandes, derrière les jalousies toujours tombées de plusieurs maisons de la rue. On habilla de soie à grands ramages, on décolleta et on farda Suzanne, sur sa demande. Une fois dans le salon, ce qu'elle entendait dire, ce qu'elle voyait faire à ***, qui ne la reconnut pas, lui inspira un tel dégoût pour cet homme, coutumier des galanteries faciles, passagères et bestiales, auquel elle avait voué sa vie entière comme à un dieu, qu'elle retourna dans sa mansarde, sans prendre le temps même d'essuyer le rouge de ses joues. C'était la première fois qu'elle rentrait tard, le portier lui en fit ses compliments en riant.

Le lendemain matin les deux vieillards regardaient par un trou, qu'ils avaient pratiqué avec une vrille pour assister chaque jour à la toilette de l'ouvrière. Son enfant et elle se taisaient. On enfonça la porte. Toutes les deux avaient perdu la vie ; un réchaud plein de cendre blanche, fraîchement éteinte, disait comment.

Quant au séducteur ***, il est mort conseiller à la cour royale de Paris, sous le gouvernement de Louis-Philippe. Une semaine avant de passer, il avait galamment acheté et inauguré un lit en noyer, dans une chambre louée pour une toute jeune ouvrière, dont il eût pu être le bisaïeul. Cette jeune fille pleura sincèrement l'ancien séducteur de Suzanne, parcequ'il lui avait promis une commode.

Faute de conclusion morale, il résulte au moins du récit des infortunes de Suzanne que la maison de la dame Petit date de plus d'un demi-siècle. La fille qui attend le soir au coin des rues n'a pas plus de peine à prendre un autre état, qu'une maison de filles à changer de destination. Des hommes sérieux et parfaitement placés ne craignent pas d'employer les économies de leur famille, la dot future de leurs petits-enfants, à l'acquisition en bonne forme d'un immeuble où l'amour s'achète en détail, et d'en percevoir les loyers, par conséquent exorbitants, Il y aurait de l'excès à nous montrer plus prudes que les familles honnêtes de notre temps, et à ne pas souffler mot, par exemple, d'un lupanar voisin, dit des Anglaises, lesquelles sont recrutées exclusivement en Alsace. Quelque vingt ans avant que ce fût un harem, l'immeuble ne coûta que 6,000 frans en or à un amateur : c'était au temps des assignats. Un serrurier du voisinage ayant prêté 45,000 fr. pour meubler les chambres, l'impudicité y bat monnaie depuis et fait aller bien d'autres commerces.

Indépendamment de ces sérails, dont le Coran est un cahier des charges que leur impose la police, il y a eu rue d'Amboise des maisons de jeu clandestines, que l'autorité a fait clore ; il y a eu aussi bien des tables-d'hôte à femmes, et le tout donnait à cette rue un caractère particulier, qu'elle n'a pas entièrement dépouillé. Mme Méni-Simon n'y tint, de 1825 à 1840, une table-d'hôte et des tables d'écarté très-fréquentées qu'avec l'assentiment tacite de la police. Cette maison à parties avait pour succursale une maison de campagne à Romainville. Mme Méni-Simon était la sœur aînée de Mlle Bourgoin, de la Comédie Française, et elle vivait maritalement avec un général de l'Empire.

Maintenant on s'habille rue d'Amboise encore plus qu'on ne s'y déshabille. Il y a des tailleurs, somme toute, dans plus de la moitié des étages, depuis les loges de portier jusqu'aux combles. C'est là que les maisons Schwartz et Blain, depuis 1816, ménagent à leurs clients, en les parant, des bonnes fortunes, qu'il faut payer de mine et d'audace.

Rues Saint-Pierre-Popincourt et Amelot. (1)

Un jour viendra sans doute où ces deux rues n'en feront qu'une, qui pourra même s'incorporer alors le reste de la rue des Fossés-du-Temple. Elles se suivent à la queue leu leu. Celle du milieu faisait encore partie de l'ancien chemin de la Contrescarpe quand prévalut le nom particulier de Saint-Pierre, qu'elle devait à une statue du prince des apôtres, placée à l'une de ses extrémités : c'était plusieurs années avant la fin du règne de Louis XV.

Rue Amelot, n° 10, se retrouve l'ancienne poudrette ; elle fit face au grenier-à-sel et se contentait alors d'un toit de chaume. L'autre côté, bordé par le boulevard, n'avait guère de bâti encore que le grenier-à-sel quand le jardin de la maison de Beaumarchais y ajouta ses murs au commencement de la grande révolution.

Les notables propriétaires de la rue Amelot et de la rue Saint-Pierre, qu'on ne distinguait pas toujours de l'autre, étaient en 1786 :

M. Antoine Dubois, M. Caillet, M. Blanchet, M. Valmelle, la B^{nne} de Waxheim et M. Delahaye.

La propriété de l'illustre chirurgien Antoine

---

(1) Notice écrite en 1855. Présentement la rue Amelot commence au boulevard Richard-Lenoir, transfiguration du canal Saint-Martin et de ses deux quais ; la rue Saint-Pierre-Popincourt fait encore suite à cette rue et finit elle-même à l'angle de la rue Oberkampf, naguère de Ménilmontant.

Dubois, qui n'avait alors que trente ans et qui ne fut nommé professeur qu'en 1790, se rapprochait plus de la Bastille que les propriétés des cinq autres. Nous revoyons le petit hôtel de Mᵐᵉ de Waxheim, avec jardinet par-devant, entre le passage Saint-Pierre et la rue de Ménilmontant.

Le Dictionnaire des Rues de Paris nous rappelle qu'en mai 1777 des lettres-patentes de Louis XVI autorisèrent le percement de ladite voie de communication. Le fossé de la ville, auquel les arbres du boulevard servaient de balustrade, fut comblé pour lui faire un lit, matelassé de pavés ensuite.

Amelot, ministre des affaires étrangères, auquel on attribue, peut-être à tort, la captivité de Latude, passe également pour avoir dit un mot qui ne le fait pas absoudre sur ce chef : — S'il n'y avait pas de lettres de cachet, je ne voudrais plus être ministre, le roi m'en priât-il les mains jointes... Cet aveu ne fut-il pas l'arrêt de mort de la Bastille ? Louis XVI pourtant n'abusait guère des lettres de cachet, et l'écroulement de la vieille prison d'État, longtemps prise en patience par la noblesse, à laquelle avant tout elle était réservée, n'a nullement empêché le ci-devant ministre d'être mis en prison sous la Terreur. Les geôles changent de nom et physionomie, comme les gouvernements ; mais il y en avait plus encore sous la première république qu'au temps de la Bastille, prison du bon plaisir, ou plutôt citadelle de la raison d'État. Amelot est mort sous les verroux, en 1794.

Rue de l'Ancienne-Comédie. (1)

N°s 4, 5. 12, 13, 14, 16, 18 et 21.

Les rues ouvertes et les maisons élevées dans l'ancienne petite ville de Saint-Germain-des-Prés en feraient maintenant une grande. Les fossés qui l'environnaient avaient été creusés, sur certains points, à la place des fondements de l'enceinte donnée à Paris par Philippe-Auguste; notre rue de l'Ancienne-Comédie leur doit d'avoir porté longtemps la dénomination de rue des Fossés-Saint-Germain-des-Prés. Des jansénistes du collège Mazarin, mécontents du voisinage des comédiens du roi, qui jouaient dans la rue Mazarine, avaient obtenu leur éloignement, et les exilés avaient fait bien des recherches, bien des tentatives, avant de s'établir avec sécurité dans cette autre rue, qui ne leur dut pas tout de suite un autre nom. L'acquisition du jeu de paume de l'Étoile avait permis d'y disposer, sur le dessin de François d'Orbay, la salle de spectacle qui fut inaugurée par la représentation de *Phèdre* et du *Médecin Malgré lui*, le 18 avril 1689. La troupe y donna des représentations jusqu'en 1770, époque où, comme la salle menaçait ruine, le roi prêta celle des Tuileries.

Le fait est que les murs se tassaient, ceux-là surtout qui avaient abrité le jeu de paume, avant sa transformation : ils n'étaient déjà plus de force à supporter toute la charpente de la salle et de la scène. Mais leur échafaudage d'escaliers,

---

(1) Notice écrite en 1855.

de galeries, de petites loges, d'amphithéâtres et de loges d'acteurs et d'actrices une fois jeté bas, ils se sentirent tellement débarrassés que les voilà encore sur pied : libre à vous de vous en assurer au n° 14. Il y avait au rez-de-chaussée quatre bureaux de recette, deux vestibules, salle des décomptes, petites boutiques de libraires et de bijoutiers, café, corps-de-garde et passage à la rue des Mauvais-Garçons (1) ; les deux foyers pour le public étaient au-dessus des vestibules, le foyer des acteurs à droite, derrière la cour, et le grand salon d'assemblée, avec antichambre, par-devant. Tout cela et le reste pourrait être remis dans son état ; mais à quoi bon ? Les pièces qui se jouent ne diffèrent-elles pas assez d'un siècle à l'autre pour qu'il y ait nécessité de changer aussi de théâtres ?

Cette lice n'est plus ouverte aux passions et aux jeux de la scène ; mais des preux en l'art de bien dire y ont remporté tant de prix que cela devrait encore porter bonheur au papier d'impression qui se vend aujourd'hui dans le même lieu clos et couvert : il est pourtant probable que plus d'une rame sert à imprimer des sottises. Horace Vernet, par bonheur, a dans la même maison un atelier et y fixe sur la toile les pages les plus brillantes de l'histoire contemporaine. Gros, dans la force de son talent, alors que sa composition était d'une puissance incomparable, et que son dessin hardi donnait à la peinture tout le relief de la statuaire, habitait l'ancienne Comédie, où tant de chefs-d'œuvre dramatiques avaient déjà donné à d'autres la gloire que lui promettaient ses toiles. On était loin de soupçonner alors que l'amertume de la critique dût à la fin empoison-

---

(1) Maintenant rue Gregoire-de-Tours.

ner et abréger la vieillesse du baron Gros, le rival de David.

D'autres numéros de cette rue, l'une des plus vivantes du faubourg Saint-Germain, ont à payer à notre ouvrage leur tribut de renseignements. Près de la salle de spectacle, c'est-à-dire au 12 ou au 16, fut domicilié Fabre d'Eglantine, auteur dramatique et conventionnel : la rue s'appelait alors du Théâtre-Français. Le général baron Feuchères occupa ensuite un appartement du 12. Nos notes indiquent aussi la contiguïté à la Comédie d'une maison vendue en 1727 par Baudon de Neuville, conseiller au parlement, à Nicolas Poincelet : le prix était 61,000 livres, et l'abbaye Saint-Germain-des-Prés avait réduit, *par considération*, ses droits de bienvenue et de retenue à 2,400. Le 18 est l'ancien hôtel Lafoudrière, ou de la Fautrière, qui date de 1750, et où le restaurant Pinson, mis en honneur par George Sand, rivalise depuis longues années avec les petits couverts que dresse en plus grand nombre le restaurant Dagnaux, quelques portes plus bas. Or un Parisien qui écrivait, Davy de la Fautrière, siégeait en la chambre des enquêtes du parlement. On ne parlait plus alors de l'hôtel de Vensel, qui avait été le plus en vue dans la rue des Fossés pendant la vieillesse du grand roi.

Le 4 est décoré des deux panonceaux d'un notaire ; sa construction a pour contemporaine précisément celle du Pont-Neuf ; quinze ans avant la fin du xvie siècle, on mettait à la même place que les plaques de cuivre actuelles le buste du roi qui régnait, Henri III. Destouches, l'auteur dramatique, y demeurait passagèrement en l'année 1727, c'est-à-dire au moment de la représentation du *Philosophe marié*, et néanmoins Destouches avait accoutumé de vivre dans un petit domaine, près de Melun, depuis que le régent, son protecteur, n'existait plus. Le 5 fut habité sous le premier empire par un autre glorieux que celui de Destouches, je veux dire par Cambacérès, avant que cet archi-chancelier ne résidât à l'Élysée.

Le 21 tenait par-derrière à un jeu de boules qui se carrait dans l'ancien fossé de l'abbaye, devenu depuis la cour du Commerce. Un appartement de la maison fut occupé par le trop fameux Guillotin. Ce médecin, député à l'Assemblée nationale, où il votait avec les modérés, passe à tort pour avoir inventé l'instrument de supplice dont la Révolution popularisa l'usage. Guillotin ne requit, ne vota, ne recommanda jamais la peine de mort; il se borna à demander, mû par un sentiment d'humanité, qu'on appliquât de préférence à l'exécution des jugements portant condamnation à mort, la décapitation au moyen d'une machine, connue déjà en Italie, qui abrégeait les souffrances du patient. Emprisonné au fort de la Terreur, il n'évita que par hasard de profiter lui-même d'une découverte qui lui était attribuée. On n'est jamais trahi que par les siens, auraient dit les mauvais plaisants si la guillotine avait emporté Guillotin; ou aurait même pu ajouter que c'était une revanche prise sur Hugolin, qui avait mangé ses enfants. Le docteur, en réalité, s'affligeait fort de l'odieuse solidarité qui résultait pour lui d'une vulgarisation qu'il avait cru de son devoir d'entreprendre. Mais une institution réellement due à ce médecin passionné pour les progrès de la science, c'est l'association d'élite qui porte le nom d'Académie impériale de médecine.

Une réputation d'un autre genre vaut encore au café Procope d'être l'une des curiosités de Paris que les étrangers un peu lettrés ont à voir. Leur désappointement n'est pas douteux s'ils s'attendent à le retrouver spirituel, expansif, de bonne compagnie et philosophe, comme au temps de sa gloire. On y cause plus bas, par petits groupes, au rez-de-chaussée si ce n'est au premier. Mais les feuilles publiques n'y donnent pas exclusivement la nouvelle la plus fraîche. Que de réputations encore sont faites ou défaites dans un coin, le bon coin ! Où la nouvelle pièce est-elle plus sujette aux commentaires des connaisseurs, que la parole laisse courir plus indépendants que la plume ? Toutes les académies recruteraient dans ce vieux café des candidats qui sont, en attendant, leurs détracteurs à la manière de Piron, l'ancien habitué de la maison. La verve gauloise de Lafontaine, l'esprit d'observation de Saint-Foix sont plus difficiles à renaître. Mais les beaux-esprits d'aujourd'hui, quelque voltairiens que les ait faits la rage innée de la raillerie, laissent maintenant à d'autres le plaisir déconsidéré de harceler l'Église sans coup férir : le gouvernement même leur taille assez de besogne, adversaire armé de pied en cap ! Un prêtre de province peut encore s'attabler tranquillement dans ce café Procope, dont le poêle ne s'allumait guère, en d'autres temps, sans que des abbés s'y chauffassent. Les anciennes traditions ne sont contrariées que par des intervalles fréquents de silence ; on les applique à l'absorption de nombreux journaux, dont neuf colonnes sur dix sont consacrées à rendre des services payés. Ces pauses, que M. Prudhomme ne manque jamais de trouver solennelles, dans l'attente de sa demi-tasse, valent encore mieux que le bruit incessant de ces halles centrales à boire et à fumer, pleines de dorures, de velours et de haillons, qui comptent vingt à trente billards, et où je défie qu'on ait jamais causé. Mais quelle est l'origine de ce café Procope, qui sent encore son bureau d'esprit et son faubourg Saint-Germain ?

Il y avait une fois une maison de bains qui ne se gênait pas pour être à plusieurs fins : on ne se contentait pas toujours d'y fournir du linge tout chaud aux baigneurs. La baigneuse ne leur apportait jamais cette sortie de bain sans offrir une collation ou à dîner, quand l'heure ne permettait pas que ce fût à souper, et la baigneuse, toujours jeune et gentille, provoquait de son mieux l'appétit. En sortant du jeu de paume de l'Étoile, on n'avait qu'à traverser la rue pour entrer dans cette maison-là, qui profitait également du voisinage du Pré-aux-Clercs, et le soir on allait y prendre des sorbets, au son d'une musique italienne. Le fondateur de cet établissement, qui se cachait d'abord derrière la porte de Buci, était le Sicilien Procope Cultelli, venu à Paris à la suite de la princesse Catherine de Médicis. François Procope, son petit-fils, qui débitait du café en plein vent à la foire Saint-Germain, donna plus d'extension à ce commerce d'importation nouvelle, aux dépens de l'autre. Tels sont les préliminaires historiques de l'ouverture en l'année 1689 du premier café à Paris, vis-à-vis la Comédie-Française.

Les Procope, ayant fait fortune de cette manière, se qualifièrent seigneurs de Cultelli, comme de nos jours les Aguado, fils d'un marchand de comestibles, s'appellent de Las Marismas. MM. de Cousteau, famille parlementaire que la guillotine de la Terreur éteignit, n'étaient autres qu'une branche tout-à-fait francisée de Cultelli. Un médecin Procope collabora à une comédie en trois actes et en vers de Guyot de Merville, représentée à la Comédie-Italienne le 22 mai 1743 sous ce titre : *Le Roman*.

L'innovateur de la rue des Fossés-Saint-Germain-des-Prés ayant bientôt trouvé des imitateurs, on comptait déjà 86 cafés en l'année 1769. Dubuisson tenait alors la place des Procope. Zoppi, sous le Consulat, ajouta au café Procope un salon littéraire, dont la clientèle était toute faite, mais que n'alimenta pas suffisamment la littérature de l'Empire.

Rue des Bernardins. (1)

Le petit Hôtel Nesmond. — Les Frondeurs. — Une Succursale du Couvent des Oiseaux. — Le Conseiller de Charles IX. — Chamillard et les Chamillardes. — Les deux Peintres du Roi. — Les Bernardins. — Le Presbytère de la Paroisse. — Les Braque. — La Famille de Cyrano de Bergerac. — Le Prévôt et le Seigneur de Passy.

Le plan de Paris en 1739, dit de Turgot, indique rue des Bernardins un hôtel adjacent à l'hôtel de Nesmond, lequel ouvre sur le quai de la Tournelle : il n'y avait qu'un mur entre les jardins de ces deux propriétés. Il est vrai qu'en l'année 1663 messire Le Couturier, conseiller-secrétaire du roi, avait vendu à son collègue Nesmond cette maison touchant la sienne ; mais l'accouplement n'avait duré qu'un temps. L'hôtel Le Couturier était sous la censive du roi ; il existait déjà en 1598 ; ce qui en reste, n° 9, appartient au directeur d'un bureau de placement pour les garçons coiffeurs.

Un architecte notable, M. de Metz, dispose actuellement du 13. Joli, conseiller au Châtelet, syndic des rentes sur la Ville, fut, en sortant de cette maison, le héros d'un des principaux épisodes des guerres de la Fronde. La cour en

---

(1) Notice écrite en 1857. Treize années de plus nous montrent la rue des Bernardins prolongée entre les nouvelles rues Monge et des Écoles, plus élargie encore à proportion, bien que cela ne soit pas dans la totalité de son ancien parcours, et traversée par le nouveau boulevard Saint-Germain.

voulait bien assez à ce magistrat, en possession d'une grande popularité, pour que le bruit s'accréditât sans peine d'un parti pris d'attenter à ses jours. Un matin, en effet, à sept heures et demie, un inconnu dont le manteau drapé cachait le pourpoint et la figure, s'approcha du carrosse de Joli, rue des Bernardins, et déchargea à bout-portant un des longs pistolets d'alors, dont la fumée enveloppa d'un nuage la voiture. Un gros de peuple de s'amasser tout de suite, pris à témoin par les exclamations du frondeur d'Estainville. On se mit à quatre pour descendre et déshabiller la victime du guet-à-pens maudit, dans la boutique d'un barbier-chirurgien, vis-à-vis de la rue Saint-Nicolas-du-Chardonnet; ce praticien posa un appareil sur une plaie découverte au bras gauche, pendant que d'Argenteuil, autre partisan du cardinal de Retz, s'en donnait à déblatérer contre le cardinal Mazarin. Il en a parfois moins fallu pour commencer des barricades; par malheur, ce n'était qu'un jeu: Joli avait pour toute blessure une déchirure qu'il s'était faite lui-même, et de concert avec d'Estainville, qui avait lui-même brûlé l'amorce, il s'était couché à plat ventre dans son carrosse à un moment donné. L'avocat-général Bignon demeurait trop près, au Cloître des Bernardins, pour n'y voir que du feu; aussi bien Mazarin connut tous les détails de cette comédie préméditée et il sut en tirer vengeance avec son habileté accoutumée.

Le couvent qu'on dit des Oiseaux, cette volière de filles bien élevées, gazouilla sous la Restauration à la place maintenant occupée par un chantier, n°s 17 et 19. Un fragment moussu de l'édifice pend encore; l'isard s'y croirait sur une roche fleurie des Pyrénées, contemporaine du déluge, et par alluvions successives la grande ville moderne monte toujours, renouvelant l'ancienne aussi vite que si la peste s'y était déclarée : les montagnes qui limitent la France, sapées elles mêmes par l'industrie, qui vient en aide à mille torrents rongeurs, tendent aussi à disparaître, mais si lentement qu'on ne s'en aperçoit pas ! *Multa renascentur* ! Ces deux mots prophétiques de consolation étaient la tête d'une inscription latine, mise à jour en 1830 par la démolition du bâtiment, qui toutefois n'est remplacé encore que par des piles de bois. Jacques Le Fèvre, abbé de la Chaise-Dieu, membre des conseils secrets de Charles IX, avait fait élever cette construction à ses frais, en l'année 1566. Une représentation dessinée de l'édifice se retrouve chez M. Destors ; Jean Goujon l'avait enrichi de sculptures assez remarquables pour que l'école des Beaux-Arts ait placé dans sa seconde cour une partie de ces œuvres d'art, rachetées et remontées en placage après avoir été sciées. L'hôtel de l'abbé Le Fèvre, après de nombreuses mutations, appartenait à M. de Torpagne lors de la grande révolution. L'Etat s'en empara ; M. Duperron l'acheta, mais il indemnisa spontanément les héritiers de M. de Torpagne, en la personne de M. Allary, qui ratifia la vente de la Nation.

Le 21 est un ancien hôtel, payant jadis aux bernardins 10 deniers de cens et 7 livres 19 sols 4 deniers de rente ; par exemple, ses appartements ont subi deux transformations simultanées : trop dorés, on les a grattés, badigeonnés ou couverts de papiers à fleurs ; trop grands, on les a divisés sur la largeur et la hauteur. Messire Paul-Etienne Brunet, écuyer, seigneur de Rancy, conseiller-secrétaire du roi, parlait en maître dans ce logis de bonne mine en l'année 1717, et puis ce fut Jean-Louis Barré, également conseiller du roi, auditeur en sa chambre des comptes. De plus, haute et puissante dame Thérèse Le Rebours, qui n'avait épousé rien moins qu'un ministre de Louis XIV, en était la propriétaire antérieurement à ces deux personnages en charge. L'homme d'Etat, son mari, avait siégé d'abord en parlement et montré, d'une audience à l'autre, son excessive adresse au jeu de billard, qui commençait à faire du tort à la paume, jeu plus noble encore. C'était Michel de Chamillard, un honnête homme, même en affaires, nommé contrôleur des finances en 1699, pourvu en outre du portefeuille de la guerre deux ans plus tard. Malheureusement les armes françaises, en cessant d'être victorieuses, réduisirent le trésor public à divers expédients, qui soulevèrent des murmures, et Chamillard se dédoubla d'abord en se démettant du contrôle ; puis, une année après, il résigna son second portefeuille. Une grêle de *chamillardes* lui avait fait un devoir de la retraite ; il ne faut pas entendre par ce substantif féminin qu'il eût fait pleuvoir des rivales autour de Thérèse Le Rebours : les chamillardes, drôlesses qu'il n'aimait guère, étaient des épigrammes à l'adresse du ministre, encore plus serrées que ses carambolages et qui faisaient rimer incessamment son nom avec *billard*.

Appeler le n° 25, c'est évoquer l'ombre de Perronneau, l'un des peintres du même roi, dont la veuve épousa Claude Robin, autre peintre du roi, membre de l'Académie de peinture : en même temps que la dame, convola cette maison, avec laquelle s'est immobilisée une peinture du second mari, et qui payait 4 livres 6 sols 4 deniers par an à MM. les proviseur, supérieur, procureur et écoliers du collège des Bernardins, ses seigneurs censitaires. Autre charge, 24 livres par an pour les boues et pour les lanternes : celles-ci étaient alors au nombre de 10, dans la rue, qui comptait 43 maisons. La propriété de certain marquis Legrain Dubreuil, seigneur de Boissy, n'était pas autre, sous Louis XV ; 1,100 livres par an n'en furent pas moins payées au même endroit par ces locataires successifs : M⁰ Castanède, avocat, Mᵐᵉ d'Héricourt, puis, en vertu d'un bail signé en 1729, M. Gissay, ancien président au grenier-à-sel, conseiller du roi, président de l'élection en la ville de Paris. Les bureaux de M. Marye, autre président de l'élection, se tenaient du côté opposé de la rue sous le règne suivant. Claude Robin et Perronneau eux-mêmes avaient eu pour le moins un prédécesseur ; mais ce n'était pas en qualité de mari. Leur propriété profitait d'un petit agrandissement qui datait de l'année de 1648 : les frais en avaient été faits par la dame Viger, veuve du sieur Lami, correcteur en la chambre des comptes.

Immédiatement après vient l'ancien cloître des Bernardins. Lorsqu'un convoi funèbre passe dans la rue, est-ce le mort qu'on salue ? je crois plutôt que c'est la mort. Ne devra-t-on pas bientôt la même révérence à cet ancien collége de Saint-Bernard, tant menacé de mordre la poussière par l'épidémie destructive qui sévit en réalité ? Il vit encore, mais si peu qu'on ne lui prend plus mesure d'un seul raccord, qu'on lui fait grâce enfin du badigeon et que des chroniqueurs au petit-pied résument déjà en quelques lignes les chapitres de son histoire, pour en corser les *faits-divers* des journaux quotidiens. L'article nécrologique sera tout prêt le jour du premier coup de pioche. L'Anglais Etienne de Lexinston, abbé de Clairvaux, avait fondé sous les auspices d'Alphonse de France, comte de Poitiers, frère de saint Louis, ce collége où l'ordre de Cîteaux comptait encore en plein XVIIIᵉ siècle vingt élèves, deux régents et un procureur, dom Maillard, abbé de Vaux-la-Douce, en étant supérieur et proviseur. Les bernardins, dont saint Bernard fut seulement le réformateur, suivaient la règle de saint Benoît et portaient la robe blanche, avec scapulaire noir. Il n'y avait pas chez eux de noviciat ; le prix de la pension de leurs élèves était de 400 livres.

Telle que les gravures et les livres la décrivent, voici l'ancienne façade du cloître, avec deux niches sur la rue, qui se répètent de l'autre côté de la voûte et que jadis habitaient des statues. Des matelassières, des peintres en bâtiment et des marchands de verre cassé ont barriolé de leurs noms le vieux collège, et ses fenêtres, dégarnies de barreaux, servent à l'exhibition de loques enfilées, qui semblent plutôt propres à ensevelir qu'à parer le dimanche suivant les vieilles femmes qui les font sécher. Sous cette voûte existait encore, en 1819, une porte énorme; à cette époque la maison fut vendue par Gérard, ex-entrepreneur de la serrurerie du Panthéon, à la famille de M. Pouget, présentement propriétaire, et le cahier des charges obligeait encore l'acquéreur à entretenir à ses frais, à ouvrir et fermer à de certaines heures ladite porte. Ce corps de bâtiment date de la fin du XVe siècle ; outre quelques sculptures éparses, on retrouve au second étage, au-dessus d'une cheminée, un médaillon qui représente au milieu d'un groupe la Sainte-Vierge et l'enfant Jésus sur ses genoux. On distribuait, pendant la Révolution, des soupes à la Rumfort dans la grande cour du cloître, aujourd'hui érigée en rue, et c'est toute une ville que les débris actuels du collége de Saint-Bernard. L'oratoire du prieur a survécu, rue du Cloître, n° 5, à la déroute des pères, qui ont tous été arrêtés en 1793. Tout près de là, n° 3, des colonnes dominent une chapelle souterraine, autrefois splendide. Une ancienne abbatiale, qui comportait de beaux salons, sert à loger des pauvres de la paroisse Saint-Nicolas-du-Chardonnet, n°s 9 et 11. L'abbatiale, vers les derniers temps, était dans un autre corps de bâtiment qui subsiste rue de Pontoise, 26, près de l'école paroissiale, où de jeunes garçons apprennent à lire et se récréent à l'ombre des murailles d'origine monastique. Dans cette région du collége transformée en bouverie pour les gardes de Paris à l'époque du Consulat, est un chantier, n° 11, même rue, où se reconnaissent des tronçons de piliers qui, comme les piles de bois, exhalent la fraîcheur en tout temps : là gît l'église gothique des Bernardins, enrichie sous Louis XV des stalles et du maître-autel de Port-Royal-des-Champs. Les vestiges ne manquent pas de la magnificence qui régnait jusque sur les combles du couvent, eux-mêmes véritables œuvres d'art ; mais rien ne vous en donne mieux l'idée que l'ancien refectoire des pères, dans un monument qui surgit derrière des arbres séculaires, rue de Poissy. Des colonnes d'une merveilleuse légèreté y portent l'ancien dortoir, comme s'il ne s'agissait que d'un hamac ; les trois berceaux de caves ne sont pas plus indignes de la salle principale, plus grande et d'un style plus frappant que le réfectoire de Saint-Martin-des-Champs. Vous remarquez aussi un escalier dont le caractère accentué vous reporte à l'époque inspirée ou presque jamais l'art et la foi ne se quittaient, notamment chez ces religieux, dont l'église était un chef-d'œuvre.

Celle de Saint-Nicolas-du-Chardonnét, dont nous parlerons de préférence rue Saint-Victor, n'est séparée de son presbytère que par la rue des Bernardins. Pourrait-on taxer d'ambition cette maison, qui fut le petit hôtel de Braque ? Pendant que tant d'autres s'exhaussaient, elle se déchargeait d'un étage ! Un escalier en pierre, à vieille rampe de fer qui a servi d'appui à des ligueurs, n'en mène que plus à l'aise M. le curé dans sa chambre, qui resplendit de boiseries peintes et dorées, remontant au temps de la

Fronde. Le lit est de l'époque où le pape Clément XIII succédait à Benoît XIV. Dans la même pièce nous avons remarqué un cabinet en écaille, style Louis XIII, et une grosse montre en cuivre du même temps, qui pend au-dessus de la cheminée et qui marche encore quand on la monte. Près de l'alcôve figurent des portraits d'anciens propriétaires de l'hôtel, contemporains de la montre par le costume. Une salle de billard et une bibliothèque exposent, sous le même toit, deux tableaux de Giovanni, *Isaac bénissant Jacob à la place d'Esaü* et *Job sur son fumier*; le portrait du chanoine Delaporte, par Philippe de Champagne; celui de Charles X, d'après Gérard, peint par la nièce de cet artiste, mais qui a été abîmé dans le salon d'un ministère qu'il ornait en 1830; enfin la collection complète des portraits gravés des archevêques de Paris et de plusieurs des évêques qui les ont précédés. Cette galerie de gravures serait unique si M. le curé n'avait pas offert la pareille à M. Affre, archevêque de Paris, qui l'en a remercié par une charmante lettre. Le cabinet de curiosité presbytéral passerait pourtant inaperçu si le grand hôtel de Braque, au n° 34, s'enorgueillissait encore du cabinet d'histoire naturelle de M. de Jussieu, une des curiosités de Paris sous Louis XVI. Ce Jussieu-là exerçait la médecine.

La famille de Braque eut principalement son château seigneurial entre Écouen et Montmorency, comme nous l'avons dit en temps et lieu (1). Le comte de Vienne, allié à MM. de Braque, fut après eux propriétaire de l'hôtel, qui répondait du côté de la rue de Bièvre à l'image de

---

(1) *Le Tour de la Vallée de Montmorency* par M. Lefeuve (histoire et description de Piscop).

Saint-Martin et qui fit retour à l'État en 1793. Il est surélevé de deux étages et augmenté d'une aile de bâtiment ; mais partie en doit disparaître pour faire place au boulevard Saint-Germain.

Les Braque n'avaient-ils pas eu là pour prédécesseurs les Bochart de Saron, dont l'un fut président aux enquêtes? Deux maisons dos à dos, donnant sur la rue de Bièvre et sur celles des Bernardins par deux portes cochères, s'adjugèrent indubitablement à la famille Bochart de Saron en l'année 1712 : le prix en fut touché par Louis-Joseph duc de Vendôme, gouverneur et lieutenant-général pour le roi en Provence. Elles avaient été abandonnées à ce prince par les héritiers de Marotin, son ancien trésorier, en déduction de la somme de 380,325 livres, 7 sols, 5 deniers, dont sa caisse était restée en déficit. Marotin lui-même avait acquis en 1675 de Mme de Serre, née Cyrano. Impossible que ladite dame n'eût pas pour parent ce fameux Cyrano de Bergerac, prototype il est vrai du matamore de Callot, mais poète à qui Molière lui-même ne dédaigna pas de faire un emprunt. La famille de ce fou de génie comportait pour le moins un Cyrano de Mauvières, son frère, un cousin Cyrano, *trésorier-général des offrandes, aumônes et dévotions du Roi*, et la cousine Madeleine Robineau, baronne de Neuvillette, sainte femme dont la vie fut écrite par le père Cyprien, carme déchaussé.

Le règne de Louis XV finissant, Bourget, prévôt et juge civil, criminel et de police à Passy-lès-Paris, était propriétaire du n° 30, chargé de 13 sols 8 deniers parisis de cens au profit de de l'abbé de Sainte-Geneviève, et Chéron, bourgeois de Versailles, ancien charcutier du roi, l'achetait en 1775. La maison qui vient après n'a rien de plus jeune, et il en est de même du 14. En 1673, Guy Sévin, chevalier et conseiller du roi, maître ordinaire en sa chambre des comptes, jouissait de la propriété qui porte le n° 12 ; en 1726 c'était Leclerc de Lesseville, dont la famille éminemment parlementaire tenait, comme celle de Braque, des fiefs près de Montmorency ; Boucher de la Richarderie, avocat au parlement, la possédait en l'année 1776, et il avait pour successeur, douze ans plus tard, Pierre de Ravisi, sieur de Monchenu. Le 6, pour en finir, attient à une maison de la rue de Bièvre et provient du commencement de l'autre siècle. Arnaud de la Briffe, chevalier, vicomte de Barzy, seigneur de Passy et autres lieux, président au grand-conseil du roi Louis XVI, en perçut longtemps les loyers.

Sauval dit que la rue qui nous occupe, percée sur le clos du Chardonnet, s'appela de Saint-Bernard dès 1246, année ou des religieux de l'ordre de Citeaux s'y établirent. C'est seulement en 1425 qu'on la trouve dénommée comme le présent chapitre de l'histoire intime des rues de Paris.

Rue Bertin-Poirée. (1)

Chronique locale des XVIIe et XVIIIe siècles.

D'Espréménil, originaire des Indes et qui s'occupait de magnétisme, devinait seulement le passé ; ainsi ce gentilhomme parlementaire, manipulateur de fluide, n'arriva à voir clair dans les faits accomplis, en ce qui concernait la monarchie, qu'après l'avoir elle-même interrogée, sur la sellette, pendant les premières passes de la grande révolution. Ennemi de Marie-Antoinette, il finit par avouer que S. M. Louis XVI avait eu tort de ne pas le faire pendre, absolument comme un vilain. Porté en triomphe par le peuple en 1787, il protestait quatre ans plus tard contre tous les actes émanés de la convocation des Etats-généraux, dont il avait été le plus impatient promoteur. Au fond, c'était l'ami des parlements, et il n'avait pas craint de défendre celui de Paris, dont il faisait partie, contre tous les édits du roi, lequel en pleine audience l'avait fait arrêter par le marquis d'Agout, porteur d'une lettre de cachet, et conduire à l'île Sainte-Marguerite ; ensuite il s'était fait l'avocat, contre l'Assemblée, de deux autres cours souveraines de justice, celles de Languedoc et de Bretagne, en se rapprochant du même trône que sa main avait contribué à ébranler. Belle figure, vif regard, voix pénétrante, éloquence fleurie à Paris, bien que la sève en restât créole, tels étaient les moyens d'action de cette nature

---

(1) Notice écrite en 1857.

ardente, courageuse et tôt ou tard capable de réfléchir. Lorsque le député d'Espréménil osait tenir tête à Mirabeau, il habitait la rue Bertin-Poirée ; après la journée du 10 août, il se retira au Hâvre, avec une blessure qui datait de quelques jours à peine, et sa condamnation à mort fut prononcée le 23 avril 1794. L'hôtel d'Espréménil porte aujourd'hui le n° 9, dans la rue ; l'or qui brilla dès le XVIIe siècle sur ses lambris préfère aujourd'hui circuler dans la caisse des négociants qui sont plusieurs à chaque étage.

La construction d'après nous paraît encore plus séculaire ; sa marque de fabrique est l'œil-de-bœuf dont reste poinçonné le bâtiment du fond. Du plus loin que nous sachions, elle appartenait à Mme Renard de Clerbourg et elle était grevée de 3 livres 5 sols et 10 deniers de rente, au profit de la chapelle des Cinq-Saints, laquelle faisait partie de Saint-Germain-l'Auxerrois et avait pour chapelain le sieur de Braquemont, chanoine. Le 13 également sent son vieux temps, malgré bien des réparations ; c'était une résidence parlementaire, avant que la rue tout entière eût remplacé par de bons gros marchands ces magistrats de vieille roche, que leur indépendance inamovible nous ferait prendre pour des étudiants brouillons, qui ne reconnaissent avoir d'obligation qu'à leurs familles, tout au plus. Mais on peut dire aussi des rues qu'elles varient : bien fol est qui s'y fie ! Le quartier n'a-t-il pas lui-même changé de commerce ? Il a eu quelque temps la toile, qui a couru peut-être après la robe, mais qui s'est arrêtée dans tous les cas rue du Sentier. La rue Bertin-Poirée fût restée à certain moment aussi nue qu'un petit saint Jean, si la bonneterie en gros n'était pas venue la remmaillotter. Les fourrures avaient commencé par la tenir trop chaudement ;

mais la Révolution devait à son tour lui donner un refroidissement, en ne la découvrant que trop ; en 1789, elle tenait encore le bureau de la corporation des pelletiers.

Alphonse Karr prononce, dans le *Siècle*, de spirituels réquisitoires contre les fraudes commerciales ; rappelons-lui qu'autrefois les syndics de chaque corporation visitaient et jugeaient disciplinairement leurs confrères, ce qui maintenait le niveau d'une certaine probité dans la profession, outre que l'ambition de tous les membres était de parvenir au syndicat, en se montrant honnêtes gens à l'envi. Les fourreurs de nos jours passent, comme les épiciers, pour être plus sujets à caution. La communauté des fourreurs fusionna, sous Henri III, avec celle des pelletiers, et leurs membres prirent collectivement le titre de maîtres et marchands pelletiers, haubanniers et fourreurs. Leurs armoiries étaient : un agneau pascal d'argent en champ d'azur, à la bannière de France de gueules, avec une croix, depuis une concession royale qu'avait obtenue de Charles V en leur faveur le duc de Bourbon, comte de Clermont, grand-chambellan de France, qui, disaient-ils, avait été leur chef. Ce corps, le moins nombreux, mais le plus brillant des six corps de marchands, ne s'y contentait pas du quatrième rang : il aurait voulu que la mercerie lui cédât le pas dans les cérémonies. Les statuts portaient à 4 ans la durée de l'apprentissage, à 60 livres les frais du brevet, à 600 ceux de la maîtrise. La fête du Saint-Sacrement était chômée comme sienne par toute la compagnie. Ajoutons que les chapeliers et les bonnetiers en faisaient partie depuis 1776.

La même rue avait pour habitants des frères tailleurs qui mettaient en commun la prière, le travail, les aliments, le gîte. Les membres de cette association ouvrière et religieuse, qui travaillait pour Dieu et le public, ne prononçaient pas de vœux.

L'ancien hôtel frappé du chiffre 15 a deux portes, dont une vieille et magnifique ; le président Lamoignon l'a franchie, rendant des visites à une dame Lamoignon. Le 17, pour être neuf sur la rue de Rivoli, n'en compte pas moins deux siècles, ou peu s'en faut. Il en est de même du 7, dont la façade s'est maintenue presque intacte ; le commerce du drap et de la toile y tient bon depuis plus de cent ans. Le 5 a survécu au For-l'Évêque, son ancien vis-à-vis.

Dans les mêmes parages que les frères tailleurs, à l'angle de la rue Jean-Lantier, le collège de la Marche, comme propriétaire, paya le cens à l'évêché, puis à l'archevêché. Une autre maison, celle-là était carrée et presque aussi rapprochée de la rue des Deux-Boules que de la rue Jean-Lantier, appartenait avant la Révolution au peintre Grillet ; trois autres, au marquis d'Auriac ou Doria ; une autre encore, à M. Chassepot de Beaumont. Les premières années du même siècle avaient vu la propriété se décomposer, dans la presque totalité de la rue Bertin-Poirée, comme il suit :

Gauche :   Droite :

à partir de la rue Saint-Germain-l'Auxerrois

Gauche	Droite
Mme Langlois.	Quenelle.
Langlois-Dampy.	Mme Thevenin.
Id.	Pyard.
Ferret.	de Beauregard.
Le Double, maître des comptes.	Chassepot de Beaumont.
	Id.
Mme d'Auterive.	Mlle Mouet.
Id.	Le collège de la Marche.
Cadeau, secrétaire du roi.	Pasquier.
Charron, id.	Bellosis.
Darbault.	Mme veuve de Montreuil.

Mais ce n'est encore là que de l'histoire moderne pour une rue qui a pu volontairement fournir son contingent d'hommes d'armes aux deux dernières croisades.

Quai de Béthune. (1)

L'Hôtel Bretonvilliers. — La Jeunesse du Maréchal de Richelieu. — M. Vielle. — Le Feuve de la Malmaison. — Denis Hesselin. — Parent-Duchâtelet. — Le Nonce. — Les Balcons et les Sérénades sur l'Eau. — La grande Robe et les Grands-Échansons. — M. Perducet. — Le Chevalier Turgot. — Gomberville. — Hôtel Perrault. — M. Beuron.

Les ateliers du parfumeur Chardin-Hadancourt occupent, à la pointe orientale de l'île Saint-Louis, quai de Béthune, le jardin de l'ancien hôtel Bretonvilliers, dont la magnifique terrasse avait pour point d'appui le mur qui survit. Un peu plus bas en face s'ouvre, pendant l'été, l'école de natation fondée par Turquin, où beaucoup de collégiens viennent prendre chaque été leurs ébats, par avant-goût des vacances qui approchent, dans la plus belle eau de Paris. Le 12 actuel, avant de faire partie du bureau des Fermes-générales, dépendait de l'hôtel Bretonvilliers, dont la porte principale n'ouvrait pas sur le quai. C'est en passant rue Saint-Louis-en-l'Ile que nous rendrons à l'ombre de Le Ragois de Bretonvilliers, secrétaire du conseil, puis intéressé dans les fermes, la petite visite que nous lui devons.

De l'autre côté de la rue Bretonvilliers, les n°s 16 et 18 composaient l'hôtel Richelieu, ainsi que le n° 1 de ladite rue, qui se nommait alors

---

(1) Notice écrite en 1857.

de l'Arcade. Armand-Joseph Vignerod, duc de Richelieu, général des galères de France et neveu du cardinal, y précéda son fils qui avait vu le jour deux mois avant le terme de la grossesse de la duchesse, en l'année 1696. Ayant été tenu sur les fonts, à trois ans de là, par le roi et la duchesse de Bourgogne, le chétif petit duc, qui prit d'abord le nom de Fronsac, commença de bonne heure à faire parler de lui dans le monde; l'adolescent n'attendit pas la barbe pour épouser Mlle de Noailles, dont la mère se trouvait la femme en troisièmes noces du duc de Richelieu, son père. La précocité continuant, Mlle de Noailles ne tarda pas à être détestée de son mari, dont l'audace et l'esprit devaient lui susciter encore plus de rivalités que son rang ne faisait de jalouses. Le petit-neveu du cardinal de Richelieu, pour si roué qu'il se montrât bientôt avec les femmes dont la coquetterie trouvait à regret son maître, ne continua-t-il pas à sa manière l'œuvre de son grand-oncle? La féodalité n'était pas morte sans laisser des rejetons, et cette survivance, qu'elle se tînt ou non sur ses gardes, n'avait pas appris à parer les nouveaux coups dont un Richelieu la criblait : il ajoutait une barre à l'écussson futur de bien des descendants des feudataires de la Couronne, dont Son Eminence n'avait fait que diminuer la puissance politique. Louis XIV eut l'ingratitude d'envoyer Fronsac à la Bastille avant l'âge fixé d'ordinaire par les lettres de cachet à la majorité; mais c'était comme pour compléter une éducation négligée, car une auguste prévoyance dépêcha, au mineur, sous les verrous, l'abbé de Saint-Rémy pour précepteur. Mme de Maintenon gardait jusqu'à la fin le plus rare des trésors, son indulgence plénière, à l'héritier du cardinal, qui regretta le roi avec sincérité, mais qui peu de temps après inaugura son hostilité au régent, en lui prenant toutes ses maîtresses.

L'hôtel qu'habitait le jeune duc était trop proche de la forteresse qu'il avait déjà visitée, pour que le nouveau chef de l'Etat ne songeât pas, à propos d'un duel, à l'y accréditer encore pour une année. Richelieu, se rappelant qu'il y avait connu Voltaire, paraissait si peu s'y déplaire, et si bien s'y refaire des fatigues d'une vie trop mondaine, qu'une troisième fois encore s'abaissa devant lui le pont-levis de la prison d'Etat; mais cette fois Dubois, devenu son ennemi mortel, en voulait à la tête, beaucoup plus qu'à la liberté de Richelieu, taxé de conspiration. Un cachot fut la chambre que le ministre lui assigna d'abord, sous les fossés de la Bastille; par bonheur intervinrent Mlle de Charolais et Mlle de Valois, l'une et l'autre filles du régent; ces deux princesses, qui l'aimaient à tout risque, mirent de côté toute rivalité pour travailler, comme un seul homme, à la libération du criminel d'Etat. Les murs ne pouvant s'abaisser tout-à-coup devant leur idole, Richelieu put du moins jouir d'un adoucissement, en se promenant une heure par jour sur la plate-forme d'une tour, d'où il contemplait à loisir ses bienfaitrices qui épiaient, rue Saint-Antoine, la gratitude d'un regard et d'un baiser soufflé au bout des doigts. Bientôt même il y eut foule à l'heure convenue, et ce fut à la mode, pour force belles dames, roulant en vis-à-vis toutes seules, avec une affection sentimentale, d'aller en jubilé faire une révérence processionnelle à l'aurore, si ce n'est au couchant de leur amour, sous les créneaux. Un exil à Conflans, chez le cardinal de Noailles, servit de commutation à un embastillement, qui avait pris tout l'air d'une sérénade renversée, et l'incorrigible Richelieu devint, soit disgrâce, soit bonnes grâces, plus que jamais la coqueluche des boudoirs et le héros des ruelles : il crevait des chevaux, toutes les nuits, pour venir souper à Paris avec les femmes ou les maîtresses des premières têtes du royaume. La mort du cardinal Dubois et du duc d'Orléans délivrèrent le jeune duc de ses dernières entraves; celle du marquis de Dangeau le fit nommer, de plus, membre de l'Académie-française, d'une voix unanime, à l'âge de 24 ans, bien qu'il ne sût pas l'orthographe; Fontenelle, Destouches et Campistron composèrent le discours du junévile récipiendaire, petit-neveu du fondateur de l'Académie, que déjà le parlement avait reçu pair à cause de son duché.

Après tout, quoi de plus brillant que la carrière des hommes à bonnes fortunes ! Les temps ne changent rien qu'en apparence aux honneurs de tout genre qui pleuvent tôt ou tard sur l'homme dont le mérite est goûté, recherché des femmes. L'Académie elle-même subit à chaque instant le charme des cautions féminines, avec une dignité qui cache plus ou moins la grâce des intrigues de salon et d'autres moyens de séductions sans réplique. Les agréments de la jeunesse ne font dans le monde que des héros qui passent; mais plusieurs générations d'œillades, de sourires, de soupirs et de regrets ne se réunissent ni sur un damoiseau qui n'a que sa belle jambe, ni sur un faux brave, ni sur un bel-esprit de rencontre, ni sur un grand seigneur qui doit tout à son nom ou à ses richesses. Le vainqueur de Mahon n'était pas un homme ordinaire.

On sait que le roi Louis XV aima toujours ce maréchal de Richelieu, courtisan agréable, habile diplomate, vaillant et fidèle serviteur, et que cet Alcibiade français français eut l'esprit de mourir, après avoir rempli Versailles et Marly jusqu'à la fin du bruit de ses galanteries, un peu avant les crises révolutionnaires. Beaucoup de la jeunesse du Nestor de l'amour facile, ou pour mieux dire empreint de voltairianisme, s'était passée quai du Dauphin, *aliàs* des Balcons, et c'est le quai que nous appelons de Béthune.

L'escalier des communs de l'hôtel Richelieu, avec sa rampe en chêne, se retrouve en très-bon état dans la maison qui donne sur la rue. Du sous-sol qui en fait partie il partait une galerie, ouverte du temps du vieux duc, dérobée du temps de Fronsac, qui conduisait à la rivière, où une embarcation était amarrée constamment. M. Vielle occupe, sous ce toit, un remarquable appartement, dont les sculptures dorées rappellent en quelque sorte les royales magnificences de l'hôtel peu distant qu'a habité Lauzun, au quai d'Anjou. On réaliserait une fortune de membre du conseil d'administration d'un chemin de fer, si l'on râclait les plafonds, les murailles des appartements de l'île Saint-Louis, et notamment de ceux qu'ont habités, sous Louis XIV, le prétendu de Mademoiselle et l'imberbe petit duc appelé *ma petite poupée* par la duchesse de Bourgogne. Par bonheur tous les négociants de notre époque ne font pas partie de la bande noire, et M. Vielle n'a pas la moindre envie de faire ramoner, comme une cheminée, les décors de son intérieur. Au contraire, il s'est plu à rassembler, sous de brillants lambris, bien des choses qui elles-mêmes ont une valeur idéale et réelle, d'élégance et de souvenir. Ces encoignures, ce cabinet de dame, cette fontaine, charmant biscuit, et ces bronzes, d'une exquise finesse de ciselure, ont été achetés à Louveciennes, chez Mme Dubarry, par le beau-père de M. Vielle. Cette autre table à écrire vient de Mirabeau. Des peintures d'Antigna, l'ami de la maison, ne rajeunissent-elles pas suffisamment l'ensemble de ces curiosités rétrospectives ?

Maintenant, ami lecteur, permettez-moi d'accorder en passant un léger souvenir à deux frères, que vous connaissez peut-être, et dont le cadet compte à peine une année de plus que l'aîné, bien qu'une génération, à première vue, semble les séparer. Tous deux ont dépassé la cinquantaine. L'un se fait teindre en blond les favoris et la chevelure, porte un corset, laisse voir des dents d'autant plus blanches et régulières qu'il en change tous les six mois ; il s'habille à l'étroit, comme un parapluie au fourreau, et il met sur l'oreille un chapeau qui devine la mode un an d'avance. Les cheveux de l'autre, en revanche, ont l'air d'être poudrés ; son vestiaire prévoit constamment le retour d'un embonpoint dont il avait pris la mesure ; un formidable bord fait de sa coiffure une ombrelle, et son sourire, qui n'est plus perfide que pour lui, explique par quelques lacunes les fossettes qui, s'il ne riait plus, lui donneraient l'air trop boudeur. Celui-ci est pourtant un peu plus jeune que celui-là, et je compare ces deux frères disparates à deux maisons, le 20 et le 22, sur le quai même qui nous occupe. La première n'a d'autre coquetterie que de porter convenablement son âge ; le seconde affecte l'air juvénile. Toutes les deux néanmoins sont duègnes, par les années ; une rampe d'escalier en fer, qui a tenu bon, signe leur acte de naissance. C'était, sur la fin du règne de Louis-le-Grand, un seul et même hôtel, habité par un conseiller aux aides, puis au parlement, Antoite Le Feuve de la Malmaison, lequel compte parmi les ancêtres de l'auteur de la présente monographie. Sa fille Catherine-Charlotte Le Feuve hérita de la propriété, mais habita rue de la Femme-sans-tête ; (1) elle avait épousé un secrétaire

---

(1) Aujourd'hui rue Le Regrattier.

du roi, introducteur des ambassadeurs, Michel de Chabenat, seigneur de Bonneuil et de la Malmaison, fils d'Etienne Chabenat, vicomte de Savigny, introducteur des ambassadeurs. Le fils de Mme de Chabenat mourut conseiller au parlement en 1747 et laissa trois enfants, dont l'un siégea à la place de son père.

Levau dessina l'hôtel qui suit pour Denis Hesselin, panetier du roi, puis prévot des marchands pendant deux ans, qui avait acquis 416 toises de terrain ; seulement le corps de logis qui s'éclaire sur la rue Poulletier fut élevé quelque années plus tard, et il ne s'est détaché de l'hôtel qu'en l'année 1825, pour servir de presbytère à la paroisse. Levau y ayant eu pour collaborateurs des artistes de choix, l'ornementation était remarquable ; de nombreux bas-reliefs décoraient l'intérieur, et des miroirs le vestibule. Hesselin eut pour successeur, en 1669, François Molé, seigneur de Charonne, conseiller du roi, abbé de Sainte-Croix à Bordeaux, qui un demi-siècle après vendit au sieur Monerat, lequel eut pour céssionnaire en 1737 messire d'Ambrun de Montalets, intendant d'Auvergne. L'hôtel d'Ambrun fût acheté ensuite par le sieur Brochant, dont la veuve eut pour héritier M. Lechanteur. Melle Lechanteur enfin a épousé M. Parent-Duchâtelet, qui a laissé un livre sur la prostitution ; cette dame, aujourd'hui veuve, a fait exhausser de deux étages la maison qui lui est restée. Parmi les locataires qui s'y sont aussi succédé, il convient de signaler un nonce du Pape, dont le séjour remonte à l'époque de la publication de la bulle *Unigenitus*. L'ambassadeur du Saint-Père avait là une chapelle admirablement décorée; mais la destination de cette pièce de son appartement a dû être changée pour des occupants plus bourgeois, au nombre desquels a figuré M. Loquet, alors qu'il était maire du IXe arrondissement. Le nonce apostolique avait aussi, dit-on, pour escalier un ancien salon de musique; le fait est qu'un bas-relief en pierre y représentait Apollon et les Muses, et qu'on découvrirait encore, sur la cage des degrés actuels, des peintures et des sculptures qui percent sous le badigeon. Toutefois les sérénades que se donnaient les riches insulaires partaient, de préférence, d'un bateau où, la nuit venue, les musiciens jetaient l'ancre sur la rivière. La sérénade nocturne convenait pour le mieux aux nombreuses galeries en saillie qui donnaient une couleur castillane à toutes les maisons du quai des Balcons; leur construction, d'ailleurs, était contemporaine de la représentation du *Cid* et de *Don Sanche d'Aragon*, qui mettaient l'Espagne à la mode plus encore que ne l'ont fait depuis les romans de Lesage et plus tard *Hernani*. Une vieille porte, une cour en demi-lune et un charmant balcon sur le devant sont restés, chez Mme Parent-Duchâtelet, ce qu'ils étaient au temps du nonce et des magistrats qui lui ont d'abord succédé. L'asile par excellence de la grande robe était cette ancienne île Notre-Dame, à laquelle n'en convenait que mieux le nom d'un roi qui avait rendu la justice jusque sous un chêne, à Vincennes.

L'élite des marchands de vins en gros remplace, à l'heure qu'il est, les gros bonnets de la magistrature et du barreau dans un certain nombre des salons insulaires. L'éloquence du vin a cela de bon qu'elle coûte encore moins cher que celle des avocats et qu'elle perd plus gaiement son procès quand la raison passe de l'autre côté. Aussi ne répugna-t-il pas à des Montmorency de se qualifier grands-bouteillers de France! Pourquoi nos meilleurs marchands de vins ne seraient-ils pas logés comme des seigneurs? Feu M. Perducet, qui en vendit beaucoup avant de passer banquier, et dont les fils continuent le commerce, fut propriétaire du 26, refait à neuf en 1839. C'était un très-brave homme, charitable comme un apôtre, adjoint au maire d'un arrondissement ; une maladie l'avait rendu aveugle ; mais la science moderne lui avait restitué ce bien, qui ne se rachète pas ordinairement, la vue. Sa maison du quai de Béthune était abandonnée à la garde unique d'un portier, et délabrée de fond en comble, lorsqu'il en fit l'acquisition des héritiers de Mme Dufour de Villeneuve. Cette dernière était morte en Auvergne, où elle s'était enfuie au premier coup de canon des journées de Juillet 1830, d'autant plus effrayée que son mari avait perdu la vie sur l'échafaud d'une autre révolution. L'immeuble avait été, au dernier siècle, l'hôtel de Binanville ; il appartient aujourd'hui à un banquier, M. Gilet.

De la maison qui vient ensuite, pourvue d'un vénérable escalier à rampe de fer, dispose M. Joigne. En y procédant à des réparations, il y a dix ans, on a trouvé un puits au milieu des caves. En effet, le sous-sol servait, dans le principe, de rez-de-chaussée à la propriété, et il en était de même pour les autres maisons riveraines, avant qu'il y eût réellement un quai. Chacune d'elles avait de plain-pied son embarcadère sur la Seine.

Le 30 est également du siècle de Louis XIV. De délicieux reliefs dorés attestent cette origine, dans le salon et dans le cabinet de M. Tiercelin, qui en jouit. On venait y visiter le cabinet l'histoire naturelle du chevalier Turgot, frère du ministre, membre de l'Académie des sciences, peu d'années avant que le quai essayât involontairement de s'appeler de la Liberté. N'est-ce pas aussi l'ancienne demeure de Martin Le Roy, sieur de Gomberville et du Parc-aux-Chevaux ? Ce romancier, l'un des quarante, avait été secrétaire du roi ; mais il s'était vu dans l'obligation de vendre sa charge, en raison du mécontentement qu'avait donné un petit livre de sa façon à la reine-mère Anne d'Autriche. A force d'épargne il devint riche, et il affichait une austérité janséniste dont s'accommodait l'avarice ; il finit par être marguillier de Saint-Louis-en-l'Ile. Il avait pris une précaution qui ne messiérait pas aux romanciers actuels, en faisant mettre par Conrart dans le privilège de *Polexandre* qu'il était défendu « à tous faiseurs de comédies de prendre des argumens de pièces de théâtre dans son roman, sans sa permission. »

M. Carpentier, M. Monvoisin et Mme la marquise du Sandat, laquelle habite le château du même nom dans le département de la Gironde, possèdent le 32, le 34 et le 36. Deux de ces immeubles ont gardé, en dépit de maintes restaurations, leur cachet de contemporanéité avec le maréchal de Richelieu. Le dernier de ces numéros, restauré à plusieurs reprises par M. Gailleton et M. Jaluzot, qui s'y sont succédé comme propriétaires depuis le commencement de l'ère impériale, a perdu son premier aspect. Les insulaires d'un certain âge le qualifient encore hôtel Perrault. Mme la marquise de Forges l'a vendu, en 1807, à M. Jaluzot ; c'était la nièce du président Perrault, descendant de l'architecte qui, malgré tout son mérite, a défrayé la verve satirique de Boileau. De quelle cour était ce président ? probablement celle des comptes. Une tradition plus ancienne révèle qu'au temps de la Fronde, les vastes caves de cet immeuble servaient en secret d'entrepôt à des armes, qu'on en faisait sortir la nuit par une gargouille donnant sur la

Seine. Cette ouverture, fermée d'une large grille, existe encore, et elle paraît dater d'une époque antérieure à tous ces mascarons, contemporains de l'architecte Perrault, qui décorent la plupart des portes sur le quai.

Quant au 38, c'est un haut bâtiment percé de petites fenêtres et d'une petite porte, mais qui n'a rien perdu de sa physionomie première. M. Rousseau, notre envoyé, a reçu les communications de M. Beuron, marchand de bois, qui en est le propriétaire ; à son dire les maisons adjacentes de la rue des Deux-Ponts n'en auraient jadis fait qu'une avec la sienne, et c'eût été d'abord un couvent. Effectivement chacune des habitations magistrales qui viennent de défiler devant nous ont eu leur miniature gravée au milieu du siècle XVIII sur le plan de Turgot, et la dernière n'y a pas plus manqué que la cour en parallélogramme qui lui est commune avec les premières maisons de la rue des Deux-Ponts. Nous remarquons pourtant dans cette photographie anticipée, qu'il y avait dès-lors des boutiques à l'encoignure : ce qui ordinairement paraît peu compatible avec la vocation monacale d'un édifice. D'autre part, nous n'ignorons pas que le président Lambert de Thorigny fut propriétaire de tout le carré.

Il y a plus, le nombre des bâtiments était déjà le même en 1640 qu'à présent sur ce quai; et n'y voyons-nous pas la preuve que les maçons allaient plus vite en besogne que les terrassiers ? Le Regrattier, trésorier de la garde-du-corps du roi, ne s'était associé que vingt-six années plus tôt avec Marie et Poulletier, pour entreprendre l'établissement des ponts et des quais de l'île : le quai du Dauphin, pour sa part, ne s'acheva qu'en l'année 1646.

Rue Saint-Bernard. (1)

Dame Marie Bersin, épouse de Louis Duval de l'Épinay, secrétaire des finances honoraire, et Jean-Jacques, marquis de Gallet et de Mondragon, seigneur de Pluvieux, Saint-Chamant et autres lieux, conseiller d'État, maître-d'hôtel ordinaire du roi, secrétaire des commandements de Madame, et son épouse, née Duval de l'Épinay, vendaient, le 3 avril 1776, plusieurs corps de bâtiment et un jardin, rue Saint-Bernard, au coin de la rue du Faubourg-Saint-Antoine, à Ottin, marchand mercier. De cette acquisition peut très-bien avoir fait partie le n° 7, qui appartenait aux Hospices, comme le 9 et le 11, pendant la République.

Bureau, maître à danser, était propriétaire, en 1720, d'une maison qu'il habitait, de l'autre côté de la rue, vers le milieu.

Une autre propriété y fut donnée, près de l'église Sainte-Marguerite, en 1681, par Mazure, curé de Saint-Paul, dont Sainte-Marguerite était alors la succursale, à des religieuses qui, deux années auparavant, avaient quitté Aubervilliers pour s'établir provisoirement dans la rue Basfroi. Les duchesses de Noailles et de Lesdiguières protégeaient ces filles de Notre-Dame-des-Vertus, vouées à l'éducation des jeunes filles pauvres. Des lettres-patentes autorisèrent l'installation de leur communauté rue Saint-Bernard. Mais les héritiers du curé, leur bienfaiteur, attaquèrent la donation, obtinrent gain de cause, et la propriété fut mise en adjudication l'année 1690. M. Bragelonne,

---

(1) Notice écrite en 1864.

conseiller aux aides, et sa femme s'en rendirent adjudicataires, afin de la rendre aux mêmes religieuses, en leur assurant, qui plus est, une rente pour l'entretien de sept sœurs. Cette communauté séculière fut dite aussi des filles de Sainte-Marguerite et des filles de l'Instruction. Le 21 vendémiaire, en l'an v, l'État remettait aux enchères leurs deux maisons, que vous pouvez revoir au 24 et au 26. Elles sont du xvie siècle.

C'est dans le cimetière de l'église Sainte-Marguerite, lequel répond, dans la rue Saint-Bernard, au chiffre 38, qu'on inhuma, dans une fosse commune, le jeune et infortuné Louis XVII, mort en prison à l'âge de 10 ans et 2 mois, le 8 juin 1795.

La dénomination de la rue rappelle que l'abbaye Saint-Antoine était soumise à la règle de saint Bernard.

Rue de Bièvre. (1)

Une Rivière qui découche. — Les Bateliers de l'An 1292. — Le Dante. — Série de Bourgeois. — La M^{ise} de Brinvilliers. — Autre série de Bourgeois. — La Communauté de la Boucherie. — Histoire d'un Collège. — Le Cardinal Dubois.

La petite rivière de Bièvre se jetait dans la Seine, à l'endroit justement où passe la rue du même nom ; les chanoines de Saint-Victor obtinrent, sous le règne de Louis XII, par l'entremise de saint Bernard, que ce cours d'eau fût détourné, pour baigner leur enclos et y faire marcher un moulin. Cette prise d'eau coûta bien quelque argent aux frères victorins, d'abord à titre d'indemnité, puis comme frais de procédure, car l'abbaye de Sainte-Geneviève n'oublia pas de réclamer la Bièvre, distraite d'un territoire qu'elle avait toujours arrosé. Le poète Santeul chanta plus tard le ruisseau, qui ne coulait plus rossignolant que dans les bois de Saint-Victor ; il était alors victorin, et les génovéfains ne pensaient déjà plus au détournement dont s'applaudissaient encore leurs voisins. Les procès et les rivières passent ; restent les vers. Il faudrait un second déluge pour restituer le cours qui date du premier à la mignonne rivière, dont l'enlèvement mit en liesse pour tant de

---

(1) Notice écrite en 1857. La rue a perdu plus récemment sur le passage du nouveau boulevard Saint-Germain six ou huit maisons, les dernières.

générations le couvent ravisseur ! Elle prêta, du reste, son nom, moins près de la Seine, à une rue différente, qu'on a dite ensuite des Gobelins.

Celle dont il s'agit ici n'avait encore pour habitants sujets à la taille en l'an 1292 que quatre passeurs, dont on prenait les bateaux ou le bac, pour traverser soit le fleuve en entier, soit son bras gauche, à l'ancienne embouchure de l'affluent. Ils avaient noms :

Thomas, Guill'Malherbe, Thomas Morel, Hémon.

La rue toutefois devait être plus peuplée : il y avait assez longtemps qu'on n'y pêchait plus à la ligne ! Si les taillables y restaient en petit nombre, c'est que leurs voisins devaient à la noblesse, à l'état ecclésiastique ou à un privilège particulier leur affranchissement de ladite imposition de deniers.

Douze ou quinze ans après, un illustre proscrit italien vint à Paris, dans le cours de ses voyages, et il y descendit rue de Bièvre. Cet étranger était un glorieux poète, que nous connaissons tous : le Dante. On sait qu'il composa en exil la *Divine Comédie* ; mais, dans son séjour à Paris, a-t-il vu s'entr'ouvrir, pour son génie, ce paradis dans lequel Béatrix l'a tenu tendrement par la main, ou cet enfer qui l'aurait fait reculer s'il n'eût pas eu Virgile pour guide ? C'est dans le xe chant de son *Paradis* qu'il parle avec éloge d'un professeur Sigier, dont il a pris des leçons de philosophie rue du Fouarre ; son maître de littérature était, au même temps, Brunetto Latini. L'écolier de passage avait 29 ans.

Plût à Dieu que Germain Pilon, le sculpteur du xvie siècle, eût habité aussi la rue de Bièvre ! Une note prise aux Archives nous en donnait l'espoir à première vue ; mais le désenchantement est venu avec une date postérieure, et nous ne tenons plus qu'un descendant de l'émule et ami de Jean-Goujon. Cet homonyme de Germain Pilon prit à bail emphythéotique du collège Saint-Michel, au prix de 1800 livres comptant et 100 de rente, une maison qui devait être notre n° 12 ou la maison suivante. Son fils Robert Pilon hérita de cet usufruit vers l'année 1655. Le bourgeois Jean Quinebeuf, sieur d'Orly, se rendit en 1703 adjudicataire du droit au bail dans ce qui restait à courir des 99 années pour lesquelles il avait été consenti.

D'autres propriétaires, contemporains de Robert Pilon, le suivaient immédiatement dans cet ordre :

Morlon, au Cerceau. — Le collège de la Marche, à Notre-Dame. — Louis Prieur, procureur au Châtelet, aux Sept-Dormants. — Veuve Turpin, même enseigne. — L'Hôtel-Dieu de Corbeil. — Bracquet, à Notre-Dame-de-Liesse. — Jean des Hayettes, procureur au Châtelet, au Lys-d'Or. — Dame Marie de Bourlon, au Dauphin, ci-devant à l'Autre-Monde. — Rousseau, à Saint-Joseph.

Et il y avait encore dix maisons sur la même ligne, entre ce Saint-Joseph et l'endroit où la rue Saint-Victor se confond avec la place Maubert.

Nous croyons retrouver l'ancienne propriété de Mme Turpin dans le n° 20, qui a vu le jour sous un roi de la race capétienne ; celle de Bracquet dans le 24, qui appartint à M. Faudet, oncle du curé actuel de Saint-Roch, avant son émigration, et celle de Mme Bourlon dans le 28, dont la porte, la rampe en bois et la margelle du puits sont des reliques bien conservées.

Cette dernière maison n'en fut pas moins achetée de

messire Armand-Jean de Riândz, chevalier, seigneur de la Bellezière, et autres lieux, conseiller d'État, procureur du roi au Châtelet, par dame Élisabeth Pigneron, veuve de messire Enry Philippe, conseiller d'État, maître en la cour des comptes, le 12 septembre 1639. Quarante-huit ans plus tard en héritait la dame Dumousseau, veuve de messire de Louvières, chevalier, seigneur de Vauchamps, premier écuyer du roi, qui la laissait, en l'an 1721, à haut et puissant seigneur Henry-Bernard Delacroix, marquis de Saint-Vallier, époux de dame Rénée de Louvières. Puis le sieur Michaud et la dame de Biard de Saint-Aubin, sa femme, s'en rendaient acquéreurs en 1764. Mais ces divers propriétaires, n'ayant pas tous habité la maison, l'avaient donnée à bail, en 1756 à Pierre Doublet, avocat ; dix ans plus tôt à Galibour, procureur au parlement, et antérieurement à Lamarre de Verdancher, à Lebeau, procureur. En remontant encore, nous découvrons qu'Elisabeth Pigneron a eu pour locataire, dans cet hôtel, une femme qui demeura aussi rue Neuve-Saint-Paul, et dont le nom n'a rien à craindre de l'oubli : damoiselle Marie-Marguerite, fille de Dreux d'Aubray, lieutenant-civil, et mariée en l'année 1651 au marquis de Brinvilliers, mestre-de-camp du régiment de Normandie.

Cette héroïne des fastes judiciaires était petite, mais jolie et gracieuse, et d'un extérieur plein de modestie, bien qu'à l'âge de sept ans elle eût déjà péché autrement que de gourmandise ; elle continua, quoique mariée, à demeurer avec son père et ne se sépara que de biens avec le marquis, un peu plus tard, afin de mettre à l'abri des prodigalités de celui-ci ses 40,000 livres de rente. Il avait introduit chez elle Gaudin de Sainte-Croix, jeune officier, beau cavalier, originaire du Midi, qui devait déjà sa naissance à l'amour. La marquise eut beau avertir M. de Brinvilliers du danger des assiduités de Sainte-Croix, le mari ne s'en reposa qu'avec plus de sécurité sur la vertu de la marquise, et l'amoureux en profita ; mais il dut une lettre de cachet à la prudence plus chatouilleuse du père, le lieutenant-civil. Malheureusement à la Bastille l'officier fit la connaissance d'un empoisonneur italien, et une fois libre il revit la maîtresse dans le carrosse de laquelle il avait été arrêté. Avant peu, le lieutenant-civil succombait inopinément ; puis le mal parut contagieux, et les plus importuns témoins des liaisons adultères de la marquise moururent l'un après l'autre : des biscuits servis en famille envoyaient ses deux frères et sa sœur rejoindre la première victime. Comme le poison attire le poison ! La fiole en déborde dès la première coupe, sur la main tremblante qui la brise et qui en est éclaboussée ; tant que l'impunité permet aux gouttes de se rejoindre dans le creux de cette main, qui ne se ferme plus, le liquide léthifère bout d'impatience et s'élève dans sa crûe à la hauteur d'une nouvelle fiole : la marée du poison monte, monte et ne s'arrête qu'à la digue de la justice ! Mme de Brinvilliers voulait aussi tuer son mari, afin d'épouser son amant ; mais ce complice craignait trop que la progression ne s'arrêtât pas là, et il mettait son habileté à faire prendre tous les jours du contre-poison au marquis, sans que ce dernier s'en doutât. D'autres furent moins favorisés, n'ayant pas fait provision d'antidote, et le cercle de mort tracé par la marquise s'élargit démesurément. Qui donc l'eût soupçonnée ? elle avait conservé tous les dehors d'une piété sévère, et de plus elle était réellement dévote ; la preuve, c'est qu'une confession générale, écrite de sa main dangereuse, servit de pièce de conviction quand elle parut devant les juges. Tous ses crimes probablement fussent demeurés impunis, si tout-à-coup Sainte-Croix n'avait pas été tué, au mois de juillet 1672, par le hasard qui détacha son masque pendant qu'il faisait du poison dans un laboratoire secret, place Maubert. Les scellés furent posés chez lui ; mais Mme de Brinvilliers réclama vivement une cassette, qu'on lui refusa et qu'on ouvrit. Elle prit la fuite. Un exempt de police, déguisé en abbé galant, alla lui faire la cour à Liége et la rassura à tel point qu'ils s'en revinrent de compagnie ; à la frontière, l'expiation commença. On sait que la grande coupable monta sur l'échafaud, et qu'ensuite son corps fut brûlé ; le peintre Lebrun avait fendu la presse pour assister à son supplice et léguer ses traits à l'histoire. Mme de Sévigné a parlé de la fermeté avec laquelle elle mourut. Du reste, après avoir entendu sa condamnation, l'empoisonneuse célèbre avait fait des aveux complets. M. de Lamoignon lui avait adressé le docteur de Sorbonne Edme Picot, pour l'assister dans ses moments suprêmes, et ce prêtre l'avait trouvée tellement détachée du crime par le repentir, pendant les quatre dernières heures de sa vie, qu'il eût voulu être à sa place. Ajoutons que le peuple fit à peu près comme le docteur ; il alla remuer le lendemain les cendres de la suppliciée, qu'il ne regardait plus que comme une bienheureuse. Nous n'avons rien à dire d'une résipiscence qui a jeté tant d'éclat : cette réhabilitation n'en a pas moins été prématurée et dangereuse par ses conséquences immédiates. Après la mort de cette grande coupable, sans aucun temps d'arrêt, les empoisonnements continuèrent, et la Voisin, la Vigoureux, l'Italien Exili furent condamnés, comme la Brinvilliers, en *Chambre ardente*, dite aussi la *Cour des Poisons*.

Le n° 34 ne remonte pas aux Croisades ; mais des soldats anglais ont pu y présenter des billets de logement, sous la régence du duc de Bedfort. Le style de sa belle façade en tombe d'accord avec celui du petit escalier qui conduit à ses grandes chambres, plafonnées tout au plus depuis dix lustres : un procureur au parlement de Paris y prit sa retraite quelques années avant la suppression de cette cour.

Le 31 et le 33 n'ont pas de droit d'aînesse à envier aux précités. De ce côté la cinquième maison que vous trouvez dans la rue de Bièvre, en partant de la rue Saint-Victor, arborait encore il y a cent ans l'image de Saint-Martin, dépendait de l'ancien hôtel de Braque (de la rue des Bernardins) et appartenait au comte de Vienne. Cuvillier de Brichanteau, fils d'un lieutenant des gardes de la prévoté de l'hôtel, avait vendu un demi-siècle auparavant la maison qui vient la sixième dans le même sens à l'avocat Levaillant. La septième, dite alors le petit hôtel de Troyes, et la neuvième appartenaient à l'évêché de cette ville. Le 23 fut aussi un logis de procureur. Au 21, qu'habite un corroyeur, se remarquent un superbe escalier de bois et un dessus de porte cochère, objet d'art exposé près de la loge du portier. Ce toit, pendant cent-cinquante ans, a abrité la famille, parlementaire des Labille, et une tradition veut que la reine Blanche ait posé, lors de l'ouverture de la rue, la première pierre de cette maison, dont toutes les fenêtres, il n'y a pas longtemps, étaient encore protégées par des grilles. Le 3 et le 7 sont le derrière de deux numéros pairs de la rue des Bernardins.

Quatre siècles pour le moins ont passé sur le 4 et le 6, qui sont bien frères jumeaux ; toutefois leur aspect sénile n'effraie guère les jeunes ménagères qui viennent y battre du linge, dans un lavoir. Ils ont fait partie du patrimoine fondamental d'un petit collège dont nous donnerons tout-à-l'heure l'historique, et la place qu'ils occupent était encore qualifiée le *Trou de Bièvre* au moment de la construction. C'est pourtant d'une autre dépendance du même établissement scolaire que Chomel, médecin des eaux de Vichy, se rendit acquéreur, au milieu du règne de Louis XV, et qu'il laissa ensuite à son neveu, médecin du même nom.

Tout près de là, rue de Bièvre et rue Perdue, l'un des contemporains de la Brinvilliers, Jacques du Chesne, avocat au conseil, banquier-expéditionnaire en cour de Rome, disposa de deux anciens corps d'hôtel, encore dits le *Chastel Maugarny*; il y tenait d'une part à Popin, secrétaire du roi, d'autre part à Gaspard Donné, marchand, et aboutissait par derrière au jardin du collège Saint-Michel.

Dans la même rue, sous Louis XVI, il y avait une manufacture de bonneterie en activité et le bureau des Bouchers, précédemment installé place aux Veaux. Peu de communautés établies en corps de jurande avaient l'importance de la communauté de la Boucherie.

A la suite d'excès commis par les Ecorcheurs, bande redoutable de bouchers affiliée au parti du duc de Bourgogne, un édit de Charles VI avait supprimé les privilèges des deux grandes boucheries de Paris, celle du Parvis-Notre-Dame, cédée à l'évêque par Philippe-Auguste, et celle de l'Apport-Paris; dès-lors les bouchers n'avaient plus formé qu'une compagnie pareille à celle des autres arts et métiers. Les statuts de 1687, augmentés en 1730, s'opposaient formellement à la réception d'un maître qui ne fût pas fils de maître, ou qui n'eût pas *servi comme apprenti pendant trois ans et acheté, habillé, débité et vendu chair pendant trois autres années,* etc. Il était défendu à un garçon de prendre un nouveau maître, et à celui-ci de le recevoir sans la permission de l'ancien maître, sous peine de 32 livres parisis pour l'employé et de 80 pour le patron. Après trois années d'apprentissage, on restait le même temps compagnon. Les frais du brevet allaient à 202 livres, ceux de la maîtrise à 1500. Quatre jurés, les chefs de la communauté, étaient tenus de visiter toutes les bêtes amenées, tuées et exposées en ville, en empêchant de *vendre aucune viande de bête morte en maladie, ou ayant été nourrie ès-maisons d'Huiliers, Barbiers, Maladreries.* Au marché de Sceaux, qui se tenait chaque lundi, et au marché de Poissy, tous les jeudis, une caisse était ouverte pour les bouchers, qui payaient d'intérêt le sou pour livre, à la condition de rendre dans la quinzaine l'argent qui leur était prêté. Mais aucun d'eux ne pouvait être arrêté pour ses dettes la veille ou le jour d'un marché.

L'ancien collége de Saint-Michel se reconnaît, n°s 10 et 12, à une figure du saint patronymique terrassant toujours un dragon, et pourtant la principale porte en donnait sur la rue Perdue. La chapelle y est devenue le bureau d'un maître chaudronnier. Or ça, collége de Saint-Michel, quelle a été ta destinée? Où commences-tu, où finis-tu, dans l'histoire de la rue de Bièvre?

Un évêque de Paris, Guillaume de Chanac, qui est mort le 3 mai 1348, a consacré par testament la propriété que voici à l'établissement d'un collége, sous l'invocation de saint Michel, en fondant dix ou douze bourses, à la collation de sa famille; un des boursiers y devait être chapelain, un autre remplir les fonctions de procureur, et il devait y avoir, outre cela, un principal; il était dit enfin que les boursiers seraient choisis à perpétuité dans le diocèse de Limoges. Mais les sommes léguées par l'évêque de Paris étant insuffisantes, un autre Guillaume de Chanac, évêque de Mende, et le cardinal Bertrand, patriarche de Jérusalem, sont venus s'associer à l'œuvre ; ils ont donné 500 livres chacun aux principal et écoliers, et il leur ont abandonné, en sus, le premier sa crosse, sa mitre et sa bibliothèque, le second une maison, dite du Patriarche, au faubourg Saint-Marcel. Aussi bien les Chanac ont été une famille si étroitement alliée à celle de Pompadour qu'en 1510 Antoine de Pompadour, au nom du premier fondateur, renouvelait la fondation, en maintenant à sa postérité le pouvoir de nommer aux bourses du collège Saint-Michel, également appelé de Chanac, lequel y gagnait un nom de plus, celui de Pompadour.

Haut et puissant seigneur Renaut-Elie de Pompadour avait épousé Galienne de Chanac, dès le règne de Jean-le-Bon. Une transaction, passée le 17 février 1703 devant Monet, notaire, a transféré de Marie de Pompadour, marquise de Saint-Luc, à Marie-Françoise de Pompadour, marquise d'Hautefort, sa sœur, et à tous héritiers dicelle, le patronage de cette institution comme étant attaché au marquisat de Pompadour, échu à Mme de Hautefort. Mais cette branche s'est éteinte en 1722, et le prince de Chalais, puis le comte de Périgord, au nom de son épouse Mlle de Chalais, ont joui de la même prérogative, pendant que Mme d'Etioles, née Poisson, qui n'avait rien de commun avec l'ancienne maison de Pompadour, en prenait le titre et les armes par la grâce de lettres-patentes.

L'administration déplorable des deniers de l'établissement pédagogique de la rue de Bièvre y avait déjà donné plus de vacances que n'en accordait l'université de Paris, et ces relâches avaient introduit de mauvaises mœurs y tuant la discipline. Peu de place restait aux élèves du temps de l'avocat Jacques du Chesne ; un marchand de chevaux, le sieur Lauris, leur en avait assez pris en location pour y établir un manège. Après une longue série de petites prévarications dans l'administration de leur temporel, il fallut suspendre les bourses pour un temps indéterminé, par décision universitaire du 16 juillet 1729 ; ce déclassement provisoire, mais sans restriction, dura trente-quatre années, et les biens de la fondation grevée de dettes étaient régis par M. Morin, simple administrateur, lorsque le collège Saint-Michel fut au nombre de ceux réunis par le parlement à Louis-le-Grand, devenu la métropole de l'université. Son revenu net s'élevait à 3,170 livres quand les dernières bourses qu'il pût entretenir furent transférées au dit chef-lieu, et la Nation en profita lors de la suppression générale des anciennes bourses, au commencement de l'ère républicaine. Le maître de pension Collombet n'avait pas même attendu que la première de ces deux mesures fût prise pour s'installer, à titre de locataire, dans le bâtiment principal. Les familles de chacun de ses élèves payaient à M. Collombet de 350 à 400 livres par an. M. Fouille, autre maître de pension établi dans la même rue, prenait des élèves aux mêmes conditions.

Un principal du petit collège avait eu pour domestique, en même temps que pour élève surnuméraire, un enfant de douze ans qui était devenu un personnage fameux. Cet enfant, né en 1636 à Brives-la-Gaillarde, c'est-à-dire dans le Limousin, avait été envoyé à Paris par son père, simple apothicaire, dans l'espoir d'une bourse, que l'état déjà désastreux des finances de la maison l'avait empêché d'obtenir, et il avait été réduit à s'y mettre en service, puis il avait obtenu la permission de suivre les cours quand il en aurait le temps. En quittant l'établissement, le convers devenu lettré était entré avec le petit-collet chez un marchand du Petit-Pont, comme précepteur de son enfant, puis en la même qualité chez le président de Gourgues, puis chez le marquis de Pluvant, maître de la garde-robe de Monsieur ; enfin M. de Saint-Laurent, sous-précepteur du duc de Chartres, l'avait employé de seconde main à corriger les devoirs du prince. Tels furent les échelons de la fortune pour un cuistre, qui ne s'arrêta pas en si beau chemin. Il se montra assez grand politique pour qu'on lui passât bien des choses ; mais il en abusa si fort, une fois ministre et prince de l'Église, que son nom de cardinal Dubois ne fait pas plus honneur au berceau de ses études qu'à sa famille, qui refusa de garder son héritage.

Rue Lacépède. (1)

Le Copeau. — Les Caresses de la Bièvre. — Le Fief. — La Pitié. — Goupy de Morville. — La congrégation de Notre-Dame. — Le Cuir et l'Amidon. — A qui appartenait chaque Maison vers 1660.

La rue Lacépède, née Copeau, n'a contracté qu'en 1853 une sorte de mariage de convenance avec la mémoire d'un savant naturaliste, mort à Épinay sous la Restauration. Ce rapprochement, moins intime qu'idéal, avait-il de quoi réjouir le quartier du Jardin-des-Plantes? Les voisins se fussent mieux trouvés, tant à Bercy qu'à l'Entrepôt, de moindres noces tant soit peu célébrées et mettant une futaille en perce à la santé des deux époux. Cette union, hélas! avait tout l'air d'une réparation posthume, la pire des réparations! Heureusement pour la rue, elle n'était compromise que par Vautrin, personnage odieux de roman, que Balzac y faisait dîner à table-d'hôte, effrayant les convives réels ou les chassant de dix pensions bourgeoises à bon marché et en bon air. Le comte de Lacépède laissait un nom répugnant à toute mésalliance; la rue portait celui d'une butte, car le vieux mot *copeau* signifiait *butte*, et cette éminence de terre avait reçu, en passant tête de fief, ses lettres de noblesse.

---

(1) Notice écrite en 1864, avant l'abatis de maisons et l'abaissement de niveau qui font litière à la nouvelle rue Monge, entre les nos 15 et 25, 20 et 26 de la rue Lacépède.

Elle se jette encore dans la rue Saint-Victor (1), où donnaient le plus ouvertement, sous le règne de Philippe-Auguste, les terres et le moulin de la Bièvre, mitoyens avec les terres d'Alez, les clos Mouffetard et du Chardonnet, les bourgs Saint-Marcel et Saint-Victor. Guy de la Brosse, le botaniste célèbre, eut ce petit fief baigné de deux côtés, plus tard le moulin, avec une maison et un grand jardin, que le cours d'eau embrassait encore : son gendre, noble homme Henri Fagon, se laissa tout saisir en 1643. Le morcellement qui s'ensuivit n'était, certes, pas le premier.

D'après une sentence du Châtelet, le fief Copeau proprement dit ne mesure plus en 1694 que 2 arpens et 19 perches 1/4, comportant la maison, entre cour et jardin, du sieur Germain, ultérieurement au sieur Loyauté. Néanmoins, pendant le plus grand nombre des années du siècle suivant, le séminaire Saint-Sulpice dispose non-seulement du moulin, mais encore de bâtiments, jardins et marais y attenants. Dans la même rue que ces deux propriétés, dite alors du Jardin-du-Roi, mais ci-devant Grande-Rue-Copeau, se dressera postérieurement le belvédère du Jardin-des-Plantes, sur l'ancienne butte Copeau. Notre rue, tout d'abord de la Chaussée-Copeau, porte longtemps le nom tout court du fief ; mais bien des tâtonnements ont fait écrire : *Cupels, Coupeaulx, Coypeaux,* avant *Copeau.*

Fondation en 1612 de l'hôpital Notre-Dame-de-Pitié, pour y garder de vieux mendiants, bientôt appelés les *Enfermés*. On y reçoit ensuite les enfants pauvres, de 4 à 12 ans, qui sont mis en apprentissage dès qu'il ont fait leur première com-

---

(1) Présentement cette extrémité de la rue Saint-Victor est la rue de Linné.

munion, et en ce temps la Pitié est le chef-lieu de l'Hôpital-Général, dont les autres maisons sont la Salpêtrière, Bicêtre, puis le Saint-Esprit.

Le lion de la rue, comme on dirait maintenant, a nom de Morville à l'époque où Nicolas Rigault, philologue et ami de l'historien de Thou, vient le voir en son hôtel et s'y rencontre avec le jeune Cinq-Mars. N'appartient-il pas à la branche Goupy de Morville, dans la descendance de Jacques Goupy et d'Ambroise Paré, que leurs talents en médecine et en chirurgie ont fait attacher à deux rois, Henri II et Charles IX? Cette branche cadette s'est éteinte en 1781 dans la personne d'un gendarme de la garde du roi, commissaire des guerres; mais la branche aînée des Goupy n'a pas cessé de florir. M. Goupy, auditeur au conseil d'Etat, gendre de M. Baroche, garde-des-sceaux, survit à son aïeul M. Louis Goupy, poète et traducteur d'auteurs latins.

Imbert Porlier, recteur de l'Hôpital-Général, acquiert, le 15 octobre 1673, l'hôtel Mautauban, en face de la Pitié, pour y placer des chanoinesses déjà établies au coin de la rue des Jeûneurs et de la rue Saint-Fiacre. Ces augustines de la congrégation de Notre-Dame, une fois installées, s'agrandissent, et leur porte principale est rue Neuve-Saint-Etienne; mais à la même époque elles ont une autre issue ruelle Mautauban, vis-à-vis l'hôpital.

Le bureau professionnel du Cuir et de l'Amidon, c'est-à-dire des fabricants de cuir et des fabricants d'amidon, avoisine la Pitié en 1787.

Aussi bien l'ancienne rue Copeau ne se refuse pas à nous dire quels étaient les propriétaires de ses maisons il y a aujourd'hui deux siècles.

RUE LACÉPÈDE.

Gauche :

Notre-Dame-de-la-Pitié : hospice, église, bureau de l'Hôpital Général.

La Tête-Noire, enseigne d'une maison achetée du sieur Joly, en 1627, pour être incorporée audit hospice, et appartenant à Jean Rosargi sous Henri III.

Catherine Pizan, propriétaire, au coin de la rue du Battoir, d'une maison que la Pitié englobera en 1741.

Au Treillis-de-Fer, enseigne d'une maison à l'Hôpital-Général.

Jean Laisné, puis cet Hôpital.

Les enfants de Henri du Petit, au Jeu-de Paume-de-l'Éléphant ; puis Pourfour du Petit, médecin des armées, membre de l'Académie des sciences.

Pierre Lemaître, au Nom-de-Jésus.

Les enfants de Henri Ju Petit, à l'Etrier.

Gorillon, avocat, acquéreur de Louis le Voyer, vicomte de Paulmy, en 1609.

Poiret, à Notre-Dame, coin Clef.

Id. autre coin.

A Saint-Jean, les héritiers Noël : maison vendue en 1616 par Jean Doyneau à Jacques de l'Hospital et Marguerite Potier, sa femme.

A Sainte-Geneviève-et-Saint-Marcel, Jeanne Mailloni, veuve de Daniel Doniot.

Au Jeu-de-Paume-de-Gentilly, Hilaire Robeau.

A l'Etoile-d'Or, veuve Hélye de la Touche.

Droite :

Lesieur de la Maizan, à l'image de Saint-Nicolas.

Les héritiers Nennet, à l'enseigne de la Seraine.

Id. Id.

A l'Ecu-de-France, Marassé, écuyer, sieur de la Roquette, propriétaire du chef de sa femme, veuve de Jean Bourguignard en premières noces.

Luc Saugon, au Petit-Saint-Jean.

L'Hôtel-Dieu.

Coquet, au Fer-à-Cheval.

Maurice, à la Corne-de-Cerf.

Id. au Cerf.

Baudelot, à l'image de Saint-Nicolas.

A l'image de Notre-Dame, les carmes de la place Maubert.

Réné Choquet, avec entrée principale rue Neuve-Saint-Etienne.

Mauriceau.

Pierre du Tillet.

Martin Boquet, au Nom-de-Jésus-dans-le-Bocquet.

Pierre de Cussy, à l'image de Saint-Pierre.

Henri Pichon, à l'Annonciation : Benjamin de Boislatran, abbé de Sainte-Geneviève, avait vendu en 1613 à Denis de Ligny.
Darbou, sieur du Buisson, au Heaume, coin Gracieuse.
A Saint-Jacques-et-Saint-Philippe, autre coin, François Lebègue.
Au Renard-qui-Pêche, ci-devant jeu de paume du Renard, veuve Guillaume Goussé ; puis Mathurin Mahault ; puis, en 1760, Pierre Varin, architecte, dont la famille a donné plusieurs graveurs distingués.
Jean Monsire, au Jeu-de-Paume-de-Calais, puis Jean Minard.
Pierre Leroy, même enseigne, puis Jean Minard.
Gabriel Dumas, notaire, à la Levrette, à La Rochelle, au Roi-François.
Boudeville, au Petit-Saint-Jean.
Veuve Sautereau.
Simon Jamet, au Nom-de-Jésus ; puis Pierre Varin, sculpteur, en 1731.
Jubin et Gugueville, coin Mouffetard.

Simon Favre ou Favé, au Pressoir-d'Or.

Les héritiers Nourtier.

De ce côté, au XVIIIe siècle, demeurèrent plusieurs Chompré, voisins de la congrégation des chanoinesses de Notre-Dame. De cette famille était sans doute Chompré, auteur du *Dictionnaire de la Fable* et instituteur, mort en 1760. Le frère de cet auteur d'ouvrages classiques composa des fables ; son fils, consul de France à Malaga, puis conseiller des prises, publia d'utiles ouvrages de mathématiques et sur les poids et mesures.

Rue Rollin

NAGUÈRE

Neuve-Saint-Étienne. (1)

Descartes. — Pascal. — Rollin. — Caumartin, de l'Académie-française. — Les Morfondus. — Le Tripot de Montauban. — La Congrégation de Notre-Dame. — Le Cours d'Electricité. — Le Lacoste de Rollin et celui de Voltaire.

Comme cette rue-ci aurait tort de ne pas être fière de son n° 36 ! Descartes y a demeuré, et combien peu de maisons à Paris pourraient rendre la monnaie d'une aussi grosse pièce !

En arrivant dans cette ville, Descartes descend chez un ami de son père, Levasseur, seigneur d'Étioles ; le train qu'il y mène n'est que décent, pour un jeune gentilhomme, dont l'épée a déjà fait ses preuves au service de l'étranger ; mais il a été mis tout de suite en rapport avec un certain nombre de savants, habiles à deviner leur maître, qui font de son hôtellerie une nouvelle académie, pour y prolonger son séjour. Furtivement il s'en échappe pour assister au siége de la Rochelle ; puis il revient, avant de gagner la Hollande. En ce pays, il passe à travailler plus de dix années de sa vie, en ayant

---

(1) Notice écrite en 1864. La rue Neuve-Saint-Etienne n'avait pas encore perdu ses n°s 13, 15, 17, 19, 20, 21, 22 et 23 pour laisser passer la nouvelle rue Monge dans un sous-sol dont la rue Rollin demeure séparée par trente-quatre marches d'escaliers.

le père Mersenne pour correspondant ordinaire, pendant que l'abbé Picot veille sur les affaires d'intérêt de l'absent ; mais il vient à trois reprises se retremper en France. C'est en latin qu'il écrit le plus souvent, et l'enthymème *cogito, ergo sum* est la clef de voûte de sa philosophie. Les animaux n'existent même plus, d'après son système qui honore l'humanité à leurs dépens, en les réduisant à l'état de pures mécaniques ; ils ne s'en relèveront un jour qu'au moyen de la loi Grammont, tardivement hostile au cartésianisme. D'autres protestations plus catholiques, moins empreintes de foi en la métempsycose, prennent les devants sur cette loi du vivant de Descartes. Il voit mettre à l'index plusieurs de ses écrits ; on l'accuse d'athéisme, et n'a-t-il pas à craindre pour lui-même la condamnation qui frappe Galilée ? Ses voyages continuels ressemblent à l'exil ; toutefois, le cardinal Mazarin lui sert une pension de 1,000 écus, et ses *Méditations* sont traduites par le duc de Luynes. Descartes écrit à Paris, et vraisemblablement rue Neuve-Saint-Etienne, une dissertation sur l'amour, ce sujet d'une méthode moins étudiée en Hollande, et la reine Christine de Suède, qui reçoit cette dissertation directement, presse l'auteur de se rendre à sa cour. Il hésite, et enfin il cède, encore moins séduit par des offres brillantes que désireux de se soustraire par un nouvel éloignement de longue durée à des difficultés et à des menaces incessantes. Quelques années après, on rapportait en France les dépouilles mortelles de l'homme de génie que l'on n'avait pas su y retenir, et on les déposait avec honneur à Sainte-Geneviève. Descartes était mort en Suède à 54 ans.

Peu de temps après la mort de ce philosophe savant, l'illustre géomètre Pascal devenait, par surcroît, un très-grand écrivain. Ses *Lettres provinciales* paraissaient en 1656. Renonçant aux sciences profanes qui, dès l'âge de douze ans, lui avaient fait un nom, et que jusqu'à trente il avait éclairées de ses travaux prodigieux, il s'était retiré rue Neuve-Saint-Étienne, dans la maison qui porte le n° 22, afin d'y consacrer exclusivement à la religion la vieillesse prématurée d'un paralytique. Les solitaires de Port-Royal, parmi lesquels Pascal a séjourné de temps en temps, sans s'attacher à leur maison, s'enivraient du succès des *Provinciales*, un chef-d'œuvre de l'esprit français ; mais ce livre, qui avait vu le jour à propos d'une censure que la Sorbonne se proposait de faire d'un écrit d'Arnault, il était en cour de Rome l'objet d'une condamnation. Cependant l'auteur menait la vie d'un saint ; il faisait lui-même son lit, dans l'alcôve d'une chambre à coucher qu'il avait dépouillée de ses tapisseries ; il s'en allait chercher à la cuisine son modeste dîner, pour qu'on ne le servît pas, et il mortifiait ses sens jusqu'à porter une ceinture intérieurement hérissée d'épineuses aspérités. En savourant l'humilité, que de pardons il demandait à Dieu ! La pire de ses fautes lui paraissait la gloire, fatalement appelée à leur survivre. Pascal était tombé malade, pour la dernière fois, en 1662, au moment où l'un des enfants d'un pauvre homme logé chez lui se trouvait atteint de la petite-vérole, et comme il redoutait la contagion de cette maladie pour les enfants de Mme Périer, sa sœur, qui venait lui offrir ses soins, il s'est fait transporter chez elle, quelles que fussent déjà ses souffrances. Néanmoins le curé de Saint-Étienne-du-Mont lui apportait l'eucharistie, le 18 août, veille de son dernier jour, dans cette même alcôve qu'on a montrée longtemps aux curieux, rue Neuve-Saint-Étienne.

Plein de jours, au contraire, est mort un janséniste qui a eu tout le temps d'appeler et de réappeler, ancien principal d'un collége, ancien recteur, le célèbre Rollin, et pendant un demi-siècle il a écrit, au n° 30, même rue, ses livres, qu'on donne encore en prix dans les lycées. Il y a laissé intérieurement au-dessus d'une porte ce distique :

Ante alias dilecta domus, quâ ruris et urbis
Incola, tranquillus mecque Deoque fruor.

« Je commence (écrivait Rollin à M. Le Peletier, en 1697) à sentir et à aimer plus que jamais la douceur de la vie rustique, depuis que j'ai un petit jardin qui me tient lieu de maison de campagne. Je n'ai point de longues allées à perte de vue, mais deux petites seulement, dont l'une me donne de l'ombre sous un berceau assez propre, et l'autre, exposée au midi, me fournit du soleil pendant une bonne partie de la journée. Un petit espalier couvert de 5 abricotiers et de 10 pêchers fait tout mon fruitier. Je n'ai point de ruches à miel, mais j'ai le plaisir tous les jours de voir les abeilles voltiger sur les fleurs de mes arbres, et, attachées à leur proie, s'enrichir du suc qu'elles en tirent sans me faire aucun tort. Ma joie n'est pourtant pas sans inquiétude, et la tendresse que j'ai pour mon petit espalier et pour mes œillets me fait craindre pour eux le froid de la nuit, que je ne sentirais point sans cela. »

Toute la vie Rollin s'est contenté de son mobilier de professeur, dans lequel l'avaient vu et Boileau et Racine. Quant aux maisons, il en a bien eu deux, tenant l'une à l'autre Les reconnaissances censuelles pour une maison à l'enseigne du Chef-de-Saint-Denis, portaient les noms et dates que voici :

Pierre Granger, à cause de sa femme, née Rousseau, 1632 ; Héliot, 1681 ; Claude Rollin, 1715 ; Charles Rollin, son frère, 1732, et Pierre Charpentier, rubanier, 1750.

Les reconnaissants étaient, pour le Nom-de-Jésus :

Réné Marlay, 1663 ; Perrot, 1665 ; Héliot, 1675 ; Claude Rollin, 1714 ; Charles Rollin, 1732, et Charpentier, 1750.

Une propriété contiguë à la seconde appartenait aux carmes, et la rue n'en comptait que 23 en tout.

Au nombre de ces maisons figurait le 41, comme résidence de M. de Caumartin, évêque de Vannes, puis de Blois, dont la bibliothèque n'était pas moins nombreuse que riche en livres rares. Ce fils du garde-des-sceaux Lefèvre de Caumartin avait été élevé par son parrain, le cardinal de Retz, qui avait résigné en sa faveur l'abbaye de Buzay, et il était de l'Académie-française depuis l'âge de vingt-six ans ; mais il avait gardé si peu de ménagements envers M. de Clermont-Tonnerre, évêque de Noyon, que Louis XIV s'en était offensé. L'abbé n'avait eu d'évêché qu'au commencement de la Régence. Nous croyons que son hôtel était l'ancienne maison des Morfondus, et, en effet, on avait dit rue Tiron, à cause d'un clos, rue du Moulin-à-Vent, rue du Puits-de-Fer, puis rue des Morfondus, avant rue Neuve-Saint-Etienne.

De plus, un hôtel Montauban ayant pris la place d'un moulin et d'un prolongement de la rue Tiron jusqu'à la rue des Boulangers, on a longtemps appelé ruelle Montauban le bas actuel de notre rue. La seigneurie bretonne de Montauban est entrée, en 1443, dans la maison de Rohan par le mariage de la fille unique de Jean de Montauban, amiral de France, maréchal de Bretagne, avec Louis de Rohan, sire de Guéménée ; mais la même noble héritière s'est remariée, en 1464, à Georges de la Trémoille, et, treize années plus tard, à Jean de Kéradreux. Est-il étonnant, après cela, que l'hôtel Montauban soit devenu un tripot? Plus de famille Montauban, à proprement parler! En 1673 seulement, Imbert Porlier, recteur de l'Hôpital-Général, achète l'ancien hôtel pour y placer des religieuses, déjà établies rue des Jeûneurs et originaires de Lorraine: les hospitalières de la congrégation de Notre-Dame. L'année suivante, ces religieuses s'installent, et, une fois donataires de la propriété, elles s'arrondissent par d'autres acquisitions, elles obtiennent la suppression d'une ruelle aboutissant en face de l'abbaye Saint-Victor, et enfin, le 15 août 1688, leur nouvelle église est bénite. Ce couvent, dans lequel les petites filles apprennent gratuitement à lire et à écrire, compte 25 religieuses de chœur et 6 converses; on y paye 275 livres pour l'année de postulance, autant pour le noviciat, 400 livres pour les frais d'habillement, et la dot est ordinairement de 6,000 livres. C'est le 12 messidor an IV, d'après MM. Lazare, que la Nation fait vendre les bâtiments de la congrégation de Notre-Dame. Toutefois, de 1821 à 1846, l'ancien couvent est occupé en partie par des visitandines, et, depuis lors, par les religieuses de Jésus-Christ.

Du côté des chiffres impairs, vers le milieu, le docteur Mauduyt de la Varenne a fait un cours d'électricité médicale avant la grande révolution. Sur l'autre rang avait demeuré, quelques lustres plus tôt, un ancien élève de Rollin, l'abbé Lacoste. Il n'avait de commun, j'aime à croire, que le nom et la tonsure avec un galérien qui mourut en 1762, comme le rappelle ce quatrain à l'emporte-pièce de Voltaire:

> Lacoste est mort! Il vaque dans Toulon
> Par cette mort un emploi d'importance:
> Ce bénéfice exige résidence,
> Et tout Paris y nomme Jean Fréron.

Rue Tournefort

NAGUÈRE

Neuve-Sainte-Geneviève. (1)

Le Tripot des 11,000 Diables. — Le Jeu de Paume de la Grande-Roche. — La Maison de Santé. — Les Dames du Saint-Sacrement. — La Communauté de Sainte-Aure. — Les Abbés Grisel et Verron. — Le Confesseur à la Bastille. — La Comédie au Couvent. — Jeanne Vaubernier. — Les Gardes-françaises. — Avertissement aux Contribuables de Sainte-Geneviève en 1789.

Connaissez-vous beaucoup de rues aussi calmes, à population égale, que celle-ci ? On y faisait pourtant un bruit d'enfer, sous le règne de François Ier, au tripot des 11,000 Diables. Or on ne se gênait pas pour traiter de braques et de tripots les jeux de paumes qui dégénéraient souvent en maisons de jeu et pis encore ; on en fit plus tard des théâtres, et puis des clubs pour en finir. Ces Diables de la rue Neuve-Saint-Geneviève ne s'appelèrent-ils pas le Grand-Braque-Latin du côté de la rue des Postes (2) ? De pareilles maisons dos à dos ne répugnent pas longtemps à l'escalade : plus on est de fous, plus on rit ! Toujours il y a qu'un jeu de paume, à l'enseigne de Sainte-

---

(1) Notice écrite en 1864, avant que la rue ne fût placée sous l'invocation du botaniste Pitton de Tournefort, auteur d'une classification méthodique des plantes qui porte son nom depuis le règne de Louis XIV.

(2) Présentement rue Lhomond.

Barbe et de la Mort-qui-Trompe, portait ensuite celle de la Grande-Roche en 1663, et qu'il appartenait alors à Réné d'Ivri, puis en 1734 à Le Ménestrel, chevalier, seigneur de Saint Germain, rue Neuve-Sainte-Geneviève, à droite, avant la rue du Puits-qui-Parle. (1)

D'autres propriétaires étaient : — pour le 22 actuel, Lagau, écuyer, commandeur de l'ordre de Saint-Lazare, à l'image de Saint-Claude, en 1755 ; — pour le 24, Boyléve de Chambellan, à la Rivière, 1760, et Pélisson, maître de pension, 1777.

Gérault, bourgeois de Paris, disposait d'une propriété du même côté, vers le bout. Même situation, sur l'autre ligne, pour la maison du Petit-Écu, que Mmes et Mlles d'Arnouville tenaient de Claude Boutin et transportèrent à la famille Moinery. Boucher, conseiller au parlement, occupa le 29, qu'une maison de santé pour aliénés exploitait il y a quinze ans. Est-ce là que, sous Louis-Philippe, la congrégation des dames de la Miséricorde tenait son pensionnat de demoiselles ? En tout cas, il s'en faut de peu. Calippe, jardinier, à la Maison-Rouge ; Baillet, marchand de vin ; Ferrand, charcutier, à la Sphère, puis aux Cyprès, et les frères Stallin, l'un graveur, l'autre orfèvre, se suivaient dans cette rue, comme propriétaires, vers le 19, consacré de nos jours à une œuvre évangélique protestante.

Il y eut en face une ruelle de la Sphère et un jeu de paume ; nous retrouvons par-là une encoignure de la rue du Pot-de-Fer qui appartenait dans le milieu du dernier siècle à Pierre d'Haristoy, contrôleur ordinaire des guerres, et se donnait encore pour Croix-Blanche. L'encoignure qui fait pendant à cette maison, sur la

---

(1) Présentement rue Amyot.

même ligne, fut Rose-Blanche et d'abord à Pierre Lavisé ; une propriété adjacente y fut ajoutée, après la mort de Louis XIV, par la marquise de Vaugremont, qui eut pour successeurs : Etienne Le Ménestrel de Hauguel de Hutteaux, maréchal-de-camp, en 1737 ; l'abbé Grisel, en 1753 ; la communauté de Sainte-Aure, en 1765. Depuis un demi-siècle environ, dans ladite propriété sont établies les religieuses du Saint-Sacrement, qui, avant la Révolution, se vouaient déjà avec succès à l'éducation des jeunes personnes dans l'ancien hôtel de Turenne, rue Saint-Louis (1). Ces dames n'ont donc aucun rapport traditionnel avec l'ancienne communauté de Sainte-Aure, qui occupait le même local et dont nous allons vous parler.

M. Gardeau, curé de Sainte-Étienne-du-Mont, avait fondé dans la rue des Poules la communauté des filles de Sainte ou de Saint-Théodore, dont les recrues s'arrachaient à un libertinage précoce par l'enrôlement du repentir. A cet établissement religieux, M. de Harlay, l'archevêque, donna ensuite pour directeur l'abbé Nicolas Lefèvre. Du même ecclésiastique se contentèrent, pour sous-précepteur, trois petits-fils de Louis XIV ; mais les filles de Sainte-Théodore, se montrant moins accommodantes que le futur roi d'Espagne et que les ducs de Bourgogne et de Berri, brûlèrent la politesse au nouveau directeur, qui resta seul dans la communauté. Quelques transfuges, à grand'peine furent ramenées au bercail, qu'on transféra rue Neuve-Sainte-Geneviève, sous l'invocation de sainte Aure. Un nouveau curé de Sainte-Etienne-du-Mont, M. Dautecour, avait favorisé ce rétablissement au moyen de donations ; il bénit, en l'année 1700, une chapelle de Sainte-Aure, qui, peu d'années après, fut agrandie et refaite. Aussi bien la com

---

(1) Maintenant rue Turenne.

munauté reçut, en 1705, les constitutions du cardinal de Noailles, archevêque de Paris ; mais elle n'était encore qu'à titre de locataire entre les rues du Puits-qui-Parle et du Pot-de-Fer. L'institution de nouveau languissait alors que le dauphin, père de Louis XVI, la releva, en y introduisant la règle de saint Augustin, sous la direction de l'abbé Grisel. Cette refonte spirituelle et la mise en clôture étaient contemporaines de réparations dans les bâtiments, qui s'étendaient jusqu'à la rue des Postes. Les filles de Sainte-Aure, qui, depuis leur réforme, se qualifiaient aussi adoratrices du Sacré-Cœur-de-Jésus, s'habillaient de blanc, avec scapulaire écarlate et manteau noir ; elles portaient un cœur en médaillon sur la poitrine. Pour chaque pensionnaire on payait de 450 à 500 livres par an. M. Joseph Grisel était né en 1703 ; il mourut à Versailles, âgé de 84 ans. Son ami, le père Verron, le remplaça au couvent de Sainte-Aure ; les septembriseurs immolèrent cet ancien jésuite au ci-devant séminaire de Saint-Firmin, et l'immeuble conventuel fut vendu, comme bien national, le 15 thermidor an IV.

Chronologiquement, tout est dit ; seulement l'histoire de Sainte-Aure ne mériterait-elle pas qu'on l'écrivît à part ? Grisel, vicaire perpétuel de Saint-Germain-l'Auxerrois, dont le chapitre était réuni à celui de Notre-Dame, compta parmi les supérieurs, parmi les confesseurs en d'autres communautés ; mais son œuvre de prédilection s'accomplissait rue Neuve-Sainte-Geneviève, et lorsqu'il y fut attaqué, les meilleurs lames du jansénisme ne demeurèrent pas au fourreau. Son libraire, disait-on, lui avait restitué presque intacte l'édition de son *Année religieuse*, en huit volumes, que l'auteur distribuait lui-même pour 24 sols, à-peu-près le prix du brochage ; quant à son *Chemin de l'Amour divin*, il l'avait fait en collaboration avec la duchesse d'Ayen, et les mauvaises langues ajoutaient à huis-clos. Une accusation plus grave avait fait mettre Grisel à la Bastille, comme complice de l'infidèle gestion du trésorier des postes; mais le prêtre qui, la veille encore, avait l'honneur de confesser l'archevêque de Paris, confessait le lendemain M. de Jumilhac, le gouverneur de la Bastille, et voilà tout ce qu'il y perdit. M. Muyart de Vouglans, membre du grand-conseil, passait pour le meilleur criminaliste; il défendit Grisel et resta son ami, déposition permanente en faveur de l'innocence de son client. Canclaux, doyen du même conseil, ami intime de M. de Tourny, se fit enterrer à Sainte-Aure, en 1777. On y célébrait chaque année la fête de saint Joseph, patron du directeur, en jouant la comédie. Dans la *Précieuse corrigée*, comédie en prose mêlée d'ariettes, qu'on y représenta, figuraient comme personnages Mme Sincère, Mme du Bouton, Mme Pincé. Nous remarquons dans le prologue ces vers en l'honneur de Grisel :

> Au plus aimé de tous les pères
> Présentons nos vœux, notre encens.
> Il voit nos cœurs, ils sont sincères :
> Ils sont à lui, ces cœurs sincères.
> Lui seul dirige nos accents.
> Non, jamais ses enfants
> Ne seront inconstants

Et plus loin :

> Si nos jeux ont su lui plaire,
> Quels plaisirs plus ravissants !

Parmi les pensionnaires qui entonnaient ainsi l'éloge de l'abbé Grisel, s'était trouvée, dans sa jeunesse, la future Mme Dubarry, Jeanne Vaubernier.

De l'autre côté de la même rue, on appelait encore hôtel de Bon-Air et hôtel d'Harcourt une maison avec jardin et sortie sur la rue Mouffetard, que Paul Pelletier, sieur de Touches, avait acquise de la famille de Ransant, pour y laisser Charlotte de Brancas, épouse de Charles de Lorraine, prince d'Harcourt ; puis Dupin, écuyer, gouverneur de Coulommiers ; puis Bellanger, entrepreneur de bâtiments, avec Prudence Cardot, son épouse, et puis Jean-Baptiste Bellanger. Nous croyons que ledit époux de Françoise Cardot, né en 1744, devint architecte du comte d'Artois et épousa en secondes noces, pendant la République, Mlle Dervieux, dont nous nous permettrons de raconter les premières amours dans la notice de la rue de la Victoire.

Une caserne de gardes-françaises, avant la Révolution, remplissait les n°s 7, 9 et 11 de la rue Neuve-Sainte-Geneviève, à l'entrée de laquelle se trouvait, sur la même ligne, le magasin-général d'habillements des soldats de la même arme.

Cette rue s'était ouverte originairement sur le clos Sainte-Geneviève. On y distribuait encore à domicile, en juin 1789, un avis émanant du bailliage de la seigneurie abbatiale de Sainte-Geneviève, et conçu en ces termes :

« Vous êtes priés et avertis de venir payer au plûtard dans la huitaine ce que vous devez de Cens et Rentes à l'Abbaye de Sainte-Geneviève, à cause des Maisons et Héritages que vous possédez dans l'étendue de la Censive de ladite Abbaye, comme aussi d'apporter vos dernières Quittances desdits Cens et Rentes ; ensemble les titres et contrats en vertu desquels vous possédez lesdites Maisons et Héritages, et ceux de vos vendeurs et auteurs, afin de passer vos déclarations, si fait n'a été, sur le nouveau Papier Terrier de ladite Abbaye ; sinon, et à faute de ce faire dans ledit tems, l'on sera obligé de vous y contraindre par les voies de droit, ce qu'on vous prie d'éviter, en satisfaisant au présent Avertissement. — *Le Bureau de la Recette sera ouvert tous les jours depuis neuf heures du matin jusqu'à midi, et depuis trois heures de relevée jusqu'à six, excepté les Dimanches et Fêtes et le Samedi l'après-midi.* — Les locataires sont priés d'envoyer incessamment et sans délai le présent Avertissement à leurs propriétaires, pour leur éviter des frais. — *Vous rapporterez, s'il vous plaît, le présent Avertissement.* »

Rue des Tournelles. (1)

Souvenirs s'y rattachant depuis la Mort de Henri II jusqu'à la Prise de la Bastille.

Le tournoi qui coûta la vie à Henri II eut lieu dans la rue Saint-Antoine, auprès de son château des Tournelles. Catherine de Médicis ne se contenta pas de venger la mort de son royal époux sur Montgommery, qu'elle faisait poursuivre en le promettant au bourreau ; elle prononça comme un autre arrêt de mort, qui fut exécuté le premier, contre la résidence royale pour laquelle Henri II n'avait pas eu moins de prédilection que Louis XII, François Ier, Charles VII, le duc de Bedfort et Charles VI. Les Tournelles furent abandonnées par la reine-mère, et Charles IX ordonna de les démolir. Un des deux parcs de ce château, aboutissant près de la Bastille, se transformait en marché aux chevaux lorsqu'il servit lui-même de théâtre au fameux duel des mignons de Henri III. Quélus, Livarot et Maugiron s'y rencontraient le 27 avril 1578, à heure dite, cinq heures du matin, avec d'Entragues, Riberac et Schomberg. Maugiron et Schomberg, n'ayant encore que leurs dix-huit ans, les laissèrent sur le terrain ; Riberac, mortellement atteint, ne leur survécut qu'un seul jour ; Livarot fut un mois au lit, et Quélus, qui avait reçu dix-neuf blessures, en mourait sous les yeux du roi, le 29 mai, à l'hôtel de Boissy, rue Saint-Antoine. Quel baptême de sang pour la rue des Tournelles, qui commen-

---

(1) Notice écrite en 1864.

çait à peine à se dégager de la rue Jean-Beausire !
Dans le tabellionnage, les raffinés écrivaient alors :
Rue du Parc-des-Tournelles, sise au lieu dit Jean-Beausire ; mais ce dernier nom propre avait suffi, sous le règne de François Ier, à désigner la même rue dans tous actes.

Leschappé, maître ès-œuvres de charpenterie des bâtiments du roi, sous le règne de François II, était propriétaire d'un terrain que Jean-Baptiste Lambert, secrétaire des finances, légua plus tard à son frère Nicolas Lambert, seigneur de Thorigny et de Sacy, demeurant île Saint-Louis. Cette propriété, à l'époque où elle imposait passagèrement la dénomination de Lambert à la rue, comportait 2,500 toises plantées d'arbres et en marais, avec deux petits bâtiments, entre la rue Jean-Beausire actuelle, le boulevard, qui n'était encore qu'un rempart, et la rue des Tournelles, formée par un fossé. Le long du même rempart et du parc des Tournelles une plâtrière et un jardin, assis sur les anciens fossés, au même lieu dit Jean-Beausire, appartenaient en 1583 à Christophe David, cordier, qui les tenait de Marceau Jacques, et il y avait pour voisins : Guillaume Buné d'une part, Pierre Billiard d'autre part. Vers la même date, Louis Lorier, taillandier, vendait à Gabriel Fourdinier, marchand de vin et archer du guet à pied, deux corps d'hôtel, cour, jardin et puits mitoyens, avec entrée et issue au parc des Tournelles et à la rue Beausire, près la porte Saint-Antoine. A deux années de là, les prévôt et échevins cédaient à Anne-Dorothée Aubry, femme de Lecomte de Nonant, un terrain contigu au rempart, et, plus d'un siècle après, Françoise-Angélique Aubry, veuve de Cochefilette, comte de Vauchelard et autres lieux, avait encore en cet endroit la maison et le jardin de son père, le président Aubry. L'habitation de la comtesse ne touchait pas à la maison occupée par Pierre Colin, huissier de la chambre du roi, qui en avait deux se joignant; les tenants de Pierre Collin, entre la rue des Tournelles et celle Jean-Beausire, étaient Thévenot d'un côté, Mansart de l'autre; Guillaume Mercier avait joui des deux propriétés de l'huissier, avant Robert Lebaube, qui s'en était rendu adjudicataire au Châtelet dès l'an 1600.

Jules Hardouin-Mansart, fils adoptif ou naturel et élève de François Mansart, le grand architecte, disposa de plusieurs maisons dans le voisinage de l'hôtel qu'il s'éleva (28, rue des Tournelles) sur un emplacement que le bureau de la Ville lui avait concédé en 1687. Saint-Simon le dénonce comme un usurpateur de la réputation posthume de son maître et du talent naissant de l'architecte Lassurance, qu'il tenait enfermé et qui dessinait force plans, que le geai signait avec une plume de paon. De quels profits, pourtant, et de quels honneurs ne regorgeait pas Hardouin-Mansart, surintendant des bâtiments ! Et comment toutes les privautés qu'il osait prendre eussent-elles formalisé les grands seigneurs, les princes, qui le voyaient en user aussi familièrement avec le soleil même dont s'irradiait tout ce qui était faveur? Il avait plus de crédit que Lenôtre, parce qu'il avait plus d'audace. Que de fois un adroit courtisan changea d'hôtel ou de château, pour que Louis XIV lui sût gré d'avoir choisi son architecte ! D'autres flatteurs trouvaient économie à s'aliter volontairement, en prenant Fagon pour médecin. Hardouin, bien que poussé par François, comment avait-il débuté? Est-ce bien lui qu'on avait vu tambour, tailleur de pierres, maçon, piqueur, et qui avait si bien fait son chemin ? Il mourut si subitement, en ce château de Marly qui était de lui, qu'on le crut empoisonné par les fermiers des postes, accusés de concussion. « Par l'inventaire de Mansart, rappelle Brice, on a vu qu'il avoit amassé quantité de choses de diverses espèces, qui avoient du rapport à sa profession. et à sa charge, qu'il n'avoit cependant occupée que depuis l'année 1699 jusqu'en 1708, que sa mort arriva. » De son ancienne demeure, page d'architecture illustrée par Mignard, Allegrain et Lebrun, nous avons déjà vu une face en passant boulevard Beaumarchais. Jacques-Hardouin Mansart, comte de Sagonne, en avait hérité ; cet héritier, en cessant de vivre, laissa pour créancier le comte de Noailles, duc de Mouchy, que le parlement envoya en possession à la place du défunt, par arrêt du 12 avril 1769.

Le plus cébre locataire des Mansart fut, à coup sûr, Ninon de Lenclos, morte chez eux plus que nonagénaire. Le plaisir et l'esprit s'étaient jeté un défi ; la vie brillante de Ninon fut la course, et le but recula, comme par enchantement, devant ces deux rivaux, partis du même élan, tant qu'ils coururent côte à côte ; le plaisir, qui tenait la corde, finit pourtant par être distancé, et l'esprit, en prenant les devants, se croyait encore suivi de près ; mais ce dernier, en retournant la tête, vit que l'autre mordait la poussière, et il en mourut de chagrin : c'était le but, touché le 17 octobre 1706.

La fille de l'épicurien M. de Lenclos était née alors que s'achevait la place Royale, substituée au Marché aux Chevaux, et les duels de refleurir sur ce terrain incorrigible, malgré les édits de Louis XIII, dont la statue y surgissait bientôt, et aussi, ce qui prouvait bien l'envie de tout braver, sous les fenêtres de l'hôtel Richelieu. Le grand Condé, n'étant que duc d'Enghien, d'Effiat, La Rochefoucauld, Longueville, Coligny, d'Estrées, les Villarceaux et beaucoup d'autres se succédèrent dans le cœur de Ninon, qui ne promit une éternelle constance qu'une seule fois dans toute sa vie, pour imposer silence à un jaloux. La Châtre prit si bien son temps pour demander ce dernier sacrifice qu'elle laissa entre ses mains un engagement, par écrit, de n'aimer personne après lui. Ah! le bon billet qu'eut La Châtre! Jamais dette de jeu, faite chez la Blondeau, qui tenait brelan place Royale, n'avait moins ressemblé à de l'argent-comptant. La belle insolvable, au surplus, n'alla pas loin pour se soustraire aux poursuites du créancier. Elle n'habita, avant l'hôtel Mansart, que le n° 56, dans la même rue des Tournelles, où se trouvait sa fameuse chambre jaune. L'indépendance lui était si chère qu'elle se donnait, mais ne s'aliénait pas. Que l'amour vînt d'elle ou lui revînt, l'amour-propre y trouvait son compte, et il y avait encore plus de mérite à le faire durer qu'à l'avoir inspiré. Jamais amant de Ninon ne lui fit accepter un cadeau, pour si mince ou pour si riche qu'il fût. Il avait une montre à répétition plus souvent qu'elle, pour l'heure du berger; mais, qu'il payât de mine ou d'esprit, de choix prémédité ou d'occasion, de sentiment ou de caprice, de douces paroles ou de tempérament, malheur à lui s'il ne se réglait pas sur la pendule de la belle, pour l'heure de prendre sa canne et son chapeau sans retour!

Au reste, le salon de Mlle de Lenclos ne s'ouvrait pas que pour Marion Delorme; d'honnêtes femmes s'y montraient assidues, en y formant leurs fils aux bonnes manières; Molière y lut *Tartufe* devant un auditoire qui, dans son sein, comptait jusqu'à des prudes. Des longues heures que Mme Scarron avait passées rue des Tournelles, il restait un tel souvenir à Mme de Maintenon qu'elle essayait, une fois bien en cour, de rendre la pareille à son ancienne amie; seulement celle-ci eut l'esprit d'éluder une invitation, tant soit peu suspecte, qui la menaçait de conseils et d'exemples qu'elle se sentait incapable de suivre. Il y avait beau jour que des jésuites, des jansénistes, bon nombre de dévotes, dans l'espoir d'une conversion, guettaient la vieillesse de Ninon, sans parvenir à mettre la main dessus. La reine elle-même, pour en finir, avait dépêché un exempt chargé d'engager la pécheresse à faire le choix d'un couvent. — Je ne me sens encore de vocation, avait-elle dit à l'exempt, que pour les Cordeliers.

Qui fut encore mieux pris ? l'abbé Gédoyn. A force de sermonner cette vieille endurcie, qui consentait enfin à l'écouter, il conçut pour elle la passion la plus imprévue, la plus sincère, la plus ardente, et nul doute que sa pénitente lui eût fait faire toutes les folies du monde s'il était venu seulement dix ans plus tôt ; mais elle en avait quatre-vingt.

Un de ses plus proches voisins, ici où là, s'appelait Vallée des Barreaux, et il lui arriva réellement d'être conseiller au parlement ; mais ses dettes l'obligèrent si vite à résigner sa charge qu'un seul dossier put lui être distribué. Le litige dont il s'agissait avait pour objet cent écus ; mais l'affaire ennuya tellement le magistrat d'un jour, chargé de faire le rapport, qu'il jeta les pièces au feu. Quand les parties apprirent que le dossier avait entièrement disparu, elles se récrièrent à faire croire qu'une somme énorme était en jeu. — Holà ! s'écria Des Barreaux, je connais à fond votre cause ; il y a friponnerie d'un et d'autre côté ; mais, comme j'ai l'embarras du choix, prenez votre argent, le voici, et allez vous faire pendre ailleurs.

Par malheur, Tallemant des Réaux dit encore pis que pendre de ce robin manqué, qui aurait été trop ami du poète Théophile de Viau, d'après l'*Historiette* que voici :

« C'est à luy que Théophile escrit dans ses lettres latines, où il y a à la souscription : *Theophilus Valleo suo.* On ne manqua pas de dire en ce temps-là que Théophile en estoit amoureux, et le reste. Quelque temps après la mort de ce poète, en une débauche où estoit le feu comte du Lude, des Barreaux se mit à criailer, car c'a toujours esté son défaut; le Comte luy dit en riant : « Oy ! pour la veuve de Théophile, il me semble que vous faittes un peu bien de bruit. »

Un hôtel avec jardin, près la rue du Pas-de-la-Mule (1), appartenait alors à la marquise de Montpeyroux-Saligny, nièce et légataire de Thévenot, prêtre ; la famille Vivien ou Vivier y avait été propriétaire sous Henri IV. La Coiffier tenait le cabaret de la Fosse-aux-Lions, que fréquentaient Tallemant des Réaux, Voiture et le gros Saint-Amant, en cette rue du Pas-de-la-Mule. N'a-t-on pas, d'ailleurs, appliqué le sobriquet royal de Fosse-aux-Lions à plus d'une maison dont le jardin, du côté du boulevard, gardait le niveau moins élevé de son entrée par la rue des Tournelles ? Jean Delorme, chirurgien de la cavalerie légère, avait pignon sur l'une et l'autre rue, du côté de la place Royale. Mais la Coiffier, aussi bien que les *goinfres* qui lui avaient été amenés par Saint-Amant, dormait en paix depuis un siècle quand la rue des Tournelles avait pour cabaret une Croix-d'or et un Saint-Nicolas, sous la conduite des nommés Girardin et Nicolas.

Parmi les fondateurs des immeubles séculaires qui sont l'objet de la présente notice, ont figuré notablement :

Leredde, maître-général des œuvres de charpenterie du roi, tenant à J.-B. Lambert. — Paul Charpentier, juré ès-œuvres de charpenterie du roi, tenant à Leredde, trois maisons. Charpentier vendait tout ou partie, en 1690, à Jean de Turményes, conseiller d'Etat, garde

---

(1) Actuellement rue des Vosges.

du trésor royal, ex-trésorier de l'extraordinaire des guerres, lequel eut pour successeurs Claude Burgenin, docteur en Sorbonne, puis Ganot, avec le marquis d'Inteville pour locataire. — Guillaume Fontaine, couvreur: grapillon de propriétés. L'une touchant à la rue Jean-Beausire et au jeu de boules de la veuve Bégat, sous la Régence, était à la disposition de la veuve de Leroy, de Sanguin, maître des comptes; une autre, de Marquet de Champignel, qui la tenait des héritiers de Gabriel père, architecte, gendre de Fontaine; une autre encore, de Moreau, vicaire de la chapelle du Pré-Saint-Gervais, qui eut pour héritiers trois Gabriel, dont l'un était inspecteur-général des bâtiments du roi et premier ingénieur des ponts-et-chaussées de France. —Pierre Dumoustier, peintre et valet de chambre du roi, voisin de Fontaine: maison et jardin donnant sur le Cours. Ses hoirs, qui l'avaient eu pour oncle, furent: Dumoustier, bourgeois; de Roquierre, écuyer, et sa femme; Dumoustier, autre peintre et autre valet de chambre du roi; Dupont, tapissier du roi et conducteur de la manufacture des tapisseries de Turquie, façon du Levant, pour le compte de Sa Majesté; Mlle Dumoustier, et enfin la veuve de l'orfèvre Loussel. — Côte à côte avec Pierre Dumoustier: Pierre Pussain, apothicaire-épicier. Ses biens passèrent après lui à sa fille Anne, veuve du drapier François Orry, à sa fille Marie, veuve du joaillier Maupin, et aux enfants de sa fille Geneviève, dont était veuf l'apothicaire-épicier Jean Vivant. — Joseph Brunault, auditeur des comptes: deux maisons en regard des Minimes. — Tout proche: Jacques de Gourgues, conseiller au parlement, et postérieurement le comte de Denonville, brigadier des armées, qui acquit une propriété adjacente de Gallois, ancien receveur-général des finances de Champagne, et d'Élisabeth Brunault, son épouse. — Également près de Brunault: la présidente de Nicolaï, qui devait aussi être propriétaire près de Leredde, avait dégagement rue Jean-Beausire. — Sur ce dernier point, elle se rencontrait avec Gondouy, lieutenant en l'élection de Paris, et Catherine de Verdun, sa femme, qui vendirent à Philbert de Turin, marquis de Céron. — Mêmes parages : Larsounier, marchand de vin, à l'enseigne de la Trinité. — *Item*, co-propriétaires en 1684 de trois corps de logis, avec autant de petites cours et de portes cochères : Danrémont, commissaire des guerres, et Marie-Anne de Grimaldi, veuve en premières noces du capitaine Bourgeois de Mafouçeau, et en secondes du marquis de Deffand. — Même date, Antoine Dupuis, chantre ordinaire du roi, pour un hôtel qui pouvait être le même que l'hôtel signalé par nous dans la notice du boulevard Beaumarchais comme une sorte de conservatoire de la musique du roi Henri IV. Dupuis, mitoyen avec la veuve Lecamus et Vauthier, avait acheté de la veuve de Rémond Leclerc, secrétaire du roi. — Près de là, au milieu du règne de Louis XIV : Villayer, conseiller d'État. — Avec ce dernier porte à porte : Pipault, entrepreneur des bâtiments du roi, et puis Mme Tarade, née Pipault.

Aujourd'hui, rien de séculaire entre la rue Saint-Gilles et le boulevard, quoique le coude formé par la rue des Tournelles remonte à 1637, comme ancienne rue Neuve-Saint-Gilles. En ce temps-là, presque tout le côté gauche de notre rue dépendait des hôtels de la place Royale, de l'établissement des sœurs dites les hospitalières de la Place-Royale et du couvent masculin des Minimes. C'est ainsi que les Rohan y prirent jour par derrière, comme M. de Saint-Géran et tant d'autres. Mais du côté droit pareillement il n'aurait tenu qu'à Mme de Rohan, princesse de Guéménée, de se mettre à demeure sans avoir à payer son terme, quand Louis XV commençait à régner. Il y échut en effet un hôtel, occupé par le comte d'Estaing et ayant fait partie antérieurement du patrimoine des Aubry, aux héritiers de Mme de Rohan, c'est-à-dire à un capitaine des vaisseaux de Sa Majesté, au prince de Montauban, à l'archevêque duc de Reims, à la veuve du comte de Mortagne et au prince de Guéménée, duc de Montbazon, pair de France, qui tous, sans exception, étaient Rohan. Seulement le duc et pair n'était habile à exercer ses droits dans la succession que représenté par M. Philippe Auguier, curateur nommé à sa personne et à ses biens.

Cependant il se produisait plus d'un changement de mains pour les propriétés. Le comte de Denonville devenait le voisin de la comtesse de Francivez, et ce n'était pas loin du n° 50, qui dit la vérité, mais pas toute la vérité, car il cache la moitié de son âge, en se donnant tout uniment pour l'un des hôtels Pompadour du XVIIIe siècle. Par-là florissait également l'hôtel de Melun, dont fit emplette Allyre, marquis de Langeac, grand-sénéchal d'Auvergne. Quel numéro portait alors la maison de Proustot de Montlouis, marchand de vin suivant la cour ? Aujourd'hui c'est 58. Un peu plus loin, M. Aviat, receveur des tailles de l'élection de Paris, occupait l'ancien logis de la musique du roi.

L'architecte Cressot a joui de la propriété contiguë ; mais c'était sous le règne suivant, et M. Moreau, conseiller d'État, habitait celle-ci ou l'autre. De plus, en remontant la rue et sans qu'il y eût lieu de la traverser, on passait devant un hôtel Mallet de Trumilly, accolé à un hôtel d'Haroncourt, puis devant un autre où M. de Biercourt, trésorier de l'École militaire, avait des bureaux sous ses ordres pour la perception des deniers, qui était l'un des devoirs de sa charge, et comme le montant des droits sur la fabrication des jeux de cartes appartenait à l'École militaire, les versements de cet impôt indirect se faisaient chez M. de Biercourt. Que si l'on remontait encore vers la Bastille, on laissait à main gauche la cour des Miracles, passage à la rue Jean-Beausire, et puis on était à la porte du logis de M. de Badières. Ce naturaliste montrait aux amateurs sa nombreuse collection de crustacés, principalement de crabes; mais les gourmands préféraient ses homards et ses langoustes, dont la rouge enveloppe de conserve leur faisait venir l'eau à la bouche, sans danger d'indigestion.

Rue Beurrière. (1)

On la nommait encore en 1680 rue de la Petite-Corne, et c'était de couleur locale. Sa forme rappelait, sur la carte de Paris, la moitié de ce que Molière faisait craindre à tous les maris. La rue n'a pas changé de parcours ; mais une autre dénomination, due au xviiie siècle, rappelle les étalages de marchandes de crême battue dont elle s'encombrait, entre le marché de l'Abbaye et la foire Saint-Germain.

Le commerce principal qu'on y fait actuellement n'a rien de pastoral. Le demi-jour y suffit, dans des chambres dont le tassement rend le carrelage inégal depuis le règne de François Ier, et dont l'escalier de mauvais augure devrait pourtant bien rappeler de quelle maladie ce roi mourut.

Rue de mauvaise compagnie, je ne dis pas non ! Ses portes sont bâtardes et sa population abâtardie ; l'espionnage ou le qui-vive entre-bâille ses lucarnes, quand ce n'est pas un signal à donner ou à recevoir, ou une provocation peu désintéressée à la débauche. Les peureux ne s'engagent dans cette venelle que boutonnés jusqu'au menton, les deux mains sur leurs poches, et les délicats ont beau prendre la précaution d'y marcher au milieu, il leur arrive encore de se gratter ; mais les curieux, qui tiennent à tout voir, se promettent de repasser par-là. L'eau trouble dans laquelle on y pêche n'empêche pas d'y laver du

---

(1) Notice écrite en 1857. La nouvelle rue de Rennes a englobé depuis toute la rue Beurrière, entre la rue du Four-Saint-Germain et la rue du Vieux-Colombier.

linge : le sieur Evette ne tient-il pas un lavoir au n° 4? Mais l'eau dans laquelle des prêtresses aiment à tremper non-seulement un tison allumé au foyer des sacrifices, mais encore ce foyer lui-même, n'en devient rien moins que lustrale. Les n°s 3, 11 et 21 sont des maisons où, pour le prix d'une livraison des *Anciennes Maisons de Paris*, on élude la sujétion d'avoir une femme et des enfants à soi.

Rues de la Bienfaisance et de Rovigo,

TOUTES DEUX NAGUÈRE

rue de la Bienfaisance. (1)

La maison capitale de la rue de la Bienfaisance lui a valu son nom ; c'est le n° 9, habité aujourd'hui par M. de Chasseloup-Laubat, ancien ministre. Là demeurait le docteur Goetz, décédé en 1813 ; sa charité inépuisable fit modifier le nom de la rue, dite d'abord de l'Observance, après avoir été un chemin sans nom. Nous croyons que des observantins y avaient demeuré quelques temps, au commencement du règne de Louis XVI. Ainsi se sont appelés des religieux de l'Observance de plusieurs ordres, principalement de Saint-François. On se rappelle qu'avant la vaccine, l'inoculation était le seul préservatif de la petite-vérole ; Goetz, inoculateur habile, traitait la vaccine de fléau et c'était, nonobstant

---

(1) Notice écrite en 1857. La rue de la Bienfaisance, dont le lit a été récemment approfondi et élargi, en a presque entièrement changé de physionomie et de population. Une rue Portalis la croise, avant qu'elle rencontre la rue Malesherbes à droite et l'église Saint-Augustin à gauche. Elle passait outre au boulevard Malesherbes quand, au milieu de l'année 1869, on a donné le nom de Savary, duc de Rovigo, général et ministre de la police sous le premier empire, à la portion de cette rue comprise entre les boulevards Malesherbes et Haussmann, traversée par la rue de Miroménil et accostée sur le même point par la rue Treilhard. L'église et la plupart des voies publiques rencontrées par les rues de la Bienfaisance et de Rovigo sont neuves.

ce travers, un excellent médecin, qui consacrait à secourir les indigents l'argent que lui donnaient ses malades. Son hôtel date de plus d'un demi-siècle, ainsi que le n° 7. Ce dernier est occupé par une pension de jeunes gens, que dirige M. Jacquet; elle a été fondée par M. Rétif, nom providentiel pour un instituteur.

Un autre pensionnat est consacré aux jeunes personnes, presque en face, et cette proximité, qui convient à plus d'une famille, sourit à plus d'élèves encore dans l'une et dans l'autre maison. On s'y sent porte à porte, quelle que soit la hauteur des murs, et la moindre rencontre à la sortie ou à la rentrée, avec échange de regards ou frôlement, suffit à défrayer des rêveries solitaires ou de longues confidences, inspirant de la jalousie aux camarades comme s'il y avait de quoi. Le jardin de ces demoiselles a un air de famille avec ceux des petits hôtels du voisinage : les figuiers y dominent, et les arbres de plus haute futaie y sont tout-à-fait du même âge. Comment douter que ces derniers aient appartenu autrefois à un seul et même jardin ?

Cette rue de la Bienfaisance est bourgeoise du côté de la rue du Rocher ; elle se vautre ensuite en pleine Pologne. Le pot cassé y fleurit aux croisées ; la chaise dépaillée et la vieille ferraille s'y étalent, devant les portes, en compagnie de la malle hors d'usage et de bouteilles infectées de quelques odeur qui ne partira pas. Les marchands de bric-à-brac les plus piteux du monde sont là comme le poisson dans l'eau, et ils font, pour renouveler leurs étalages, des échanges entr'eux, tant les passants sont rares ! De grands établissements industriels raniment toutefois, matin et soir, l'extrémité populaire de la voie publique dont il s'agit.

Autrefois, dans cette même Pologne, coin

écarté, les Parisiens du dimanche se grisaient à bon marché *extra-muros*. L'octroi a reculé le lieu de rendez-vous de ces buveurs dominicaux, et si bientôt l'enceinte de Paris englobe encore les Batignolles, il n'y aura plus de ramponneaux possibles qu'au-delà des fortifications.

Rue des Billettes. (1)

Le Sacrilége. — Les Carmes-Billettes. — Les Chanoines de Sainte-Croix-de-la-Bretonnerie. — Les Crieurs-jurés des Inhumations. — Adjudication de Biens nationaux en 1793. — Arbre généalogique d'un Bec de Gaz. — Histoire d'une Borne.

Une hostie consacrée, que le juif Jonathas avait plongée dans l'eau bouillante, le jour de Pâques, 2 avril 1290, fit donner une dénomination rappelant ce sacrilége à un chemin qui, sous Philippe-Auguste, ne traversait encore que des jardins. Voici le nom : Rue-où-Dieu-fust-bouilli. Le peuple avait saisi et brûlé Jonathas ; sa maison et son jardin avaient été donnés par Philippe-le-Bel à un bourgeois de Paris, Reimer Flaming, lequel y avait fait construire une chapelle expiatoire. Des religieux hospitaliers de Notre-Dame quittèrent ensuite Bacheraumont, du diocèse de Châlons, pour s'établir au même lieu. Comme ces pères s'en allaient portant un scapulaire ou pièce d'armoirie appelé billette, la chapelle et la rue furent dites des Billettes. Un acte du 24 juillet 1631 leur donna pour successeurs, en vertu d'une autorisation spéciale, les carmes de l'Observance de Rennes, qui prirent possession du prieuré, de l'église, du monastère et de tous meubles. L'église des Carmes-Billettes fut rebâtie sans changer de place, en 1754, et puis remise à neuf, vingt-un ans plus tard, par le frère Claude, religieux dominicain et architecte. Les biens du même cou-

---

(1) Notice écrite en 1857.

vent furent vendus par l'Etat le 17 avril 1793 et le 29 ventôse an III; mais la Ville racheta l'église, qui devint un temple luthérien, et où Mme la duchesse d'Orléans allait entendre les offices sous le règne de Louis-Philippe. Le petit cloître, qu'on retrouve, et si bien conservé, date d'avant l'installation des carmes; c'est une bague au doigt pour la rue des Billettes, depuis qu'elle chemine en décrivant sa courbe de la rue de la Verrerie à celle Sainte-Croix de-la-Bretonnerie.

Un autre couvent, qui s'appelait comme cette dernière rue, occupait presque tout le carré que la rue Barre-du-Bec, devenue l'un des tronçons de notre rue Vieille-du-Temple, formait avec les rues Sainte-Croix-de-la-Bretonnerie, de la Verrerie et des Billettes: figure dont les quatre angles se trouvaient à égale distance, ou peu s'en faut, du jardin monacal. L'entrée principale de ce monastère donnait, en face des Carmes, dans la rue des Billettes, par une sorte d'avenue, que nous voyons estampillée en bleu *passage Sainte-Croix-de-la-Bretonnerie*; les deux couvents communiquaient l'un avec l'autre par des souterrains. Des squelettes d'enfants nouveaux-nés ont été retrouvés, il y a peu d'années, tout près de ce passage secret, alors qu'on y établissait les conduits du gaz et de l'eau. La malignité populaire inférait de cette découverte, comme si Dulaure avait alors passé par-là, que l'une des deux maisons religieuses avait été de carmélites et non de carmes; mais cette hypothèse tombe devant l'identité historique de sexe des religieux de l'un et de l'autre couvent.

Les chanoines réguliers de Sainte-Croix-de-la-Bretonnerie devaient la fondation de leur église à saint Louis qui, en l'an 1258, leur avait octroyé l'emplacement de son ancien hôtel de la Monnaie, et plusieurs maisons contiguës, cédées à ce monarque par le savant Robert Sorbon. Nous apprenons par le sire de Joinville que « cette manière de frères, » qui le matin étaient mendiants, portaient une croix sur la poitrine ; de là leur dénomination. Sous leur église, il y avait seize caveaux servant de sépulture à différentes familles, et cette circonstance explique suffisamment que des enfants y aient reçu l'inhumation. Qui plus est, la communauté de Sainte-Croix a souvent eu des locataires laïques ; le dépôt des anciennes minutes du conseil privé du roi a été mis chez ces pères sous la garde du secrétaire-greffier des conseillers, et les jurés-crieurs pour les inhumations y ont eu, qui plus est, leur lieu de réunion. Ces premiers organisateurs des pompes funèbres de Paris fournissaient les objets nécessaires aux enterrements, voire même des manteaux et robes de deuil, des lettres de faire part et une suite. Si l'un de ces crieurs-jurés venait à mourir, tous ses confrères le portaient en terre, vêtus de robes et armés de clochettes, qu'ils faisaient retentir depuis la levée du corps jusqu'à ce qu'une première pelletée de terre eût été jetée sur le cercueil.

Les gens du quartier prennent aussi pour Louis XIV le personnage principal d'un bas-relief qui fait encore honneur à l'ancienne porte des pères de Sainte-Croix, malgré ce qu'il y manque de netteté. La faute en est sans doute à la statue de la place des Victoires et à bien d'autres du même temps, qui ont habillé le grand roi absolument à la romaine. Le sujet de notre sculpture n'en remonte pas moins au IVe siècle. Constantin y est représenté au moment où ses armes, disputant l'empire à Maxence, sont dirigées contre le paganisme par l'apparition dans les airs du signe sacré de la religion chrétienne, jetant comme un éclair les mots : *In hoc signo vinces*. Ce portique monumental, inattendu dans un renfoncement, semble y avoir prévu de longue-main dès nécessités d'alignement qui ne sont pas encore à échéance ; la rue peut doubler de largeur sans le rendre sujet à reculement ; il n'a même pas craint de se charger après coup de trois petits étages, sous lesquels on passe le front haut si peu qu'on entre dans l'ancienne cour conventuelle, sans les avoir vus de la rue.

Les n°s 1 et 3 du passage ne font qu'une propriété avec le 11 de la rue des Billettes. Ce quartier de l'ancien monastère est pourvu, audit n° 1, d'un escalier à rampe de fer qui date au moins du règne des Valois, et le 3 est l'ancienne église de Sainte-Croix, bâtie par le célèbre Pierre de Montreuil, que décorèrent des tableaux de Voüet et de Philippe de Champagne. En dépit de ses richesses, l'église était triste et humide ; on y voyait moins clair que dans le vaste réfectoire des chanoines, qui avait été décoré à ravir par l'architecte Servandoni et d'autres artistes, mais qui ne ressortissait pas du même lot que l'église lors de la vente au nom de l'État. On retrouverait enfin, un peu plus bas, si l'on y tenait beaucoup, beaucoup, une fosse d'aisance parfaitement carrelée en porcelaine par les moines, et qui a fait l'objet d'un partage strictement toisé sous la première république.

Le citoyen Gisors, estimateur des biens nationaux, avait évalué la totalité du premier lot dont nous parlons 205,500 fr., et l'adjudication ne s'éleva qu'à 1,500 fr. de plus. Au reste, le 26 février 1793, c'est-à-dire deux mois avant que le procès-verbal de vente dudit immeuble fût dressé à la Commune de Paris, la commission de l'administration des biens de l'État avait mis à l'enchère et adjugé d'abord sa location par bail, dans la maison du Saint-Esprit, après quatre publications faites à la porte de l'église Saint-

Merri, à l'issue de la messe paroissiale. Jouan, premier acquéreur, a revendu l'immeuble au citoyen Moullé, ancien marchand, le 16 germinal an ii ; Namiant, dont la fortune s'était faite dans les chandelles, l'a racheté en 1825 ; Mme Aurion, fille de ce dernier, et qu'un second mariage a faite Mme Amyot, en a traité avec Mme Fontaine, un peu avant la révolution de 1848.

Mme Fontaine a pignon, disons-nous, et sur la rue et sur l'ancienne cour des religieux ; celle-ci lui est commune avec cinq autres propriétaires, qui sont MM. Durenne, notable marchand de fonte, acquéreur du baron Devaux ; Ménier, chocolatier, cessionnaire du banquier Drouillard, et qui a dépensé deux millions, parfaitement frappés à la Monnaie actuelle, pour s'approprier un des quatre coins de la Monnaie du temps des Capétiens ; Lacroze, médecin ; Paillard de Villeneuve, avocat et publiciste distingué, successeur là de M. Onfroy, son beau-frère ; enfin Mme Davaux, dont le père a été le prédécesseur. Chacun de ces propriétaires administre à son tour la cour, qui depuis plus de six siècles n'est plus pavé du roi, et qu'une grille ferme la nuit du côté de la rue Sainte-Croix-de-la-Bretonnerie, comme sa belle porte du côté de la rue des Billettes, et ils subviennent de concert aux dépenses relatives à l'entretien de leur communauté voyère.

Le *Moniteur de l'Épicerie*, dont le siège se trouve n° 11, dans ce passage, n'en est pas la seule lumière. La généalogie du bec de gaz qui éclaire la cour peut également se dresser. En 1668, date de l'établissement de l'éclairage dans les rues de Paris, le progrès, c'était la chandelle. Ce luminaire succédait à la cire, à la résine, au paquet de mèche croupissant en anneaux dans un godet d'huile ou de graisse. Lors de la dispersion des ordres religieux et de tous les corps de métier, la pièce de bois à laquelle pendait une pierre, lanterne en effigie peu transparente, avait cessé de jeter sa lueur, déjà tremblante, sur l'ancien séjour des chanoines ; c'était comme un fantôme de réverbère à conscience timorée, condamné à l'état de potence disponible, pour avoir éclairé peut-être certains désordres lors du relâchement des règles monastiques. Parfois un feu de joie éclatant menaçait d'incendie le poteau et les bâtiments, qui avaient froid, comme les tombes saccagées que les vieux murs avaient mal abritées ; mais le 9 vendémiaire, an VI, le citoyen Pierre-Tourtille Saugrain, entrepreneur de l'illumination de Paris, releva le boisseau sous lequel s'était étouffée la lumière du ci-devant couvent de Sainte-Croix, et le 8 vendémiaire, trois ans plus tard, il réclamait judiciairement aux différents propriétaires, qu'il voulait rendre solidaires, une somme de 1,200 francs pour fourniture et entretien du réverbère à quatre becs, qui ne lui avait encore rien rapporté. Chacun des défendeurs fit des offres réelles à cet irrécusable créancier, en repoussant la solidarité, et le fait est que Saugrain avait porté tout droit leur facture chez l'huissier, avant de la leur présenter. Les propriétaires du passage étaient alors les citoyens : Drives, maître-maçon ; Ladreue, marchand-épicier ; Ladoubé, marchand de vins ; Davaux, rentier ; Lemoine, épicier, représentant les héritiers Moullé, et puis la veuve Brébion, déjà nommée.

Autrefois les aveugles, qu'il y eût ou non des réverbères, cheminaient encore avec une certaine sécurité dans les rues de la capitale, en comptant avec leur bâton toutes les bornes de pierre qui se trouvaient sur leur passage accoutumé. Ce voyage à tâtons n'est plus possible aux quinze-vingts que dans le petit nombre de rues qui ont conservé ces jalons, retranchement aussi du piéton contre les voitures. Le passage Sainte-Croix, ainsi qu'une moitié de la rue des Billettes, hésite à s'affranchir de ces tuteurs, dont souvent le corps dur tenait lieu d'oreiller moelleux aux ivrognes et aux pauvres, quand il y en avait. Aujourd'hui, l'on supprime tout ce qui embarrasse, et cela a son bon côté. Mais la borne en avait deux bons, pourrait-on dire. Il en a survécu dans la rue des Billettes une pour le moins, qu'un pauvre ou un ivrogne accroupi tenait embrassée, l'été dernier, avant de répondre aux questions d'un sergent-de-ville, borne perfectionnée, intelligente, civilisée, et qui s'incline volontiers jusqu'à terre pour relever le passant qui tombe : — Voyez le fou ! s'écriaient les passants en s'attroupant devant cette curiosité. — Pas si fou ! répondit enfin le malheureux, d'un ton dolent qui excluait l'idée de plaisanter; c'est là qu'un soir, il y aura bientôt cinquante ans, ma bonne femme de mère a accouché de moi, et voilà ma marraine. Je m'appelle Pierre, pour vous servir.

Cette matrone de granit est encore debout. O pauvre borne, puissent les agents-voyers t'oublier près du cabaret où tu ne rends pas qu'un seul genre de services ! Le n° 19 est vis-à-vis du n° 24, et du même temps ; sa porte bâtarde à grosses têtes de clous arrondies, à marteau long et maigre comme un petit vendredi-saint, se brise à la façon d'un couvercle de tabatière, et ses charnières ne l'ouvrent qu'aux trois-quarts sur la rampe de chêne d'une maison déjà borgne du temps de Henri IV, et qui a toutefois gardé bon pied, bon œil. Le 17, à coup sûr, est centenaire ; mais il a pour aîné le 15, dont la porte cochère referma ses amples battants sur quelque conseiller au parlement. Du couvent des Billettes dépendaient le 20 et le 18, où l'école est faite actuellement. Par contre, les chanoines de Sainte-Croix disposaient du n° 7, dont le rez-de-chaussée est occupé par l'établi d'un menuisier depuis l'année où ces pères l'ont quitté. Des fenêtres à coulisses recommandent au même titre le 4 et le 2 à nos égards. Ce n'est pas une échelle de soie, car elle a forme d'escalier, qui sert péniblement à l'ascension des locataires dudit n° 4; seulement sa raideur remarquable économise l'espace de manière à désespérer bien des architectes modernes. Un garçon n'y peut suivre une fille qu'en commettant une double indiscrétion, et encore moins l'y rencontrer sans la tenir étroitement embrassée avant de lui livrer passage. Pour en finir, déshabillons un peu, et lestement, la maison restaurée qui porte le chiffre 1; sa robe, d'acquisition récente, couvre les broderies majuscules d'une rampe tordue dans le même métal que les armures de chevalier.

Quai de Billy [1]

Historique du Bord de l'eau. — La Conférence. — La Guinguette. — Périer frères. — Georges Cadoudal. — Mme de Pompadour. — Sophie Arnoult. — La Savonnerie. — Mlle de la Vallière.

Parmi les gloires du premier empire figure le général Billy, tué à Iéna le 14 octobre 1806. Une ordonnance de l'empereur, datée du palais de Varsovie, trois mois plus tard, a donné le nom du général au quai de la Savonnerie, dit aussi de Chaillot, qui s'était même appelé quai de la Conférence et plus anciennement chemin de Nijon, à cause d'une maison de plaisance ainsi nommée, qui appartenait aux ducs de Bretagne. L'établissement de cette chaussée riveraine de la Seine avait été commencé en l'année 1572, sous une une autre dénomination, celle de quai des Bons-hommes, provenant du monastère des religieux minimes dits les Bons-Hommes, qu'Anne de Bretagne, femme de Charles VIII, avait éta-

---

[1] Notice écrite en 1857. Il y avait déjà deux années que le pont de l'Alma était jeté sur la Seine; mais la place de l'Alma ne décrivait pas encore aux abords de ce pont l'hémicycle qui a emporté la première maison du quai. La Pompe à feu, que ce dégorgement met à l'aise, fait toujours partie du service municipal des Eaux de Paris; elle alimente d'eau de Seine le bois de Boulogne renouvelé. Les autres maisons du XVIIIe siècle en bordure du quai nous ont dit adieu quand la nouvelle avenue de l'Empereur est venue par-derrière ouvrir à leurs dépens une tranchée parallèle; mais il reste de leurs jardins quelques arbres séculaires, notamment le cèdre dont parle cette monographie.

blis à Nijon. Mais l'année à laquelle remonte le terrassement est aussi celle de l'abominable massacre de la Saint-Barthélemy. La Seine, complice involontaire des crimes d'une horrible nuit, s'en accusa elle-même, dès la matinée du lendemain, en rejetant des cadavres dont elle avait bu le sang. Rien que sur le quai en construction, transformé par cette alluvion en champ de bataille de la veille, dix-huit cents corps gisaient inanimés. Le prévôt des marchands fit couvrir à la hâte d'un peu de terre ces sinistres épaves de naufrage, et l'écho de l'histoire eut à retentir pour toujours du plus terrible des ouragans que la conjuration d'Amboise eût successivement déchaînés. Quel que soit le parti vaincu, la victoire due à la surprise efface-t-elle jamais sa tache originelle ?

Ce n'est pourtant pas sous Charles IX, c'est sous Napoléon Ier que la Seine a refait son lit un peu plus bas sur cette rive, un peu plus haut sur la rive gauche. La chaussée était donc plus étroite par-ici à l'époque où le bac des Invalides, qu'on appelait le Pont-Volant, servait encore à passer là. Au milieu de l'eau se tenait, sous Louis XVI, la patache des fermiers du roi ; dans ce bateau couvert veillaient un certain nombre de préposés, chargés de faire payer des droits aux marchandises à fleur d'eau et d'arrêter la contrebande qui, çà et là, les obligeait à des plongeons. Le port aux pierres de Saint-Leu et le port au marbre empiétaient sur la même rive en ce temps-là, et ils avaient pour vis-à-vis, pendant l'été, de petits bains isolés, où l'on payait 12 sols pour s'immerger avec sécurité dans une onde courante que tous les affluents souterrains de Paris avaient attiédie au passage et généreusement épicée. Enfin des mariniers animaient également ces parages aquatiques, dans les beaux jours, en donnant le dimanche des fêtes, où la musique servait d'intermède à des joûtes, et que la soirée couronnait d'un feu d'artifice.

Le titre de la Conférence a été restitué au quai qui précède celui de Billy, pour nous rappeler que là s'élevait, en effet, la porte de la Conférence. Paris y finissait, du côté des Champs-Elysées, dès le temps où se négociait, dans une conférence mémorable, l'alliance matrimoniale et politique qui a fait dire : « Il n'y a plus de Pyrénées. » Les droits d'entrée s'y percevaient dans une roulette, bureau mobile. C'est au siècle d'après que les commis se sont fixés plus loin, dans la maison qui porte le n° 2, quai de Billy, et qui n'a pas cessé depuis longtemps d'être à la Ville.

Une crûe nouvelle de Paris ayant poussé les mêmes employés jusqu'à la barrière des Bons-Hommes, ce bureau à son tour est resté en arrière ; on l'a transformé en guinguette, pour y prélever un impôt, encore plus indirect que tous les autres, sur les amourettes populaires qui s'y donnaient le bal au cabaret.

L'ancienne guinguette est contiguë à la Pompe à feu de Chaillot, qui alimente d'eau de Seine tous les quartiers nord-ouest de la capitale. Les frères Périer ont établi en 1778 cette Pompe à feu, la première qui ait fait son service à Paris. Par abonnement 50 livres par an donnaient droit, dans le principe, à un muid d'eau par jour. L'usine se trouve par le fait sur le territoire de l'ancien village de Chaillot, comme toutes les propriétés du quai de Billy et de la rue Bizet, sur laquelle elle donne aussi. Les plus beaux jardins qu'on y remarque descendent même des hauteurs de Chaillot.

Un immeuble actuellement à la disposition du sieur Souty, fabricant de pain d'épice, répondait sous le premier empire au nombre 6. On avait alors un motif pour ne pas lui donner d'avancement, mais n'en a-t-on pas abusé? Le sujet a reculé jusqu'au n° 10. Aussi bien le gouvernement de la Restauration n'aurait-il pas dû réparer cette disgrâce par une promotion et décerner un réverbère d'honneur à une maison qui avait conspiré contre le gouvernement consulaire? Les plus anciens voisins ne se souviennent d'avoir vu accoudé sur l'appui de ses fenêtres à balustres qu'un fournisseur de drap pour les armées, incapable de souhaiter le renversement d'un régime qui se montrait si favorable au renouvellement de sa marchandise. Le prédécesseur du locataire inoffensif avait été, par contre, Georges Cadoudal.

Ce chouan célèbre, secrétement attiré à Paris par l'entremise de Brune, a été reçu non-seulement par Bourienne, ministre de la guerre, mais encore par le premier-consul, qui ne demandait pas mieux que de l'attacher à sa fortune. On ne manquait pas alors de lui offrir 100,000 francs de pension, ou le grade de général en Italie, en échange du serment de ne plus s'occuper de politique; malheureusement il a subordonné ses services à la condition que le premier-consul, se contentant de jouer le rôle de Monk, favoriserait le rétablissement de la monarchie légitime. Le ton sur lequel cette clause était tout de suite écartée ne laissant aucun doute sur les vues ambitieuses du premier citoyen de la République, la reprise des négociations a été rendue impossible par le brusque départ de Cadoudal pour l'Angleterre, où il était du moins en sûreté. Toutefois il n'a pas tardé à repasser la Manche incognito et à se cacher dans cette maison du quai de la Savonnerie avec le comte Armand de Polignac. L'un et l'autre y ont mis le plan d'une attaque à force ouverte sur le tapis, dans de mystérieuses entrevues avec Pichegru et Moreau. Or ce dernier temporisait toujours. Il n'y avait pourtant pas lieu de remettre à un moment plus favorable l'exécution de leur projet, s'il consistait à se jeter sur le premier-consul au milieu de sa garde. L'aventureux breton, âme de ce complot. n'a guère passé moins de sept mois de l'an XII à Paris, et les retards en pareil cas rendent l'impunité impossible. Comme il revenait de la montagne Sainte-Geneviève, le 9 mars 1804, on l'a arrêté en chemin. Puis la peine de mort a été prononcée et appliquée.

Dans la grande propriété qui s'étend du 12 au 22 Mme de Pompadour a régné sans partage; seulement le pavillon coquet qu'y avait occupé la belle marquise, dont le nom reste à un genre dans l'ameublement, le costume, les arts et la littérature, a fini par paraître lui-même *rococo* et a été sacrifié, après avoir servi d'habitation au général Malarmet. Un pensionnat de demoiselles s'y est ébattu pendant près d'un demi-siècle.

Colombier du même genre au n° 24, sous le règne de Louis-Philippe. Les tourterelles en apprentissage y voletaient du dortoir à la classe et du réfectoire au jardin ; mais l'oisellerie à l'usage de ces jeunes élèves avait beau les tenir en garde contre le plus adroit des oiseleurs, elles en rêvaient nuit et jour. Où leur virginale imagination faisait-elle l'école buissonnière quand la maîtresse avait le plus à se louer de leur apparente application? Elles demandaient alors tout bas, et avec quelles instances! à la broderie, la révélation du chiffre qui s'entrelacerait avec le leur; au piano, la partie principale des morceaux dont l'accompagnement venait plus facilement à bout de la langueur ou, de l'irritation de leurs petits doigts ; à la grammaire, le genre dont chacune d'elles manquait, comme par hasard, pour former le premier des pluriels, le plus modeste de tous les nombres, un couple ; au dessin lui-même, au dessin, d'arrêter les traits indécis d'une figure d'étude entrevue, ou devinée, académie s'estompant dans la brume de l'innocence qui en venait aux prises avec la curiosité. N'ignoriez-vous pas, mesdemoiselles, de qui avait été le salon ce parloir aux vieilles dorures, où de chastes visites vous comblaient d'aise ? Cette ancienne maîtresse de maison, dont vous savez par cœur quel fut l'appartement, comme si vous l'aviez eue elle-même pour aïeule, lui disait-on madame la présidente ou madame la chanoinesse ? Ni l'un ni l'autre, chères enfants à qui maintenant on ne cache plus grand'chose : elle faisait partie du chapitre de l'Opéra, comme première chanteuse, et sa plus grosse prébende était encore le canonicat de ses amours. Quelque nombreuses que fussent les pensionnaires, l'amour au singulier qui leur trottait en tête aurait trouvé tout de suite son idéal, son type dans la collection de leur devancière. Elle céda pourtant à l'à propos plus qu'à la préméditation. C'était une femme d'esprit, qui n'avait pas besoin de se coiffer de champagne pour jeter son bonnet par-dessus les moulins ; elle se grisait toujours la dernière, même à table, et ne gardait un amant qu'en prenant à son tour la bonne fortune pour elle. Reine du théâtre et du petit-souper, elle recevait de l'amour un tribut ayant si peu de rapport avec l'encan que la vénalité y était à peine soupçonnée !

Sophie Arnoult, qui n'a passé qu'une vingtaine d'années à l'Opéra, n'y a pas été remplacée pour la vivacité des reparties. Les plus jolies choses du monde ne la contentaient pas sans un bon mot. Cet accessoire la consolait parfois de la banqueroute du principal. Elle pardonnait si peu à un galant de n'avoir eu d'esprit d'aucune sorte qu'on a vu plusieurs fois s'ouvrir, en même temps que la porte de sa petite maison, quai de la Conférence, une des croisées d'au-dessus, d'où elle faisait pleuvoir un congé si amer que c'était à ne plus y revenir. Là aussi son amant en titre (qui sait lequel ?) la surprit une fois avec un chevalier de Malte, et comme l'offensé, malgré ses propres habitudes d'inconstance, ne laissait pas de se fâcher tout rouge, la complice du coupable reprit, en ces termes, le dessus : — Qu'est-ce à dire? palsambleu ! Monsieur est chevalier de Malte ; il accomplit son vœu en combattant les infidèles.

Elle était née en 1740, dans la chambre où l'amiral Coligny avait été tué la nuit de la Saint-Barthélemy ; elle se retira à Luzarches au commencement de la Révolution et mourut sous le Consulat.

Un cèdre projette sur le quai l'ombre de ses rameaux toujours verts devant l'ancien pavillon de Sophie Arnoult ; le jardinier qui l'a planté, il y a soixante-seize ans, existe encore. Une longue avenue de 163 mètres demeure ce qu'elle était alors. Le pavillon se détache d'un autre bâtiment du même temps ; le fronton, les quatre colonnes, les bustes de Néron et d'Agrippine, voisins de la grille d'ouverture, d'autres bustes encore sous une voûte et incrustés dans la façade du petit corps de bâtiment, tout a gardé l'aspect de l'autre siècle. Au lieu d'une maîtresse de pension, un agent de change occupe depuis peu la maison principale, qu'il a fait restaurer, ainsi que les jets d'eau du jardin. Mme la comtesse Potocka en est propriétaire ; or nous nous rappelons qu'une princesse du même nom a passé une soirée fort singulière, avec Mme de Genlis, toutes les deux s'étant déguisées en servantes, et que ces dames, en dansant un menuet à la guinguette du *Grand-Vainqueur*, y ont fait la conquête du coureur de M. de Brancas, lequel ne voulait plus se séparer de la comtesse de Genlis. Lors de l'Exposition universelle, un café-restaurant s'est installé passagèrement dans le joli pavillon.

L'ancien n° 30 était la Savonnerie, manufacture de tapis créée par Henri IV, améliorée par l'influence de Colbert, restaurée par le duc d'Antin à la fin du règne de Louis XV et réunie depuis aux Gobelins. Une chapelle de Saint-Nicolas et un hospice pour les enfants avaient été fondés tout à côté par Marie de Médicis. Aujourd'hui l'édifice de la Manutention militaire tient la place de la Savonnerie et de l'ancien dépôt des marbres du roi.

Le n° 40 de notre époque n'est qu'un chantier de bois à brûler ; une porte et un pavillon y conservent néanmoins quelque chose d'aristocratique. Force à été de couper la maison, qui arrivait jusqu'au milieu du quai. Une des maîtresses de Louis XIV y résida-t-elle ? On nous le dit. La chose est d'autant plus possible que les dépendances du couvent de Chaillot, où se réfugia Mlle de la Vallière, devaient s'étendre jusque-là.

Le devant du 54 est tout moderne ; mais les masures du fond ont eu pour locataires des maraîchers, avant que des constructions neuves succédassent aux plants de légumes, dans tout ce qui fait face à l'île des Cygnes.

Passage du Bois-de-Boulogne. (1)

Un clerc d'avoué, passablement râpé, qui en était réduit à la portion congrue de ses appointements à l'étude, et qui n'avait pas même pris ses grades en droit, se trouva fort au dépourvu quand l'âge de traiter d'une charge, ou de se faire avocat, fut venu. Comment eût-il visé à passer chef d'emploi sur le théâtre de la procédure? Il allait être forcé de se rabattre sur la littérature ou la petite Bourse sans le hasard providentiel qui amena, un beau soir d'été, dans la chambre d'hôtel touchant la sienne, une jeune personne orpheline et fraîchement sortie de la maison de la Légion-d'Honneur, escortée d'un ancien capitaine, son tuteur; elle arrivait de Saint-Denis, par l'omnibus dont le bureau fait presque face à ladite hôtellerie. Cette nouvelle débarquée avait hérité d'un procès d'où dépendait tout son avoir, et le tuteur avait pris un avoué chez lequel fut reconnu le clerc qu'elle avait remarqué en se mettant à la croisée au passage du Bois-de-Boulogne. Gain de cause ne fut pas plus tôt obtenu qu'elle en attribua tout le mérite au pauvre diable, qui la mangeait des yeux, dans son étude comme dans son hôtel. A quelques mois de là leur mariage était célébré : la jeune personne avait eu le crédit d'obtenir, au moyen de sa dot avancée comme cautionnement, une recette particulière pour l'ancien clerc jusque-là sans avenir.

Depuis cette bonne fortune, bien des scribes et jusqu'à des saute-ruisseaux affiliés à la baso-

---

(1) Notice écrite en 1857.

che semblent s'être donné rendez-vous dans l'hôtel occupant le rond-point du passage, qui ne s'écarte pas à cela près de la forme de l'équerre la plus régulière. Les mansardes, nous assure-t-on, y sont surtout retenues à l'avance. Il y a même des jeunes gens à lunettes, avec un dossier sous le bras, bien peignés et rasés de près, qui, au lieu de passer leurs soirées dans un café ou dans une salle de bal, vont et viennent, avant de se coucher, dans ce bois de Boulogne sans verdure, entre le bureau des voitures et la grille du faubourg Saint-Denis. — Hommes noirs, d'où sortez-vous? leur demande des yeux chaque sergent-de-ville qui passe. — Nous attendons la voiture de Saint-Denis.

Une grande guinguette a exploité, dans le principe, ce conduit, qui est à découvert en dehors des trois ou quatre bâtiments sous lesquels rasent la terre les deux ailes de son angle droit ; les commis de la rue Saint-Denis s'y mettaient à l'affût d'aventures plus faciles et dont les suites n'allaient pas aussi loin. Le bal portait ce nom qui déroute bien des étrangers et donne lieu à bien des quiproquos. Que de fois un provincial s'est fait porter, avec sa valise de voyage, entre la porte Maillot et Bagatelle, en vue de descendre à l'hôtel du Bois-de-Boulogne!

Presque tout le passage appartient à M. Dyvrande, que nous avons connu lui-même avoué, et dont la femme se faisait remarquer dans le monde par sa beauté. Du côté de l'ancienne rue des Fossés-Saint-Denis, aujourd'hui boulevard Saint-Denis, Mme Grillé de Beuzelin est propriétaire d'une maison qui sert de limite à ce chemin de communication assez fréquenté ; les deux corps de ce bâtiment sont reliés par un petit pont derrière la grille.

Rue Blanche. (1)

Chaptal. — Tivoli. — Richelieu. — Mme Hamelin. — Boursault. — Santarem. — M. Ernest de Girardin — Le Marois. — La Caserne. — Joubert. — La P^{esse} de Vaudemont. — L'Auteur de Richard d'Arlington. — Le Collége Chaptal. — La Laiterie de l'Abbaye. — Les Pensions.

Dès le 28 vendémiaire an XI, Chaptal ordonne le dégagement de la demi-lune qui forme une place devant la barrière Blanche. La rue de la Croix-Blanche, car le nom d'à présent est simplement une abréviation, n'a eu que peu d'habitants jusque-là, dans la seconde moitié de son parcours surtout. Elle est alors bordée à gauche, précisément dans cette demi-longueur, par deux propriétés qui ont dû n'en faire qu'une. La Bouxière, fermier-général, n'y a pas eu moins de 20 arpens, plantés d'arbres et clos de murs, avec un pavillon devant au crayon de Carpentier son ordonnance ionique, des pilastres et une balustrade pour couronnement.

---

(1) Notice écrite en 1857. Le square, l'église et la rue de la Trinité n'avaient pas encore enlevé ses huit ou dix premiers numéros impairs à la rue Blanche, qui est sur le point de perdre le collége Chaptal, transféré au-dessus de la gare Saint-Lazare. Du côté pair, la même rue a gagné, entre la nouvelle rue du Cardinal-Fesch et la rue Saint-Lazare une belle façade, signée *Ch. Forest*, 1866. De l'autre, tout en haut, un ou deux immeubles ont servi à l'élargissement de la place semi-circulaire qui survit à la barrière Blanche, par suite de l'incorporation de Montmartre à Paris.

N'est-ce pas le pendant du même bâtiment, pris sur le même parc, qui rendait en dernier lieu au maréchal de Richelieu, comme villa galante, des services moins indiscrets que son pavillon de Hanôvre, dont la notoriété le fatiguait. Déjà ce prince des roués, qui tenait bon sur les ruines de sa propre génération, aurait pu être l'aïeul de la plupart des jolies filles auxquelles il faisait les honneurs de son nouveau cabinet de verdure, avec le comte de Maillebois, le maréchal de Saxe et le prince de Conti.

Au reste, le vainqueur de Mahon, déjà octogénaire en convolant en troisième noces, s'est montré d'une humeur passablement contraire à l'agrandissement de Paris lorsqu'il a usé de son crédit pour empêcher que d'autres fissent bâtir dans le voisinage de ce lieu de plaisance. Comme il s'exposait néanmoins à augmenter la population, il n'a pas été trop surpris que sa troisième femme devînt grosse ; il n'a même pas attendu le baptême pour promettre à Fronsac, son fils, que si le nouveau-né se trouvait un garçon, il serait fait de ce cadet un cardinal, pour ne pas diviser du moins un héritage qui menaçait de se faire attendre. Par malheur une fausse-couche a déçu les espérances de la jeune maréchale ; mais il n'y avait pas encore de quoi désespérer son mari, un enfant du xviie siècle qui reçut une lettre de convocation pour les Etats-Généraux de 1789 ! On sait, d'ailleurs, que jusqu'à la fin de sa vie Richelieu avait des maîtresses ; une des dernières lui laissa 100,000 livres, par testament, et cette preuve d'amour n'était pas la moins enviée des faveurs que la défunte avait prodiguées à un amant si expérimenté. Le mauvais sujet s'était fait si souvent des amies dévouées de ses victimes, qu'il oubliait celle-là, à son tour, et avec aussi peu d'hésitation que le jour de son adolescence où il avait jeté aux orties le premier crêpe de son cœur instinctivement cuirassé.

Ce pavillon de Richelieu, dont le jardin ouvrait rue Blanche, a, sous le Directoire, appartenu à Mme Hamelin, belle créole, grande et brune, gracieuse et spirituelle comme sa mère, Mme Lagrave, et locataire un peu plus tard du château, du parc de Raincy. Mme Hamelin ne se contentait pas de briller comme valseuse; c'était la valse personnifiée, et Trémisse faisait sa partie à ce jeu-là, dans les salons, lui qui eut aussi l'honneur d'être le cavalier de la reine Hortense. Cour au petit pied que son hôtel, et brillante, bien que provisoire, comme l'était le gouvernement! Cette beauté du Directoire n'a pas manqué d'approcher Bonaparte; elle a joué un rôle politique rien qu'à recevoir les hommages de Montholon, de Perregaud, d'Ouvrard, de Moreau et d'autres personnages tellement engagés dans les partis, ou dans les grandes affaires du moment, et si nombreux qu'il n'est pas étonnant qu'on l'ait souvent accusée de cruauté!

L'ancienne résidence de Mme Hamelin n'est pas encore tombée dans le troisième-dessous, par une des nombreuses trappes qu'ouvrent incessamment la spéculation et l'expropriation. M. de Caulaincourt, duc de Vicence, en est propriétaire. La rue Moncey, par laquelle on y entre principalement, a été tracée sur ses dépendances. Le marquis de Custine, auteur d'*Ethel*, a occupé une maison, rue Blanche n° 57, qui se rattache à cette propriété, portant du même côté le numéro suivant. Les hôtels répondant aux chiffres 51, 53 et 55 datent d'environ 1820 et reposent aussi sur le sol que les talons rouges du maréchal de Richelieu ont foulé.

Tout ou partie du parc La Bouxière a été exploité avant et après 1830 au profit des plaisirs publics, entre la rue de Clichy, la rue Blanche et le Chemin de ronde, comme jardin Tivoli, troisième de ce nom, et il en reste des bouquets d'arbres dans un certain nombre de propriétés. La conversion de ce Tivoli en un quartier neuf date du milieu du règne de Louis-Philippe.

Du côté des numéros pairs, l'ancienne Folie-Boursault n'est plus que la rue Boursault. Du jardin de cette maison de plaisance faisait partie un quartier de terre qui, dans un bail à titre de rente foncière, consenti en 1723 par Mme de Rochechouart, abbesse de Montmartre, à Marguerite de Vertillac, veuve de Couturier, bourgeois de Paris, portait cette désignation : « aux Porcherons, rue Royale, lieu dit les Portes-Blanches. » Donc l'auteur du *Mercure Galant*, Edme Boursault, mort en l'année 1704, n'était pour rien dans l'occupation de cet hôtel de campagne presque à la ville. Rarement les folies d'un poëte ont pour théâtre un séjour aussi princier ; mais ce Boursault ne sacrifiait pas uniquement aux muses, il était financier. L'autre Boursault se laissait prendre pour le petit-fils de son devancier : fiction pardonnable à un riche traitant qui a fait jouer lui-même une tragédie de sa façon. Il avait, d'ailleurs, des manières de grand seigneur contractées sur les planches. Comédien tout d'abord, puis membre de l'Assemblée législative et de la Convention, il était devenu entrepreneur des boues et de là poudrette, puis fermier des jeux de Paris. L'involution de ses affaires avait ruiné et relevé deux fois M. Boursault, de la rue Blanche, qui eut le talent de vieillir sans perdre son amabilité : il dansait encore à quatre-vingts ans avec ses petits-enfants. La collection de fleurs de son jardin n'était pas moins admirée que les tableaux de sa galerie.

L'état-civil du 43 n'a pour point de départ que

l'année de la prise du Trocadéro. Les plâtres du 47 n'étaient pas secs depuis longtemps, le matin du mois de janvier 1846 où l'on tendit de noir sa porte cochère pour rendre les derniers devoirs à un ancien ministre de Don Miguel, membre ou correspondant de l'Institut de France, Manuel-Francisco de Barros-Carvalhrosa, vicomte de Santarem. Ce diplomate habitait notre ville depuis que l'orage de la guerre civile, en éclatant tout-à-coup à Lisbonne, la ville aux tremblements de terre, avait soutiré à propos l'électricité du ciel politique de la France. N'arrive-t-il pas assez souvent qu'une révolution en Espagne, ou qu'un changement de ministère en Angleterre sauve un trône ou un portefeuille, ou une majorité parlementaire de complaisance, dans le pays qui sépare ces deux-là? Santarem, grâce à ses *disgrâces*, avait eu assez de loisirs pour se mettre sur la piste d'aventures et d'intrigues du même genre dans le passé, et il avait exploré avec fruit archives et bibliothèques, tôt ou tard confidentes de tous les secrets d'État, qu'elles divulguent d'un régime à l'autre.

Le 45 paraît moins jeune; mais il n'a qu'une année de plus. Que si Dante nous montre l'affamé Ugolin, qui dévore ses propres enfants afin de leur conserver un père, il arrive encore plus souvent à des maisons sorties du flanc d'une autre de manger leur mère à belles dents. Par exception, le 34 et le 32 ont respecté jusqu'ici le 36, sur les jardins duquel ils ont pris place, et qui, pas mal de temps avant d'appartenir à M. Debelleyme, fit partie du domaine Boursault. Le 35, possédé par M. le comte Ernest de Girardin, se reconnaîtrait dans le plan de Turgot au nombre des rares hôtels, pourvus de jardins, qui s'aventuraient en 1739 aux Porcherons, par delà le château du Coq. M. de Girardin a de grands arbres dans sa propriété d'Ermenonville, mais avec lesquels peuvent se mesurer des arbres de son jardin urbain, dont les murs, par-derrière, sont tapissés de lierre séculaire. Il aime aussi les fleurs, à l'exemple de Boursault et de La Bouxière; seulement ces devanciers n'avaient pas son talent d'en fabriquer d'autres en papier et ne cultivaient pas, comme lui, avec succès cet art d'agrément tout moderne qu'on nomme la potichomanie.

L'autre siècle a également vu la maison qui touche celle de M. de Girardin; mais en 1830 elle a été coupée pour faire de la place à une cour, et il ne reste plus qu'un corps de l'ancien bâtiment, qui maintenant sert d'aile à l'hôtel élevé pour le général Le Marois par M. Pellechet, architecte recommandable. N'allez pas croire que ce dernier ait fait comme la plupart des tailleurs à façon, qui prélevaient un habit pour eux sur le drap des meilleures pratiques; la maison qu'il s'est érigée pour son usage est en face, au n° 30, et d'une construction antérieure de cinq années à l'exécution des ordres de son client le général.

Fils de cultivateur, et placé en 1793 à l'Ecole de Mars par la protection de Letourneur, Le Marois n'avait pas treize ans lors de la chute de Robespierre, qui entraîna la suppression de l'école patronnée par ce chef du comité de Salut public. En 1795, la veille du 13 vendémiaire, Barras et Bonaparte préparaient la défense de la Convention, que menaçaient d'investir les sections réactionnaires, et déjà compromise par les hésitations du général Menou; Bonaparte, en passant le soir sous le pavillon de l'Horloge, y remarqua le jeune Le Marois, que le sommeil avait gagné à la porte de l'Assemblée, où il était de service, et la figure de l'endormi lui plut. Sans les canons du général, qui dé-

blayèrent les abords des Tuileries, plus tôt venait
le tour du Directoire et plus tard l'avancement
de l'officier de fortune qui, déjà aide-de-camp de
Napoléon, lui servit de témoin à son premier
mariage. Général en 1802, comte en 1805, gouverneur de Rome, de Varsovie, etc., Le Marois
n'en reçut pas moins la croix de Saint-Louis à
la première restauration. Avant la campagne de
Russie, c'était un beau cavalier. Ses blessures ne lui ayant pas toujours permis de changer de place, avec le théâtre de la guerre, il
avait profité des relâches obligatoires pour combler les lacunes de son esprit, par les soins de
son ami intime, M. Renouf, père du journaliste
du même nom. Quand sonna l'heure d'une retraite que son âge ne commandait pas, le général partagea ses loisirs entre Paris et ses terres
près de Cherbourg. Mais les fruits de la guerre
mûrissent sans tomber, les plus glorieuses cicatrices se ferment sur des infirmités, et les scellés de
cette nature ne se déposent qu'avec la vie. La
bataille continuait entre le vaillant Le Marois et
ce nouvel ennemi, car il n'en est aucun d'inexpugnable, qui tourmentait ses articulations, qui
paralysait sa parole, qui le forçait à manger en tête-à-tête avec un domestique tenant l'assiette et la fourchette. Fréquemment il mettait encore ses adversaires
en déroute, et la victoire lui rapportait des heures
trop courtes de liberté, de jeunesse relative, de lecture, de jeu et de superbes ressouvenirs. Mais les
jours de défaite et d'abattement avaient leur tour,
et brûlant une dernière amorce, si ce n'avait été
une lâcheté, le combattant eût passé à l'ennemi.
Les médecins n'en pouvaient mais; les adoucissements qu'ils apportaient aux maux du général
n'amenaient, pour la crise suivante, qu'un redoublement de sensibilité; à bout de prescriptions,
acculés, ils ne s'attachaient plus à prendre que

des mesures prohibitives, et ils défendaient presque tout. Ils apprirent, par exemple, que Le Marois avait une maîtresse, et l'ordonnance, plus que jamais, s'éleva au ton impératif : — A d'autres !... Le général cette fois se récria ; il assura que Mme Adèle était pour lui d'un commerce innocent, facile et sûr ; que l'inhalation sentimentale avait quelque rapport avec l'éther, agent anesthésique, et qu'enfin l'âge prescrit bien assez l'enrayure. La Faculté de reprendre aussitôt, comme au chevet de Louis XV, qu'il fallait non plus enrayer, mais dételer ; que les retours de jeunesse, dans certains cas, sont de véritables crises, prédisposant à l'asphyxie, et que les excitations morales et physiques à la fois peuvent, particulièrement chez un paralytique, donner au système nerveux le coup de grâce de l'intoxication et par-là mettre en un clin-d'œil la vie de l'incurable au pied du mur. Cette réplique, loin d'épouvanter le général, fit briller dans ses yeux l'éclair d'une résolution bien arrêtée, et Le Marois, ayant bientôt mis ce projet du désespoir à exécution, rendit le dernier soupir dans son hôtel, le 13 octobre 1836. De sa riche succession dépendait, rue de Marivaux, l'immeuble du café Anglais. Son héritier était un fils, marié à Mlle Guidicelli, fille d'un ancien chocolatier, et ce dernier avait gagné plusieurs millions en prêtant de l'argent à des cafés et à des restaurants les jours de gêne.

Un peu plus bas que le collége Chaptal était, sous la Restauration, une raffinerie de sucre. Plus bas encore, le chiffre 5 désigne l'ancienne demeure d'un financier, Boscari de Villeplaine, nouvellement agrandie pour le marquis de Casa-Riera, et dans laquelle est mort un ancien consul, le baron Pichon, père du bibliophile Pichon.

La rue Blanche a pour force armée les pompiers d'une caserne qui a servi de gymnase à la musique militaire, après avoir été l'hôpital de la maison militaire du roi sous Louis XVIII. Ses bâtiments, que vous voyez former triangle à l'encoignure de la rue Pigalle, sont déjà dessinés sur l'ancien plan de Turgot, où rien ne fait reconnaître que ce fût un établissement public il y a 120 ans.

— Du même côté, à l'angle de la rue Saint-Lazare, les passants remarquaient, sous l'Empire, un hôtel dont l'architecture était étrange ; on y avait pratiqué une porte qui, formant un cercle ou un hémicycle parfait, ressemblait à de vilaines voitures, inventées dans le même temps, qu'on appelait lunes ou demi-lunes. Joubert, fournisseur des armées, avait acquis ledit immeuble des demoiselles Pigalle, pour se l'approprier avec ce mauvais goût qui sautait aux yeux ; mais des spéculations qui tournaient mal l'obligèrent à vendre à la princesse de Vaudemont.

Mme de Vaudemont aimait la bonne musique, sans préjudice de sa passion pour les chiens ; elle promit une fois aux gens de bonne compagnie qu'elle recevait dans son salon, de leur faire entendre Mme de Mongeroult, qui s'était fait dans le monde une réputation en improvisant au clavecin. Cette virtuose de société, qui était fort capricieuse, avait promis d'avance de se rendre à l'invitation de la princesse ; elle se passa la fantaisie, en arrivant, d'annoncer qu'une migraine l'empêcherait de se faire entendre. Vif désappointement pour l'auditoire, et surtout pour des dames qui avaient fait au programme annoncé le sacrifice d'un autre emploi de la soirée et qui devinaient que la musicienne en vedette avait pour indisposition l'extrême envie de se faire prier. Mme de Vaudemont fut la seule dont les instances, au milieu de la soirée, tentèrent d'apaiser les rigueurs de

Mme de Mongeroult. Mais à peine celle-ci eut-elle préludé par une gamme, afin de s'assurer que le *forte* était d'accord, Mmes de Bauffremont et de Mailly, Mlle de Nervo et d'autres demandèrent tout haut leurs carrosses, pour tromper à leur tour l'attente de Mme de Mongeroult.

Dans une autre circonstance, la glorieuse marquise de Créqui a bien humilié, il est vrai, Mme de Vaudemont en personne. Après avoir reçu la princesse, rue d'Anjou, avec les honneurs du fauteuil, il arriva un jour que la marquise ne lui fit avancer qu'une chaise, ce qui était d'une disgrâce effroyable. Qu'ai-je donc fait à Mme de Créqui? se demandait-elle, mais en vain. Une de ses amies pourtant lui donna le mot de l'énigme. Toute réflexion faite, la marquise ne savait pas clairement si les Vaudemont étaient une branche bâtarde ou légitime de la maison de Lorraine. La princesse de Vaudemont, pas moins, était née Montmorency.

A cette même extrémité de la rue de la Croix-Blanche se tint la petite barrière des Porcherons; mais elle était reportée au-delà quand Mlle Dumesnil, de la Comédie-Française, prit domicile dans ces parages, probablement à l'hôtel Girardin. Nous retrouverons ailleurs cette actrice marquante, qui s'acclimata moins aux Porcherons qu'à Chaillot.

Postérieurement un auteur dramatique, M. Goubaud, dit au théâtre Dinaux, se fixa dans la rue pour plus longtemps, en y fondant la pension Saint-Victor, sous l'invocation de Victor de Lanneau, alors directeur de Sainte-Barbe. L'élève qui fait le plus d'honneur à cet établissement est Alexandre Dumas fils. Toutefois M. Goubaud ne remporta, comme chef d'institution, que des succès d'estime. Les Saint-Victor avaient leur part des prix et accessits distribués en Sorbonne et au collège Bourbon; mais, comme tant d'autres maîtres de pension, Goubaud avait pris des boursiers tout jeunes, pour s'en faire des lauréats, et il faut croire que ces lapins savants étaient élevés trop grandement, ou ne multipliaient pas assez. Heureusement l'auteur dramatique, maire ou adjoint, officier de la garde nationale, avait des amis à la Préfecture de la Seine; la Ville de Paris consentit à prendre la pension Saint-Victor, pour en faire le collège Chaptal, dont il fut fondateur et premier directeur.

Si la rue n'est pas vouée au blanc, comme l'indiquerait sa dénomination, elle n'a pas du moins à rougir de son ingratitude envers le ministre Chaptal : ne lui devant qu'une demi-lune, elle lui a donné un collège municipal, qui en vaut bien une tout entière. Croyez-vous même que ce soit tout? Une rue Chaptal, greffée sur la Blanche, occupe l'ancien emplacement d'une vacherie, dont le lait gardait d'autant plus sa pureté et sa couleur, emblême de la candeur, qu'il était trait pour les religieuses de Montmartre. On avait transporté autre part cette laiterie dès l'année 1697, « très-illustre et vertueuse princesse Marie-Anne de Lorraine » étant abbesse; Anne Manchon, prieure; Madeleine Barbier, prieure du cloître; Elisabeth Emejean, dépositaire; Marie Bévrayère, portière; Elisabeth Lecoq, célerière et secrétaire du chapitre.

Trois ou quatre pensions du lycée Bonaparte se sont groupées aux abords de la rue Chaptal, quoique les humanités n'aient pas à rendre beaucoup d'hommages à la mémoire d'un chimiste. La pension Landry, qui fait le coin, arbore deux plaques indicatives de rues. Jetez les yeux un peu plus bas sur le millésime qui rappelle qu'un élève de cette institution a remporté le prix d'honneur. Ce prince des lauréats est aujourd'hui notaire dans un chef-lieu d'arrondissement, pendant que Sainte-Beuve et Ferdinand Dugué, qui également ont grandi là, poursuivent incessamment leur vocation purement littéraire.

Rues des Blancs-Manteaux, des Guillemites et du Marché-des-Blancs-Manteaux. (1)

M. de Novion. — Les Parcheminiers. — Historique d'un Couvent. — L'Enceinte de Philippe-Auguste. — Les Séguier. — Autres Notabilités. — Bailly père — Les titres de Propriété du Mont-de-Piété. — Le Mis de Favras. — L'Hospice Saint-Gervais. — Le Mis d'O.

Quand Guillot s'était avisé de versifier une nomenclature de toutes les rues de Paris, il avait parlé d'une rue Pernelle-de-Saint-Pol, à laquelle Sauval accorda une mention posthume en la traitant de rue Molard. Jean de la Haie, dit Pecquay, en avait fait une rue sans chef en s'y bâtissant un hôtel, quadrilatère de pierre reproduit par Lacaille dans son plan de Paris en 1714. Alors les détenteurs de ce pignon sur cul-de-sac se trouvaient les Novion, famille de grande robe, qui avait un castel dans la vallée de Montmorency.

La première présidence du parlement vint à vaquer peu de temps après, et le régent crut devoir y nommer, ce qui nous paraîtrait encore plus étrange aujourd'hui, un magistrat qui ne

---

(1) Notice écrite en 1857. La rue des Guillemites n'allait alors que de la rue des Blancs-Manteaux à celle de Paradis, maintenant ajoutée à celle des Francs-Bourgeois; la rue des Guillemites commence maintenant rue Sainte-Croix-de-la-Bretonnerie, par suite de l'adjonction de celle des Singes.

l'avait pas demandée; nous voulons dire le conseiller Novion, qui se trouva d'autant plus entrepris, au milieu des compétiteurs qui n'avaient pas caché leurs prétentions à ce fauteuil, qu'il avait la rare modestie de s'en croire encore le moins digne. Il avait l'habitude d'opiner du bonnet avec une conscience qui ne s'éclairait qu'à la fin, sans peser sur les décisions de ses collègues; mais parler le premier, et le dernier, c'est-à-dire se faire l'expression anticipée de la justice, et puis conclure avant les autres, dicter enfin l'arrêt, en déduire seul tous les considérants émanés d'opinions diverses et souvent en contradiction l'une avec l'autre, n'était-ce pas une bien autre affaire? Reculer eût été indigne, avant de faire tous ses efforts pour s'élever à la hauteur des devoirs d'une telle charge. Pourquoi, d'ailleurs, un magistrat qui s'était toujours fait un devoir de ne juger personne à la légère, se fût-il refusé à lui-même du temps, le jour où il se croyait tenu à la justice pronominale? Après six mois d'épreuves continuelles, M. de Novion se rendit chez le duc d'Orléans et le conjura d'avoir pour agréable qu'il se démît de fonctions au-dessus de ses forces. Le régent, en portant aux nues son excès de délicatesse, jouait l'étonnement; dans le fait, il s'était proposé de dire lui-même cette dure vérité au président, qui le tirait d'embarras en prenant les devants. — Vous ne vous montrez pas, dit courtoisement le prince, moins sévère pour nous que pour vous. Un successeur aussi intègre et aussi consciencieux que monsieur de Novion, ne sera pas facile à lui trouver. Mais, toutes vos paroles prenant pour nous l'autorité de vos arrêts, votre démission est acceptée.

L'impasse Pecquay a porté le nom de Novion, au crédit duquel elle devait trois lanternes, n'éclairant qu'une seule propriété ; transformée d'abord en passage, elle a repris son ancien rang de rue entre celle Rambuteau et celle des Blancs-Manteaux, dite au xiiie siècle de la Petite-Parcheminerie.

Avant Philippe-Auguste, ce quartier était hors de ville, et le papier d'alors s'y fabriquait. Le parchemin, à cette époque, avait quelque rapport avec notre papier-joseph, qui multiplie actions et billets de banque; on en noircissait moins, car il coûtait plus cher, bien que l'argent fût plus rare. Le crédit public, qui en use si largement, restait à inventer. Le parchemin, en revanche, durait plus longtemps, et l'université de Paris prélevait un droit sur son débit. Les concessions de territoire, de priviléges et d'immunités, promettant la perpétuité, avaient beau se multiplier à cette époque, il restait encore au talon de quoi se passer de papier-monnaie; c'était une pluie de signatures gracieuses, tombant des mains royales sur parchemin.

Exemple. Louis IX, qui est un père prodigue pour tant d'ordres religieux, établit dans la rue de la Petite-Parcheminerie des frères mendiants, *serfs de la Vierge Marie*, porteurs de longues draperies blanches, en lieu placé sous la censive des chevaliers du Temple, et il constitue au profit des seigneurs templiers une rente de 40 sols, pour dégrever du cens lesdits blancs-manteaux. D'autres pieuses largesses permettant à ces moines d'y faire bâtir, ils ont avant peu leur couvent, leur chapelle et leur cimetière. Mais un concile de Lyon vient à réduire le nombre des ordres mendiants, sur quoi les guillemites, ermites de Montrouge, obtiennent de Boniface VIII la permission de fusionner avec les blancs-manteaux, qui ne sont plus alors qu'au nombre de quatre, dont un prieur. Philippe de Valois autorise nouveaux et anciens à percer le mur de la ville, qui est également le leur, pour que l'accès de leur église, peu distante de la porte Barbette, soit plus facile aux gens de la campagne juxta-urbaine, et soixante-dix années plus tard, Paris ayant grandi, Charles VI leur concède une tour et 40 toises de l'enceinte de Philippe-Auguste, moyennant 4 livres 10 sols 8 deniers parisis de rente et 8 sols 6 deniers parisis de fonds de terre. Nouvelle décadence pour la communauté au temps de la Ligue ; le prieur n'y a plus sous sa direction en 1618 que six profès et deux novices, lorsque le cardinal de Retz infuse dans ce corps délabré un sang nouveau. Des bénédictins de la congrégation de Saint-Maur, si patients et si savants que d'épaisses ténèbres historiques attendent pour se dissiper leur *Art de vérifier les dates*, sont envoyés dans le couvent de cette rue des Blancs-Manteaux qui jaunit et se tord comme un vieux parchemin ; les guillemites, c'est-à-dire le noyau qui en reste, se seraient bien passés de cette agrégation par ordre, mais ils en prennent leur parti, malgré leur général, en résidence à Liége, qui proteste.

Au monastère appartiennent les maisons de la rue Vieille-du-Temple qui séparent celle des Blancs-Manteaux de celle Paradis, plus une maison contiguë dans cette dernière rue et deux dans l'autre : un état de compte dressé par dom Pierre Martin, prêtre, religieux et procureur-syndic de la communauté des bénédictins du monastère des Blancs-Manteaux, congrégation de Saint-Maur, ne nous laisse aucun doute à cet égard. D'après un plan du même temps, Notre-Dame-des-Blancs-Manteaux, qui a été construite sous Louis XIV en remplacement de la première église, manque de portail et n'est pourvue que de bas-côtés étroits : on y entre par quatre portes, deux sur chaque rue. L'une des portes de la rue de Paradis est séparée de l'autre par une chapelle qui donne sur le cloître et qui fut sans doute publique avant l'église dédiée en 1397. Les locaux d'au-dessus sont affermés à des communautés séculières, sans que la vie érémitique ou claustrale y soit d'obligation. Il y a du même côté au rez-de-chaussée deux parloirs, où sont reçues les visites de femmes, puis le logement du portier et les offices, enfin une cour oblongue. Du côté opposé, la salle d'hôte est en bas, l'infirmerie en haut, et de modestes écuries viennent après. Le jardin occupe le milieu. D'après le *Géographe Parisien*, publié par Lesage en 1769, « la communauté des Blancs-Manteaux est gouvernée par seize modérateurs ou conventuels, nommés de toutes les communautés de France de l'ordre de Saint-Benoit, congrégation de Saint-Maur; » leur enclos mesure 100 pas dans le sens parallèle à la rue Vieille-du-Temple et 150 dans l'autre sens. Enfin l'église et le couvent sont vendus les 12 vendémiaire et 8 prairial an v; mais l'Etat rachète l'église le 2 novembre 1807, et elle dure encore.

Que de communautés religieuses, bonté du ciel! ont eu la même fin! N'en avait-on pas trop fondé depuis le règne de saint Louis? Nos stations de chemins de fer, à la bonne heure! Les multiplie-t-on jamais trop? Que si l'art de rester chez soi atteignit en d'autres temps son apogée, c'est le tour maintenant de la locomotion. Blaise Pascal attribue pourtant, depuis trois siècles, tous les malheurs du monde à cette unique cause, que l'homme ne sache pas assez s'ennuyer tout seul dans sa chambre.

A en croire *Paris chez Soi*, il ne resterait plus pierre sur pierre de l'église des Blancs-Manteaux, et le Mont-de-Piété, cette institution de Louis XVI, aurait pour siége une portion de l'ancien couvent. Mais dans cet ouvrage collectif de gens d'esprit, chroniqueurs par hasard, les fautes archéologiques ne sont que des péchés véniels. Il nous étonne d'avantage de n'être pas de l'avis des historiographes plus sérieux qui s'accordent à dire que l'édifice du Mont-de-Piété fut bâti tout exprès en 1786.

L'ancienne cour, trois ou quatre fois plus longue que large, à l'un des bouts de laquelle des écuries ne tenaient pas grand'place, est à cette heure toute la rue des Guillemites, et il se peut que les ermites de Saint-Guillaume aient bâti de ce côté, ou du moins s'y soient retirés lorsque leurs successeurs ressemblaient encore à des associés suivant une autre règle. Au n° 10 de la rue des Blancs-Manteaux, on cherche à vous persuader que les guillemites, qui habitèrent la maison, n'avaient rien de commun avec les religieux aux blancs habits. Le n° 14 fait la contrepartie, en reniant les guillemites pour s'avouer bénédictin, du côté où il montre des sculptures du XVIIe siècle.

Un autre bâtiment sculpté se dissimule au fond d'une cour, que précède, sous une voûte, un escalier d'honneur avec sa magnifique lisière de fer ; c'est au 22, que composent deux maisons autrefois distinctes, et qui fut adjugé en 1847 à Me Blondel, avocat des mieux écoutés. L'arrière-construction masque la moitié d'une tour de l'enceinte de Philippe-Auguste, anneau plus fidèlement gardé que celui qui s'est détaché de la même chaîne au profit des moines d'à-côté. La concession de cette demi-tour et de 20 toises de l'ancien rempart, émanant de lettres-patentes du mois de mars 1398, a également pour auteur Charles VI. Ne devons-nous pas remercier tous les prédécesseurs de M. Blondel de s'être eux-mêmes nommés conservateurs du petit monument, parisien par excellence? Aurions-nous bonne grâce à ne pas même les connaître?

1786, le chevalier Davy de Cussé, correcteur en la chambre des comptes; — 1712, messire Morel de Vindé, président de la cour des aides; — 1710, dame De la Grange et sa fille; — 1657, Charles de Bourdeilles, comte de Mattrat, et Catherine de Nouveau, son épouse, et à cette date les deux maisons tenaient, d'un côté à Anjorant de Claye, de l'autre au président Beaubourg; — 1632-1603, Arnould de Nouveau, trésorier des parties casuelles, et son frère, Robert de Nouveau, et leur sœur, dame Du Besloy; — 1579, plusieurs Séguier, par droit de succession, savoir: Nicolas-Jérôme, ayant pour tutrice Michelle de Fontaine, veuve de Nicolas Séguier, seigneur de Saint-Cyr, maître en la chambre des comptes; Pierre Séguier, avocat; Madeleine Séguier, femme de Lescaloppié, également avocat, ces derniers étant nés des premières noces de Nicolas Séguier avec D^{lle} Claude de La Forge, et tous habiles à hériter de Pierre Veau (le nom si connu des Séguier portait alors l'y au lieu de l'i); — 1575, noble homme et sage maître Jean Veau, conseiller au parlement, époux de Françoise Séguier, et l'une des deux maisons dont il s'agit, portant alors pour enseigne une image de Notre-Dame et ayant pour locataires Alfonse de Maugerny et Chastelier, procureur au parlement, fut l'objet d'un échange entre Jean Veau et noble homme Arnoul de Nouveau, conseiller, notaire et secrétaire du roi; — 1559, Claude Anjoran, seigneur de Claye, conseiller au parlement, acquéreur de l'autre maison, dite l'hôtel des Carneaulx, dont Bacquet, vendeur-juré de bestiaux, était détenteur, moyennant 208 livres, 6 sols, 8 deniers de rente sur l'Hôtel-de-Ville, au nom et au profit de Me Nicolas Séguier, propriétaire desdites rentes; — 1512, Nicole Séguier, époux de D^{lle} Leblanc, achetant à des ecclésiastiques, ses beaux-frères, leur part de la propriété d'un bâtiment contigu à sa propre demeure, tenant par-derrière au jardin des hoirs de feu Anjoran et à l'hôtel des Carneaulx ; — 1511, le même Nicole Séguier, notaire et secrétaire du roi, receveur des aides, acquéreur pour un sixième de René Leblanc, fils et héritier de Louis Leblanc, en son vivant greffier des comptes ; — 1507, toujours Nicole Séguier, auquel Leblanc, greffier, vendait la portion principale du n° 22 de notre époque, c'est-à-dire le côté droit ; — 1460, Raoul de Reiffuge, maître des comptes, dans lequel néanmoins il ne faudrait pas voir le créateur de ce manoir. En effet, il achetait, le 26 septembre 1460, de D^{lle} Denise Baguier, veuve et exécuteur testamentaire de sire Jehan Le Vavasseur, maître des comptes : 1° une maison et ses dépendances, assises rue des Blancs-Manteaux, aboutissant par derrière aux anciens murs de Paris, sous la censive du Temple, 2° la moitié d'une vieille tour et environ 20 toises desdits anciens murs d'icelle ville touchant « l'hostel de Bracque qui joinct à la porte du Chaulme, en la censive du Roy, et dont l'austre moitié de ladicte tour et murs appartienct à ladicte Damoiselle Denise Baguier. »

Le logis de Simon Hennequin, greffier des présentations au parlement sous Henri II, se trouvait sous Louis XIII à la disposition du riche M. de Luillier, maître des comptes. C'est, selon toute apparence, le même hôtel qu'occupa Le Boutheillier, abbé de Rancé, qui de bonne heure, n'ayant que vingt-six ans, le céda à titre d'échange au grand-audiencier Longuet de Vernaullet. Le jeune abbé, filleul du cardinal de Richelieu, mena une vie de plaisirs, défrayée par ses bénéfices, tant que la mort d'une femme qu'il aimait ne lui fut pas un avertissement pour se renfermer à la Trappe et en faire de tous les couvents le plus sévère ; il avait même été précoce jusqu'à donner dès l'âge de quatorze ans une édition d'Anacréon. Cette maison et son assez grand jardin furent vendus au bout d'un siècle par un Longuet de Vernaullet, membre honoraire du grand-conseil, à Deschamps de Courgy, payeur des rentes de l'Hôtel-de-Ville, puis passèrent au notaire Vivien, et son étude s'y ouvrait porte à porte avec le Mont-de-Piété, mais au-delà.

Entre l'établissement philanthropique et le monastère, la rue de Paradis et celle des Blancs-Manteaux se partageaient un ancien hôtel de Lozier, qui avait appartenu vers 1715 à Bouvard de Fourqueux, procureur du roi en la chambre des comptes, du chef de sa femme, une Rouillé, avant que d'être à Bouvet de Lozier, ancien gouverneur de l'île Bourbon. Le procureur-syndic des Blancs-Manteaux, si vous admettez qu'il ait résidé au 11, s'y contentait probablement des restes de M. de Lozier.

Il y eut encore place, et largement, pour une maison sur laquelle Philippe-Anne de Villezain et sa femme, née Blondeau, cédèrent leurs droits moyennant compensation à Blondeau, abbé d'Oigny, en l'année 1639. L'abbé d'Oigny eut pour héritière sa nièce, qui avait épousé Lelièvre, président au grand-conseil, et qui laissa l'hôtel à son fils. Puis la propriété se divisa, sans sortir de la même famille, et y revint à l'unité par le rachat de la moitié échue à la femme du procureur-général Joly de Fleury. Enfin Joseph Lelièvre, marquis de la Grange, donnait le tout pour 137,662 livres, en 1779, aux administrateurs de l'Hôpital-général, que le roi avait chargé d'en faire le Mont-de-Piété.

Le droit que les gens de mainmorte devaient au seigneur, pour le dédommager des droits qu'il aurait dû recevoir aux mutations, s'élevait au cinquième du prix d'achat, suivant la coutume. Il y avait donc à payer au grand-prieur de France 27,532 livres 8 sols d'indemnité, pour les hôtels

Lelièvre et Joly de Fleury; mais, comme ils étaient dans le ressort de la haute-justice du roi, ce droit proportionnel se trouvait réduit d'un dixième, aux termes de la déclaration royale du 20 novembre 1724. Partant il ne restait au grand-prieur que 24,779 livres, 3 sols, 3 deniers, et, comme il n'avait pas qualité pour en donner décharge, n'étant qu'usufruitier, l'Hôpital-général lui constitua 825 livres, 19 sols, 5 deniers de rente perpétuelle, au denier trente, pour s'acquitter. En 1789 messires d'Aligre, premier président au parlement, et Lenoir, lieutenant-de-police, en leur qualité de commissaires-directeurs du Mont-de-Piété, renouvelaient au grand-prieuré l'aveu censuel qui avait pour objet ces deux mêmes maisons, acquises dix ans plus tôt. Loin de retrancher quelque chose aux bâtiments, la banque des prêts sur gage y avait ajouté.

Vivien tenait d'autre part à Coulon, procureur au Châtelet, comme Coulon à Davy de Cussé, qui n'habitait pas sa maison. La Michodière, ancien prévôt des marchands, avait sur le même rang une propriété, qui venait la seconde après le cul-de-sac Pecquay; et Larsonnier, correcteur des comptes, la grande qui suivait; celle-ci avait appartenu, du temps de maître Luillier, à Jean de Bordeaux, payeur des gages du parlement, et celle-là au président Sévin de Quincy, puis à Jérôme Lécuyer, premier maître-d'hôtel du roi, fils de Marguerite Sévin et de Jean Lécuyer.

Un hôtel à M. Féron, comte de la Ferronnais, occupait l'encoignure en regard. La maison contiguë à cet hôtel était à M. de Chalembert, conseiller du roi et son procureur en l'élection de Sens. L'avocat Loyson demeurait vis-à-vis le Mont-de-Piété, et nous voyons son petit-fils dans un éminent prédicateur, l'abbé Loyson, en religion père Hyacinthe.

A celui des deux coins de la rue du Puits (1) qui se rapprochait le plus de la rue Sainte-Avoye, Guignace de Villeneuve, écuyer, était propriétaire dans le même temps, et il avait eu pour principaux prédécessseurs Portail, maître-d'hôtel du roi, et le président Castille, autre contemporain de Luillier. A pareil angle sur la rue des Singes, avec une porte y donnant, se tenait l'hôtel de Jean-Simon Bailly, qui fut directeur de l'académie de Saint-Luc et garde des tableaux de Versailles. Le fils de ce peintre, plus heureux que les chasseurs qui courent deux lièvres à la fois, entra d'abord à l'Académie des sciences, puis à l'Académie-française; mais il devint maire de Paris, au commencement de la Révolution, et il lui en coûta la vie. Enfin le grand bureau des Pauvres percevait, du même côté, entre les rues des Singes et Vieille-du-Temple, les loyers de sept maisons qui n'en avaient fait qu'une avant l'acquisition, remontant à 1666.

Le tour de la rue étant fait, il ne faudrait pas en conclure que son histoire finit là. Nous le recommencerions entièrement dans l'autre sens qu'il resterait encore derrière nous de quoi revenir à la charge. Néanmoins n'a-t-elle pas déjà une autre physionomie pour nous, cette vieille rue, que quand nous en étions encore à ne la connaître que de vue? L'air de bonne maison du 23 ne nous avait pas échappé, et l'escalier en pierre du 25, avec sa cage carrée, ne dénonçait pas moins l'ancien hôtel. Quelle jolie balustrade en vieux fer sert encore de canne à qui monte les degrés du 26! Le 33, quoique rabougri, avait encore des plafonds tout dorés à

---

(1) Cette rue est depuis peu dite Aubriot, en ressouvenir de Hugues Aubriot, intendant des finances et prévôt de Paris sous Charles V.

l'avènement de Louis-Philippe; son escalier à petits piliers de bois a certainement connu la Ligue; un petit jardin le console de la décadence du quartier qui, aujourd'hui, sert de rendez-vous de chasse à une meute de molosses, en arrêt dans de sales boutiques, et dont les reconnaissances du Mont-de-Piété sont la curée. Mais il ne suffit pas d'être alléché, il faut encore des actes notariés ou des censiers à se mettre sous la dent, et avoir l'estomac solide pour digérer pareil menu !

L'indication numérale des maisons a dû changer depuis le temps où le délateur Turcatti demeurait n° 27; c'était en 1789. Turcatti, Morel et Marquié dénoncèrent alors en secret Thomas Mahi, marquis de Favras, ancien lieutenant des suisses de la garde de Monsieur et gendre du prince d'Anhalt-Schauenbourg; lequel fut arrêté la nuit, en même temps que la marquise, par ordre du comité des recherches de l'Assemblée nationale. Les deux époux séparés, mis au secret, parvinrent néanmoins à s'entendre, grâce à l'intervention du fermier-général Augeard, détenu à l'Abbaye, qui réussit à faire tenir à la marquise des billets de son mari. Familier de l'OEil-de-Beuf, Favras se trouvait accusé d'avoir ourdi une conspiration avec la cour contre la Nation, en voulant réunir 12,000 Suisses et 12,000 Allemands à Montargis, pour enlever et défendre le roi. L'avocat Thilorier plaidait pour le marquis, qui, lui-même, s'exprimait avec clarté, fermeté, élégance, et protestait de son innocence : il avait servi en Hollande, et son but unique, disait-il, avait été de favoriser, par des intelligences cachées, la révolution qui se préparait dans le Brabant. Le comte de Provence s'était défendu hautement de participation au complot soupçonné. Pendant l'instruction du procès, l'effervescence du peuple était si vive qu'on avait mis dans les cours du Châtelet des troupes et de l'artillerie, prêtes à tout événement, mais qui n'étouffaient pas les cris sinistres et prophétiques incessamment poussés à l'extérieur : — A la lanterne ! à la lanterne !

La marquise, femme très-énergique, fut rendue à la liberté par un arrêt qui condamnait Favras à faire amende honorable devant la cathédrale et à être pendu en Grève, comme un vilain. Le 19 février 1790 fut le dernier jour du condamné, qui déclara de nouveau en public qu'il allait mourir innocent, et il s'était armé d'un tel courage que jamais son visage n'avait paru plus calme. Il prit la plume que tenait le greffier, pour corriger plusieurs fautes d'orthographe dans le suprême procès-verbal, et bientôt le peuple de s'écrier : — C'en est fait du dernier marquis !

Turcatti, peu d'années après, avait passé une nuit avec des filles ; la police pénétra le matin dans sa chambre et le trouva pendu aux rideaux de son lit. Cette fin ne sert-elle pas de moralité à l'épisode du procès de Favras ?

M. le baron de Noirmont possède dans le 35 une maison qui compte une longue série de propriétaires, de même que la suivante, pourvue d'une belle cour carrée et d'un jardin, et de laquelle dispose M. Valton, dont la mère y est née. La serrurerie d'escalier, au 38, sent également son vieux temps. Le 39, en l'année 1634, était au sieur Défault, qui avait pour voisin messire Huguet, un secrétaire du roi ; Jean de Saussoy l'achetait en 1683, puis il passa entre les mains de la fille du comte de Brieux, femme de messire de la Rochefoucauld, comte de Roye, mestre-de-camp ; Salles, ancien procureur au Châtelet, en fit l'acquisition l'année 1810, et il appartient présentement à M. Cornu, naguère maire de Romainville. Le n° 40, son jardin et sa grande cour étaient une résidence de qualité, avant que l'industrie en occupât les logements divisés; il a gardé une aile du temps de la Fronde. Enfin le 47, encore qu'il ait des proportions modestes, tient bon depuis la même époque.

Si, à la fin du règne de Louis XIV, la rue des Blancs-Manteaux avait servi de nantissement à quelque prêt d'argent, par impossible, voici ce qu'eût porté la reconnaissance : *Une fontaine, plus vingt-une lanternes, plus encore cinquante-huit maisons.*

Quant au marché du même nom, il n'a été inauguré que le 24 août 1819; il émane pourtant d'un décret impérial signé à Trianon dès le 21 mars 1813. La rue dite du Marché-des-Blancs-Manteaux s'ouvrit deux ans plus tôt que la vente des légumes et du poisson. En l'an III, le 18 ventôse, on avait supprimé au profit de l'administration centrale des Hospices l'hospice de Saint-Gervais; il avait été fondé, sous Louis-le-Jeune, devant la rue étroite de la Petite-Parcheminerie, par un maçon nommé Garin, et par Hacher, son gendre, et la communauté des hospitalières de Saint-Gervais l'avait longtemps administré. Ces sœurs avaient acheté, le 7 juillet 1655, l'hôtel d'O, dont les dépendances ont disparu, mais dont l'édifice reste rue du Marché-des-Blancs-Manteaux, n° 2, et rue des Francs-Bourgeois n° 21. François, seigneur de Fresnes, marquis d'O, était surintendant des finances sous Henri III. Il détestait les protestants, mais le peuple le lui rendait bien. Aux femmes et au jeu il distribuait si vite le produit de ses concussions, qu'à sa mort, le 24 octobre 1594, il ne laissa pas de quoi payer ses dettes, et encore moins provision pour les legs stipulés dans son testament; il est vrai que ses parents, ses créanciers et ses domestiques, l'avaient si bien volé, pendant sa dernière maladie, que la chambre mortuaire était totalement dépourvue de courtines et d'escabeaux. Toutefois le marquis d'O, inhumé dans l'église des Blancs-Manteaux, rencontra un ami posthume dans Dujon, son médecin, qui lui fit un panégyrique et le livra à l'impression.

Rue Riboutté, rue Bleue et passage Saulnier. (1)

Procès de la Distillerie. — Comment beaucoup de Rues cessent d'être à la Mode. — Procès Bony. — M. Gisquet. — Mme Saint-Aubin. — La C^{esse} de Buffon. — 1582, 1670, 1685, 1690, 1708, 1720, 1736, 1738, 1745. — Rouget de Lisle. — Le Bourreau. — Barras. — La C^{esse} Desroys. — Catherin. — Mme la Ctesse de Pritelly.

En l'an de grâce 1818, le sieur Laugier obtenait la permission d'établir une distillerie rue Riboutté. Or cette petite rue, tracée sur des terrains acquis par l'architecte Lenoir et Riboutté, oncle ou père de l'auteur dramatique de ce nom, a été livrée à la circulation publique au mois de juin 1784, et elle a toujours eu pour déversoir la rue qui la reçoit dans ses bras jusqu'en la présente notice. L'enquête *de commodo*, qui avait précédé l'autorisation délivrée à Laugier, ne lui avait suscité en temps utile que cinq contradicteurs, propriétaires dans le voisinage, et le conseil de préfecture s'était borné, pour tenir compte de leurs objections, à ordonner que les cheminées de l'usine fussent disposées pour devenir fumivores. L'année suivante, le ministre d'Etat, préfet de police, recevait, au sujet de

---

(1) Notice écrite en 1857. Les n°s 36 et 38 sont maintenant des sentinelles perdues de la rue Bleue, au-delà de la nouvelle rue Lafayette. Celle-ci a fait jeter bas une douzaine de maisons, rue Bleue, et il ne s'en est relevé que trois.

l'usine de la rue Riboutté, une plainte appuyée d'un nombre beaucoup plus grand de signatures et de motifs.

Une fumée épaisse, y disait-on, incommode les trois rues voisines; des écoulements infects et bouillonnants, qui ont déjà brûlé les pieds d'une dame enjambant le ruisseau, inondent partie de la rue Bleue et de la rue du Faubourg-Poissonnière; une fermentation constante de résidus rend, d'autre part, le quartier insalubre; enfin, il y a chaque nuit des locataires, qui ne pouvant plus fermer l'œil à cause des travaux nocturnes de l'usine, se relèvent pour signifier congé comme un seul homme à des propriétaires consternés.

Malgré ces nouveaux griefs, le conseil d'Etat seul a le pouvoir de réformer la décision des conseils préfectoraux, et Laugier se flatte que les membres de cette assemblée y regarderont à deux fois avant de croire que des exhalaisons pestilentielles puissent émaner d'innocentes pommes de terre dont on tire l'esprit, pour en faire de l'eau-de-cologne. Mais l'ouverture de la faillite du distillateur, en venant éteindre ses fourneaux et mettre à sec ses alambics, dispense les réclamants de donner suite à leur pourvoi. Le failli cherche en vain, après un intervalle d'environ une année, à rendre l'activité à ses travaux : une interruption de six mois suffit à rendre indispensable, en pareil cas, une autorisation nouvelle. Celle-ci lui est refusée, sur le rapport des architectes de la Ville et du conseil de Salubrité. Ainsi se trouve un tiers de la rue Bleue délivré d'un excédant de bruit, d'eau bouillante et d'ammoniaque, contre lequel ses habitants ont élevé, pour digue, un mémoire imprimé et illustré d'un plan, où figurent la maison et le nom de tous les opposants. Indications que nous allons être heureux d'utiliser l'une après l'autre.

Les considérants du mémoire se prévalaient à bon droit de ce que la rue Bleue tenait, à cette époque, au plus beau quartier de Paris. Par exemple, ce premier rang-là ne reste jamais longtemps à la même place. Chaque nouveau quartier n'atteint-il pas à son apogée un peu avant d'être bâti tout-à-fait? Puis, sa planète décrit une courbe en se rapprochant du commerce, qui lui-même va du grand au petit. La rue trop neuve appartient aux petites gens et ne s'en débarrasse que si la mode veut bien passer par-là. Oh! alors voilà une rue qui compte pour quelque chose dans cette réduction au procédé Colas que les gens du monde avouent leur tout Paris. On se dispute, sans regarder au prix, ses petits hôtels et ses appartements de tous les étages, tant que des femmes d'esprit et de jolies femmes y reçoivent et y sont reçues, avec cette radieuse élégance qui pare non-seulement le salon, mais encore la maison et, qui plus est, la rue. Celle-ci, devenue passante, veut des boutiques, et souvent il en coûte de céder prématurément à cette envie. On diminue des cours, en en supprime, on se gêne dans toutes les maisons, et un jour-de-l'an vient où il est de mauvais ton d'avoir pareille adresse sur sa carte de visite. La plupart des locations n'étant plus que professionnelles, une porte cochère par-ci par-là ne risque pas grand'chose à abriter l'une des petites industries dont les dernières bâtisses remplacent les échoppes. Ce terme est déjà mis, rue Bleue, à l'exil de plusieurs marchandes de poissons frits et de beignets ; modeste profession qu'on oublie d'honorer, comme sa sœur l'agriculture, bien qu'elle soit dans les cités l'alpha dont l'industrie de luxe est l'oméga.

La friture ne manque ni à l'une ni à l'autre extrémité de la rue. De plus, nous trouvons actuellement, à l'angle de la rue Papillon, un restaurant qui a deux ailes, et dont l'enseigne emprunte sa forme à gauche et sa couleur à droite ; c'est un papillon bleu, fixé sur un bouchon, mais sur un bouchon élégant, depuis le commencement du règne de Louis-Philippe. Avant que la maison fût bâtie, il y avait là une masure, servant de remise à maints tonneaux à bras de porteurs d'eau. Son propriétaire la vendit à un entrepreneur nommé Bony, moyennant une rente viagère, qui ne coûta pas cher à l'acquéreur, car le vendeur mourut vingt jours après la signature de l'acte ; et comme il fut prouvé que la maladie mortuaire n'avait pas été contractée avant la vente, Bony eut gain de cause dans son procès avec les héritiers du porteur d'eau.

Le 3, qui appartient à M. Liouville, bâtonnier des avocats, date de peu d'années avant le procès Laugier, ainsi que la maison suivante ; MM. Leclerc et Dassel en étaient les premiers propriétaires. Les jardins du maréchal Mortier, duc de Trévise, dont l'hôtel ouvrait rue Richer, s'étendaient de la rue à la cité qui, toutes deux, portent son nom ; seulement, sur le plan dont nous avons parlé, une propriété remplit, du côté de la rue Bleue, la place de la cité Trévise, et sous le règne de Charles X il s'y tint plusieurs réunions de la société *Aide-toi, le ciel t'aidera*. Là demeurait à cette époque M. Gisquet, qui était négociant avant de passer préfet de police, et qui s'est retourné vers l'industrie en quittant les affaires publiques. Dès le 27 juillet 1830, dans la journée, une affiche fut posée à la porte de M. Gisquet ; on y lisait : « Dépôt d'armes pour les braves. »

Mme veuve Saint-Aubin, pensionnaire du roi, ancienne actrice de l'Opéra-Comique, comptait parmi les signataires du mémoire relatif à la distillerie. C'était alors une bonne femme, dont la faconde intarissable survivait à un autre genre de fécondité; elle avait eu beaucoup d'enfants, et de lits différents, bien qu'elle se fût mariée une seule fois. Deux de ses filles avaient suivi leur mère devant la rampe; l'une était Mme Duret, une autre jouait à ravir *Cendrillon*, et une troisième avait mieux fait encore, elle avait épousé l'opéra-comique incarné, dans la personne de Planard, librettiste dont les nombreuses productions prouvaient aussi beaucoup de facilité. Mme Saint-Aubin disposait du n° 6, aujourd'hui à M. Tattet. Le 8, précédé d'un jardin qu'a fait rentrer sous terre un fort magasin d'épiceries, répondait au nom de Laflèche, propriétaire au même temps.

Après avoir été une ou deux petites maisons de grand seigneur, le 7 et le 9 appartenaient sous Charles X à la comtesse de Vauguyon et à M. Sennegon, ancien juge; un maître de pension tient aujourd'hui à bail un de ces numéros, de M. le comte de Vaufreland. Puis vient une propriété dont l'un des trois Berton, compositeurs de père en fils, disposait en l'an 1820. Elle a servi de marraine à la rue Bleue, nous allons dire comment.

Au XVIIe siècle, la rue n'était encore qu'un marais cultivé et divisé, auquel on appliquait son ancienne dénomination de marécage, *Vallis ad Ranas*, autrement dit Vallaroneux, vallée aux Grenouilles, et qui relevait principalement du chapitre de Sainte-Opportune. Dès 1714 cette rue portait le nom d'Enfer, bien qu'elle fût sans maison, sans lanterne, et qu'une levée seulement y livrât passage au public; toutefois un acte du notaire Devier la traitait encore en 1770 de « marais situé à la Nouvelle-France au lieu dit Vallaroneux; » ce qui nous rappelle que le droit est en retard quelquefois sur le fait. Le voisinage des Porcherons et d'une caserne rendait assez bruyante cette chaussée, sans compter les lieux de plaisance qu'y établirent des gens de qualité, pour justifier l'autre dénomination, qui eut ensuite le malheur de déplaire à la comtesse de Buffon. Cette bru de l'illustre écrivain demeurait au n° 11. « Tel père, tel fils » est un proverbe qui doit bien plus de soufflets qu'il n'est gros, si chaque démenti en vaut un; par exemple, le fils du prince des naturalistes n'avait absolument d'un aigle que l'aire dans laquelle il était né; il en avait déjà fait par lui-même un nid relativement obscur au moment où les serres du duc d'Orléans, plus tard Philippe-Egalité, vinrent y fondre sur une proie quasi-royale. La charmante Mme de Buffon était un blanc-manger digne de la friandise princière, et le petit-fils du régent, qui en soupait, ne trouvait lui-même nul rapport entre ce fruit défendu et l'enfer. — Comtesse dit-il un jour, vos beaux yeux savent changer l'enfer en paradis, et ils sont bleus. Voulez-vous que la rue prenne la même couleur ? L'enfer en sera jaloux comme le diable ; mais j'ai par-là, grâce à Cagliostro, assez de crédit pour arranger l'affaire.

Que si le mari de cette dame ne se distinguait pas du commun des martyrs par la pénétration de son esprit, il était, en revanche, bien fait de sa personne, et le cœur ne lui manquait pas : lorsqu'il finit par apprendre lui-même, après une quantité d'indifférents, que sa femme était la maîtresse affichée du duc d'Orléans, il devint impossible de croire qu'il en avait pris son parti. Rendre son régiment au prince, qui l'avait fait colonel des dragons d'Orléans, fut un devoir bientôt accompli. Plus tard Philippe-Égalité, député à la Convention, se montra promoteur ardent de la loi du divorce, et le citoyen Buffon, qui prit cela pour une compensation à son adresse, fut le premier à profiter d'une faculté qui lui permit de convoler avec la jeune Betzy d'Aubenton. Malheureusement le ci-devant marquis a péri révolutionnairement, en laissant à la fille du savant d'Aubenton, presque aussitôt veuve que mariée, toute la fortune de son père, notamment la terre de Montbard, où cette seconde comtesse de Buffon est morte vers la fin du règne de Louis-Philippe.

Quant au duc d'Orléans, il a tenu parole à la première, la rue d'Enfer ayant changé de nom. MM. Lazare frères, nos devanciers, attribuent, il est vrai, l'honneur d'avoir tenu la rue Bleue sur les fonts aux sieurs Story et Wuy, fondateurs d'une manufacture de boules bleues. Seulement la rue déjà était vouée à cette couleur par sa propre dénomination, lorsqu'une ingénieuse industrie y fut créée pour suppléer à l'indigo, dont on était privé en France par le blocus continental.

De cette origine, qui n'est pas encore séculaire, revenons à celle du vallon aux Grenouilles. Quand cette étendue de terrain, abreuvée par des eaux sans écoulement, fut-elle convertie en des pièces de terre où l'on faisait venir des herbages et des légumes ? Probablement au xvie siècle. Nous avons recueilli, d'ailleurs, sur cette ancienne colonie de batraciens, depuis que la terre ferme y prenait le dessus, sur la mare, des notes dont la place est ici.

Année 1582 : — « Antoine Becquerel, praticien, au nom et comme procureur de Jehanne Chevallier religieuse, humble prieure en l'esglise et monasterre des Filles-Dieu, rend hommage et reconnaît devoir le cens aux chanoines de l'esglise Madame Saincte-Opportune pour 13 arpens ou environ, assiz ès-faubourg de Paris sous la porte Sainct-Denis, au lieu dict le Vallaronéux, tenant d'une part à la veuve Chesnard, d'austre part au chemin tendant aux terres Sainct-Lazare et d'austre bout aux esgoux. »

Même année : — « Honorable Henriette Féron, femme de Dumoustier, bourgeois de Paris, et veuve de Jehan Pottier, se reconnaît détemptrice, dans la mesme seigneurie et censive, d'un quartier et marrais au coin devers Sainct-Lazare, scis au lieu Levallaronez, tenant d'une part à Jehan Picard, chanoine de Sainte-Opportune, d'austre part au chemin des Poissonniers, aboutissant d'un bout à Jacques Bisson et d'austre bout aux Fossez Saincte-Opportune tendant du Roulle à Sainct-Lazare. »

Année 1670 : — Jean Saulnier et Michelle Baudin, sa femme, vendent à Etienne Pévrier et à Elisabeth Cadet, sa femme, deux pièces de terre, dont l'une d'un demi-arpent, tenant à l'abbesse de Montmartre, à Pierre Blanchard et au chemin des Porcherons à Saint-Lazare. Les deux lots ont appartenu antérieurement à un autre Jean Saulnier, l'aïeul dudit vendeur.

Année 1685 : — Etienne Pévrier, jardinier, au nom et comme tuteur d'Elisabeth Pévrier, « fille de luy et deffuncte Elysabeth Cadet, » passe reconnaissance, conjointement avec des Baudin et des Porcher, entre les mains du bailli de Sainte-Opportune, pour un demi-arpent et un demi-quartier de marais, scis au clos Cadet, terroir des Porcherons, tenant d'un côté à Antoine Dufresnoy, à cause de Jeanne Cadet, sa femme, d'un autre côté à Caignet, aboutissant par-ci aux héritiers d'Edme Ranier, par-là au chemin de Saint-Lazare aux Porcherons. Les deux pièces qui font l'objet de cette déclaration censuelle provenaient d'Elisabeth Cadet ; elles ne différaient sans doute en rien des deux morceaux de terre acquis par celle-ci en 1670. Cette portion de l'ancien clos Cadet est actuellement bordée par des numéros pairs de la rue Bleue.

Même année : — Haute et puissante damé Marie-

Anne de Lorraine, abbesse de l'abbaye royale de Montmartre, dame dudit lieu, de Clignancourt, des Porcherons en partie et d'autres lieux, rend aveu de bonne grâce à ses co-seigneurs des Porcherons en raison d'un arpent de marais auxdits Porcherons, lieu dit Vallaroneux ; elle y a pour tenants d'une part Jean Saulnier et Charles Delaporte, jardiniers, d'autre part le greffier au Châtelet Tauxier et Ranier, entre les égouts et le chemin du Roule à Saint-Lazare.

Année 1690 : — Très-honorable dame Jeanne de Saveuse, veuve du comte de la Mark, maréchal-de-camp, colonel du régiment de Picardie, demeurant à l'hôtel de Bouillon, rue du Mail, remplit la même formalité en raison d'un arpent et demi, en plein Vallaroneux. Ses tenants et aboutissants sont : l'égout de la ville, François Serche et Jean Duclos, tous deux bourgeois de Paris, Réné Cliquot et le chemin qui conduit de la porte Montmartre à Clignancourt. Cette comtesse est l'héritière unique de sa mère, Magdeleine Violle, veuve de Henri de Saveuse, marquis de Bougainville. Nous retrouverions de son terrain une lisière rue Richer, une autre rue Cadet.

Année 1694 : — Mathieu de Montholon, conseiller au Châtelet, déjà propriétaire à cause de sa femme, Marie Ranier, de ce qu'on appelle surtout le clos Cadet, 3 arpens clos de murs avec une maison en vue de la place Cadet, y a joint par-derrière 70 perches, achetées d'Anne et d'Elisabeth Pévrier. Sa femme lui a, de plus, apporté 5 arpens presque contigus, entre Caignet, Mme de Montmartre et la rue du Faubourg-Sainte Anne (*alias* du Faubourg-Poissonnière). Du tout il passe reconnaissance.

Année 1708 : — Jacques Leclerc est à la tête d'un hôtel, pourvu d'un vaste jardin, qui nous paraît faire suite au clos Cadet, à titre de mitoyenneté, si ce n'est de substitution. La même propriété sans doute se trouvera, une quarantaine d'années plus tard, à la disposition de Mme Hutin, née Marie-Denise Leclerc.

Mais il nous convient mieux qu'il y en ait deux. Plus de place y reste disponible pour Adrien Rouen, tout à la fin du règne de Louis XIV, puis pour les frères Lecoq, Claude et Antoine, en 1728.

Année 1720 : — Un Saulnier, jardinier, est propriétaire de l'emplacement qu'occupent maintenant les premiers numéros impairs de la rue.

Année 1736 : — Sur la même ligne est un hôtel, avec jardin, à Jean-Réné Saulnier, et cela va jusqu'au nouvel égout (dont la rue Richer prendra la place). Pierre et Michel Saulnier, qui succèdent à ce propriétaire l'année suivante, seront eux-mêmes remplacés, à quatorze années de là, par un nouveau Jean-Réné de leur famille.

Année 1738 : — Le 12 août, frère Estienne Boulloy, de la congrégation de la Mission de Saint-Lazare-lès-Paris, au nom et comme procureur de Dlle Marie-Madeleine Brochet, fille majeure, confirme aux seigneurs chanoines le tribut qui grève un terrain de 70 perches, à l'endroit appelé les Vaularneux. Cette propriétaire tient à Jean Transvache, à Duplessis et à l'égout.

Année 1745 : — Un jardin et un marais appartiennent au jardinier Villon, qui compte parmi ses prédécesseurs Louis Haran et Pierre Haran.

De plusieurs de ces documents il appert que le passage découvert du nom de Saulnier aurait pu être percé par les ancêtres de Rigoulot-Saulnier, sur la présentation de qui son entrée ne se fit dans la rue Bleue que six années après l'entrée de la rue Riboutté. Le populaire Rouget de Lisle habitait le n° 21 du passage Saulnier en 1825, et il y publiait 50 *Chants français*, dont il avait composé la musique sur les paroles de divers auteurs. L'Empire n'avait rien fait de plus que la Restauration pour l'auteur de la *Marseil-*

laise, qui ne fut pensionné que par le roi Louis-Philippe.

C'est approximativement que nous avons désigné rue Beauregard l'ancienne maison du bourreau. Les vieux préjugés s'en vont, dit à chaque instant le sage, pour en introduire de nouveaux; mais, en réalité, on se contente d'en augmenter le nombre, et si nous respections tous ceux du jour, nous aurions trop à regretter la liberté des écrits d'autrefois. Il est donc parfois expédient de s'en tenir aux anciens errements. Comment des habitants de la rue Beauregard auraient-ils reçu la nouvelle que leur propre maison avait été la demeure de la famille Sansoni, d'origine italienne, dite Sanson dès le règne de Louis XIII, dont l'un des membres était devenu exécuteur des hautes-œuvres, commissionné par le duc de Lorges, grand-justicier du roi? Cette rue faisait partie de la Ville-Neuve, quartier s'ajoutant à la grande ville, et il n'était antérieurement permis au bourreau de demeurer en deçà des limites urbaines que dans la maison du pilori, où logement lui était donné pas ses provisions, comme le rappelait un arrêt du parlement du 31 août 1709. On ne lui délivrait en ce temps-là ses lettres de provision, une fois scellées, qu'en les jetant sous la table, où il était forcé de les ramasser à genoux. Or Caignet, bourgeois de Paris, avait vendu dès l'année 1708, à Charles Sanson, officier du roi, une maison foraine, au coin de la rue d'Enfer et de la rue du Faubourg-Saint-Anne, dit la Nouvelle-France, une maison avec un petit jardin de 2 arpens par-derrière. Sur chacune des deux rues donnait une des deux portes de la propriété.

Charles-Henri Sanson naquit, dans cette maison de la banlieue chez son père, en l'année 1740. A cette époque le bourreau et les siens avaient une sépulture particulière à Saint-Laurent; le revenu de la place s'élevait à 30,000 livres, grâce au droit de navage prélevé sur le débit des comestibles dans la ville. Les fermiers-généraux se bornèrent à rogner ce traitement considérable en faisant substituer au droit de navage, lors de l'avènement de Louis XVI, 16,000 livres d'appointements fixes. L'entretien de l'échafaud et du pilori coûtait 2,000 écus de surplus par an. Quelques années avant cette modification purement financière, Charles-Henri avait succédé, comme fonctionnaire, à l'auteur de ses jours. C'était, dit-on, un homme pieux et doux; il n'habitait déjà plus la maison de la rue Bleue qui se trouvait près de la rue Riboutté, mais qui a été démolie : circonstance qui nous laisse plus de latitude ici que rue Beauregard. Immédiatement après l'exécution de Louis XVI, M. de Paris tomba malade, et à son tour il transmit la place à son fils, par les mains duquel passèrent la reine, la sœur du roi, Philippe-Egalité, etc.

Le général Dalton, quelque temps gouverneur d'Alger, n'en a pas moins habité le 14, appartenant au sieur Cattu et bâti, ainsi que le 16, à la place du logis de M. de Paris. Un des appartements du sieur Boucou, au n° 18, était un peu plus tard occupé par Fétis, fils et père de musiciens, compositeur lui-même. Le 20 a été édifié en 1810 par le père de M. Saussine, ami de M. Lemercier, qui avait demeuré à l'hôtel de Trévise, même rue; dans la maison Saussine s'est abrité cinq ans ensuite Barras, qui avait passé les Cent-Jours dans sa belle terre des Aigalades, maintenant à M. Jules de Castellane. Ses déceptions, plutôt que ses plaisirs, avaient déjà fait vieux l'ancien membre du Directoire; cachochyme et morose, il se souvenait mieux de Bruxelles, roche tarpéienne de l'exil, que des grandeurs et des fêtes du Luxembourg, son Capitole.

Après M. de Rubempré, dont l'immeuble se trouvait aux nos 13 et 15 d'aujourd'hui, venait M. Thomas, dont le fils est maintenant le président de la chambre des notaires et garde son étude au n° 17. Deux vernes du Japon, plantés sous le premier empire, précèdent le bâtiment du fond, que M. Thomas père inaugura vers 1795. Une portion de la maison a été édifiée avec les pierres des maisons démolies dans la rue Saint-Nicaise, à la suite de l'explosion qui avait menacé les jours du premier-consul. Parmi les locataires qui y ont laissé trace de leur passage, il convient de citer le général Taviel, président de la commission à laquelle le général Drouot dut son acquittement, sous la Restauration, et Oberkampf, fils de l'introducteur en France de l'industrie des toiles peintes. Celui-ci a rendu le dernier soupir en 1836, dans un appartement où avait résidé la veuve de l'illustre général Hoche. La comtesse Desroys, fille du même général, était d'une rare beauté et vivait auprès de sa mère. Bien peu de temps après les journées de juillet 1830, elle reçut une visite, trop longue pour être cérémoniale, du nouveau roi, qui, pour cette fois seulement, suivait un chemin autrement familier à son père, le duc d'Orléans. C'était encore se conduire en jeune et galant prince, et on a remarqué depuis que Sa Majesté, pour mieux se garder d'elle-même, ne sortait plus qu'avec escorte. Grâce à cette galanterie d'exception, la rue Bleue prit sa part du plaisir d'être représentée dans l'un des grands corps de l'Etat; la haute chambre législative ne tarda pas à recevoir dans son sein un nouveau membre, le comte Desroys.

Du 22 que vous dire? Mme Constant-Prévost, veuve d'un savant, jouit de cette propriété, qui est l'une des douairières de la rue et qui avait pour maître M. Bévière il y a trente-sept ans.

Sous le toit du 24 expira l'amiral Rolland. Un jardin, du côté de la rue de Trévise, arrondissait autrefois le 25, domicile mortuaire de l'amiral Delsaigne, qui avait pris et repris la Guadeloupe. Au 27 se rattache encore le nom d'un fameux carrossier, dont le neveu a été l'héritier, ce qui est d'un exemple fort salutaire à proposer aux oncles qui seraient portés à ériger leur gouvernante ou l'Institut en légataire universel. Catherin était premier garçon chez Hariether, carrossier rue Feydeau, qui fut empoisonné, probablement par un de ses confrères, en Espagne, où il allait livrer des voitures de gala aux grandesses et à la cour; ce sinistre fit monter Catherin sur ses propres chevaux; du moins il passa maître et devint le fournisseur par excellence des carosses si bien dorés des maréchaux et des sénateurs, qui n'avaient pas encore le droit de se rendre aux Tuileries dans des coupés couleur de suie et grands comme des chaises à porteur.

Du 29, numéro final pour cette notice, dispose M. Baleine. M. Rousseau n'a pu savoir si ce propriétaire est fils ou neveu de certain traiteur du même nom, illustré par les chansonniers quand on chantait, ou peut-être lorsque les traiteurs le méritaient. La mère d'un de nos jeunes généraux, dont la bravoure a jeté le plus vif éclat en Afrique, Mme la comtesse de Pritelly, en premières noces Mme Fleury, a longtemps habité cette maison, qui la regrette. Non loin de Mme de Pritelly séjourne un charmant écrivain, Léon Gozlan, qui honore de son amitié l'auteur des *Anciennes Maisons de Paris*.

Rue Bonaparte. (1)

1750 — *Vicq-d'Azyr.* — *Le Vte de Beaumarchais.* — *Mlle Clairon.* — *Monge.* — *Les Petits-Augustins.* — *Rue des Beaux-Arts.* — *Le Duc d'Enghien.* — *Vendôme.* — *L'Abbaye.* — *Rue du Pot-de-Fer.* — *Les Savalète.* — *Les Laplagne.* — *Les Jésuites.* — *Le Cardinal de Polignac.*

Entre le quai et la rue Jacob, les propriétaires étaient au milieu du xviiie siècle :

𝔊auche :

MM. Chavaudon de Saint-Maur et Aubin.

M. de Pontcarré.

M. de Larochefoucauld.

M. Leclerc de Lesseville.

Mme Finot.

M. Prévost de Saint-Cyr.

𝔇roite :

Le Cte de Lautrec.

M. Gaucher.

La communauté des Petits-Augustins.

L'Hôtel-Dieu.

M. de Mesné.

M. Aubry, en face de la rue des Marais. (2)

L'hospice de la Charité.

M. de Brégeville.

Le président Rougieau.

M. Carré, officier de la reine.

---

(1) Notice écrite en 1857. Depuis lors l'élargissement de la place Saint-Germain-des-Prés et de ses abords ont enlevé une douzaine de numéros à la rue Bonaparte. La rue Gozlin, qui formait naguère la rue Sainte-Marguerite à gauche et celle de l'Egout à droite, passe sur cette place, que doit traverser le nouveau boulevard Saint-Germain, dont un tronçon déjà y donne, et où commence pareillement la nouvelle rue de Rennes. D'autre part, la rue Bonaparte, qui finissait devant une grille du Luxembourg, a forcé la consigne et se prolonge d'une grande allée de ce jardin, pour aboutir à la rue d'Assas, du côté où celle-ci s'appelait naguère de l'Ouest.

(2) Maintenant rue Visconti.

Mᵐᵉ la marquise de Chavaudon a reçu, à titre de legs, de son parent, le comte de Chavaudon, la maison du n° 1, où est mort en 1794 Félix Vicq-d'Azyr, l'un des fondateurs de l'Académie de médecine. Il avait succédé à La Sonne, comme premier médecin de la reine, et à Buffon, comme académicien. Obligé d'assister à la cérémonie où Robespierre proclama l'Etre-Suprême, il s'y fatigua de manière à hâter vraisemblablement la rupture d'un anévrisme, qui l'enleva à 46 ans.

Le 3 dépendait du même hôtel; il est exploité en maison meublée depuis quarante années. En 1789, le vicomte de Beauharnais, député aux Etats-généraux, l'a eu pour domicile, durant l'absence de la vicomtesse; car la future impératrice s'est rendue à la Martinique, près de sa mère, sur la fin de l'année 1787. Beauharnais présidait la mémorable séance de la Constituante où fut reçue la nouvelle de la fuite du roi; il passa à l'ordre du jour, et les affaires de la Nation suivirent leur cours accoutumé avec une imposante placidité.

Le 5, ancien hôtel Bessan, a servi de local à l'imprimerie Dentu, avant d'appartenir aux libraires Pourrat frères, qui l'ont remis à neuf. Le cercle de la Librairie s'y trouvait installé, avant de passer n° 1. Le docteur Andral et M. Gide, éditeur, figurent actuellement parmi ses nombreux locataires. Il est permis de croire qu'à l'origine l'hôtel du marquis de Persan, premier maréchal-des-logis du comte d'Artois, (nᵒˢ 7 et 9) n'avait fait qu'un avec l'hôtel Bessan. Mˡˡᵉ de Persan, sœur du marquis, est demeurée propriétaire jusqu'à sa mort, en 1846; un membre de sa famille, ci-devant attaché à la maison militaire du roi, était décédé bibliothécaire à Dôle, son pays natal, pendant les Cent-Jours. Sous le même toit ont habité sous Louis XV, Mᵐᵉ de Pont-Carré, puis Mlle Claire, fille d'un sergent au régiment de Mailly et si connue au théâtre sous le nom de Clairon.

Celle-ci avait débuté, à l'âge de douze ans, à la Comédie-Italienne, puis à la Comédie-Française en 1743, et bien que son rôle triomphal fût Aménaïde dans *Tancrède*, le roi la fit peindre par Vanloo en Médée. Douée d'un caractère qui ne pliait pas facilement, Mlle Clairon refusa de jouer un soir avec un comédien qu'elle méprisait; la femme de l'intendant de Paris la conduisit elle-même dans sa voiture au For-l'Evêque, pour y subir la peine de cette faute disciplinaire. Décidée à quitter la scène, elle se trouvait à la tête d'une modique fortune, que les opérations financières de l'abbé Terray anéantirent presque entièrement; elle se retira dans les états du margrave d'Anspach, avant de revenir à Paris, pour y mourir bien loin du faste le 18 janvier 1803. Les mémoires de cette grande actrice avaient vu le jour cinq ans plus tôt.

Une célébrité d'un autre genre, le géomètre Monge, occupait à cette dernière date l'hôtel Persan; ancien ministre de la marine et ancien chef de la compagnie de savants qui avait fait la campagne d'Égypte, Monge ne tarda pas à être sénateur, comte de Péluse, etc.; mais il avait renoncé à son traitement de professeur à l'École polytechnique, en faveur des élèves sans fortune qu'en excluaient les rigoureuses conditions du programme. Le géomètre, malgré l'admiration qu'il avait vouée de bonne heure au fondateur de l'ère napoléonienne, et malgré les railleries que Mme Roland ne lui avait pas épargnées au commencement de son exercice du pouvoir, avait gardé des sentiments platoniquement démocratiques; il avait été le dernier à exiger que ses élèves le tutoyassent. A la rentrée de Louis XVIII, il fut rayé des listes de l'Institut, et le conventionnel Eschassériaux, son gendre, frappé de bannissement. Le chagrin qui en fut la suite causa sa fin, après plusieurs accès de congestion célébrale, le 28 juillet 1818.

Le 10 faisait partie du couvent des Petits-Augustins ; ses chambres, qui se louent meublées, donnent par-derrière sur l'ancienne chapelle des moines, à laquelle il servait de passage sous Louis XIV ; de l'école des Beaux-Arts s'est détachée cette propriété modeste. A l'établissement de ce monastère, dont la bibliothèque comptait parmi les grandes à Paris, avaient prélude des messes dites à l'autel de Jacob, chapelle due à la reine Margot : cette première femme d'Henri IV avait eu rue de Seine un château, dont le jardin s'étendait le long de la rivière et se rapprochait de la chapelle de Jacob. Le trésorier des religieux logeait au 12, qu'ils donnèrent à bail, pour quatre-vingt-dix-neuf ans, à des particuliers, en octobre 1784, moyennant 2,200 livres par an, avec augmentation de 100 livres également annuelles par périodes de vingt années. Le 18 germinal an v, la famille de M. Hubbard, plus tard député belge, traita du bail emphytéotique avec ses détenteurs, et puis de la nue-propriété avec le domaine national. Du musée des Petits-Augustins, qui tenait la place du couvent, sort l'école des Beaux-Arts.

Tenez les n°s 11, 13 et 15 pour élevés sur les dépendances de l'ancien hôtel La Rochefoucauld, qui comptait en 1715 des jardins et des pièces d'eau, tout comme vingt années plus tard, mais qui d'abord n'allait pas tout-à-fait jusqu'à la rue qui nous occupe et donnait seulement rue de Seine. Toute la rue des Beaux-Arts a été percée sur le territoire La Rochefoucauld ; seulement Detroye, entrepreneur, l'a bâtie sans se conformer au tracé donné par la Ville, et il en a coûté à cette rue d'être classée d'abord comme passage. En face du 16, cette succursale du Mont-de-Piété, ancien corps de logis des Augustins, se dresse une maison respectable qui, comme hôtel garni, a porté le nom d'Orléans; le berceau du roi de Rome y a été mis en dépôt à la chute du premier empire.

Immédiatement après, c'est-à-dire au 19, voici l'ancien hôtel Rohan-Rochefort. Dans l'alcôve du docteur Moulin, où s'est reposé précédemment le docteur Double, de l'Institut, sont nées deux petites filles d'une liaison que le duc d'Enghien avait contractée en 1794 avec Mlle de Rohan. On sait quelle fut la fin tragique de ce prince qui, après les campagnes de l'émigration, s'était retiré à Altenheim, dans l'ancien château du cardinal de Rohan, et qui, avant d'en être enlevé, s'était souvent rendu incognito à Strasbourg et à Paris. Mme Reillerand, fille du magistrat Sévestre, s'est rendue adjudicataire de cet immeuble le 15 fructidor an x.

N° 20 est une propriété que Bastide, tailleur de Napoléon Ier, a léguée à sa famille; saluons en elle une ancienne résidence de César duc de Vendôme, ce vaillant fils de Gabrielle d'Estrées auquel Henri IV destinait la couronne, avant la tardive naissance de son héritier légitime, et qui avait rang à la cour immédiatement après les princes du sang. Son fils, le duc de Beaufort, entraîna Vendôme dans les séditions, après la mort du Béarnais; réconcilié ensuite avec ses adversaires, le père ne rendit le dernier soupir, en cet hôtel, qu'à l'âge de soixante-onze ans, le 21 octobre 1666.

Du même temps est le 21, que le bibliophile M. Boulard, notaire et maire du Xe arrondissement, a acquis en 1804; par conséquent, il a connu la rue quand elle portait encore la dénomination des Petits-Augustins, postérieure à celle de la Petite-Seine. Un canal, dit la Petite-Seine, avait commencé par séparer le grand Pré-aux-Clercs du petit, dont l'université de Paris prit possession, l'an 1368, en échange du terrain des fossés de Saint-Germain-des-Prés. C'est de 1664 à 1852 que la rue où le canal avait passé s'appela comme le couvent fondé sous la minorité de Louis XIII. On y énumérait, à la mort du roi suivant, 10 lanternes et 20 maisons, dont l'une fut, à quelques années de là, le domicile mortuaire du premier des deux Lauzun célèbres, pendant qu'une autre avait pour habitant M. Sconin d'Angevillier, commissaire provincial des guerres de la généralité de Paris, à la suite de la cour, et syndic-général des commissaires des guerres.

Le second tome de la rue est un livre plus moderne, bien qu'illustré réellement des restes de l'abbaye royale de Saint-Germain-des-Prés. Le n° 29, qui fait partie de cette section, et les n°s 17 et 19 de la rue de l'Abbaye n'ont pas trop plié sous le poids des nombreux rayons de la bibliothèque abbatiale. Au nombre des maisons où les pères de Saint-Germain-des-Prés avaient pour locataires des laïques, figure le 28 ; ses fenêtres sont de celles qu'on dit *à guillotine*, et pourtant leur usage se généralisa bien avant l'invention de l'instrument de supplice qui paraît, au contraire, s'être modelé sur leur forme dangereuse pour la curiosité. Tracée en 1804 sur le ci-devant jardin de l'abbaye, cette seconde partie de la rue s'est appelée Bonaparte en 1810, puis de la Poste-aux-Chevaux, puis Saint-Germain-des-Prés, avant de recourir à sa première dénomination.

Rien à dire du troisième volume, qui maintenant est l'avant-dernier de cette rue, que nous feuilletons comme un livre ; ce tome a pour nous le défaut d'être le plus neuf de l'ouvrage : aucun bon à tirer n'y peut dater d'avant 1852.

Comme le dernier nous va mieux, concluez-en qu'il est d'occasion, et que sous son titre moderne, il suffit de gratter pour en retrouver d'autres, quatre siècles y superposant chacun sa couche de poussière. L'église Saint-Sulpice, qui sert de frontispice, n'était encore qu'une chapelle à l'avénement de Louis XII, et le titre de la rue s'épelait ainsi : *Ruelle tendante de la rue du Colombier à Vignerei*. Vignerei était un clos, qu'on retrouverait enclavé dans le Luxembourg, et la ruelle longeait le clos Férou ; elle devint d'abord la rue Henry-du-Verger, du nom d'un bourgeois y logeant, puis celle des Jardins-de-Saint-Sulpice, celle des Jésuites et enfin celle du Pot-de-Fer, en raison d'une enseigne, avant de servir de couronnement à la rue Bonaparte, qui avait déjà fait les frais d'un tronçon neuf pour venir jusque-là.

Si la parole est au 74, il va nous dire que Denis du Chesne était son maître en 1610 et avait les jésuites, sept ans après, pour acquéreurs, lesquels, en l'an 1637, l'échangeaient contre une maison de la rue Cassette ; il ajoutera qu'en 1648 Charles Foucault, maître des comptes, se rendait possesseur, et que François Sonicque, trente-quatre années plus tard, transportait la propriété à Claude Foucault, un conseiller au parlement. Ce dernier a réédifié l'hôtel, avec fronton motivé par un mascaron ; une quittance paraphée par Charles-Pierre Savalète de Magnanville, conseiller du roi, garde de son trésor royal, en septembre 1760, atteste que sa contribution pour les boues et lanternes était de 5 livres 11 sols par année. Or, il y avait alors rue du Pot-de-Fer 6 lanternes, pour les 13 maisons qui s'y trouvaient. L'un des entrepreneurs de l'enlèvement des boues de Paris s'appelle en ce temps-ci Savalète, et s'il est de la même famille, quels antécédents bien suivis ! Des Louvencourt, qui étaient de noblesse parlementaire, ont occupé l'hôtel où depuis se sont abrités : M. Barris, président de la cour de cassation, sous l'Empire, et son neveu, M. Laplagne-Barris, qui a été ministre, ainsi que la branche Lacave-Laplagne, également ministérielle, dont un membre, Mme Nicod, pourrait déjà célébrer la cinquantaine de son emménagement rue du Pot-de-Fer. Le n° 78, qui remonte aussi à deux siècles, n'eut longtemps qu'un étage ; un chasublier, M. Biais aîné, y reste à la tête d'un commerce établi en 1802.

Les deux immeubles qui viennent ensuite sont l'ancien noviciat des jésuites, autrement dit l'hôtel Mézières; que Madeleine de Sainte-Beuve a donné à ces pères en l'année 1610. Henri de Bourbon, duc de Verneuil, bâtard de Henri IV, posa la première pierre de leur église, dont le maître-autel fut décoré d'un tableau du Poussin, le peintre affectionné des gens d'esprit. Aussi bien n'a-t-on pas retrouvé, tout récemment, des *in-pace* dans les caves du 80 ? Le noviciat se convertissait, dès le règne de Louis XVI, en loge maçonnique; Voltaire y fut reçu, en 1778, dans la loge dite des Neuf-Sœurs. Pendant la République, un carrossier possédait tous ces bâtiments qui, en 1806, se vendirent en trois lots. Mme la comtesse de Prémorvan en acheta un, sur lequel un sinistre attira l'attention publique, sous Louis-Philippe : les magasins de Gaume et de Lenormant, libraires, y devinrent la proie des flammes.

Le cardinal de Polignac, diplomate et savant, loué par Mme de Sévigné et par Voltaire, et qui a hérité du fauteuil de Bossuet à l'Académie, mourut octogénaire, en 1741, au n° 88 de notre rue. Il y avait réuni une magnifique collection de statues antiques, adjugée après lui au roi de Prusse. L'oraison funèbre à l'honneur de cet ambassadeur, qui n'avait rien d'un servile courtisan, tient dans ce peu de mots de Louis XVI : — Il avait l'art de me contredire, sans que je pusse un instant m'en fâcher... Roger Ducos, membre du Directoire, puis consul provisoire, ensuite sénateur, exilé en 1816, s'était contenté des restes dudit prince de l'Eglise et de M. de Cossé, dans cette rue. M. Verdière, un des maires de Paris, y a succédé à Ducos. Une belle rampe d'escalier et de merveilleuses boiseries sculptées sont encore telles qu'au temps de Son Eminence dans cet hôtel, dont fit partie le n° 90, aujourd'hui pensionnat.

Boulevard Bonne-Nouvelle. (1)

La Galette. — Le Champ du Repos. — Le Gymnase. — L'Inspecteur du Pavé. — Le Perruquier. — Le Garni. —. Le Bazar. — Mlle Avrillion. — Le Restaurant Thierry. — Le Petit-Montmartre. — La Ménagerie. — La Succession Jean-Thiéry. — etc.

La galette du Gymnase jouit d'une notoriété que lui envient bien d'autres œuvres d'art ; inventée par Guillet, lequel est parvenu à un âge avancé probablement parce qu'il n'en mangeait pas, elle a fait la fortune de deux familles au moins de pâtissiers. Ne devraient-ils pas tous être de bonne pâte? Le fonds appartient néanmoins à une mégère des plus acariâtres, qui serait une mauvaise enseigne pour sa galette : par bonheur les parts de deux sous sont rarement faites par elle. La masure deux fois séculaire qu'elle habite n'aurait pas de portière, si cette rustique pâtissière coupait toujours, et les mitrons qui en franchissent la grille courraient risque de tomber dans une sorte de fosse, voisine du fournil. Or il nous faudrait descendre dans cette fosse pour reprendre le niveau de l'ancienne rue Basse-Porte-Saint-Denis, supprimée au commencement du règne de Louis-

---

(1) Notice écrite en 1858. La reconstruction du bâtiment en façade n'avait pas encore mis le n° 8 à l'alignement, en dégageant le boulevard Bonne-Nouvelle à l'endroit où il oblique à gauche pour faire place à la porte Saint-Denis, et deux maisons toutes neuves, le 40 et le 42, n'avaient pas encore rendu le même service au même boulevard, immédiatement après le théâtre du Gymnase.

Philippe, ainsi que trois culs-de-sac, ses parasites, dont l'un était l'impasse des Babillards. Toutes les maisons modernes se ressentent sur la même ligne d'un péché originel du sol, dont l'inégalité donne lieu à un étage de plus du côté qui ne fait pas face au boulevard.

Sur le plan de 1739, un jardin ou un champ se révèle à la place du café Français, et il a dû se rattacher primitivement au réduit où la galette bat monnaie. La même maisonnette aurait-elle abrité le garde d'un cimetière, postérieurement ouvert aux dépens du jardin précité, et qui recevait spécialement des protestants, sous le règne de Louis XVI. On dit que des Frondeurs, manquant de pain, en fabriquèrent, derrière les barricades de la guerre civile, avec les os de leurs morts; mais du gâteau, ah! ce serait sans excuse. Le jardin a été peu de temps celui des morts, qui ont reçu leur congé au nom de la République une et indivisible. Mais la terre ne s'est pas réveillée en sursaut d'un sommeil qui pour elle n'était que léthargique ; elle a gardé un respectueux silence assez longtemps pour que les regrets eux-mêmes eussent rendu leur dernier soupir. Dame! ce n'est pas dans un des beaux quartiers de la première des capitales du monde que la terre peut dormir cent ans, comme la Belle au Bois Dormant. Le deuil a expiré boulevard Bonne-Nouvelle sous la Restauration, et ce n'était plus assez de la vie ordinaire pour rattraper le temps perdu, il fallait celle du Théâtre. Jamais la fortune et l'amour n'ont donné contradictoirement de meilleures consultations aux bourgeois de tous les étages, de tous les âges et de toutes les complexions que dans cette maison de bonne compagnie, qui a trouvé moyen d'avoir beaucoup d'esprit sans ressembler à celle de Molière. Le Gymnase montre à coup sûr moins de philosophie et de *vis comica*, et je sais bien que nous pouvons envier jusqu'au franc-parler du grand siècle; mais le tempérament du Gymnase a moins varié depuis qu'il n'est plus le théâtre de Madame, et il fait bien de rester le plus possible de son époque, en tenant son rang de théâtre bien élevé. Où donne-t-on de meilleures leçons de savoir-vivre aux gens du monde, y compris les plus jolies femmes et les heureux de leur façon?

A l'autre extrémité du boulevard Bonne-Nouvelle, même côté, le n° 8 forme encore sur le boulevard une saillie angulaire; on se plaint néanmoins, depuis un siècle, qu'elle fasse disparate, qu'elle empêche de voir la porte Saint-Denis et qu'elle gêne la circulation. M. de l'Orme, inspecteur du pavé de Paris, s'y est contenté à l'origine du corps de bâtiment qui dépasse l'alignement; son jardin se composait du reste. M. Briand, qui a été préfet, tire du même immeuble un gros revenu.

Une des boutiques voisines qui donnent aussi sur ce qu'on peut appeler la place de la Porte-Saint-Denis, est au service d'un perruquier dont l'enseigne comporte des vers que nous nous empressons de reproduire :

> Passant, contemplez la douleur
> D'Absalon pendu par la nuque;
> Il eût évité ce malheur,
> S'il eût porté perruque.

Les n°s 6, 4 et 2 ne pourraient se comparer au 8 que sous le rapport de la longévité; l'un d'eux est occupé par un hôtel garni dans les prix doux, et il y aurait témérité à en dire autant de ses lits : un bureau de placement des garçons boulangers sert de dépôt de recrutement à sa clientèle ordinaire. Une autre de ces boutiques était exploitée par Mme Soudain, jurée de la lingerie, vingt années avant l'abolition des corps de métier.

Du bazar Bonne-Nouvelle, qu'on a bâti sous le dernier roi, l'emplacement jadis faisait partie du domaine suburbain dans lequel s'établit originairement le couvent des Filles-Dieu, avant de passer à la Ville-Neuve, de l'autre côté de ce qui est pour nous le grand boulevard, après avoir été le cours et le rempart. Le théâtre du Vaudeville, alors qu'un incendie l'exila de la rue de Chartres, vint donner là des représentations dans une salle provisoire, qui fut aussi le théâtre de l'escamoteur Philippe. Un autre prestidigitateur eut postérieurement une autre salle par-derrière, au premier étage. On a même donné des concerts et de petits spectacles dans le sous-sol du bazar avant et après la révolution de Février.

Traversons la chaussée, passons n° 3, où une niche ronde distingue la porte bâtarde qu'elle domine : ce petit enfoncement est veuf de quelque image de Notre-Dame. Au milieu du siècle XVIII, la maison avait une sortie sur la rue Basse-Villeneuve, que le boulevard a aussi englobée, et Guillaume Andouard, marchand boucher, la possédait ; ensuite elle appartint à Mme Carton, femme d'un excellent maître de clavecin, mort en 1758, et rebâtie plus tard par Callou, entrepreneur, elle fut vendue en 1830 à Mlle Avrillion, qui avait été première femme de chambre de l'impératrice Joséphine, et qui a fait paraître des mémoires chez Ladvocat : le neveu de Mlle Avrillion en est encore propriétaire.

Le rez-de-chaussée et l'entresol du 5 sont l'ancien restaurant Thierry : il a suffi de quelques fils de famille, y ayant compte ouvert, pour l'ériger en une maison de premier ordre de 1830 à 40.

Une redoutable concurrence est faite à la galette du Gymnase, depuis quelques années, par un marchand de brioches au coin de la rue de la Lune ; une autre boutique du même immeuble a pour enseigne deux Indiens, double sentinelle plaquée en 1804 devant un magasin de papiers peints fondé quatorze années plus tôt. Dans un temps plus reculé la maison même portait cette devise : Au Petit-Montmartre, et comme elle tenait au rempart de la ville, les soldats arrivants s'y arrêtaient de droit et d'habitude pour prendre quelque repos. Servitude qui tomba d'elle-même dès que l'entrée de Paris se reporta plus loin. Un serrurier était déjà établi en cet endroit pendant les troubles de la Fronde ; il avait payé son terrain à raison de 25 livres tournois la toise, en 1646, aux Filles-Dieu, dont Jacqueline Le Feuve était prieure. Il n'y avait alors qu'un seul corps de logis, précédé d'une charmille entre le boulevard et la rue Beauregard ; mais le terrain était carré, et il ne devint triangulaire que par suite d'expropriation pour élargir la voie publique. Bettancourt, maître serrurier, obtint de M^{gnr} de Bernage, prévôt des marchands sous Louis XV, la permission de bâtir sur le jardin, avec l'agrément des Filles-Dieu, dans la censive desquelles demeurait la propriété, et le principal motif de la requête avait été que cette bâtisse supplémentaire ferait embellissement pour la ville. On avait imposé au reconstructeur de se donner pour encoignure un pan coupé d'au moins 8 pieds, afin d'éviter l'angle aigu, et ce pan ne bronche pas encore, malgré l'élévation des six étages qu'il écorne. La porte, par exemple, a changé plusieurs fois de place, en passant de la rue Beauregard à celle de la Lune ou au boulevard.

Un dompteur d'animaux a montré des lions, des ours et des serpents entre les quatre murs qui répondent au n° 7 ; un magasin de nouveautés n'y rayonne, pour faire envie à toutes les grisettes qui passent, que depuis 1832 : peu d'années auparavant avaient disparu la grille et le jardin de l'ancienne ménagerie. La construction date d'environ quatre siècles, quoi que disent le badigeon et les glaces qui la rajeunissent. Que de fois il a bien fallu la rhabiller de pied en cap, pour cacher les éclaboussures qui lui venaient tout droit d'une victoire remportée à la porte Saint-Denis par les soldats de l'Ordre ou par ceux de la Liberté ! Aucun jour ne la mit pourtant dans un plus pitoyable état que le 2 décembre 1851.

Le même toit, ou il ne s'en faut de guère, abritait avant la Révolution un sieur de Condé, qu'on regardait comme l'héritier principal des richesses laissées par le légendaire Jean Thiéry, dont la succession est en litige depuis si longtemps ! Ce Condé est allé à Venise, pour faire reconnaître ses droits, et les papiers qu'il avait réunis sont depuis lors perdus pour sa branche. Mais il ne faut désespérer de rien. Suzanne de Condé, veuve d'Alexis Meusnier, convola certainement avec Thiéry-Fruteau ; leur contrat de mariage fut signé le 21 août 1704 ; mais ledit Thiéry-Fruteau n'avait aucune prétention à la succession de Jean Thiéry, à laquelle pouvait aspirer Suzanne de Condé ou son premier mari, nièce ou neveu direct du Thiéry qui aurait été le plus habile à se porter héritier. Marie Meusnier, fille du premier lit, épousa Etienne-Joseph Blerzy. La généalogie de Mme Cotton, née Romary, qui prétend au même héritage, la fait descendre d'une autre branche. Antoine Thiéry, né en 1660, eut pour fille Marie Thiéry, qui épousa François Bonnard, et la fille de ces derniers, née en 1712, épousa Charles Romary.

Le n° 9 a-t-il eu pour aînée la porte Saint-Denis ? nous en doutons. Le 11, tout comme la loge du montreur d'ours, a été d'abord un cottage; un petit bal a attiré les commis de la rue Saint-Denis dans cette propriété, dont le bâtiment en devanture n'est âgé que d'un demi-siècle. Les Hospices sont propriétaires du 13, qui n'a rien de plus jeune, si ce n'est le magasin de nouveautés qui s'y est mis sous l'invocation d'un opéra moderne, la *Favorite*. L'immeuble qui vient après est moderne et pourvu d'une terrasse sur le boulevard; mais ses derrières sont d'un autre âge. Le 17, qui se contente de remonter au Consulat du côté de la rue de la Lune, n'est pas même majeur sur le versant qui regarde le Gymnase. Deux masques différents sont pareillement de rechange au 19. La maison subséquente a été bâtie avec les pierres provenant de la démolition de la Bastille et de l'ancienne église de Saint-Paul, rue Saint-Paul.

Le plan de Verniquet marquait presque en face de la rue d'Hauteville une succursale de la communauté des filles de Saint-Chaumont, établie rue Saint-Denis.

FIN DU TOME PREMIER.

TABLE DES MATIÈRES

contenues dans le tome premier. (1)

	Pages.
Aperçu des Jardins de Paris avant la Révolution.	5
Hôtes de la Royauté au Louvre.	19
Rue Basfroi.	26
Rue Basse-du-Rempart.	29
Rue de la Manutention, naguère Basse-Saint-Pierre.	42
Rue Basse-des-Ursins.	46
Place de la Bastille.	52
Rue de Morny, naguère d'Angoulême-Saint-Honoré.	56
Place et rue d'Angoulême, naguère d'Angoulême-du-Temple.	60
Rue de Nesles, naguère d'Anjou-Dauphine.	62
Rue d'Anjou (au Marais).	64
Rue de la Roquette.	69
Rue d'Anjou-Saint-Honoré.	76
Quai d'Anjou.	91
Rue d'Antin.	97
Rue Bailleul.	101
Rue de la Banque.	105
Rue Baillif.	107
Rue du Banquier.	109
Rue Barbette.	111

(1) Une table par ordre alphabétique vient après celle-ci. Voir la *Table Générale* à la fin du dernier volume.

	Pages.
Rue de la Barouillère.	127
Rue de l'Ave-Maria, naguère des Barrés-Saint-Paul.	131
Rue des Barres, naguère des Barres-Saint-Gervais.	133
Passage Basfour.	137
Boulevard du Palais, naguère rue de la Barillerie.	121
Avenue d'Antin.	140
Rue de l'Arbalète.	142
Rue de l'Arbre-Sec.	150
Rue de l'Arcade.	157
Rue d'Argenteuil.	162
Rue d'Arras-Saint-Victor.	170
Rue d'Astorg.	174
Rue des Batailles.	176
Rue du Battoir.	183
Rue Beaubourg.	186
Rue de Beaujolais.	197
Rue de Picardie, naguère Beaujolais-du-Temple.	201
Rue du Bac.	203
Boulevard Beaumarchais.	215
Rue de Beaune.	223
Rue Beauregard.	234
Rue Grenéta, en ce qui s'en appelait naguère rue Beaurepaire.	240
Rue Beautreillis.	244
Place Beauvau (rue du Faubourg-Saint-Honoré).	254
Rue Aubry-le-Boucher.	257
Rue Babille.	259
Rue au Maire.	261
Rue de Babylone.	267
Rue de Bagneux.	274
Rue Baillet.	277

Pages.

Rue Beccaria et place d'Aligre, naguère rue de Beauvau et place du Marché-Beauvau.	280
Rue Bellechasse.	282
Rue Bellefond.	291
Rue de Bercy-Faubourg-Saint-Antoine, naguère de Bercy-Saint-Antoine.	298
Rue du Bercy-Saint-Jean, maintenant ajoutée à celle du Roi-de-Sicile.	305
Rue Bergère.	309
Rue de Berri.	316
Rue de l'Abbaye.	321
Rue de Furstenberg.	325
Rue d'Aguesseau.	326
Cour d'Aligre.	330
Rue du Chémin-Vert, en ce qui s'en appelait naguère rue des Amandiers-Popincourt.	333
Rue Laplace, naguère des Amandiers-Sainte-Geneviève.	340
Impasse Maubert, naguère d'Amboise.	346
Rue d'Amboise.	348
Rues Saint-Pierre-Popincourt et Amelot.	353
Rue de l'Ancienne-Comédie.	355
Rue des Bernardins.	361
Rue Bertin-Poirée.	371
Quai de Béthune.	376
Rue Saint-Bernard.	387
Rue de Bièvre.	389
Rue Lacépède.	401
Rue Rollin, naguère Neuve-Saint-Etienne.	406
Rue Tournefort, naguère Neuve-Sainte-Geneviève.	412
Rue des Tournelles.	419

	Pages.
Rue Beurrière.	430
Rues de la Bienfaisance et de Rovigo, toutes deux naguère rue de la Bienfaisance.	432
Rue des Billettes.	435
Quai de Billy.	443
Passage du Bois-de-Boulogne.	451
Rue Blanche.	453
Rues des Blancs-Manteaux, des Guillemites et du Marché-des-Blancs-Manteaux.	465
Rue Riboutté, rue Bleue et passage Saulnier.	480
Rue Bonaparte.	494
Boulevard Bonne-Nouvelle.	503
Table des matières contenues dans le tome premier.	510
Id. par ordre alphabétique.	514

Table par ordre alphabétique
pour le même tome.

	Pages.
Abbaye. (rue de l')	321
Aguesseau. (rue d')	326
Aligre. (cour d')	330
Aligre. (place d')	280
Amandiers Popincourt. (rue des)	333
Amandiers-Sainte-Geneviève. (rue des)	340
Amboise. (impasse d')	346
Amelot. (rue)	353
Ancienne-Comédie. (rue de l')	355
Angoulême-Saint-Honoré. (rue d')	56
Angoulême-du-Temple. (place d')	60
Angoulême-du-Temple. (rue d')	ibidem
Anjou (quai d')	91
Anjou-Dauphine. (rue d')	62
Anjou-au-Marais. (rue d')	64
Anjou-Saint-Honoré. (rue d')	76
Antin (avenue d')	140
Antin. (rue d')	97
Arbalète. (rue de l')	142
Arbre-Sec. (rue de l')	150
Arcade. (rue de l')	157
Argenteuil. (rue d')	162
Arras-Saint-Victor. (rue d')	170
Astorg. (rue d')	174
Aubry-le-Boucher. (rue)	257
Ave-Maria. (rue de l')	191
Babille. (rue)	259
Babylone. (rue de)	267
Bac. (rue du)	203
Bagneux. (rue de)	274
Baillet. (rue)	277
Bailleul. (rue)	101
Baillif. (rue)	107
Banque. (rue de la)	105
Banquier. (rue du)	109

	Pages.
Barbette. (rue)	111
Barillerie. (rue de la)	121
Barouillère. (rue de la)	127
Barres-Saint-Gervais. (rue des)	133
Barrés-Saint-Paul. (rue des)	131
Basfour. (passage)	137
Basfroi. (rue)	26
Basse-du-Rempart. (rue)	29
Basse-Saint-Pierre. (rue)	42
Basse-des-Ursins. (rue)	46
Bastille. (place de la)	52
Batailles. (rue des)	176
Battoir. (rue du)	183
Beaubourg. (rue)	186
Beaujolais. (rue de)	197
Beaujolais-du-Temple. (rue de)	201
Beaumarchais. (boulevard)	215
Beaune. (rue de)	223
Beauregard. (rue)	234
Beaurepaire. (rue)	240
Beautreillis. (rue)	244
Beauvau. (place)	254
Beauvau. (rue de)	280
Beccaria (rue)	280
Bellechasse. (rue)	282
Bellefond. (rue)	291
Bercy-Faubourg Saint-Antoine. (rue de)	298
Bercy-Saint-Antoine. (rue de)	ibidem
Bercy-Saint Jean. (rue de)	305
Bergère. (rue)	309
Bernardins. (rue des)	361
Berri. (rue de)	316
Bertin-Poirée. (rue)	371
Béthune. (quai de)	376
Beurrière. (rue)	430
Bienfaisance. (rue de la)	432
Bièvre. (rue de)	389
Billettes. (rue des)	435

	Pages.
Billy. (quai de)	443
Blanche. (rue)	453
Blancs-Manteaux. (rue des)	465
Bleue. (rue)	480
Bois-de-Boulogne. (passage du)	451
Bonaparte. (rue)	494
Bonne-Nouvelle. (boulevard)	503
Chemin-Vert. (rue du)	333
Furstenberg. (rue de)	325
Grenéta. (rue)	240
Guillemites. (rue des)	465
Jardins de Paris avant la Révolution. (Aperçu des)	5
Lacépède. (rue)	401
Laplace. (rue)	340
Louvre. (Hôtes de la Royauté au)	19
Marché-Beauveau. (place du)	280
Marché-des-Blancs-Manteaux. (rue du)	465
Maire. (rue au)	261
Manutention. (rue de la)	42
Maubert. (impasse)	346
Morny. (rue de)	56
Nesles. (rue de)	62
Neuve-Saint-Etienne. (rue)	406
Neuve-Sainte-Geneviève. (rue)	412
Picardie. (rue de)	201
Palais. (boulevard du)	121
Riboutté. (rue)	480
Roi-de-Sicile. (rue du)	305
Rollin. (rue)	406
Roquette. (rue de la)	69
Rovigo. (rue de)	432
Saint-Bernard. (rue)	387
Saint-Pierre-Popincourt. (rue)	353
Saulnier. (passage)	480
Tournefort. (rue)	412
Tournelles. (rue des)	419

FIN DES TABLES DU TOME PREMIER.

www.ingramcontent.com/pod-product-compliance
Lightning Source LLC
Chambersburg PA
CBHW071702230426
43670CB00008B/889